공공봉사동기
행정에 대한 열정을 유지하기 위한 조직관리
Managing Organizations to Sustain Passion
for Public Service

도서출판 윤성사 243

공공봉사동기
행정에 대한 열정을 유지하기 위한 조직관리
Managing Organizations to Sustain Passion for Public Service

제1판 제1쇄   2024년 11월 22일

지 은 이	James L. Perry
감 수 자	임도빈
옮 긴 이	이진수 · 오윤이
펴 낸 이	정재훈
꾸 민 이	(주)디자인뜰
펴 낸 곳	도서출판 윤성사
주 소	서울특별시 용산구 효창원로 64길 10 백오빌딩 지하 1층
전 화	대표번호_02)313-3814 / 영업부_02)313-3813 / 팩스_02)313-3812
전 자 우 편	yspublish@daum.net
등 록	2017. 1. 23

ISBN 979-11-93058-46-6 (93350)
값 24,000원

ⓒ 이진수 · 오윤이, 2024

옮긴이와의 협의에 따라 인지를 생략합니다.

Managing Organizations to Sustain Passion for Public Service
by James L. Perry
Cambridge University Press, 2021

Copyright ⓒ 2021 by Authorised translation from the English language edition published by Cambridge University Press. All rights reserved.
Korean translation copyright by Yoonseong Publishing Company ⓒ 2024

이 책은 도서출판 윤성사가 원저작권자와 정식 저작권 계약에 의해 출판한 책으로서 이 책의 전부 또는 일부 내용을 재사용하려면 반드시 사전에 저작권자와 도서출판 윤성사의 동의를 받아야 합니다.

잘못 만들어진 책은 구입하신 서점에서 교환 가능합니다.

본 연구는 정부의 재원으로 한국연구재단의 지원을 받아 수행된 연구임(NRF-2017S1A3A2065838).

공공봉사동기

행정에 대한 열정을 유지하기 위한 조직관리

PUBLIC
SERVICE

Managing Organizations to Sustain Passion for Public Service

James L. Perry 지음

임도빈 감수

이진수 · 오윤이 옮김

옮긴이의 말

나는 절대로 원서 번역은 하지 않기로 작정한 사건이 있다.

1993년 프랑스에서 막 귀국했을 때 박사학위 논문을 복사본으로 만들어 교수님들께 드리며 귀국 인사하는 것이 유행이었다. 프랑스어로 작성했기 때문에 미국에서 학위를 한 사람들의 영어로 된 논문보다 불리한 상황이었다. 지도 교수이신 조석준 교수님께서 한글로 번역해 출판을 하라고 조언해 주셨고, 유명 출판사가 거부하는 가운데, 고맙게도 금방 창업해 일이 별로 없었던 장원출판사가 출판을 맡아 주기로 했다.* 원저자가 본인이고, 한국어가 모국어임에도 불구하고, 번역한 원고를 보면 도대체 원어의 맛이 없어지고, 내용이 별볼일 없이 초라해 보였다. 고작 6년 파리에서 프랑스어을 배우겠다고 이를 악물고 가급적 한국말 안 쓰고 버틴 것이 한국어 능력도 다 잃어버렸다는 것인가. 마침 인하대 김영민 교수님께서 번역 원고를 읽고 깨알같이 고쳐 주셔서 겨우 출판을 했다.* 그 일이 있고 난 이후로, 나는 절대로 번역을 하지 않기로 결심하고 지금까지 실천하고 있다.

여러 해 전에 제임스 페리(James L. Perry) 교수님이 한국에 와서 진지하게 이 책의 번역을 부탁하면서 큰 고민이 생겼다. 페리 교수님은 내가 인디애나 퍼듀대학(IUPUI)에 연구년으로 머물던 2005년 인디애나대 인디애나폴리스 캠퍼스 부학장이었는데, 내 연구실 맞은편에 연구실이 있어 자주 보면서 미국의 대학 및 미국 사회를 알게 해 준 인연을 맺게 된 후 특별한 사이가 됐다. 페리 교수님은 그 무렵에 공공봉사동기라는 개념을 처음 만들기 시작했고, 아메리코(AMERICO)라는 단체의 연구 용역을 의뢰받아 공공봉사동기를 처음 측정해 보는 시기였다.

그 후로 공공봉사동기는 행정학 분야에의 중요한 개념으로 확산되고 전 세계에 알려지기 시작했다. 개념, 그리고 측정 도구가 생기니 엄청난 양의 논문이 쏟아져 나오는 것을 보면

---

* 이 자리를 빌려 장원출판사 사장님과 김영민 교수님께 감사드린다.

서 이론 발전의 과정을 가까이 지켜보는 특권을 누렸다. 미국뿐만 아니라 유럽, 한국 등 전 세계 연구자의 관심거리이고, 신행정학 이후 가장 인기 있는 행정학 이론 중의 하나가 됐다.

이제 20여 년 전, 세계적으로 확산된 연구를 총체적으로 정리하고 앞으로의 방향을 제시하는 것이 필요한 시기다. 공공봉사동기이론의 창시자인 페리 교수님이 이 이론적 개념을 가지고, 조직관리의 바이블이라고 할 수 있는 책을 내놓았다는 것이 또 하나의 큰 의미다.

철학적·이론적 원칙으로부터 시작해 이론적·경험적 측면에서 개별 연구들이 어디까지 왔으며, 어떻게 쟁점이 됐는지를 체계적이고 논리적으로 정리하고 있다. 즉, 공공봉사동기를 인사행정론에서 쓰는 단순히 하나의 개념으로 보는 시각에서 벗어나, 각국의 문화적 맥락에서 넓고 깊게 볼 수 있게 해 주는 동시에 이를 아우르는 보편적 일반화를 시도하고 있다는 측면에서 행정학을 하는 사람들에게 모두 일독하기를 권하고 싶은 책이다.

공공봉사동기가 공사조직적인 맥락에서 어떻게 해석되고 적용될 수 있는지, 인간의 심리적인 측면, 무의식의 세계, 잠재력인 세계까지 포함한 시각에서도 조명하고, 실무자들에게 도움이 될 구체적 추진 전략도 제시하고 있다. 또한 공공봉사동기의 긍정적인 측면뿐만 아니라 부정적인 측면까지 설명한 균형 잡힌 서술이 이 책의 특색이다.

특히 신공공관리론에서는 경제적 인간, 즉 개인 차원에서 보는 이기적 동기를 본다면, 이 책에서는 오히려 조직(집단)적 차원에서 이타적 혹은 친사회적 차원을 강조한다는 점에서 한국 행정문화에 더 적절한 설명이라는 생각도 든다. 예를 들면 개인 단위의 성과관리보다는 조직 차원의 성과관리가 더 행정의 효과성에 기여한다는 논리도 제시하고 있고, 또한 과거 관료제의 병폐로서 관료제를 비판하기에 그쳤다면 오히려 관료제의 자율성과 독립성을 강조함으로써 국민들에게 만족스러운 행정의 결과가 나올 수 있다는 측면까지 논의를 하고 있다. 이런 측면에서 단순히 공공봉사동기 개념을 정리하고 소개하는 책이 아니라 우리 사고의 지평을 넓혀 주는 책이라고 할 수 있다.

원래 페리 교수님이 이 책의 번역을 부탁한 것은 몇 년 됐는데, 여러 가지 이유로 지체돼서 송구한 마음이 앞선다. 마침 이진수 교수님과 오윤이 박사님이 꼼꼼히 번역을 해 주신 덕분에 매우 질 높은 번역서가 됐다고 자부한다. 번역 과정에서 어려운 문장들을 제대로 파악할 수 있도록 도움을 준 행정대학원 임수진 학생에게도 감사한다. 감수자는 영어 번역체를 한국어로 읽기 쉽게 의역하는 정도의 미력을 더했을 뿐이다.

포르투갈어를 비롯해서 스페인어, 중국어 등 여러 언어로 이 책의 번역서가 나온다는 측면에서 한국어 판이 가지는 의미가 더 크다.

행정에 관심을 갖게 되는 학부 초년생뿐만 아니고 대학원생, 박사 과정까지 폭넓은 독자층에게 균형되고 흥미로운 연구 경향을 짚어 준다는 측면에서 매우 훌륭한 책이다.

행정학의 인사행정 측면에서 본 행정학의 재조명이라고 할 수 있겠다. 아무쪼록 널리 읽혀서 한국 행정학의 발전에 큰 기여를 했으면 하는 바람이다.

2024년 11월
옮긴이들을 대표해서
감수자 **임도빈**

감사의 말

이 책을 쓰는 여정의 시작은 1980년대 후반이었다. 당시 인디애나대학교 공공환경정책대학원 동료 교수인 로이스 와이즈(Lois R. Wise)와 함께 『미국행정학보(Public Administration Review: PAR)』 50주년 기념호에 실릴 논문 작업에 참여하기로 했다. 당시 논문의 제목은 "공공봉사의 동기적 기반(The Motivational Bases of Public Service)"이었는데 이때부터 공공봉사동기에 대해 관심이 생겼다. 이후 30년 동안 상당한 시간을 이 연구 주제에 할애했다.

운이 좋게도 여러 번의 안식년을 보낼 수 있었고, 그 시간은 이 책을 쓰는 여정에 영향을 줬다. 1992년 가을, 고(故) 톰 맥피(Tom McFee) 미국 보건복지부 인사 담당 차관보와 일할 기회가 생겼다. 이때 연방 정부의 인적 자원 관리와 관련한 직접적인 경험을 쌓을 수 있었고, 동시에 공공봉사동기를 측정하는 방법에 대해서도 고민했다. 톰은 훌륭한 멘토이자 선생님이었다. 1993년 겨울에는 워싱턴DC를 벗어나 위스콘신 매디슨대학교 행정대학원에서 공공봉사동기의 측정 척도를 처음 개발했다. 1999년에서 2000년에는 국가 및 사회봉사법인(Corporation for National and Community Service: CNCS)에서 근무했다. 초반의 공공봉사동기 관련 경험적 연구에서 국가 및 사회봉사법인에서 진행하는 국가 봉사 프로그램(AmeriCorps)을 포함했는데 이에 대한 연장선이었다. 2006년에서 2007년에는 벨기에의 루뱅대학교(Katholieke Universiteit Leuven)에서 초대를 받아 선임 연구원으로서 공공봉사동기에 관련한 연구를 이어갔다. 루뱅에서의 체류는 유럽 전역에서 여러 동료를 만나는 네트워킹 기회가 됐다(벨기에 맥주에 대한 애정도 생겼다!).

1990년대와 2000년대에 공공봉사동기에 대한 연구가 많아짐에 따라 2008년에 동료들과 함께 책을 편집하기 시작했다. 그 책의 한 장을 로리 팔버그(Laurie E. Paarlberg)와 애니 혼데헴(Annie Hondeghem)과 공저했는데 그 장의 제목이 "이론에서 실천으로: 공공봉사동기의 적용 전략"이었다. 이 책의 먼 전신이라고 할 수 있으나 그때 작성한 장은 이론과 경험적 연구를 실무와 연결하는 데 더 집중했다.

『미국행정학보(PAR)』에서 로리 팔버그와 로버트 크리스텐센(Robert Christensen)과 함께 "공공봉사동기: 실무를 위한 교훈"이라는 논문을 쓰면서 이 책의 집필에 큰 추진력을 얻었다. 이 논문은 또 한 번 공공봉사동기에 관한 연구를 실제 공공 조직의 관리 관행에 적용하는 문제에 초점을 맞췄다. 이 논문이 세상에 나온 지 얼마 안 돼 이 책을 쓰기로 결심했다.

위에 언급한 여러 가지 협업 경험은 이 책에 대해 직접적이고 또 간접적인 자극이 됐다. 공공봉사동기가 학계에서 널리 받아들여지기 전부터 로이스 와이즈는 나와 함께 여러 가지 갈래의 연구를 정리했다. 루뱅대학교의 공공정책연구소장 애니 혼데헴은 2008년에 편집한 책과 그 책에 실린 장의 저술 작업을 모두 나와 함께 했으며, 내가 2006년에서 2007년 루뱅대학교에서 선임 연구원을 할 때에 나를 환대해 주고 지원해 준 사람이기도 하다.

나와 여러 해 동안 함께 연구해 온 박사과정 학생들에게도 큰 빚을 졌다. 로리 팔버그는 현재 인디애나 퍼듀대학(IUPUI) 자선대학원(Lilly Family School of Philanthropy)에서 찰스 스튜어트 모트 사회단체장(Charles Stewart Mott Chair on Community Foundations)을 맡고 있는데, 로리와 함께 이 책의 전신이 된 두 가지 작업을 함께 했다. 브리검 영 대학교 메리어트 경영대학원 롬니공공경영연구소의 교수이자 조지 롬니(George W. Romney) 연구원인 로버트 크리스텐센은 2017년『PAR』논문 및 그 밖의 내가 기억하지 못할 정도로 수많은 프로젝트를 공동 작업했다. 수년 동안 지적 지원과 자극, 그리고 우정을 베풀어 준 로리와 로버트에게 감사의 마음을 전한다.

내가 자주 함께 일했던 또 다른 박사과정 학생은 바우터 반데나빌레(Wouter Vandenabeele)였다. 바우터와 그의 박사과정 지도 교수 애니 혼데헴은 2004년경 공공봉사동기에 관한 연구를 위해 미국을 방문했을 때 나에게 함께 일하자고 제안했다. 이후 내가 2006년부터 2008년까지 루뱅대학교에 재직할 때 바우터의 박사학위 심사위원을 맡았다. 박사학위를 받은 이후 바우터는 공공봉사동기 연구에서 중요한 공헌자이자 리더가 됐다. 연구 및 기타 자료를 공유하거나 원고 초고를 읽어 주며 도움을 준 학자들과 실무자들에게도 감사의 마음을 전한다. 세르지오 페르난데스(Sergio Fernandez: 오닐 스쿨), 조던 간스-모스(Jordon Gans-Morse: 노스웨스턴대학교), 데이비드 가르시아(David Garcia: 공공봉사 파트너십), 쳇 잔코스키(Chet Jankowski), 스티브 켈만(Steve Kelman: 케네디 스쿨), 존 팔구타(John Palguta: 공공봉사 파트너십), 아드리안 리츠(Adrian Ritz: 베른대학교), 파블로 사나브리아(Pablo Sanabria: 컬럼비아 로스안데스대학교), 롭 시드너(Rob Seidner: 미국 연방 정부 예산관리처), 지넷 테일러(Jeanette Taylor: 웨스턴 오스트레일리아대학교), 라널드 테일러(Ranald Taylor: 머독대학교) 모두가 이 책을 쓰는 데 도움을 줬다.

케임브리지대학 출판부의 비즈니스 및 경영 수석 편집자인 발레리 애플비(Valerie Appleby)에게 감사드린다. 이 프로젝트의 모든 단계에서 도움을 줬다. 2019년 늦여름에 출판사를 찾기 시작했을 때 처음 발레리에게 연락을 했다. 그녀의 신속한 답변과 수용력 덕분에 앞으로 나아가는 길이 한결 수월해졌다. 그녀는 최종 원고를 마무리하는 데 큰 도움이 된 익명의 리뷰 3개를 확보해 줬다.

지난 10년간 함께 일해 온 엘리제 보루브카(Elise Boruvka)는 내가 제출한 최종 원고를 다듬는 데 도움을 줬다. 그녀는 인용과 참고 문헌을 포함한 편집 스타일 문제를 도와줬다. 현재 오닐 스쿨에서 내 행정 조교로 일하고 있는 데빈 뉴(Devin New)는 여러모로 이 책 작업을 도와줬다.

마지막으로, 항상 지지를 보내 준 가족에게 감사의 마음을 전한다. 특히 아내 웬디에게 고마움을 전한다. 웬디는 내가 "동굴"에서 보내는 모든 시간 동안을 인내해 줬다.

머리말

나는 내 경력의 대부분의 기간 동안 공공 기관을 "집"이라고 불렀다. 공공봉사는 매우 중요하며, 민주주의 작동에 결정적인 역할을 하는 기둥이다. 볼커 얼라이언스 비상임 선임 연구위원(Volcker Alliance Nonresident Senior Fellow) 폴 라이트(Paul C. Light)의 연구는 이 점을 생생하게 보여 준다. 새로운 밀레니엄이 다가오면서 라이트는 미국 연방 정부의 가장 위대한 업적을 조사했다. 그중에는 제2차 세계대전 후 유럽 재건, 과학 및 기술 연구 촉진, 노년층의 의료 서비스 접근성 향상 등이 포함됐다. 그의 50가지 위대한 업적 목록은 인상적이다(www.brookings.edu/research/governments-greatest-achievements-of-the-past-half-century/).

최근에는 정부실패에 주목해 2000년부터 2015년까지 48개의 중대한 실패 사례를 찾아냈다(wagner.nyu.edu/files/faculty/publications/Light_Cascade_of_Failures_Why_Govt_Fails.pdf). 2010년 이후만 보더라도, 딥워터 호라이즌 걸프(Deapwater Horizon Gulf) 원유 유출 사고, 텍사스 비료공장 폭발 사고, 건강보험개혁법(Affordable Care Act)의 Healthcare.gov 출범 실패를 지적한다. 라이트의 관점에서 보면, 실패의 속도는 꾸준히 증가하는 양상을 보인다.

정부의 성공과 실패를 결정하는 것은 마법이나 신비로운 무언가가 아니다. 결과는 마술모자나 블랙박스에서 갑자기 나타나는 것이 아니다. 성공과 실패는 좋은 아이디어와 나쁜 아이디어, 준비 여부, 당면한 상황에 적합한 인적 역량의 유무에서 비롯된다. 볼커 얼라이언스(Volcker Aliance)에서 일하며 배운 것은 우리가 오랫동안 의존해 온 정부의 인적 자원, 즉 공공봉사가 점점 더 위협받고 있다는 것이다. 2018년 공공봉사 파트너십과 공동으로 발표한 공동 보고서『미국의 공직 쇄신(www.volckeralliance.org/recommendations-renewing-americas-civil-service)』에 따르면, 지난 반세기 동안 엄청난 기술 발전에도 불구하고, 미국 정부는 주로 사무직 인력을 위해 설계된 공직 제도에 의존하고 있다. 세계 각국의 수도에서

공공봉사동기
Managing Organizations to Sustain Passion for Public Service

도 공무원의 기술 및 프로세스 한계에 대해 비슷한 이야기가 나오고 있다.

폴 볼커(Paul A. Volcker)는 그의 뛰어난 공직 경력 동안, 위에서 언급한 이중적 현실에 직면했다. 그는 공공 업무의 숭고한 목적을 잘 알고 있었으며, 동시에 이를 실현하기 위한 현실적인 어려움도 충분히 인식하고 있었다. 시민들에게 중요한 결과를 제공하기 위해 효과적인 정부 관리를 발전시키려는 그의 헌신은 그가 볼커 얼라이언스를 설립하게 된 원동력이었다. 그러나 그의 실용적 기반 때문에 그는 종종 토머스 에디슨(Thomas A. Edison)의 명언인 "실행 없는 비전은 환각이다"를 인용하며 동료들에게 주의를 환기시키곤 했다.

저명한 공공행정학자인 제임스 페리 교수가 쓴 『행정에 대한 열정을 유지하기 위한 조직 관리(Managing Organizations to Sustain Passion for Public Service)』는 공공봉사와 공공선을 증진하는 정책의 안정적인 실행이라는 약속과 볼커가 구상한 공공 부문 인력, 즉 정부가 책임감을 갖고 우수성을 제공할 수 있도록 준비돼 있으며, 경험과 헌신을 갖춘 인력 사이의 든든한 가교 역할을 한다.

페리 교수는 공공봉사동기에 대한 30년간의 연구와 더불어 친사회적 동기와 이타주의에 대한 연구에서 시작한다. 페리 교수는 이러한 행동 과학 및 사회 과학 연구가 공직 제도 설계를 위한 지적 틀을 변화시켰다고 주장한다.

페리의 여정은 다른 곳에서 시작됐지만, 그는 『미국의 공직 쇄신(Renewing America's Civil Service)』에 제시된 많은 아이디어를 종합하고 수렴하는 조언도 포함하고 있다. 그중에는 수습 기간을 활용해 선발 결정을 검증하고, 성과와 재산권의 균형을 맞추기 위해 고용 안정을 설계하고 관리하며, 성과를 감원의 중요한 기준으로 삼고, 고숙련 직종과 경영진에 대해 좀 더 뚜렷한 임금 분산을 만들고, 조직과 직원의 공공봉사 가치를 일치시키기 위해 온보딩을 설계하는 것 등이 있다.

페리 교수는 결론에서 그의 제안 중 일부는 전통적이고, 일부는 새로우며, 또 다른 제안은 이론에 기반을 두고 있지만 공공 부문에서 거의 시도되지 않았다고 말한다. 그의 모든 제안의 통일된 토대는 실적주의 원칙이다. 즉, 공직 제도가 유능하고 경험이 풍부한 구성원들로 이뤄진 자율적인 단위로 설계될 때 가장 효과적이라는 인식이다. 새로운 행동 과학 및 사회 과학적 증거가 나타나더라도 실적주의 원칙이 공직 정신을 재발견하는 토대가 된다는 점에서 안심이 된다. 사실, 종종 무반응하고 무책임하다는 비판을 받는 실적주의 제도의 설계가 아이러니하게도 구성원들이 기본적인 심리적 욕구를 충족할 수 있는 환경을 조성한다는 페리 교수의 주장에 놀랐다. 이러한 깨달음은 잘 설계된 공직 제도가 자주 들리는 비판에도 불구하고 왜 지속됐고 효과적인 결과를 제공했는지 그 이유를 설명하는 데 도움이 된다.

이 책의 매력적인 점은 페리 교수가 공직과 관련된 동기가 공무원, 리더, 관리자의 중요하고 다양한 행동에 어떤 변화를 가져올 수 있는지에 대한 많은 실험적 증거를 인용한다는 것이다. 페리 교수는 개인, 직무, 업무 환경, 리더의 행동에 대한 48개의 실험 연구를 바탕으로 이 책을 썼다. 실험적 증거가 결정적인 것은 아니지만, 독자들은 특정 정책 및 행동과 관련된 결과를 더욱 명확하게 이해할 수 있다. 마지막 장에서는 무엇이 효과적인지에 대한 지식의 저변을 넓히기 위한 수단으로 실험을 확장하고 실무자와 학자 간의 파트너십을 강화해야 한다는 당부도 담고 있다.

위에서 언급한 바와 같이, 『행정에 대한 열정을 유지하기 위한 조직관리』는 공공 목적과 정책 실행을 연결하는 중요한 가교 역할을 한다. 또한 이 책은 제임스 페리의 30년간의 공공봉사동기에 대한 연구를 바탕으로 했다. 이 책은 더 많은 미국인이 자신의 삶에서 정부가 중요한 역할을 한다는 점을 깨닫고, 잘 준비된 유능하고 혁신적인 정부 인력에 대한 관심이 다시 높아지고 있는 중요한 시기에 출간됐다.

이 책은 공직 제도를 재설계하고 인적 자원 정책과 공공 관리에 활력을 불어넣는 데 필요한 지적 자본의 공백을 메우기 시작한다. 이 책은 정부 성과를 개선하기 위한 도구 상자에 추가된 환영할 만한 책이다. 공공봉사를 통해 만들어지는 변화에 대한 제임스 페리의 관심이 앞으로 정부, 공공 조직, 공무원에 대한 열정을 어떻게 고취시키는지 지켜보기를 기대한다.

Thomas W. Ross
President
The Volcker Alliance

토머스 로스(Thomas W. Ross)는 볼커 얼라이언스의 회장이다. 그는 2011년부터 2016년까지 노스캐롤라이나대학교 총장, 2007년부터 2010년까지 데이비슨대학교 총장을 역임했다. 또한 듀크대학교 샌퍼드 공공정책대학원의 석좌 교수이기도 하다.

목차

옮긴이의 말_ 6
감사의 말_ 9
머리말_ 12

1장 공직 제도의 새로운 기초 · 25

1.1 전통적인 공직 제도에 대한 지속적인 압력 · · · · · · · · · · · · 30
1.1.1 공직 제도의 지속 성향_ 31
1.1.2. 지속성에 직면한 동기의 진화_ 33

1.2. 개혁의 기초로서 공공봉사동기 연구 · · · · · · · · · · · · · · · 35
1.2.1. 증거 기반_ 35
1.2.2. 포괄성_ 37
1.2.3. 일관성_ 38
1.2.4. 이 책의 구성_ 39

1.3. 결론 · 42

2장 공공봉사동기의 이론적·경험적 기초 · · · · · · · · · · · · 45

2.1 성향-기회 이론 · 52
2.1.1 매력-선택-이탈 이론_ 54
2.1.2 개인-환경 적합성 이론_ 58

2.1.3 요약_ 62
2.2 자기 결정 이론 · 62
　　2.2.1 동기 부여 군집 이론_ 65
2.3 목표 이론 · 67
　　2.3.1 목표 특성의 대리 변수로서의 임무 가치관_ 68
2.4 결론 · 70

3장 공공봉사동기가 높은 인재의 충원이 우선이다 · · · · · · · · · · · 71

3.1 공공봉사동기가 높은 직원 영입하기 · · · · · · · · · · · · · · · · · · · 73
　　3.1.1 공공봉사동기가 높은 인재를 영입하기 위한 조직 이미지 계획_ 74
　　3.1.2 조직 이미지의 적극적 활용: 미국 연방 교정국_ 77
　　3.1.3 임무와 공공 가치를 강조하기는 구인 광고 만들기_ 84
　　3.1.4 공공봉사동기가 높은 지원자의 선별_ 88
　　3.1.5 내재적 또는 친사회적 동기를 약화시킬 가능성이 있는 동기를 가진
　　　　　후보자 선별하기_ 96
3.2 결론 · 105

4장 공공 업무의 의미 활용하기 · 108

4.1 공공 업무의 중요도: 공공 부문의 경쟁 우위 · · · · · · · · · · · · · 111

  4.1.1 공공 업무_ 111
  4.1.2 사회적으로 유용한/무용한 일자리_ 113
  4.1.3 요약_ 114
4.2 공공 업무의 의미를 활용하는 전략 · 115
  4.2.1 공공 부문 직원과 수혜자 간의 직접적 접촉을 장려하는 직무 설계_ 116
4.3 직원을 수혜자와 연결하기 위해 자기 설득 또는 기타 자기 처치 사용하기 · · 121
4.4 직무 개편 · 124
  4.4.1 의미성을 높이기 위한 직무 개편_ 125
  4.4.2 공공 부문의 직무 개편을 위한 몇 가지 고려 사항_ 130
4.5 경력 상담 · 133
  4.5.1 경력 상담사와 직원을 위한 도구_ 135
  4.5.2 요약_ 137
4.6 결론 · 137

5장 공공봉사동기를 장려하는 근무 환경 조성하기 · · · · · · · · · · · 139

5.1 공공 제도적 장치가 지원적인 근무 환경을 유지하는 방법 · · · · · · · · · 140
  5.1.1 공무원 규칙은 공유재를 위한 환경을 조성한다_ 142
  5.1.2 공무원 규칙은 기본적인 심리적 욕구를 촉진할 수 있다_ 144
  5.1.3 요약_ 152
5.2 지원적인 근무 환경을 강화하기 위한 전략 · · · · · · · · · · · · · · · · · · · 153
  5.2.1 확실한 학습 및 성장의 기회_ 153

5.2.2 고용 안정성과 성과 간의 균형을 맞추는 기준 개발_ 158
　　　5.2.3 조직과 직원 간의 유대 관계를 강화하기 위한 공공봉사동기 향상_ 167
　5.3 합의의 해체: 가치 체계가 충돌할 때 · 169
　5.4 결론 · 173

6장 보상 체계와 공공봉사동기를 연계하기 · · · · · · · · · · · · · · · 175

　6.1 동기 부여와 효과적인 보상 체계 · 176
　6.2 동기 부여와 보상 체계 효과성에 영향을 미치는 보상 구조 · · · · · 178
　　　6.2.1 보상 구조의 이론적 역할_ 179
　　　6.2.2 기본급_ 187
　　　6.2.3 이동 시스템_ 192
　　　6.2.4 인센티브_ 198
　　　6.2.5 직위 분류_ 205
　6.3 결론 · 208

7장 신입 직원에게 공공봉사 가치를 배울 기회 제공하기 · · · · · · · · · · · 211

　7.1 직원 사회화의 근거 · 212
　　　7.1.1 사회화와 조직 성과_ 213
　　　7.1.2 사회화와 공공봉사동기 연구_ 214

7.2 직원을 공공봉사에 사회화하기 위한 전략 · 218
    7.2.1 조직과 직원의 공공봉사 가치를 일치시키기 위한 온보딩 설계_ 219
    7.2.2 공공봉사 가치를 공유하고 강화하기 위한 멘토링 파트너십 구축_ 225
7.3 결론 · 233

8장 미션, 영감 및 커뮤니케이션을 통한 리더십 · · · · · · · · · · · · · · · 235

8.1 리더가 혁신을 가져오는 방법: 이론적 기초 · 238
    8.1.1 비전을 가진 변혁적 리더들_ 238
    8.1.2 건축가로서의 변혁적 리더들_ 240
    8.1.3 변혁적 리더십과 공공봉사 및 친사회적 동기에 대한 실증 연구_ 241
8.2 공공봉사의 힘을 발휘하기 위한 리더십 전략과 전술 · · · · · · · · · · · · · 245
    8.2.1 임무와 비전을 명시할 것_ 245
    8.2.2 직원들에게 영감을 주는 리더십 스타일 개발_ 250
    8.2.3 영감을 주고 목적-수단 인식을 구축하기 위한 커뮤니케이션_ 254
8.3 결론 · 258

9장 공공의 열정을 불러일으키는 공직 설계 · 260

9.1 공직 제도 변화를 위한 포트폴리오 · 262
9.2 개혁 과제를 진전시키기 위한 변화 과정 · 267

  9.2.1 작은 성공을 활용해 점진적 변화를 추진하기_ 268
  9.2.2 포괄적 변화로서의 개혁_ 269
  9.2.3 포괄적 변화 탐색: 조지아와 남아프리카_ 275
9.3 공공봉사동기와 공직 제도 개혁의 통합을 위한 연구 · · · · · · · · · · 280
  9.3.1 체계적 현장 실험 프로그램_ 281
  9.3.2 국가 성과 변화에 대한 거시 연구_ 283
  9.3.3 공공봉사동기의 "어두운 면"_ 285
9.4 결론 · 289

참고 문헌_ 291

찾아보기_ 325

공공봉사동기
Managing Organizations to Sustain Passion for Public Service

그림

4.1 직무 개편 연구 결과의 핵심 요약 · 126
6.1 보상 설계 및 결과에 대한 일반적인 모델 · · · · · · · · · · · · · · · · · 179
7.1 온보딩 모델 · 219

표

2.1 공공봉사동기, 친사회적 동기, 그리고 이타주의 척도 및 하위 척도의 설문 항목 · · · · 47
2.2 조직 인센티브의 유형화 · 53
3.1 임무 신비주의 신념 체계 템플릿 · 76
6.1 34개국의 공공 및 민간 부문에서 급여, 의료 혜택 및 연금의 동등성 비교 · · · · · · · 182
9.1 공직 제도, 관리 및 리더십 실무의 개혁을 위한 제안 요약 · · · · · · · · · · · · · 262

공공봉사동기

행정에 대한 열정을 유지하기 위한 조직관리

Managing Organizations to Sustain Passion for Public Service

공공봉사동기
Managing Organizations to Sustain Passion
for Public Service

제1장

공공봉사동기
Managing Organizations to Sustain Passion for Public Service

공직 제도의 새로운 기초

모든 사람은 자연과 재산이 그에게 준 혜택에 비례해 국가에 대해 봉사의 빚을 지고 있습니다.

토머스 제퍼슨(Thomas Jefferson) 대통령 1796

국가가 당신을 위해 무엇을 해 줄 수 있는지 묻지 말고 당신이 국가를 위해 무엇을 할 수 있는지 물어보십시오.

존 케네디(John F. Kennedy) 대통령 1961

가장 넓은 의미에서 '공공봉사'는 하나의 개념이고, 태도이며, 사명감이고, 심지어 공공의 도덕성까지 포함하는 개념입니다. 이러한 속성은 민주 사회의 기본이며, 권위주의 사회에서는 존재하지 않거나 우선순위가 낮은 속성입니다.

엘머 스타츠(Elmer Staats) 감사원장 1988

'새로운 공공 열정'은 공무원들이 애초에 공직에 들어온 목적, 즉 시민을 섬기기 위해 권한을 부여받고, 스스로 권한을 부여받았다고 느껴야 한다는 점을 강조합니다.

헬렌 클라크(Helen Clark) 유엔개발계획(UNDP) 관리자 2015

사람들에게 공동체와 사회의 이익에 기여하려는 동기를 부여하는 공익이라는 개념은 아리스토텔레스(Aristoteles)로 거슬러 올라간다. 앞의 에피그램(epigram: 警句)에서 알 수 있듯이, 이 아이디어는 시간과 지리적 환경의 변화에도 흔들리지 않는 탄력성을 지니고 있다. 특히 미국에서는 케네디 대통령 시절을 기억하는 미국인들이 많기 때문에, 케네디 대통령의 봉사에 대한 호소는 가장 자주 반복되는 에피그램일 수 있다. 전세계 많은 사람에게도 비슷한 감정이 있을 것이다. 이러한 생각은 봉사, 환원, 의무라는 인류의 중차대한 정서와 가치를 담고 있기 때문에 회복력이 강하고 널리 뿌리내리고 있다.

최근에서야 사회 및 행동과학자들이 공공봉사를 개인과 집단행동에 영향을 미치는 요인으로 본격적으로 연구하기 시작했다. 특히 지난 20년 동안 공공봉사동기(public service motivation)* 부여 효과는 공공봉사의 다양한 개념과 관련해 연구돼 왔다. 그중에는 공공봉사동기(Perry and Wise 1990), 이타주의(Piliavin and Charng 1990; LeGrand 2003) 및 친사회적 동기 부여(Brief and Motowidlo 1986; Penner et al. 2005; Grant 2008b)가 있다. 이 분야의 연구의 양과 질이 축적돼 공공 부문의 운영 방식을 형성하는 데 중요한 지적 자본의 원천으로 무시하기 어려운 정도에 도달했다. 이 책의 목적은 공공 부문의 운영 방식을 형성하는 데 중요한 지적 자본의 원천인 이러한 개념에 대한 연구 지식을 기반으로 여러 구체적인 적용 사례를 구분하는 것이다.

거의 40년 전, 미국의 획기적인 1978년 공무원 제도 개혁법(Civil Service Reform Act: CSRA)이 통과된 직후, 라이먼 포터(Lyman W. Porter)와 저자는 동기 부여에 관한 문헌들이 산업 및 비즈니스 조직 내 직원들을 대상으로 하는 연구에 너무 집중돼 있다는 점을 발견했다. 공공 조직의 동기 부여 맥락에 대한 지식의 한계는 개혁이 확산된 후 전 세계 여러 국가와 미국에서 성과급 및 CSRA의 다른 조항과 관련된 실패(Perry 1986)로 인해 드러났다(Lah and Perry 2008). 1982년에 주목할 필요가 있다고 판단한 연구 질문 중 일부(예: 개인과 조직의 일치, 목표 명확성이 동기 부여와 성과에 미치는 영향, 고용 안정의 동기 부여 영향)는 많은 연구를 통해 해답을 얻었으며, 공무원의 동기를 더 잘

---

* 공직봉사동기, 공공서비스동기라고 번역하기도 하나 이 책에서는 '공공봉사동기'로 표기한다. 같은 맥락으로 특별한 경우를 제외하고 public service도 공직봉사, 공공 서비스가 아닌 공공봉사로 통일해 표기한다(역자 주).

이해하기 위한 지식 기반의 일부가 됐다. 학자들은 개인이 조직을 선택하는 방법과 조직이 인재를 영입하는 방법, 개인이 조직에 가져오는 태도, 신념 및 관심사가 동기 부여에 어떠한 영향을 미치는지에 대한 연구를 진행해 왔다.

시장 기업에 기반한 동기 부여 관행과 가정을 잠재적으로 대체할 수 있는 새로운 지적 자본을 창출하는 것은 파브리지오 페라로(Fabrizio Ferraro), 제프리 페퍼(Jeffrey Pfeffer), 로버트 서튼(Robert I. Sutton)으로서, 이들은 사회 과학 이론이 자기 충족적이고 자기 영속적일 수 있다고 주장한다(Ferraro, Pfeffer, and Sutton 2005). 이론은 제도적 설계, 관리 관행, 그리고 행동에 대한 기대를 형성한다. 이론이 당연한 것으로 받아들여지고 규범적으로 가치 있게 여겨지면 경험적 타당성과는 무관하게 생명을 가질 수 있다. 미국 연방 정부에서의 성과급보다 더 좋은 예는 없을 것이다. 1978년에 처음 도입된 성과급 제도는 최소 세 차례에 걸쳐 실패와 부활을 거듭했다(Perry, Engbers, and Jun 2009). 성과연봉제는 경험적 타당성을 입증하는 데 반복적으로 실패했음에도 불구하고 규범적으로 가치 있는 경영 관행이 지속돼 온 과정을 보여 주는 대표적인 사례다.

인간 행동과 제도적 맥락에 대한 다양한 가정이 내재된 공공봉사동기에 대한 연구는 발생과 효과에 대한 경험적 증거가 늘어남에 따라 기존 질서의 전제를 서서히 약화시키기 시작했다. 여러 연구가 새로운 가정, 제도적 규칙 및 관리 관행을 명확히 하려고 시도했다. 그중 하나는 로리 팔버그(Laurie E. Paarlberg), 제임스 페리(James L. Perry), 애니 혼데헴(Annie Hondeghem)의 논문(Paarlberg, Perry, and Hondeghem 2008)으로, 공공 조직에서 행동 결과를 개선하기 위한 방안으로 리더와 관리자가 직원들의 공공봉사동기를 강화하기 위한 열네 가지 전술을 제시했다. 이 전술은 페리와 포터(Perry and Porter 1982)가 제안한 동기 부여 맥락을 포괄하는 다음의 다섯 가지 분석 단위를 포함한다: 개인, 직무, 직장, 조직, 외부 환경.

팔버그, 페리와 혼데헴(Paarlberg, Perry, and Hondeghem 2008)이 전술을 발표할 당시에 이미 공공봉사동기에 대한 연구는 상당히 진전돼 있었지만, 그 이후 10년 동안 경험적 연구의 양과 질 모두 크게 향상됐다. 2008년 이후 지식의 확장에 비춰(Ritz, Brewer, and Neumann 2016) 로버트 크리스텐센(Robert E. Christensen), 로리 팔버그(Laurie E. Paarlberg), 제임스 페리(James L. Perry)는 2008년부터 2016년 사이에 발표된 연구 결과를 종합했다(Christensen, Paarlberg, and Perry 2017). 이 연구들을 종합하면서 새롭게 생각하게 된 것은 임계점(threshold)에 대한 질문이었다: 즉, 공공봉사동기는 어느 정도까지 변화 가능한 개인의 속성인가?라는 질문이다. 2008년 이후 종단 및 실험 연구를 바탕으로 우리가 내린 결론은 공공봉사동기가 동기 부여 전략에 영향력 있는 수단이 될 수 있다는 점이다. 이를 통해 다섯 가지 중요한 일반적 교훈과 이와 관련된 실행 전략을 추출했다. 우리는 팔버그, 페리와 혼데헴(Paarlberg, Perry, and Hondeghem 2008)의 모든 전략을 복제하지는 않았지만 매우 일관적이었다(Christensen, Pearlberg, and Perry 2017).

친사회적 행동과 이타주의에 대한 연구에서 실용적인 적용 사례를 추출하려는 학자와 실무자의 노력도 시간이 지남에 따라 나타나고 있다. 한스 비어호프(Hans W. Bierhoff)는 응급처치 준비성 향상, 사회에서의 연대, 직장 내 친사회적 행동, 자원봉사의 네 가지 영역에서 친사회적 행동과 관련된 연구 적용 사례를 논의했다(Bierhoff 2002). 응급처치 준비성과 같은 부분은 공공 조직의 관리자 및 리더의 관심사와 거리가 있지만, 직장 내 친사회적 행동과 자원봉사와 관련된 내용은 공공 리더 및 관리자에게 상당한 의의를 가진다.

직장 내 친사회적 행동에 대한 기초 및 응용 연구의 가장 큰 원동력은 조직시민행동, 즉 직원들이 명백한 보상 약속 없이 직장에서 다른 사람을 돕는 행동에 대한 연구다(Organ and Ryan 1995; Podsakoff et al. 2000). 조직시민행동의 일부 차원, 특히 이타주의와 시민적 미덕은 공공봉사동기의 차원, 특히 자기 희생, 공익에 대한 시민의 의무/헌신, 공공 가치에 대한 헌신과 밀접하게 연관돼 있다(Perry 1996; Kim et al. 2013). 최근에는 애덤 그랜트(Adam M. Grant)와 공동 연구자들(예: Grant 2007, 2008b, Grant and Gino 2010 참조)의 연구가 친사회적 동기와 행동에 대한 연구에 새로운 생명과 관심을 불어넣고 있다.[1]

유엔개발계획(UNDP)은 글로벌 공공봉사 우수성센터(Global Center for Public Service Excellence: GCPSE 2015b)의 후원으로 2015년 "새로운 공공 열정"이라는 프로그램을 시작했다. 새로운 공공 열정 프로그램의 근거는 유엔의 2030년 지속가능발전목표(Sustainable Development Goal: SDGs)의 이행을 둘러싼 우려였다. 헬렌 클라크(Helen Clark)와 다른 UNDP 지도자 및 이해관계자들은 지속가능발전목표의 성공을 위해 효과적인 공공봉사가 중요하다고 생각했지만, 선진국과 개발도상국의 많은 국가에서 공공봉사, 특히 사기(士氣)와 동기 부여가 위기에 처한 것을 목격했다. 전 세계적으로 공공봉사가 악화되고 있다고 인식한 결과, UNDP의 지도부(GCPSE 2015a)는 성과가 급격히 악화될 수 있다고 우려했다:

> 공무원들은 자신의 리더십에 대해 거의 신뢰하지 않는 것 같다. 공공봉사에서 직무 몰입, 직업적 만족도 및 윤리적 분위기가 감소하고 있으며 공정성과 공평성이 위험에 처해 있다. 장기적으로 시민의 신뢰와 국가의 정당성을 위협할 수 있다. 단기적으로는 공직자의 업무 몰입도 저하와 헌신 부족, 심지어 위법 행위로 이어질 수 있다(GCPSE 2015a, 1).

글로벌 공공봉사 우수성센터(GCPSE)는 새로운 공공 열정 프로그램에 대한 지침으로 내재적 동기와 공공봉사동기에 대한 연구로 눈을 돌렸다. "국가 지속가능발전목표(SDGs) 그리고 새로운 공공 열정: 무엇이 공무원에게 진정한 동기를 부여하는가?"(GCPSE 2015b)에서 공공 부문 업무에 대한 동기 부여 요인을 분석하며, 내재적 보상과 공공봉사동기를 강조한다. 외재적 보상 또한 동기 부여 요인에 포함돼 있지만, 이 보고서는 개발도상국에서는 "외재적 보상을 지원할 공공 부문의 재원이 부족하기 때문에 실질적이지 않은 보상을 적절히 제공하면 추가적인 원동력이 된다…"(GCPSE 2015b, 9)고 인정한다. 이 보고서는 동기 부여를 개선하기 위한 대안으로 공직에 대한 자부심과 인정의 향상, 능력에 기반한 전문 공무원 제도 확립, 성과급의 신중한 활용, 가치에 기반한 공공봉사 촉진, 직원 참여 등을 제안한다. 새로운 공공 열정을 위해 제안된 많은 수단은 앞서 언급한 공공봉사동기 및 관련 연구의 지적 자본을 적용한 직접적인 산물이다. 글로벌 공공봉사 우수성센터는 개발도상국의 공공 부문에 영향을 미치는 많은 동기 저하 요인을 고려할 때, 많은 국가가 공무원의 열정과 사명감을 강화하기 위한 전략이 필요하다고 결론지었다.

요약하자면, 공공봉사동기는 전 세계적으로 지속적이고 탄력적이며 의미 있는 개념이다. 사회 및 행동 과학 연구의 지적 자본은 지난 20년 동안 기하급수적으로 성장해 이제는 공직 제도 설계 및 관리 관행을 개선하는 데 중요한 응용을 지속할 수 있는 수준에 이르렀다. 이러한 아이디어는 선진국과 개발도상국 모두에서 공직 개혁에 대한 강한 필요성과 맥을 같이하고 있다.[2]

1.1 전통적인 공직 제도에 대한 지속적인 압력

선진국과 개발도상국 모두를 괴롭히는 위기감은 현실이다. 전 세계 정부는 압박을 받고 있다. 2017년 여름 국립행정학회(National Academy of Public Administration: NAPA)에서 발표한 『더 이상 기다릴 시간이 없다(No Time to Wait: Building a Public Service for the 21st Century)』는 이러한 압박의 대표적인 예시다. 이 보고서의 요약본은 현재 상황에 대한 암울한 진단으로 시작한다:

> 우리는 심각한 우려를 느끼며 이 백서를 발간한다. 사이버 안전 보장부터 국경 보호에 이르기까지 연방 정부는 미국 국민을 위해 정부를 운영하는 데 심각한 문제에 직면하고 있다. 그리고 이러한 문제들의 공통적인 근본 원인은 연방 정부의 인적 자본 시스템이 근본적으로 망가졌다는 점에 있다(NAPA 2017, 1).

연방 시스템의 취약성에 대한 심각한 경고에도 불구하고 연방 인적 자본 시스템은 2001년부터 미국 회계감사원(Government Accountability Office: GAO)의 고위험 목록에 올라 있다. 미국 회계감사원(GAO)은 2017년 보고서에서 미국 인사관리처와 여러 연방 기관이 어느 정도 진전을 이뤘다고 평가했지만, 전략적 인적 자본 관리를 고위험으로 처음 언급한 이후 수년이 지났다. IBM 정부 비즈니스센터(IBM Center for the Business of Government)의 2016년 보고서에서 도널드 케틀(Donald F. Kettl)은 GAO의 고위험 목록에서 정부 관리를 개선하기 위해 어떤 교훈을 얻을 수 있는지 살펴봤다. 인적 자본의 중요성에 대한 그의 결론은 놀랍다(Kettle 2016, 1):

> 간단히 말해서, 고위험 목록에서 가장 위험한 문제의 대부분은 인적 자본에 뿌리를 두고 있다. 특히 정책 문제가 증가하고 있고 이를 해결할 수 있는 적절한 인력을

찾기 어렵기 때문에 문제는 점점 더 악화되고 있다. 고위험 목록에 있는 모든 문제 중에서 인적 자본의 문제는 미래의 정책 분야를 고위험 목록에 포함시키고, 이미 목록에 있는 정책 분야가 여기서 벗어나기 가장 어렵게 만드는 문제다(Kettle 2016, 14).

전략적 인적 자본 관리에 대한 GAO의 장기적인 경고와 더불어 두 번이나 발표된 『더 이상 기다릴 시간이 없다』(National Academy of Public Administration 2017, 2018)라는 보고서의 시급성을 고려할 때 분명한 의문이 생긴다: 왜 적절한 조치가 지연되고 있는가? 연방 인적 자본 제도와 관련된 위험에 대한 경고를 한 사람들을 변호하자면, 현재 워싱턴 DC를 지배하고 있는 극심한 당파적 대립은 연방 인적 자본 제도를 개혁하기 위해 준비된 입법 조치를 중단하기에 충분하다. 그리고 법을 충실하게 집행하는 연방 정부의 역량은 점점 더 의심스러워지고 있다(Light 2008, 2020). 그러나 이 문제가 얼마나 지속되는가는 정치적 합의 상황을 넘어 지적 자본의 축적과 대규모 제도적 변화의 실행이 얼마나 어려우냐에 달려 있다.

1.1.1 공직 제도의 지속 성향

미국뿐만 아니라 전 세계 다른 나라에서도 "망가진" 공직 제도가 지속되고 있다는 것은 미국 정치 시스템의 기능 장애만으로 개혁가들이 직면한 도전을 설명하기에는 충분치 않음을 시사한다. 20여 년 전, 한스 베케(Hans A. G. M. Bekke), 제임스 페리(James L. Perry)와 테오 투넨(Theo A. J. Toonen)은 여러 조사자를 이끌고 공직 제도에 대한 비교 연구를 수행했다(Bekke, Perry, and Toonen 1996). 이 연구의 결론은 공직 제도는 지나칠 정도로 다양한 외부 영향 요인에 의해 결정되고 강화되며, 공직 제도가 배태된 시스템에 의해 영속화되기 때문에 지속된다는 것이었다. 예를 들어, 국가 발전과 관련해 우리는 다음과 같이 썼다: "공직 제도가 외부 결정 요인의 산물이라는 사실은 공직 제도가 설계자 마음대로 바꿀 수 있는 단순한 인공물이 아니라는 점을 시사한다. 공직 제도는 어떤 면에서는 주변 환경의 유기적 일부인 맥락의 자연스러운 산물이다"(Bekke, Perry, and Toonen 1996, 322).

베케, 투넨, 그리고 저자가 처음으로 공직 제도가 과도하게 결정돼 있다고 규정한 이후, 학자들은 경로 의존성(Pierson 2000)과 역사적 제도주의(Thelen 1999)의 관점에서 유사한 현상을 설명하는 경우가 많아졌다. 캐슬린 텔렌(Kathleon Thelen)은 공직 제도에 익숙한 사람이라면 누구나 금방 알 수 있는 관행의 지속성에 대한 예를 제시한다. 직무 분류 시스템은 원래 고용주가 노동조합에 부과한 제도였는데, 노동조합이 직무 분류에 첨부한 규칙이 반영돼 결과적으로 노동조합이 통제하는 제도가 됐다는 것이다. 노동조합이 자신의 목적에 맞게 제도를 조정하는 능력은 그 지속성을 설명하는 데 도움이 된다. 텔렌은 다음과 같이 썼다:

> 이 제도는 원래 노동을 통제하는 방법으로 고용주가 노동조합에 부과한 것이었다. 이 제도를 바꿀 수 없었던 신생 노조는 자신들의 전략을 이 제도에 맞게 조정했고, 이러한 직무 분류에 규칙을 부가하려고 노력했다. 그렇게 함으로써 결국 이 제도를 노조가 통제하는 제도로 바꿔 놓았다. 이 경우 제도에 "적응"하는 것은 제도를 완전히 변화시키는 효과를 가져왔기 때문에 이제는 제도를 공격하는 측이 고용주, 방어하는 측은 노조가 됐다(Thelen 1999, 286).

공직 제도의 두 가지 일반적인 특징, 즉 제도 운영 규칙의 두 가지 요소는 지속성에 중요한 영향을 미친다. 운영 규칙은 행위자, 특히 공직 구성원들이 무엇을 중요하게 여기는지 민감하게 만드는 역할을 한다. 그렇게 함으로써 운영 규칙은 가치를 인정받고 보호받을 수 있다. 이러한 운영 규칙은 당연한 것으로 받아들여져 지속성을 강화하고 변화를 위한 이니셔티브를 제약할 수 있다(Meyer and Rowan 1977; Tolbert and Zucker 1983; Scott 1987). 미국 연방 공무원 제도에서는 이러한 유형의 운영 규칙을 1978년 공무원 제도 개혁법에서 "실적주의 원칙"으로 표기했다. 현재의 제도를 개혁하려는 모든 노력은 운영 규칙을 유지하지 않으면, 실질적인 개혁 옵션에서 즉각 파기될 위험이 있다.

운영 규칙이 지속성에 영향을 미치는 두 번째 방식은 일반적으로 인식된 문제에 대한 적절한 기술적 해결책이라는 합리적인 기원을 가지고 있다는 점이다. 비록 성과가 기대치에 미치지 못하더라도 그럴듯한 기술적 대안이 없다면 운영 규칙이 지속될 가능성이 높다. 운영 규칙의 상호 연결성으로 인해 하나의 규칙을 변경하면 다른 많은 규칙에 영향을 미칠 수 있으며, 이로 인해 그럴듯한 기술적 대안을 찾는 것이 복잡해진다. 미국 연방 공무원 제도의 직위 분류는 기술적 해결책 대안이 없기 때문에 적어도 부분적으로 지속되는 운영 시스템의 좋은 예다(National Academy of Public Administration 1991).

1.1.2. 지속성에 직면한 동기의 진화

때때로 개혁이 침투하지 못하는 것처럼 보이지만 공직 제도와 이에 포함되거나 연계된 조직은 변화한다. 하지만 현실은 종종 계획된 변화 – 개혁 –에 덜 반응하고 환경의 발전으로 인한 프로세스의 결과로 변화할 가능성이 더 높다(1981년 3월). 1970년대 후반부터 시작된 공공 부문의 변화 움직임을 일컫는 신공공관리(New Public Management: NPM)를 살펴보면, 공공 부문의 변화와 공공봉사동기의 진화에 대해 많은 것을 알 수 있다.

신공공관리는 관료주의가 헤게모니를 쥐고 있던 오랜 기간 동안에 조직 형태(Mintzberg 1979)로 발전해 온 공공관료제의 잘못된 점으로 인식해 온 모든 것 – 비효율성, 대응력 부족, 비효과성 등 –에 대한 해독제였다. 신공공관리(NPM)는 종종 단일 개념으로 사용되지만, 그 의미는 이 개념을 사용한 문헌에 따라 다양하다. 신공공관리는 공공 부문에 도입된 민간 부문 관행, 준(準)시장에 의존하는 공공 서비스 조직화 방식, 그리고 공공 서비스의 효율성과 효과성을 높이기 위해 고안된 특정한 관리 관행을 의미이기도 한다(Boruvka and Perry 2020). 신공공관리에 부여된 의미의 다양성으로 인해 이를 비판하는 것이 쉽지 않지만, 개인 보상 인센티브(high-powered incentive), 계약에 의한 외주화(contract-out), 집행기관화(agentification) 등 몇 가지 대표적인 관행은 신공공관리와 밀접하게 연관돼 있다(Boruvka and Perry 2020).

이러한 대표적인 개혁은 관료주의의 병폐를 해결할 수 있을 것이라는 높은 기대감으로 환영받았다. 뉴질랜드와 영국은 집행기관화 및 외주화 개혁의 선도국이었으나 개혁 이니셔티브에 대한 기대를 실현하지 못했다(Boruvka and Perry 2019). 뉴질랜드는 집행기관화를 추진하면서 정부 전체에 100개가 넘는 기관이 생겨났고, 기관 중심의 목표와 인센티브에 집중하게 됐으며, 그 결과 부서 간 복잡한 문제를 해결하기 위한 협력 구축에 실패했다. 영국에서는 1990년 국민보건서비스(National Health Service) 개혁을 통해 의료 서비스 제공자의 자율성을 강화했고, 제공하는 서비스에 대한 중앙의 모니터링을 감소시켰다. 그러나 1990년대에 사망률이 증가하자 1997년 토니 블레어(Tony Blair) 정부는 1990년대 초에 도입한 경쟁적 프로세스를 수정했다.

개혁의 수단으로서, 개인 보상 인센티브는 계약에 따른 외주화 또는 집행기관화보다 훨씬 더 저조한 성과를 거뒀다. 1980년대 초부터 2000년대까지의 성과급에 대한 평가에 따르면, 개인 보상 인센티브는 일반적으로 기대한 결과를 얻지 못한다는 결론이 일관되게 나타났다(Perry, Engbers, and Jun 2009).[3] 더 중요한 것은 개인 보상 인센티브의 이론적 토대에 대한 의문이 점점 더 커지고 있다는 것이다(Perry 1986; Frey 1997; Frey and Osterloh 2005; Miller and Whitford 2007). 학자들은 인센티브의 효용성을 부정하지는 않았지만, 개인 보상 인센티브보다는 집단 보상 인센티브(low-powered incentive)에 대해 설득력 있는 사례를 제시했다(이 연구에 대한 자세한 논의는 6장 참조).

19세기 후반부터 현재까지 공공봉사동기의 진화를 장기적으로 바라보면, 시간의 흐름에 따른 변화를 볼 수 있다. 엘리제 보루브카(Elise Boruvka)와 저자는 관료주의 모델에서 NPM 모델, 그리고 오늘날 등장한 모델, 즉 신공공봉사 모델에 이르기까지 공공봉사동기의 진화를 분석했다. 포스트 NPM 시대를 "신공공봉사" 동기 부여 모델이라고 부른 것은 민주주의와 헌법적 가치가 다시 강조되고 있기 때문이다(Denhardt and Denhardt 2015). 신공공봉사동기 부여 모델은 "임무(mission)"의 중요성을 강조한다. "임무"는 좁게 해석되는 성과와는 대조적으로 공공 가치를 표현하는 역할을 한다. 새로운 동기 부여 모델의 특징 중에는 "동기 부여 역학에서 사회적으로 획득한 가치의 중심성(Perry 2000), 외재적 동기와 대비되는 내재적 동기의 강력한 힘, 그리고 개인적 발전의 중요성"(Boruvka and Perry 2020, 573)이 있다.

공공 기관에서 동기 부여의 진화에 몇 가지 측면이 두드러지게 나타난다. 하나는 많은 선진국에서 한 세기 이상 지속해 온 관료주의 모델의 지속성이다. 이 모델의 지속성은 시간의 흐름에 따른 변화의 패턴을 가린다. 이는 1870년대 이후 변화의 물결이 합리적 이데올로기와 규범적 이데올로기를 번갈아 가며 나타났다는 스티븐 발리(Stephen R. Barley)와 기드온 쿤다(Gideon Kunda)의 결론에서 가장 잘 드러난다(Barley and Kunda 1992). 20세기 말에 여러 변화의 물결이 밀려왔음에도 불구하고 관료주의적 동기 부여 모델은 그대로 유지됐으며, 제도적 가치에 대한 구성원의 몰입, 고용 안정성, 상당한 연금 보상, 일률적인 급여 구조 또는 지식 보상형 급여 구조(flat or pay-for-knowledge salary structure)*를 동기 부여 시스템의 핵심으로 삼고 있다(Boruvka and Perry 2020). 신공공관리는 가장 급진적인 변화의 물결을 대표할 수 있으며, 세기말에 이르러 합리적 이데올로기를 규범적 이데올로기로 대체한 것 같다(Moynihan 2008). 특히 집행기관화, 계약에 따른 외주화, 개인 보상 인센티브 등 신공공관리가 가져온 많은 동기 부여 관행은 주인-대리인 이론에 기반을 두고 있다. NPM의 여파로 이에 수반된 많은 동기 부여 관행이 폐기됐다. 남은 것은 정당성을 유지하기 위한 성과와 상징적 행동에 대한 지속적인 관심이다(Boruvka and Perry 2020).

1.2. 개혁의 기초로서 공공봉사동기 연구

이 책의 목표는 공공 부문 전반에 걸쳐 공직 제도와 조직의 변화를 촉진하는 것이다. 그러나 지난 20년간의 공공봉사와 친사회적 동기에 대한 연구를 통해 이제 공직 제도의 중대한 변화를 이끌어 낼 수 있는 지적 자본을 갖추게 됐다는 확신을 갖게 됐다. 이러한 낙관론의 근거로 연구의 세 가지 측면, 즉 증거 기반(evidence-based), 포괄성(comprehensiveness), 일관성(coherence)을 언급할 만하다.

1.2.1. 증거 기반

증거 기반 정책결정위원회의 보고서(Commission on Evidence-Based Policymaking 2017)는 좋은 정부와 좋은 공공 정책은 증거에 의존한다는 사실과 우리의 필요를 충족시키기에는 증거가 너무 부족하다는 두 가지 사실에 주목했다. 공공봉사동기 및 관련 개념에 대한 연구가 기하급수적으로 증가하면서 중요한 임계점을 넘어섰다. 오늘날

---

* "보상형 급여"란 급여가 개인의 수행 업무가 아닌 지식과 관련해 지급되는 것을 의미한다. 현재와 미래에 조직의 지식의 필요를 예상해서 '직무'에 대해 '과잉 자격'을 갖춘 사람을 고용할 필요성을 인정하는 좀 더 유연한 급여 구조다. 즉, "직무에 대한 급여"와 "개인이 보유한 지식에 대한 급여"의 차이다(역자 주).

'증거 기반' 사고는 21세기의 도전 과제에 맞게 공직 제도와 공공 조직을 재설계하기 위한 토대를 제공한다. 이러한 발견은 연구 증거가 너무 풍부해서 더 이상 공직 제도의 제도적 장치를 통해 동기 부여 결과를 개선하기 위한 기초 및 응용 연구를 추구할 필요가 없다는 것을 의미하지는 않는다. 다만 성공적인 개입이 가능하리라는 긍정적인 전망으로 제도적 장치를 재설계할 수 있는 증거 기반 지침을 갖게 됐다는 것을 의미한다.

증거에 대해 신뢰하는 또 다른 이유는 증거의 양뿐만 아니라 증거의 엄격성이 증가하고 있기 때문이다. 체계적 문헌 고찰을 통해 아드리안 리츠(Adrian Ritz), 진 브루워(Gene Brewer), 올리버 노이만(Oliver Neumann)은 1990년부터 2014년까지 12개의 공공행정 학술지에 실린 323편의 공공봉사동기에 관한 논문을 확인했다(Ritz, Brewer, and Neumann 2016). 이 중 통제된 실험 방법을 사용한 논문은 전체의 4.7%인 12편에 불과했다. 이 책에 실린 연구들을 간단히 설명하면, 40여 편의 실험 연구 중 절반 이상이 리츠, 브루워와 노이만(Ritz, Brewer, Neumann 2016)의 체계적 문헌 고찰에 포함된 마지막 해인 2014년 이후 발표된 것이다.[4]

공공봉사동기 및 친사회적 동기에 관한 최근 연구의 상당수가 실험적이라는 사실은 공공 문제 해결을 위한 현대적 탐구의 발전을 고려할 때 그리 놀라운 일이 아니다. 영국의 행동 통찰력 팀(Behavioural Insights Team)과 오바마 대통령의 사회 및 행동과학 팀(President Obama's Social and Behavioral Sciences Team)이 현재의 공무원 관행에 대한 새롭고 지속 가능한 대안을 찾기 위해 비교적 집중적으로 실험한 두 가지 예다. 현재의 증거는 많은 공공 조직이 엄격한 실험에 개방적인 태도를 취하는 것과 맞물려 공직 제도 개혁을 향한 중요한 진전을 이루는 공식이다.

연구의 양과 질이 관리 관행의 개혁을 위한 임계점에 도달했는지에 대해 정해진 기준은 없지만, 증거 기반 관리를 고찰함으로써(Rousseau 2012; Rousseau and Olivas-Luján 2015) 우리는 임계점에 도달했다는 결론을 내릴 수 있었다. 데니스 루소(Denise M. Rousseau)와 미구엘 올리바스-루잔(Miguel R. Olivas-Luján)은 "증거 기반 관리의 핵심은 과학적 지식을 관리 실무에 체계적으로 적용해 그 결과 관리자가 더 나은 결정을 내리고, 운영의 비효율성을 줄이며, 조직 성과의 일관성과 수준을 개선하는 것"(Rousseau and Olivas-Luján 2015, 1)이라고 말한다. 이 책에 제시된 아이디어는 루소와 올리바스-루잔(Rousseau and Olivas-Luján 2015)이 증거 기반 관리와 연관시킨 네 가지 특징 중 첫 번째, 즉 과학적 지식의 활용과 밀접하게 연관돼 있다. 이 책의 많은 증거는 관리자의 경험과 같은 전통적인 토대에 의존하기보다는 "통제된 관찰, 대규모 표본(N), 검증된 측정, 통계적 통제, 세상의 작동 방식에 대한 체계적으로 검증되고 축적된 이해(즉, 이론)에 기반한"(Rousseau and Olivas-Luján 2015) 과학적 지식에서 도출된다.

과학적 지식은 증거 기반 관리를 구성하는 요소의 하나일 뿐이며, 최근 사회 및 행동과학 연구의 축적된 지식이 개혁의 임계점을 넘을 수 있게 된 것은 구성 개념의 다른 속성 때문이다. 루소와 올리바스-루잔(Rousseau and Olivas-Luján 2015)은 증거 기반 관리의 필수 요건은 사실(facts), 즉 조직의 증거(organizational evidence)를 활용하는 것이라고 주장한다. 그러나 공공 환경의 이해관계자들은 고정관념 또는 민간 경제의 관행이 우월하다는 생각 때문에, "관료" 또는 기타 지식이 풍부한 이해관계자가 제시하는 신뢰성과 타당성 있는 증거를 무시하는 경우가 너무 많다. 이 책을 집필하는 기반이 되는 연구 흐름들(예: 공공봉사동기, 친사회적 동기, 긍정적 조직 행동)은 공공 기관 내 행위자와 대리인이 생성한 조직적 증거를 중시한다. 우리는 또한 루소와 올리바스-루잔(Rousseau and Olivas-Luján 2015)이 증거 기반 관리와 관련해 제시한 다른 두 가지 속성, 즉 성찰적 판단과 의사결정 도구, 그리고 이해관계자를 고려한 윤리적 의사결정이 공공 조직에서 가치 있게 여겨진다는 것을 잘 알고 있다.

1.2.2. 포괄성

이 장의 서두에서 공공봉사동기(Ritz, Brewer, and Neumann 2016)와 친사회적 동기부여(Grant and Berg 2011)에 대한 연구가 급증하고 있다고 언급했다. 연구가 진전됨에 따라(Perry 2014), 공직 제도를 구체적으로 재설계하고 공공 조직을 좀 더 광범위하게 재설계하는 데 중추적인 역할을 하는 다양한 주제를 연구하는 것으로 확장됐다. 이렇게 축적된 광범위한 증거는 공직 제도를 재설계할 수 있는 중요한 근거를 제공한다. 이들 연구(Perry 2019)에서 다룬 주제의 일부는 다음과 같다:

- 직업 선택 의사결정(Job choice decisions) – (Wright and Christensen 2010; Christensen and Wright 2011; Kjeldsen and Jacobsen 2013; Holt 2018; Sanabria-Pulido 2018);
- 결근(Absenteeism) – (Jensen, Andersen, and Holten 2019; Gross, Thaler, and Winter 2019);
- 인센티브(Incentives) – (Frey and Jegen 2001; Burgess and Ratto 2003; Miller and Whitford 2007);
- 직무 설계 및 성과(Job design and performance) – (Grant et al. 2007; Grant 2008b; Bellé 2013);
- 성과(Performance) – (Brewer and Brewer 2011; Warren and Chen 2013; Andersen, Heinesen, and Pedersen 2014; Callen et al. 2015; Mostafa and Leon-Cazares 2016; Van Loon et al. 2016; Miao et al. 2019);
- 윤리적 행동(Ethical behavior) – (Brewer and Selden 1998; Choi 2004; Stazyk and Davis 2015; Meyer-Sahling, Mikkelsen, and Schuster 2019);
- 협업(Collaboration) – (Esteve, van Witteloostuijn, and Boyne 2015);
- 혁신적 행동(Innovative behavior) – (Wright, Christensen, and Isett 2013; Miao et al. 2018).

1.2.3. 일관성

일관성이란 공공봉사동기와 관련된 핵심 아이디어들이 얼마나 논리적이고 일관되며 통일된 전체를 형성하는지를 의미한다. 일관성에는 세 가지 형태가 중요하다. 첫 번째는 개인의 동기 부여 모델이 공공 기관이 구현하는 가치와 얼마나 잘 부합하는가다. 첫 문단에서 언급했듯이, 이 장의 제목을 장식하는 문단에는 공공 기관에서 중요한 가치인 봉사, 환원, 의무가 담겨 있다. 이러한 가치를 공공봉사동기에 관한 이론과 일치시키는 것은 제도의 일관성(institutional coherence)을 나타낸다. 앞서 주장했듯이, 공공봉사의 가치는 공무원에게 동기를 부여하는 데 사용되는 이론과 일치하지 않는다. 이론이 제도적 설계, 관리 관행, 행동에 대한 기대치를 형성한다면(Ferraro, Pfeffer, and Sutton 2005), 공익과 공동선과 같은 가치에 기반을 둔 이론이 이기심과 기회주의에 기반을 둔 이론보다 공공 부문에 훨씬 더 적합하다.

공공봉사동기에 적용되는 두 번째 유형의 일관성은 이론적 일관성이다. 지난 40년 동안 사회학(Knoke and Wright-Isak 1982), 사회심리학(Deci and Ryan 2000), 경제학(Frey 1997; Francois 2000), 조직행동학(Schneider, Goldstein, and Smith 1995; Grant 2008a), 공공행정학(Perry and Wise 1990; Perry 2000; Perry and Vandenabeele 2008; Wright and Pandey 2008; Christensen and Wright 2011) 학자들은 논리적이고 일관되며 통일된 전체를 이루는 이론과 실증 연구를 발전시켰다. 이러한 이론은 2장에서 더 자세히 설명할 것이다. 요점은 여러 학문 분야에서 발전된 이론과 이를 바탕으로 한 경험적 연구가 설득력 있는 일관된 증거를 만들어 냈다는 것이다.

세 번째 유형의 일관성은 시너지 효과인데, 이것은 관행이 실행될 때 자기 강화 효과에 기여하는 관행 전반의 일관성을 나타낸다.[5] 정책과 관행 전반의 자기 강화 효과는 개인적 관행의 총합보다 체계적 성과가 더 클 수 있음을 의미한다(Combs et al. 2006). 두 가지 질문이 관행 전반의 시너지를 파악하는 데 핵심이다. 해당 관행이 직원들 사이에서 공공봉사동기 또는 친사회적 동기를 강화하는가? 그 관행이 공공봉사동기 또는 친사회적 동기를 약화시키거나 훼손하는가? 시너지 효과가 높다는 것은 관행이 총체적으로 공공봉사동기 및 친사회적 동기에 건설적으로 기여하고 이를 저해하는 것을 최소화함을 의미한다.

1.2.4. 이 책의 구성

2장, '공공봉사동기의 이론적·경험적 기초'에서는 공공봉사동기 연구를 움직이는 주요 이론을 살펴본다. 논의는 (1) 성향-기회 이론과 매력-선택-이탈(attraction-selection-attrition) 및 개인 적합성에 관한 관련 이론, (2) 자기 결정 이론과 동기 부여와 관련된 이론, (3) 목표 설정 이론의 세 가지 이론군을 중심으로 구성된다. 이 장에서는 공공봉사동기 연구에서 가장 두드러진 이론과 각 연구 흐름과 관련된 실증 연구의 결과에 주목한다.

공공봉사동기에 관한 이론과 실증적 연구 기반을 폭넓게 검토한 후, 3~8장에서는 공직 설계와 공공관리 전략 및 실천을 위한 새로운 방향을 구체화하는 실천적 원칙과 연구 결과를 설명한다. 6개의 장은 (1) 개인, (2) 직무, (3) 업무 환경, (4) 조직 등 동기에 영향을 미치는 특성을 파악하기 위해 이전에 사용된 분석 단위의 분류를 중심으로 구성했다(Perry and Porter 1982; Paarlberg, Perry, and Hondeghem 2008;

Christensen, Paarlberg, and Perry 2017). 3~8장은 2장에서 제시한 이론이 아닌 분석 단위를 중심으로 구성해 직원의 동기를 변화시킬 수 있는 개입 방법을 포괄적으로 다룬다. 실천적인 원칙은 공공봉사동기 부여 잠재성을 활용해 직원의 행동에 활력을 불어넣고, 방향을 제시하며, 지속시키는 관리 관행에 주목한다. 이 장에서는 공공봉사동기 부여가 비교적 용이한 사람들을 선별해 친사회적 행동을 활성화하도록 업무를 설계함으로써 동기를 부여하는 직접적인 방법을 소개한다. 또한 개인이 공익적 행동에 참여하도록 동기를 부여하는 가치 체계를 지원하는 방법도 살펴본다. 가치 관리 모델은 업무 환경부터 조직의 사명에 이르기까지 조직의 모든 측면에서 이러한 가치를 관리하는 것으로 확장된다. 이 제안은 공식적인 인적 자원 관리 시스템을 넘어 직원과 직원의 태도 및 행동을 형성하는 리더십, 문화, 대인 관계를 살펴본다.

3장, '공공봉사동기가 높은 인재의 충원이 우선이다'에서는 시민에게 양질의 서비스를 제공할 수 있는 성향을 가진 인재를 영입하는 데 초점을 맞춘다. 공공 조직이 공공봉사동기가 높은 인재를 영입해야 한다는 주장은 전통적 역량에만 국한돼 있던 인재상(人材像)을 좀 더 넓게 정의해 봉사 성향까지 포함해야 함을 의미한다. 이 장에서는 공공봉사동기가 높은 공무원을 영입하고 선발하기 위한 방법을 살펴본다.

4장, '공공 업무의 의미 활용하기'에서는 공공봉사동기에 활력을 불어넣을 수 있는 또 다른 경로, 즉 업무 자체에 대해 살펴본다. 공공 업무가 직원의 동기를 부여할 수 있는 잠재력이 있다는 주장은 정부는 다르다는 점을 이해하는 데서 출발한다. 정부는 특히 민주주의 체제에서 사회의 규칙을 만들고 집행하는 권한을 그 사회로부터 위임받았다. 공공 기관은 공공재를 창출하고 공공재에 대한 접근을 제공하며, 공공재의 관리를 감독하고, 시민을 위한 공정성과 접근성을 증진한다. 공공의 이익을 보장하고 공동선을 유지하는 것은 한 사회에서 가장 소중한 친사회적 목표 중 하나다. 정부가 공공의 업무를 위임받은 기관이라는 점은 이러한 맥락에 놓인 공무원들의 행동에 활력을 불어넣고, 방향을 제시하며, 지속시키는 데 중요한 구조적 이점이 된다. 이 장에서는 공공 업무에 내재된 의미를 활용함으로써 동기 부여의 이점을 극대화할 수 있는 체계적인 방법을 소개한다.

5장, '공공봉사동기를 장려하는 근무 환경 조성하기'에서는 직원들이 자신의 가치와 조직의 가치를 강하게 연결하도록 장려하는 근무 환경의 속성에 대해 살펴본다. 지원적인 근무 환경을 조성하면 직원들이 자신의 역량, 자율성, 관계성에 대한 내재적 욕구를 추구하고 실현할 수 있는 맥락이 만들어진다. 직원들이 기본적인 심리적 욕구를 추구할 수 있는 환경은 심리적 건강과 웰빙을 위한 토대가 되며, 이를 통해 직원들이 자신의 가치와 목표를 조직의 가치와 목표에 우회 없이 연결할 수 있게 된다. 이 장에서는 공공봉사동기를 의도적으로 육성하고, 다른 한편으로는 지원적인 환경을 조성하는 데 방해가 되는 관행을 제거함으로써 직원들이 자신의 가치와 조직의 가치를 더 자유롭게 연결할 수 있도록 보장하기 위한 단계를 살펴본다. 지원적인 관리자, 동료, 정책이 근무 환경의 '연성(soft)' 측면을 나타낸다.

이와 반대로 '경성(hard)' 측면은 보상 체계로 대표되는데, 이는 6장 '보상 체계와 공공봉사동기를 연계하기'의 주제다. 보상과 공공봉사동기는 특히 성과급에 관한 연구에서 자주 교차해 왔다. 성과급과 공공봉사동기 사이의 교차점이 가장 두드러지지만, 보상 정책의 많은 영역이 공공봉사동기와 밀접한 관련이 있다. 이 장에서는 보상 정책과 공공봉사동기를 일치시키기 위한 원칙을 강조하고, 전문가들이 보상 정책 및 실무에 대한 연구를 통해 도출할 수 있는 추론을 평가하며, 보상 정책과 공공봉사동기를 일치시키는 보상 전략을 제시한다.

비록 공공 기관은 공공봉사동기가 높은 사람을 채용하기 위해 노력해야 하지만, 리더는 일부 직원이 공공봉사에 대한 성향이 낮더라도, 시간이 지남에 따라 조직과 직원이 모두 변화하기 때문에 공공봉사 가치에 대한 지속적인 사회화를 통해 직원들이 혜택을 얻을 수 있다는 점을 가정할 필요가 있다.

7장, '신입 직원에게 공공봉사 가치를 배울 기회 제공하기'에서는 신입 직원과 기존 직원 모두 사회화할 필요성을 다룬다. 이 장에서는 신입 직원 오리엔테이션, 온보딩, 멘토링 등 강력한 문화 조성을 위해 사용할 수 있는 몇 가지 메커니즘을 검토한다. 7장에서 논의하는 프로세스는 선발 제도의 격차를 메우고 직원 전체에 공공봉사 가치를 확산하고 강화하는 방법을 제시한다.

8장, '미션, 영감 및 커뮤니케이션을 통한 리더십'에서는 직원들의 공공봉사 가치에 대한 관심과 반응을 촉진하는 리더의 역할을 살펴본다. 많은 직원이 자기 조절 과정을 통해 동기를 유지한다. 다른 직원들은 열망의 자극을 통해 도움을 받기도 한다. 이 장에서는 리더십을 통해 공공봉사동기를 강화하는 방법으로 추구할 가치가 있는 두 가지 일반적인 경로에 대해 논의한다. 첫 번째 경로는 리더가 임무와 비전을 명확히 제시함으로써 직원들을 자극하고 강화하며, 공공봉사 가치로 방향을 설정하는 것이다. 두 번째 경로는 리더가 가치에 기반한 리더십을 추구하는 것이다.

이 책은 9장, '공공의 열정을 불러일으키는 공직 설계'로 마무리된다. 결론에서 다루는 핵심 쟁점은 앞선 여덟 장에서 제시한 관점이 지나치게 낙관적인 것은 아닌지, 공무원에게 동기를 부여하고 공직 제도를 설계하는 방법을 재고하기 위한 지적 자본으로서의 공공봉사동기에 대한 열정의 어두운 면을 간과하는 것은 아닌지 하는 것이다. 이 질문에 대한 대답은 쉽게 예상할 수 있는 것이지만, 여기서 소개한 사례들이 지나치게 낙관적이거나 공공봉사동기의 어두운 면을 간과한 것은 아닌지 살펴볼 가치가 있다고 생각한다. 이 책은 공직 제도 재설계와 재편성을 발전시키는 방법에 대한 핵심 아이디어를 요약하면서 마무리한다.

1.3. 결론

이 책은 공직 개혁의 진전을 목표로 삼아 잘 알려진 여러 영역을 탐색한다. 이 책이 다른 책과 차별화되는 점은 공직 제도에 대한 최근의 사회 및 행동과학 연구를 바탕으로 한 새로운 기반에서 출발한다는 점이다. 이러한 연구 덕분에 우리는 이제 전 세계의 공직 제도를 변화시키기 위해 공직 설계, 정책 및 관리 관행을 재고할 수 있는 지적 자본을 확보하게 됐다. 2장에서는 공공봉사동기 연구에서 중요한 이론과 공직 제도의 새로운 토대가 되는 관련 연구 결과를 설명한다.

주(註)

1. 애덤 그랜트(Adam M. Grant)와 동료들의 연구는 이 책 전체에 걸쳐, 특히 4장과 8장에서 논의된다.

2. 이 책에서 제시한 많은 개념, 이론, 조직의 실제 사례는 광범위하게 적용할 수 있지만, 관리자들과 이 아이디어의 사용자들은 각자의 상황에 맞게 적합성을 평가해서 활용해야 한다.

이 주의 사항은 증거 기반 관리에 대한 전문가들(Rousseau 2012; Rousseau and Olivas-Luján 2015)의 조언과 일치한다. 서론에서 강조한 바와 같이, 나는 이 책의 내용이 전 세계의 다양한 조직에서 발생하는 문제와 관련이 있다고 생각한다. 그러나 조건이 불확실하거나 완전히 정립되지 않았을 수 있기 때문에 이 책의 아이디어의 적용 가능성을 과장하지 않도록 주의해야 한다.

이 책의 아이디어가 적용될 수 있는 경계를 명확히 지정하는 것이 어렵다는 점도 충분히 인식하고 있다. 적용 가능성의 경계를 긋는 것이 어려운 이유는 전 세계의 정부 조직과 공공 부문이 상이할 뿐만 아니라 정부 혼자만이 아닌 거버넌스에 대한 것이기 때문이다(Rhodes 1996). 거버넌스가 공공재와 서비스 제공에 관여하는 주체를 설명하는 기준이 되는 세상에서는 분석의 초점 단위에 대해 완전히 만족할 만한 명명법을 찾기가 어렵다. 정부 조직이 이 책의 핵심 대상이기는 하지만, 공공 부문의 경계는 변화하고 있으며 국가별로도 상당히 다양하다. 따라서 이 책의 내용은 공공 거버넌스 시스템의 필수적인 부분으로서 공공 정책을 실행하는 준정부 및 비영리 기관에도 도움이 될 것이다. 이 책의 일부에서는 일반화와 관련된 주요 제도적 맥락을 설명하기 위해 "정부" 또는 "공직 제도"와 같은 용어를 사용한다. 특히 정부 또는 공직 제도와 밀접하게 연관된 규칙이나 관행을 논의할 때 이러한 용어를 사용하는 경향이 있을 것이다. 한 가지 예로 전 세계적으로 공직 제도와 밀접하게 연관돼 있는 전통적인 고용 보장 제도(특히 7장 참조)를 들 수 있다. 이 책의 다른 부분에서는 정부 또는 공무원법, 규칙 및 규정에 따라 통제되는 조직보다 더 넓은 적용 범위를 의미하기 위해 "공공 부문" 및 "공공 조직"과 같은 용어를 사용한다(예: Perry and Rainey 1988 참조). 예를 들어, 업무 설계에 초점을 맞춘 4장의 내용 중 상당 부분은 공공 부문 조직과 민간 조직의 연구에서 비롯된 것이지만, 공공 부문과 공공 조직을 언급하는 것은 이 아이디어가 공공 부문에 광범위하게 적용될 수 있다고 생각하기 때문이다.

3. 공공 성과급에 대한 가장 최근의 연구 종합 결과는 이전 종합 결과보다 긍정적이지만, 여전히 주의를 기울여야 하며 후속 연구가 필요하다. 자히드 하스나인(Zahid Hasnain), 닉 매닝(Nick Manning), 얀 헨릭 피어스칼라(Jan Henryk Pierskalla)를 참조하라(Hasnain, Manning, and Pierskalla 2014). 6장에서 인센티브 문제를 다시 다룰 것이다.

4. 실험 연구는 경제학, 조직행태론, 행정학 등 여러 학문 분야에 걸쳐서 이뤄지고 있다(Grant et al. 2007; Grant 2008a, 2008b, 2012; Grant and Gino 2010; Tonin and Vlassopoulos 2010; Brewer and Brewer 2011; Grant and Hofmann 2011; Kosfeld and Neckermann 2011; Muralidharanand Sundararaman 2011; Bellé 2013, 2014; Christensen et al. 2013; Dal Bó, Finan, and Rossi 2013; Moynihan 2013; Arieli, Grant, and Sagiv 2014; Ashraf, Bandiera, and Jack 2014; Ashraf, Bandiera, and Lee 2014; Banerjee et al. 2014; Fehrler and Kosfeld 2014; Banuri and Keefer 2015, 2016; Barfort et al. 2015; Bellé and Cantarelli 2015; Callen et al. 2015; Esteve, Van Witteloostuijn, and Boyne 2015; Pedersen 2015; Burbano 2016; Esteve et al. 2016; Neumann 2016; Smith 2016; Tepe 2016; Hanna and Wang 2017; Linos 2018; Asseburg, Homberg, and Vogel 2018; Jensen 2018; Resh, Marvel, and Wen 2018; Bromberg and Charbonneau 2020; Deserranno 2019; Jensen, Andersen, and Jacobsen 2019; Marvel and Resh 2019; Meyer-Sahling, Mikkelsen, and Schuster

2019; Olsen et al. 2019; Weske et al. 2019; Asseburg et al. 2020; Vogel and Willems 2020).

5. 시너지(synergy)라는 개념을 사용하는 데에는 어떤 동기 부여 전략과 전술(즉, 업무 동기 부여)은 전략과 전술의 클러스터에서 다른 전략과 전술과 더 잘 맞을 것이라는 의미가 내포돼 있다. 저자의 세계관 −그리고 내 추론을 증명할 증거가 존재하지 않기 때문에 세계관이라는 표현이 적절하다고 생각한다− 은 이러한 형태의 일관성이 결과를 가져온다는 것이다. 이는 마크 에스테브(Marc Esteve)와 크리스천 슈스터(Christian Schuster)의 업무 동기 유형론에서 도출한 추론과는 다소 상이하다(Esteve and Schuster 2019). 이들은 타인−자기 존중과 결과−활동 동기의 두 가지 연속성을 교차시켜 여섯 가지 업무 동기(친사회적 동기, 집단−조직 동일시, 인센티브, 따뜻한 빛, 관계성, 즐거움)로 분류한다. 이는 조직과 그 리더 및 관리자가 모든 유형의 업무 동기 부여와 관련된 사례를 활용할 수 있다는 것을 의미한다. 그러나 여섯 가지 유형에 걸친 관행이 상쇄되거나 서로를 저해하는 상황을 상상할 수 있다. 따라서 조직의 리더와 관리자는 시너지라는 용어의 사용에서 암시하는 여러 관행 간의 역학 관계에 주의를 기울여야 한다.

제2장

공공봉사동기
Managing Organizations to Sustain Passion for Public Service

공공봉사동기의 이론적·경험적 기초

동기 부여란 일반적으로 "행동에 활력을 불어넣고 행동을 지시하며, 지속시키는 것"을 의미한다(Perry and Porter 1982). 이는 개인이 어떤 행동 상황에서 보이는 노력의 정도와 유형을 의미한다. 정의에서 알 수 있듯이, 동기 부여는 단순히 노력의 양만을 의미하는 것이 아니라 그 노력의 방향과 질도 포함한다. 어떤 메커니즘을 통해서든지 개인이 노력을 기울이고, 건설적인 방향으로 행동하도록 유도하며, 적절한 시간 동안 지속할 수 있도록 자극을 줘야 한다.

공공봉사동기의 개념은 공직 윤리에 대한 믿음에서 비롯된 것으로, 공무원에게 동기를 부여하는 것은 민간 부문의 사람들에게 동기를 부여하는 요인을 뛰어넘는다는 것이다. 로이스 와이즈(Lois R. Wise)와 저자가 처음 공공봉사동기에 대해 글을 썼을 때, 우리는 그 동기 부여의 힘에 대해 약간의 주의가 필요함을 강조했다. "정부 서비스와 관련된 가치, 그중 특히 개인의 희생과 공익에 대한 의무를 요청하는 목소리는 이러한 가치가 인간의 행동을 자극하고 지시하는 힘이 있는지에 대한 실질적인 의문을 제기한다. 공공봉사동기를 새롭게 하자는 주장의 핵심은 효과적이고 효율적인 공공봉사를 위해 이러한 동기가 중요하다는 것이다"(Perry and Wise 1990, 367). 우리가 주의를 기울이자는 이유 중 하나는 대부분의 역사적 맥락에서 공공봉사를 이상적으로 묘사해 왔기 때문이다. 실비아 호튼(Sylvia Horton)은 역사에 대한 검토를 바탕으로 다음과 같이 결론을 내린다: "… 공공봉사의 개념은 정치 및 도덕철학의 역사에서 주로 규범적 또는 이상주의적 관념, 즉 개인이 수행하고자 하는 더 높은 소명, 이기적이지 않은 활동, 선량한 시민의 의무와 책임으로 잘 확립돼 있다"(Horton 2008, 22).

공공봉사동기는 공식적으로 "주로 또는 유일하게 공공 기관과 조직에 근거를 둔 동기에 반응하는 개인의 성향"으로 정의해 왔다(Perry and Wise 1990, 368). 초기의 개념에서 동기는 개인이 해결해야 한다는 강박을 느끼는 심리적 결핍, 즉 욕구를 의미한다. 개인은 다양한 정도로 이성적·규범적·정서적 정체성을 형성하는 경험, 사회 집단 및 네트워크, 논리와 가치를 교육하는 기관에 노출돼 있다(Perry 2000). 그 결과 사람들은 각기 다른 수준의 공공봉사동기를 조직에 가져올 것이다. 자신의 정체성이 일관되고 공공성이 강한 사람들은 공공봉사에 대한 내재적 관심과 가치를 지니게 된다(Perry and Vandenabeele 2008).

앞서 언급한 공공봉사동기에 대한 공식적인 정의는 이를 좀 더 구체적으로 정의하고, 호튼(Horton 2008)이 규명한 역사적 이상과 연결시키는 다양한 척도(Perry 1996; Wright 2008; Kim et al. 2013; Wright, Christensen, and Pandey 2013)로 이어졌다. 공공봉사동기를 측정하는 최초의 다차원 척도는 공공 정책 형성에 대한 매력, 공익에 대한 시민의 의무/헌신, 동정심, 자기 희생의 네 가지 차원으로 구성됐다(표 2.1 참조). 이 네 가지 차원은 이후 여러 대안에서 비교적 일관되게 유지하고 있다. 김상묵과 국제 협력자 그룹(Kim et al. 2013)은 12개국의 표본으로 만든 새로운 척도를 도입했다. 이 새로운 척도는 공공 참여에 대한 매력, 공공 가치에 대한 헌신, 동정심, 자기 희생의 네 가지 차원으로 구성됐다(표 2.1). 공공봉사동기를 분류한 차원의 수와 그 내용은 기존 척도와 거의 일치하며, 동정심과 자기 희생이라는 두 가지 차원은 동일하고, 공공 참여에 대한 매력과 공공 가치에 대한 헌신이라는 두 가지 차원은 기존 척도의 제도적 논리와 상당히 유사하다.

공공봉사동기를 측정하는 다차원적 척도 외에도 다양한 단차원적 척도도 개발됐다(Wright, Christensen, and Pandey 2013). 표 2.1에 제시된 단차원 5점 척도는 페리(Perry 1996)의 40개 항목 목록에서 도출된 것으로, 미국 실적주의 원칙 설문 조사

(U.S. Merit Systems Principles Survey)에서 처음 사용됐다(Naff and Crum 1999). 이 짧은 척도는 미국 실적주의보호위원회(U.S. Merit Systems Protection Board)에서 약 3년마다 실시하는 실적주의 원칙 설문 조사에 자주 등장했다.

〈표 2.1〉 공공봉사동기, 친사회적 동기, 그리고 이타주의 척도 및 하위 척도의 설문 항목

공공봉사동기, 원본(original) (Perry 1996)	공공봉사동기, 국제적 (Kim et al. 2013)	공공봉사동기, 단축형 (Perry 1996; Naff and Crum 1999)	친사회적 동기 (Ryan and Connell 1989; Grant 2008a)	이타주의 (Ruston, Chrisjohn, and Fekken 1981; 응답 옵션: 전혀, 한 번, 여러 번, 자주, 매우 자주)
공공 정책 형성에 대한 매력	공공봉사에 대한 매력	1. 의미 있는 공공봉사는 나에게 매우 중요하다.	왜 당신은 당신의 일을 하고 싶어 하나요?	1. 나는 낯선 사람의 차를 눈 속에서 밀어 주는 것을 도왔다.
1. 나는 정치인에 대해 별로 신경 쓰지 않는다. (역[逆]; Reversed)	1. 나는 지역 사회를 돕기 위한 활동을 시작하거나 참여하는 사람들을 존경한다.	2. 나는 일상적인 사건들로 인해 우리가 서로에게 얼마나 의존하고 있는지 자주 상기하게 된다.	1. 나는 내 일을 통해 다른 사람들에게 이득을 주는 것을 중요하게 생각하기 때문이다.	2. 나는 낯선 사람에게 길을 알려 준 적이 있다.
2. 공공 정책 형성의 주고받기(give and take)는 나에게 매력적이지 않다. (역)	2. 사회 문제를 해결하는 활동에 기여하는 것이 중요하다.	3. 나는 사회에 변화를 주는 것이 개인적인 성취보다 더 중요하다.	2. 나는 내 일을 통해 다른 사람들을 돕고 싶기 때문이다.	3. 나는 낯선 사람에게 잔돈을 준 적이 있다.
3. 정치는 더러운 단어다. (역)	3. 의미 있는 공공봉사는 나에게 매우 중요하다.	4. 나는 사회의 이익을 위해 엄청난 희생을 할 준비가 돼 있다.	3. 나는 다른 사람들에게 긍정적인 영향을 주고 싶기 때문이다.	4. 나는 자선단체에 돈을 기부한 적이 있다.
	4. 나에게는 공익에 기여하는 것이 중요하다.	5. 나는 조롱을 받더라도 다른 사람들의 권리를 위해 싸우는 것을 두려워하지 않는다.	4. 내 일을 통해 다른 사람들에게 선행을 베푸는 것이 나에게 중요하기 때문이다.	5. 나는 도움이 필요한 (또는 나에게 도움을 요청한) 낯선 사람에게 돈을 준 적이 있다.
공익/시민 의무에 대한 헌신	공공 가치에 대한 헌신			6. 나는 자선단체에 물품이나 옷을 기부한 적이 있다.
1. 의미 있는 공공봉사는 나에게 매우 중요하다.	1. 나는 시민들의 평등한 기회가 매우 중요하다고 생각한다.			7. 나는 자선단체를 위해 자원봉사를 한 적이 있다.

제2장 공공봉사동기의 이론적·경험적 기초

2. 나는 내 지역 사회에 이타적으로 기여한다.	2. 시민들이 지속적으로 공공서비스를 받을 수 있다는 것이 중요하다.			8. 나는 헌혈을 한 적이 있다.
3. 나는 내 이익에 해가 되더라도 공무원들이 전체 커뮤니티에 가장 이로운 일을 하는 것을 선호한다.	3. 공공 정책을 개발할 때 미래 세대의 이익을 고려하는 것은 기본이다.			9. 나는 낯선 사람의 소지품(책, 소포 등)을 나르는 것을 도운 적이 있다.
4. 나는 내 지역 사회에서 일어나는 일에 강한 관심을 갖는 것이 어렵다. (역)	4. 공무원은 윤리적으로 행동하는 것이 필수적이다.			10. 나는 낯선 사람을 위해 엘리베이터를 지연시키고 문을 열어 둔 적이 있다.
5. 나는 공공봉사를 나의 시민으로서의 의무로 여긴다.				11. 나는 줄을 설 때 (복사기에서, 슈퍼마켓에서) 누군가를 내 앞에 서게 한 적이 있다.
동정심	**동정심**			12. 나는 낯선 사람을 내 차에 태워 준 적이 있다.
1. 사람들이 어려움에 처한 모습을 볼 때 내 감정을 억누르기가 어렵다.	1. 나는 불우한 사람들의 곤경에 동정심을 느낀다.			13. (은행이나 슈퍼마켓에서) 직원이 물품을 저가로 계산한 실수를 지적한 적이 있다.
2. 대부분의 사회 프로그램은 너무 중요해서 없으면 안 된다.	2. 나는 어려움을 겪는 다른 사람들에게 공감한다.			14. 내가 잘 알지 못하는 이웃에게 내가 소중히 여기는 물건(예: 그릇, 도구)을 빌려준 적이 있다.
3. 일상적인 사건들로 인해 우리가 서로 얼마나 의존하고 있는지 자주 상기하게 된다.	3. 다른 사람들이 불공정하게 대우받는 모습을 보면 나는 매우 화가 난다.			15. 좋은 목적을 위한 것임을 알고 일부러 "자선" 크리스마스 카드를 구입한 적이 있다.
4. 나에게 애국심은 다른 사람들의 복지를 챙기는 것을 포함한다.	4. 다른 사람들의 복지를 고려하는 것이 매우 중요하다.			16. 나의 지식이 친구보다 뛰어날 때 잘 알지 못하는 학급 친구의 숙제를 도와준 적이 있다.

5. 나는 자신을 돕기 위한 첫걸음을 내딛지 않는 사람들에 대해 동정심이 거의 없다. (역)					17. 나는 부탁받지 않았는데도, 대가 없이 자발적으로 이웃의 애완동물이나 아이들을 돌본 적이 있다.
6. 나는 전적으로 지지하는 공공 프로그램이 거의 없다. (역)					18. 나는 장애인이나 나이든 낯선 사람이 길 건너는 것을 도운 적이 있다.
7. 나는 개인적으로 알지 못하는 사람들의 복지에 대해 거의 생각하지 않는다. (역)					19. 나는 버스나 기차에서 서 있는 낯선 사람에게 자리를 양보한 적이 있다.
8. 불우한 사람들의 곤경에 대해 감정이 거의 변하지 않는다. (역)					20. 나는 지인이 이사하는 것을 도운 적이 있다.
자기 희생	**자기 희생**				
1. 나는 사회의 이익을 위해 엄청난 희생을 할 준비가 돼 있다.	1. 나는 사회의 이익을 위해 희생할 준비가 돼 있다.				
2. 나는 사람들이 사회로부터 얻는 것보다 더 많이 돌려줘야 한다고 생각한다.	2. 나는 시민의 의무를 개인의 이익보다 우선시해야 한다고 믿는다.				
3. 나는 다른 사람을 돕기 위해 개인적인 손실을 감수할 수 있는 드문 사람 중 하나다.	3. 나는 사회를 돕기 위해 개인적인 손실을 감수할 의향이 있다.				
4. 나는 사회에 변화를 주는 것이 개인적인 성취보다 더 중요하다.	4. 나는 가난한 사람들의 삶을 개선하는 좋은 계획이라면, 내가 비용을 지불하게 되더라도 동의할 것이다.				
5. 다른 시민을 섬기는 것은 아무도 나에게 돈을 지불하지 않더라도 날 기분 좋게 할 것이다.					

6. 재정적으로 성공하는 것이 선행을 행하는 것보다 나에게 더 중요하다. (역)				
7. 내가 하는 많은 일은 나 자신보다 더 큰 목적을 위한 것이다.				
8. 나는 나 자신보다 의무를 우선시해야 한다고 믿는다.				

비교를 위해 표 2.1에는 친사회적 동기 및 이타주의와 관련된 다른 두 가지 척도의 설문 조사 항목을 제시하고 있다. 네 가지 항목으로 구성된 친사회적 동기 척도는 리처드 라이언(Richard M. Ryan)과 제임스 코넬(James P. Connell)이 도입했으며(Ryan and Connell 1989), 이후 애덤 그랜트(Adam M. Grant)가 사용했다(Grant 2008a). 20개 문항으로 구성된 이타주의 척도는 필립 러시튼(J. Philippe Rushton), 롤랜드 크리스존(Roland D. Chrisjohn), 신시아 페켄(G. Cynthia Fekken)이 개발했다(Rushton, Chrisjohn, and Fekken 1981). 개발자들은 이 척도를 "자기 보고" 척도라고 부르는데, 응답자가 스무 개의 특정 행동을 얼마나 자주 하는지 그 빈도를 스스로 표시하기 때문이다. 이 척도는 이타주의에 대한 동료들의 평가와 친사회적 성향의 척도를 예측한다(Rushton, Chrisjohn, and Fekken 1981).

이 책 전반에 걸친 주장을 통해 알 수 있듯이, 저자는 〈표 2.1〉에 제시된 구성 개념에 대한 연구와 증거가 특히 전 지구적으로 긍정적이고 새로운 공공봉사를 향한 길임을 밝히는 데 상호 보완적인 역할을 한다고 생각한다. 연구를 통해 얻은 유용한 지식을 강조하고 부각시키고자 하는 저자의 관심에도 불구하고, 학자들과 다른 사람들은 다중적이고 상호 보완적인 개념에 대해 정당한 이견을 가지고 있다. 예를 들어, 배리 보즈만(Barry Bozeman)과 수수홍(Su Xuhong)은 공공봉사동기와 이타주의의 차별화와 관련된 여러 가지 질문을 제기한다(Bozeman and Su 2015). 이들의 질문은 공공봉사동기에 대한 개념 정의의 확산과 이타주의의 개념 정의를 둘러싼 모호함에서 비롯된다. 사익 추구(self-interest)와 다른 지향성에 대해서도 비슷한 논쟁이 벌어지고 있다.

브루스 메글리노(Bruce M. Meglino)와 오드리 코르스가드(Audrey Korsgaard)는 태도와 행동 이론의 동기 부여 기반으로서 사익 추구에 대한 대안으로 다른 지향을 제안했다(Meglino and Kosgaard 2004). 카스텐 드 드뢰(Carsten De Dreu)는 메글리노와 코르스가드의 비판에 부분적으로 동의하지만, 사익 추구와 다른 지향성이 양 극단의 반대 개념이 아니라고 주장한다(De Dreu 2006). 드 드뢰는 대신 조직 내에서 개인은 경쟁적 인센티브와 협력적 인센티브의 조합에 직면하기 때문에 사익 추구가 이기심(self-concern)을 유발한다는 것과, 이기심과 다른 지향성은 단극적인(unipolar) 관계라는 것을 주장한다. 이전의 의견 불일치는 친사회적 동기와 행동의 기원과 다양성에 관한 것이었다(Batson and Shaw 1991; Batson 1994).

저자는 이 책에서 근본적인 논쟁을 정리하거나 더 나아가 해결하려고 하지 않을 것이다. 대신 실용적이고 응용적인 목표, 즉 공직 제도를 개혁해 공공봉사를 크게 향상시킬 수 있는 제도적 장치, 조직 정책 및 관리 관행을 파악하는 것이 이 책의 목표다. 근본적으로 다른 견해는 서로 다른 학자 및 실무자 커뮤니티가 각자의 뚜렷한 연구 노선을 추구하면서 가끔 모여 서로에게 정보를 제공하고 새로운 이해의 기회를 만들어 가는 과정에서 시간이 지나면 저절로 해결될 것이다. 동시에 기존의 지적 자본과 지식을 적용하면 핵심적인 이론적 의문을 해결하는 데 진전을 이룰 수 있다고 생각한다(이 점에 대한 자세한 내용은 9장 참조). 이것은 양자택일의 문제가 아니다. 모든 개념적·이론적 질문에 대한 해답이 나오기를 기다릴 수 있고 현재의 지식이 불완전하지만 그렇다 하더라도 이를 적용함으로써 얻을 수 있는 학습과 개선의 기회를 활용하지 못하면 안 된다.

공공 기관이 개개인의 고유한 필요를 충족시킨다고 가정할 때, 다음 질문이 동기 부여 방정식의 핵심이 된다: 리더, 관리자, 정부가 동기를 부여하고자 하는 행동은 무엇일까? 효과적인 조직이 이끌어 내야 하는 행동에 관한 대니얼 카츠(Daniel Katz)의 저명한 논문에 따르면, 이 질문에 답하는 데는 세 가지 행동 유형이 유용하다(Katz 1964). 첫째, 효과적인 조직은 개인이 조직에 들어오도록 하고 멤버십을 유지하도록 동기를 부여해야 한다. 둘째, 효과적인 조직은 신뢰할 수 있는 역할 행동에 동기를 부여해야 한다. 이는 조직의 미션과 관련된 일련의 행동으로, 동료, 상사, 외부 이해관계자 및 기타 조직 내 업무와 관련된 일상이 수행되고 있다는 기대를 충족시키기 위한 것이다. 마지막으로, 효과적인 조직은 역할 규정을 넘어 조직의 목표를 달성하기 위해 혁신적이고 자발적인 활동에 동기를 부여해야 한다. 동기 부여와 관련해 이 세 가지 개념, 즉 멤버십, 신뢰할 수 있는 역할 행동, 혁신적이고 자발적인 활동은 효과적인 조직에서 요구되는 행동을 포괄한다.

와이즈와 저자가 "공공봉사의 동기부여 기반"(Perry and Wise 1990)이란 논문을 발표했을 때, 우리는 주로 사회학에 기반한 단일 이론인 성향-기회 이론(predisposition-opportunity; Knoke and Wright-Isak 1982)에 의존해 공공봉사의 독특한 동기와 그 행동 결과에 대한 핵심 주장의 근거로 삼았다. 이 논문이 발표된 이후 몇 년 동안 공공봉사동기에 대한 이론적 뒷받침은 다른 분야로 확대돼 더욱 설득력을 얻었다. 이 장의 나머지 부분에서는 이러한 이론적 토대와 이와 관련된 몇 가지 경험적 연구에 대해 논의한다(Abner, Kim, and Perry 2017). 논의는 (1) 성향-기회 이론과 매력-선택-이탈(ASA) 및 개인 적합성에 관한 관련 이론, (2) 자기 결정 이론과 동기 부여-군집과 관련된 이론, (3) 목표 이론의 세 가지 중 범위 이론 클러스터를 중심으로 구성된다.

2.1 성향-기회 이론

데이비드 노크(David Knoke)와 크리스틴 라이트-이삭(Christine Wright-Isak)은 이 질문에 대한 답을 찾기 위해 성향-기회 이론(predisposition-opportunity theory)을 제안했다: "왜 사람들마다 개인적으로 통제할 수 있는 자원을 조직을 위해 사용하는 양이 달라지는가?"(Knoke and Wright-Isak 1982, 211). 성향-기회 이론에서는 개인이 합리적 선택(rational choice), 규범적 순응(normative conformity), 정서적 유대감(affective bonding)이라는 세 가지 유형의 사회적 동기와 관련된 적절한 외부 단서에 따라 행동하는 것으로 본다. 합리적 동기는 개인의 효용 극대화에 근거한 행동을 포함한다. 규범 기반 동기는 규범을 준수하려는 노력으로 인해 발생하는 행동을 말한다. 정서적 동기는 사회적 맥락에 대한 정서적 반응에 근거한 행동의 자극을 말한다.

이 모델의 기회 측면은 개인이 개인적 통제 자원을 조직에 투입한 대가로 조직이 제공하는 인센티브다. 노크와 라이트-이삭(Knoke and Wright-Isak 1982)은 세 가지 유형의 사회적 동기의 존재 유무에 따른 모든 조합을 바탕으로 〈표 2.2〉에 재현된 조직 인센티브의 유형화를 개발했다. 그 결과 무(無)인센티브 시스템(즉, 세 가지 인센티브 중 하나도 존재하지 않는)에서 완전 인센티브 시스템(즉, 세 가지 인센티브가 모두 존재하는)까지 여덟 가지 유형으로 분류했다. 조직의 인센티브 시스템이 개인의 동기와 일치할 때 비로소 조직에 대한 헌신이 이뤄지고 조직 행동과 기여로 이어진다. 노크와 라이트-이삭은 성향-기회 모델의 논리를 다음과 같이 요약한다: "구성원이 조직에 헌신하기로 결정할지 여부는 개인의 동기 부여 성향과 조직 인센티브 시스템의 유형 간의 관계에 따라 달라진다. 즉, 행동이 시작되기 전에 개인의 성향이 조직의 기회 구조와 일치해야 한다"(Knoke and Wright-Isak 1982, 210).

개인과 조직의 특성을 연결하는 성향-기회 이론의 '연계' 기능은 조직 행동의 두 가지 이론인 ASA와 개인-조직 적합성 이론과 관련돼 있다. 이 이론들을 차례로 살펴봄으로써 성향-기회 이론과의 유사점과 차이점을 알아보고자 한다.

〈표 2.2〉 조직 인센티브의 유형화

인센티브 시스템	인센티브 유형		
	실용적	규범적	정서적
1. 무(無)인센티브 시스템	제공되지 않음	제공되지 않음	제공되지 않음
2. 순수 실용적 시스템	제공됨	제공되지 않음	제공되지 않음
3. 순수 규범적 시스템	제공되지 않음	제공됨	제공되지 않음
4. 순수 정서적 시스템	제공되지 않음	제공되지 않음	제공됨
5. 당파적(Partisan) 시스템	제공됨	제공됨	제공되지 않음
6. 연대적(Solidarity) 시스템	제공됨	제공되지 않음	제공됨
7. 서비스(Service) 시스템	제공되지 않음	제공됨	제공됨
8. 완전 인센티브 시스템	제공됨	제공됨	제공됨

출처: Knoke and Wright-Isak(1982)..

2.1.1 매력-선택-이탈 이론

매력-선택-이탈 이론(attraction-selection-attrition theory)은 1980년대에 일련의 논문에서 이 이론을 소개한 심리학자 벤저민 슈나이더(Benjamin Schneider)와 가장 밀접하게 연관돼 있다. 벤저민 슈나이더, 해럴드 골드스타인(Harold W. Goldstein), 브렌트 스미스(D. Brent Smith)는 이 이론의 주요 특징을 다음과 같이 요약했다(Schneider, Goldstein, and Smith 1995):

- 매력, 선택, 이탈이라는 세 가지 상호 연관된 역동적 프로세스가 조직 내 사람들의 행동 유형을 결정한다.
- 조직의 설립자와 동료들의 성격, 태도, 가치, 그리고 이들을 둘러싼 목표, 구조, 프로세스, 문화가 조직에 끌리는 사람들의 부류를 결정한다.
- 조직에 대한 매력은 개인의 성격과 조직의 목표, 구조, 프로세스 및 문화가 일치하는지에 대한 예비 구성원의 판단의 함수다.
- 선택 주기 동안에 조직은 모집 및 채용 과정에서 조직이 원하는 속성을 가지는 사람을 선발하기 위해 공식적·비공식적 절차를 사용한다.
- 조직에 적합하지 않은 사람은 조직을 떠나는데, 이 단계가 바로 이탈 주기 부분이다.
- ASA 역학 관계의 결과는 조직 내 성격의 동질성을 높이는 것이다.

ASA 모델은 긍정적인 결과와 부정적인 결과를 모두 조직 내 성격의 동질성과 연관시킨다. 동질성과 관련된 긍정적인 결과로는 대인 관계 갈등이 줄어들고 의사소통과 협력이 향상되는 것을 들 수 있다. 부정적인 결과로는 다양성의 부재로 인한 적응력 저하, 의사결정 과정에서의 비판적 판단력 부족 등이 있다.

2.1.1.1 성향-기회 이론과의 비교

ASA 모델은 성향-기회 이론과 중요한 유사점과 차이점을 가지고 있다. 역동적인 과정은 두 모델에서 공통적으로 나타난다. 성향-기회 이론에서도 매력, 선택, 이탈 주기가 나타난다. 이 이론의 핵심은 특정 성향을 가진 개인이 적절한 인센티브를 제공하는 조직에 끌린다는 것이다. 조직은 조직에 접근하는 개인과 조직이 제공하는 인센티브 사이의 수렴에 따라 선택한다. 이탈 주기는 성향-기회 이론에서 그다지 두드러지지 않지만, 조직에 합류한 개인이 자신이 기대하는 인센티브를 조직에 제공하도록 요구하고, 조직 역시 마찬가지로 개인이 기대에 부합하도록 요구하는 것이 합리적이다. 개인이나 조직이 기대에 부응하지 못한다면 이탈을 촉발할 가능성이 높다.

이 두 모델은 중요한 측면에서 차이도 있다. 매력-선택-이탈 이론은 어떤 조직의 성격, 태도, 가치관이 그 조직의 매력에 대한 개인 판단의 중심에 있다는 점을 강조한다. 성향-기회 이론에서 개인이 어떤 조직에 매력을 느끼는 핵심은 조직이 제공하는 인센티브의 유형(실용적, 규범적, 정서적)이다. 가치나 규범이 선택에서 중요한 역할을 할 때 이러한 속성이 일부 영역에서 수렴할 수 있지만, 일반적으로 매력과 관련된 속성은 다르다.

두 모델 간의 또 다른 차이점은 ASA 모델이 조직의 설립자와 설립자 주변 인물에 초점을 맞춘다는 점이다. 성향-기회 이론은 조직의 기원과 조직을 구성하는 간부들에 대해서는 거의 언급하지 않는다. 사실, 노크와 라이트-이삭(Knoke and Wright-Isak 1982)이 성향-기회 이론을 처음 제시한 것은 기업이나 정부 조직이 아닌 자발적 조직을 대상으로 한 것이었다. 이는 자발적 결사체가 다른 조직 유형에 비해 연구가 부족하고 더 광범위한 주요 인센티브를 제공한다는 판단에 따른 것이었다. 자발적 연합(예: 비영리 부문의 "설립자 증후군[founder's syndrome]"에 관한 연구, Block and Rosenberg 2002 참조)이나 정부에서 설립자가 중요하지 않다는 것은 아니지만 조직의 장기적 속성에서 보면 훨씬 덜 중요할 수 있다는 것이다.

설립자의 중심성에 대한 두 모델의 차이는 조직이 위치한 제도적 연계(nexus) 및 제도가 동기 부여 과정에 영향을 미치는 방식과 관련해 암묵적인 차이를 드러낼 수 있다. 더 넓은 범위의 주요 인센티브 때문에 자발적 조직을 강조하기도 한 노크와 라이트-이삭(Knoke and Wright-Isak, 1982)의 결정은 오늘날 자발적 조직뿐만 아니라 정부도 시장 기반 조직과 구별되는 근본적인 소유권 및 자금 지원과 관련된 조직적 차이에 주목하게 한다(Perry and Rainey 1988). 이전 연구(Perry and Porter 1982; Shamir 1991; Perry 2000; Vandenabeele 2007; Perry and Vandenabeele 2008)에서는 대부분의 동기 부여 연구의 제도적 맹점을 비판적으로 평가한 바 있다. 보아스 샤미르(Boas

Shamir)는 제도적 의미의 핵심인 가치와 도덕적 의무가 내재적 동기 개념에서 제외돼 있다고 지적한다(Shamir 1991). 업무 동기 이론은 도덕적 의무나 가치를 바람직한 개념으로 거의 인정하지 않는다. 성향-기회 이론과 사회학의 선구자(Etzioni 1988)에서 비롯된 공공봉사동기에 대한 이론과 연구는 제도를 배제하는 약점를 보완하기 시작했다.

2.1.1.2 ASA와 공공봉사동기에 대한 실증 연구

2008년까지만 해도 ASA 모델을 사용해 공공봉사동기를 연구한 실증 연구는 거의 없었지만(Leisink and Steijn 2008), 지난 10년 동안 학자들은 ASA 관련 연구 문제를 더 자주 다뤄 왔다. 피터 라이싱크(Peter Leisink)와 브람 스텐(Bram Steijn)은 네덜란드의 제한된 연구를 바탕으로 다음과 같은 결론을 내렸다: "공공봉사동기는 공공 부문 종사자의 상당수에게 가장 중요한 동기다…"(Leisink and Steijn 2008, 130).

라이싱크와 스텐의 연구 이후 발표된 여러 연구는 공공 조직에서 공공봉사동기가 개인의 ASA에 미치는 영향을 뒷받침한다. 벨기에대학의 석사과정 학생들을 대상으로 한 횡단면 연구에서 바우터 반데나빌레(Wouter Vandenabeele)는 공공봉사동기가 높은 개인이 공직을 구할 가능성이 더 높다는 결론을 내렸다(Vandenabeele 2008). 재클린 카펜터(Jacquelin Carpenter), 데니스 도버스피크(Dennis Doverspike), 로잔나 미구엘(Rosanna F. Miguel)은 후속 연구를 통해 매력(attraction)에 대한 이러한 연구 결과를 뒷받침했다(Carpenter, Doverspike, and Miguel 2012). 이들은 학생 표본을 대상으로 세 가지 연구를 수행함으로써 공공 부문에 대한 동기가 공공 및 비영리 조직에 대한 매력과 긍정적인 관계가 있음을 발견했다. 또한 공공 부문에 대한 동기는 동정심과 자기 희생과 같은 공공봉사동기의 측면과 밀접하게 연관된 일반적 성격 요인인 우호성(agreeableness)을 통제했을 때에도 매력을 예측한다는 결론을 내렸다.

ASA 모델과 관련된 종단 연구는 공공봉사동기의 영향에 대해 좀 더 세밀하게 조망한다. 브래들리 라이트(Bradley E. Wright)와 로버트 크리스텐센(Robert K. Christensen)은 변호사를 대상으로 한 패널 데이터를 사용해 ASA 모델을 평가했다(Wright and Christensen 2010). 연구진은 사회봉사와 타인을 돕는 일에 대한 개인의 관심이 변호사의 첫 직장 선택을 예측하지 못한다는 사실을 발견했다. 개인의 공공봉사동기에 대한 대리 측정치는 이후 공공 부문에서 일할 가능성과 관련이 있었다. 라이트와 크리스텐센(Wright and Christensen 2010)은 공공봉사동기가 개인의 분야 선택에 영향을 미치기는 하지만, 개인의 재정 상황이나 가족 상황과 같은 다른 요인들이 공공봉사동기의 영향을 완화한다고 결론지었다. 경제학, 정치학, 법학을 전공하는 덴마크 대학생을 대상으로 한 연구에서 모겐스 진 페데르센(Mogens Jin Pedersen)은 전공 분야 또한 공공 부문에 대한 동기 부여 결정에 영향을 미친다는 결론을 내렸다(Pedersen 2013).

폴 그레그(Paul Gregg) 등은 영국의 돌봄 산업에서 기부 노동의 지표로서 무급 초과 근무를 연구했다(Gregg et al. 2011). 연구 결과, 공공봉사동기가 높은 사람들이 공공 또는 비영리 부문의 회사로 이직할 가능성이 더 높다는 것을 발견했다. 연구진은 임금을 인상하면 친사회적 동기가 낮은 근로자를 영입할 확률이 높아진다는 결론을 내렸다. 야니스 게오르겔리스(Yanis Georgellis), 엘리자베타 이오사(Elisabetta Iossa), 부레인 타부마(Vurain Tabvuma)의 연구에서는 1991년부터 2004년까지 14년간의 영국 가구 패널 조사 데이터를 사용했다(Georgellis, Iossa, and Tabvuma 2011). 이들은 데이터 내에서 민간 부문에서 공공 부문으로 이직한 747건에 초점을 맞춰 분석했다. 그 결과, 상당수의 개인이 공공봉사동기를 충족할 가능성이 높기 때문에 공공 부문으로 이동한다는 결론을 내렸다.

라이트와 크리스텐센(Wright and Christensen 2010)이 매력에 관한 연구에서 처음 제시한 뉘앙스는 안네 메테 셸슨(Anne Mette Kjeldsen)과 크리스티앙 뵈처 야콥센(Christian Bøtcher Jacobsen)(Kjeldsen and Jacobsen 2013), 셸슨(Kjeldsen 2014)의 연구에서 더욱 발전했다. 이 두 연구는 덴마크의 물리치료사와 사회복지사를 대상으로 매력 선택과 사회화를 조사한 패널 연구인데, 공공봉사동기, 부문, 업무 가치와 관련된 역학에 대해 비슷한 결론에 도달했다. 연구진은 공공 부문인지 민간 부문인지보다 업무 자체가 더 큰 영향을 미친다는 사실을 발견했다. 업무 환경과 조직 환경 모두 입사 후 공공봉사동기의 변화에 영향을 미쳤다. 연구진은 이 연구를 통해 매력-선택 효과의 역학 관계가 사회화 효과와는 다르다는 결론을 내렸다. 최유진과 정일환(Choi and Chung 2017)은 1972년 미국 전국 종단연구 자료(National Longitudinal Study)를 활용한 후속 연구에서 미국 교사들을 대상으로 셸슨과 야콥센(Kjeldsen and Jacobsen 2013)과 유사한 결론에 도달했다.

최근의 한 연구는 ASA 역학에 대한 이해를 러시아 연방으로 확장하고자 했다. 조던 간스-모스(Jordan Gans-Morse) 등의 연구(Gans-Morse et al. 2019)는 다음과 같은 질문을 제기한다: 공공봉사동기가 높은 개인에게 공직이 매력적이라는 서구 국가의 연구 결과가 개발도상국, 특히 탈공산주의 국가에서의 행동을 설명할 수 있는가? 확립된 규범과 전통의 부재, "공익"과 같은 공공의 가치에 관한 불확실성, 공무원의 자기 이익 또는 부패한 이익 추구 경향을 고려할 때 서구 국가의 공공봉사동기에 관한 연구 결과의 일반화 가능성에 의문을 제기하는 것은 전적으로 적절하다. 간스-모스와 동료들은 이전 연구 결과의 일반화 가능성을 평가하려고 두 대학의 학생 1,180명을 대상으로 연구를 진행했다. 데이터 수집에는 설문 조사와 실험 게임을 모두 포함했다. 이전 연구의 일반화 가능성에 대한 이들의 연구 결과는 고무적이다. 연구팀은 전통적인 공공봉사동기 측정치와 실험 게임에서 도출된 이타주의 측정치가 모두 학생들의 공공 부문 고용 선호도와 긍정적이고 강력한 연관성이 있음을 발견했다. 패널 데이터를 사용한 후속 연구에서는 공공봉사동기가 졸업 후 2년간의 진로를 예측하는 것으로 나타났다. 이러한 결과는 이전 연구 결과의 일반화 가능성을 강력히 뒷받침한다.

2.1.2 개인-환경 적합성 이론

성향-기회 이론은 공공봉사동기에 관한 연구에서도 두드러진 역할을 해온 또 다른 일련의 이론적 틀로 나타난다. 개인-환경 이론은 개인과 개인이 처한 환경 간의 적합성 효과를 평가하기 위한 일련의 이론적 틀을 포함한다. 개인과 환경의 적합성이 개인 수준의 기준(예: 태도, 성과, 이직 행동)에 어떤 영향을 미치는지를 연구했는데, 그러한 환경에는 직무, 상사, 그룹, 조직 및 직업 등이 포함된다(Kristof-Brown, Zimmerman, and Johnson 2005). 개인 적합성 이론(person fit theory)의 중심 원리는 행동의 원인은 개인과 환경 간의 관계를 살펴봄으로써 가장 잘 이해할 수 있다는 것이다.

학자들이 일반적으로 개인 적합성 또는 개인 환경 이론이라고 부르는 것은 1900년대 초의 인적 자원 연구로 거슬러 올라가는 오랜 전통을 가지고 있다는 점에 주목할 필요가 있다. 벤저민 슈나이더(Benjamin Schneider)는 자신의 ASA 연구를 여러 유형의 개인-환경 이론 중 하나로 분류함으로써 성향-기회, ASA, 개인-환경 모델을 함께 그룹화하는 데 도움을 줬다.

학자들은 개인-환경 적합성 모델의 맥락에서 공공봉사동기를 자주 연구해 왔다. 이 글에서는 이러한 연구 중 일부를 소개하고자 한다. 그러나 이러한 연구 결과를 검토하기 전에 지금까지의 개인-환경 적합성 모델의 도전과 과제라는 맥락에서 연구 결과를 살펴보는 것이 도움이 될 것이다. 아미 크리스토프-브라운(Army L. Kristof-Brown) 외의 연구(Kristof-Brown et al. 2005)가 지적한 두 가지 과제를 언급할 필요가 있다. 첫 번째 한계는 개인-환경 적합성에 대한 유효한 측정 도구가 부족하다는 점이다. 크리스토프-브라운 외(Kristof-Brown et al. 2005)는 개인-환경 적합성처럼 복잡한 개념에 대해 다차원적 측정이 없다는 점을 아쉬워했다. 적합성 구성 개념과 관련된 환경의 복잡성을 고려할 때 유효한 다차원 측정 도구의 부재는 놀라운 일이 아니지만, 측정 도구의 부족은 조직과 관리자가 적합성 개념을 어떻게 사용할 수 있는지 평가하는 작업의 진행을 가로막는 장애물이다. 두 번째 과제는 "적합성"의 의미다. 크리스토프-브라운 등은 "… 사람들에게 '적합하다'는 것이 무엇을 의미하는지, 그리고 적합성을 자극하는 메커니즘에 대한 이해가 오랫동안 이뤄지지 않고 있다"고 결론지었다 (Kristof-Brown et al. 2005, 321).

저자는 공공봉사동기에 대한 이해를 증진하기 위해 개인 적합성 연구에 크게 의존하는 것에 대한 경고로 앞서 언급한 두 가지를 강조한다. 이러한 연구 흐름이 많은 연구를 낳았지만, 향후 공공봉사동기 연구의 생산성을 높이기 위해서는 많은 측정 문제와 개념적 문제를 해결해야 한다.

2.1.2.1 개인-환경 적합성과 공공봉사동기에 대한 실증적 증거

개인-환경 적합성에 관한 연구는 ASA에 관한 연구보다 훨씬 더 광범위하다. 그러나 연구자들이 선택해야 하는 "환경"이 서로 다르다는 점을 고려할 때, 연구 결과의 중심 경향과 일관성을 발견하는 것은 ASA 연구에서 추론을 도출하는 것보다 더 큰 도전 과제다. 또한 대부분의 연구는 유효한 다차원 측정에 대한 일반적인 문제를 해결하지 못해 일관성을 찾는 데 어려움이 있다.

공공봉사동기와 관련된 개인-환경 적합성에 대한 최초의 연구 중 하나는 다른 대부분의 연구보다 거의 5년이나 앞선 것이다. 캐서린 칼(Katherine A. Karl)과 바버라 피트(Barbara Peat)는 가치, 동기, 기술 측면에서 직업의 요구 사항 및 보상이 일치하도록 학생들을 준비시키기 위해 공공 부문의 교육자들이 할 수 있는 일을 다루고자 이 문제를 제기했다(Karl and Peat 2004). 이들의 연구는 공공봉사동기에 대한 연구를 불러일으켰지만, 주된 강조점은 공직을 직업으로 추구하는 학생들이 공직에 입문할 때 자신의 가치와 동기에 부합하는지 살핀다는 것이었다. 칼과 피트의 연구는 3장에서 소개할 제안에 앞서 조직과 직원의 가치, 동기 및 보상 선호도 간의 일치도를 높이기 위한 현실적인 직무 검토가 갖는 장점을 제시한다.

칼과 피트의 연구 이후 2007년과 2008년에 네덜란드의 브램 스텐(Bram Steijn)이 직업적 성과를 조사한 연구(Steijn 2008)를 포함해 네 개의 연구가 이어졌다. 레너드 브라이트(Leonard Bright)는 이 네 가지 연구 중 두 가지에 기여했다(Bright 2007, 2008). 그의 연구는 인디애나, 켄터키, 오리건주의 공공의료기관과 시 정부 및 카운티 정부에서 무작위로 선정된 250명의 공무원을 표본으로 삼아 개인-조직 적합성과 직무 만족도, 이직 의도 및 직무 성과와의 관계에 초점을 맞췄다. 이 두 개의 횡단면 연구에서는 설문 조사 항목을 사용해 직원들이 조직의 가치, 목표, 문화에 얼마나 부합한다고 인식하는지를 측정함으로써 개인과 조직의 적합성을 직접적으로 측정했다. 브라이트는 공공봉사동기가 개인-조직 적합성에 크게 기여하며, 적합성이 직무 만족도, 이직 의도 및 직무 성과를 결정하는 주요 요인이라는 결론을 내렸다. 이러한 연구 결과의 신뢰도는 연구의 횡단면적 특성과 측정 방법의 공통적인 한계로 인한 문제를 안고 있다.

브래들리 라이트(Bradley E. Wright)와 산제이 판데이(Sanjay K. Pandey)도 개인과 조직의 관계라는 관점에서 적합성의 틀을 짰다(Wright and Pandey 2008). 이들의 목표는 공공봉사동기가 이전의 직원들의 태도를 통해 성과에 영향을 미치는 역학 관계를 명확히 하는 것이었다. 이들의 연구 표본에는 미국 북동부 2개 주에 있는 7개 주 및 지방 정부 직원들이 포함됐다. 라이트와 판데이는 공공봉사동기-직업 만족도 관계가 직원의 가치관과 조직의 가치관이 일치한다고 인식하는 정도에 따라 매개된다는 사실을 발견했다. 이들은 연구 결과를 통해 직원과 조직의 가치를 일치시키는 것이 직원의 공공봉사동기에서 얻을 수 있는 이점을 최적화하는 데 효과적인 전략이라고 추론했다.

로버트 크리스텐센(Robert K. Christensen)과 브래들리 라이트(Bradley E. Wright)는 두 가지 유형의 적합성, 즉 지배적인 연구로 자리 잡은 개인-조직 적합성과 개인-직무 적합성의 독립적인 효과를 조사해 개인-환경 적합성에 대한 분석 범위를 확대했다 (Christensen and Wright 2011). 정책 연구의 샘플은 법대 1학년 학생이었다. 크리스텐센과 라이트는 공공봉사동기가 개인-조직보다 개인-직무 적합성에 더 큰 영향을 미친다는 결론을 내렸다: "세 가지 고용 부문에 걸쳐 일관되게, 공공봉사동기가 강한 개인은 프로 보노(pro bono: 사회적 약자를 위한 법률 서비스) 업무(민간 부문), 고객과의 상호작용(공공 부문), 고객 대변(비영리 부문) 등 타인에 대한 서비스를 강조하는 직무를 받아들일 가능성이 더 높았다"(Christensen and Wright 2011, 723). 실제로 개인-직무 적합성의 영향을 통제한 결과, 공공봉사동기는 개인-조직 적합성에 유의미한 영향을 미치지 않는 것으로 나타났다. 라이트와 판데이(Wright and Pandey 2008)의 연구가 성향, 직무 태도, 성과 간의 관계의 인과적 역학을 조명한 것과 마찬가지로, 이 연구는 개인의 선택에 영향을 미치는 적합성의 차원을 조명한다.

다양한 국가(예: 중국, 이집트, 이란, 한국, 파키스탄)에서 수행된 많은 후속 연구가 개인-환경 적합성 분석틀을 사용했다.[1] 이러한 연구 중 일부는 이전의 개인-환경 적합성 실증 연구(Kim 2012; Liu, Tang, and Yang 2013; Quratulain and Khan 2015; Jin, McDonald, and Park 2016; Salajegheh, Mouseli, and Jaghdari 2016; Jin et al. 2019)의 구성적 복제이며, 다른 연구(Ryu 2017)는 개념적 모델을 정교화하기 위한 노력이다. 새로운 변수, 적합도 차원, 이론적 관점을 도입해 새로운 지평을 연 연구자들도 있다. 루시 선(Rusi Sun), 펭수양(Pang Shuyang), 산제이 판데이(Sanjay K. Pandey)는 개인-환경 적합성과 공공봉사동기를 포함한 다양한 개인 통제 변수 간의 관계를 설명하는 동적 모델에 목표 모호성을 도입했다(Sun, Pang, and Pandey 2014). 스티븐 테오(Stephen Teo) 외는 공공봉사동기, 변화로 인한 스트레스 요인, 개인-조직 적합성에 대한 연구의 중심에 공공 부문의 변화를 뒀다(Teo et al. 2016). 줄리언 굴드-윌리엄스(Julian S. Gould-Williams), 아메드 모스타파(Ahmed Mohammed Sayed Mostafa), 폴 바텀리(Paul Bottomley)는 개인-조직 적합성의 매개 효과 모델에 조직시민행동이라는 새로운 결과 변수를 도입했다(Gould-Williams, Mostafa, and Bottomley 2015). 올리버 노이만(Oliver Neumann)은 전망 이론을 사용해 개인-직무 적합성을 개념화하고 공공봉사동기를 모델의 동기 부여 차원과 통합했다(Neumann 2016).

2.1.3 요약

몇 가지 상호 보완적인 이론적 틀은 무엇이 개인을 조직으로 끌어들이는지, 왜 개인의 태도와 성과가 달라지는지를 설명한다. 각 이론의 핵심에는 매칭되는 원칙이 있다. 성향-기회 이론은 개인과 조직의 매력을 설명하기 위해 개인의 성향과 조직의 인센티브 간의 일치를 강조한다. 매력-선택-이탈 이론은 매력, 선택, 이탈과 관련해 매칭되는 메커니즘이 영향을 미친다고 가정한다. 개인과 조직 간의 관계의 여러 단계에서 조직 내 성격, 태도, 가치관 등 다양한 변수가 매칭 과정에 영향을 미친다. 또한 개인 적합성 이론은 직무, 상사, 업무 환경, 조직 등 다양한 조합을 통해 적합성이 매우 중요하다고 주장한다. 경험적 연구는 이러한 각 분석틀 내에서 공공봉사 차원의 중요성을 뒷받침하며, 공공 기관과 관련된 개인의 인센티브 선택, 조직 몰입 및 직무 만족과 같은 업무 태도의 변화, 직무 성과와 같은 행동 차이를 설명하는 데 도움이 된다.

2.2 자기 결정 이론

자기 결정 이론(self-determination theory)은 외재적 보상이 내재적 동기에 미치는 영향에 대한 에드워드 데시(Edward L. Deci)의 연구에서 비롯됐다(Deci 1971). 이 이론은 시간이 지남에 따라 데시와 그의 동료인 리처드 라이언(Richard M. Ryan)의 공동 연구로 발전해 왔다(Deci and Ryan 1985, 2000). 이 이론은 개인의 성장과 변화에 동기를 부여하는 기본적인 심리적 욕구와 다양한 유형의 동기가 개인의 행동 동기에 미치는 영향에 초점을 맞춘 두 가지의 기본 구성 요소로 이뤄져 있다.

자기 결정 이론은 기본적인 심리적 욕구라는 측면에서 개인이 타고난 보편적인 세 가지 욕구를 가지고 있다고 가정하며,[2] 이는 1943년 에이브러햄 매슬로(Abraham H. Maslow)와 1972년 클레이튼 앨더퍼(Clayton P. Alderfer)의 욕구 모델을 떠올리게 한다. 세 가지 욕구 중 첫 번째 욕구는 "유능성(competence)"으로, 이는 개인이 직면하는 상황에 대한 기술 숙달을 포함한다. 데시와 라이언은 "유능성"을 목표를 달성할 수 있다는 믿음인 "자기효능감"과 동일시한다.

두 번째 기본적인 욕구는 "자율성(autonomy)"으로 자신의 행동 방식에 대한 선택권을 가지고 있다고 인식하는 것이다. 자율성의 반대 개념은 "통제(control)"로 외부의 힘이 개인의 선택을 좌우하는 상황이다. 자율성은 자기 결정에 필수적이며 어느 정도 자기 결정과 동일시되기 때문에 자율성 이론이라는 이름이 붙여졌다.

데시와 라이언이 자기 결정 이론의 기초로 여기는 세 번째 심리적 욕구는 "관계성(relatedness)"으로, 이는 타인과의 연결 및 소속감에 대한 욕구다. 이 욕구는 인간의 타고난 사회적 본성을 반영한다.

자기 결정 이론의 두 번째 구성 요소는 이 이론에 대한 대부분의 학계 논의에서 더 큰 주목을 받는 것으로, 다양한 유형의 동기가 개인의 행동 동기에 미치는 영향이다.[3] 이 구성 요소의 역학 관계는 다양한 동기가 개인의 기본 욕구를 실현하는 능력에 어떤 영향을 미치는지를 통해 설명된다. 데시와 라이언은 통제적 동기에서 자율적 동기에 이르기까지 동기의 연속성을 파악한다.

- **무동기(Amotivation)**: 개인이 행동할 의사가 없는 상태, 즉 동기가 없는 상태다.
- **외재적 조절(External regulation)**: 가장 자율성이 낮은 외재적 동기 유형이다. 이는 외부 요구에 대한 반응으로, 외부에서 부과된 보상을 포함할 수 있다.
- **부과된 조절(Introjected regulation)**: 죄책감을 피하거나 자존감을 유지하기 위한 방법으로 압력 때문에 행동하는 것이다.
- **동일시(Identification)**: 개인이 어떤 행동의 중요성을 인식하고, 이를 자신의 행동으로 받아들인다.
- **통합(Integration)**: 개인은 그 행동이 자신의 가치 및 욕구와 일치하기 때문에, 즉 내면화되고 통합돼 있기 때문에 행동한다.
- **내재적(Intrinsic)**: 결과보다는 활동 자체의 고유한 즐거움이나 만족을 위해 활동을 하는 것이다.

데시와 라이언은 이 연속 선상의 외재적 동기의 일부 유형을 "빈약한 상태"로, 다른 유형을 "능동적이고 주체적인 상태"로 분류한다(Deci and Ryan 2000, 55).

자기 결정 이론과 공공봉사동기의 융합(Convergence between self-determination theory and public service motivation). 공공봉사동기를 연구하는 학자들이 자기 결정 이론을 차용하는 경우는 드물다. 첸청안(Chen Chung-An)과 배리 보즈만(Barry Bozeman)(Chen and Bozeman 2013), 쉬쳉웨이(Xu Chengwei)와 첸청안(Chen Chung-An)(Xu and Chen 2017), 브로그, 리츠와 알페스(Breaugh, Ritz, and Alfes 2018)는 공공봉사동기를 이해하기 위해 자기 결정 이론의 "렌즈"를 사용할 것을 제안했다. 공공봉사동기와 자기 결정 이론의 교차 연구는 이러한 각 연구 분야에 종사하는 학자들에게 큰 도움이 될 수 있다. (1) 공공봉사에 대한 혼합 동기 연구를 구성하기 위한 자기 결정 이론의 언어, (2) 동기 연속체의 자율적 끝에 있는 동기 상태를 알려 주는 공공봉사동기 이론의 역량, (3) 기본적인 심리적 욕구와 개인적인 동기 구성 요소와 관련해 자기 결정 이론의 제도적 토대를 강화하는 세 가지 잠재적 이점을 강조할 필요가 있다.

첸과 보즈만은 공공봉사에 대한 혼합 동기 연구의 틀을 짜는 데 자기 결정 이론의 동기 연속성을 사용하는 것의 유용성에 초점을 맞춘다. 이들의 주장은 명확하다. 공공 조직 또는 비영리 조직 관리에서 비내재적 동기는 무시돼 왔으며, 자기 결정 이론은 이러한 동기에 대한 연구의 공백을 메우는 데 도움이 된다는 것이다(Chen and Bozeman 2013, 599). 페리는 공공봉사동기 연구의 제3의 물결이라고 불리는 기초 연구를 요약하면서 첸과 보즈만의 혼합 동기 연구에 대한 주장을 되풀이했다: "공공봉사동기에 관한 연구의 필수적인 다음 단계는 자연스럽고 다양한 인센티브 설정을 조사하는 더 많은 연구를 수행하는 것이다"(Perry 2014, 40).

개발 초기부터 공공봉사동기 이론(Perry 2000)은 동기 부여 과정의 사회적 기원을 강조했다. 공공봉사동기 이론이 자기 결정 이론의 동기 연속선에서 확인된 동기와 통합된 동기에 대해 갖는 불균형적인 관심은 상대적으로 탐구되지 않은 이러한 동기에 대해 더 많이 배울 수 있는 기회를 제공한다. 따라서 공공봉사동기 연구는 자기 결정 이론의 동기 연속 선상의 자율적 끝에 있는 동기 상태에 대해 이해할 수 있게 하는 역량을 가지고 있다.

공공봉사동기의 과정 이론(Perry 2000)의 부산물은 동기 부여 상황이나 맥락(Perry and Porter 1982)이 종종 법, 규칙, 외부 기대와 같은 제도에 의해 결정된다는 인식이다. 최근 공공 조직 또는 비영리 조직 관리 연구에서 비내재적 동기가 강조되지 않는 것처럼, 대부분의 동기 부여 연구에서 제도는 소홀히 다뤄져 왔다(Perry and Porter 1982; Perry 2000; Perry and Vandenabeele 2008). 전통적인 심리학 기반 동기 부여 이론과 사회 및 제도 기반 이론의 융합은 동기 부여 이론 전반에 영향을 줄 수 있는 근본적인 질문을 탐구할 기회를 제공한다. 근본적인 질문 중 하나는 기본적인 심리적 욕구 이론을 경험적으로 확인할 수 있는 정도와 제도적 환경이 최적 또는 부적응적 기능을 지원하거나 방해하는 정도다. 대규모 연구의 일환으로 자율성에 관한 연구는 책임성과 통제의 관점에서 종종 제기되는 공공행정의 책임성에 관한 전통적인 논쟁과 관련이 있다(Friedrich 1935; Finer 1941).

2.2.1 동기 부여 군집 이론

외재적, 특히 금전적 보상에 직면했을 때 내재적 동기가 감소한다는 데시, 라이언 및 동료들의 연구 결과는 경제학자들의 후속 연구를 촉발시켰다(Frey 1997; Frey and Jegen 2001). 후속 연구의 이유는 분명하다: 사회심리학자들의 연구 결과는 금전적 인센티브를 높이면 공급이 증가하기보다는 오히려 감소한다는 것으로 경제학의 기본 원칙에 정면으로 반하는 것이었기 때문이다. 경제학자와 정치학 등 다른 분야의 학자들(Gailmard and Patty 2007)은 데시의 초기 연구에서 확인됐고, 이후 다른 학자들에 의해 반복적으로 확인된 구축(驅逐) 효과(crowding-out effect)와 구인(拘引) 효과(crowding-in effect)를 모두 연구했다. 이러한 실증 연구의 내용은 보상과 금전적 인센티브에 대해 논의하는 6장에서 더 자세히 다룬다.

동기 부여 군집 이론(motivation-crowding theory)은 금전적 인센티브가 내재적 동기에 미치는 전반적인 영향을 결정하는 두 가지 뚜렷한 효과(Frey and Jegen 2001; Weibel, Rost, and Osterloh 2010)를 가정한다. 첫 번째는 금전적 보상이 행동에 영향을 미치는 것을 주목함으로써 생기는 인지적 변화에 의해 발생하는 가격 효과(price effect)다. 이러한 인지적 변화는 동시에 업무 내용의 의미를 감소시키는데, 이것이 바로 구축 효과다. 가격 효과와 군집 효과(crowding effect)의 합이 성과급이 직원 동기 부여에 미치는 전반적인 효과를 결정한다.

2.2.1.1 동기 부여 군집과 공공봉사동기에 대한 실증 연구

동기 부여 군집 이론은 공공 성과급 연구 결과를 설명하는 데 자주 사용됐지만 (Perry, Engbers, Jun 2009; Weibel, Rost, and Osterloh 2010), 공공봉사동기에 대한 실증 연구에 선험적으로 자주 사용되지는 않았다. 미국 국세청(IRS)을 대상으로 한 앤서니 버텔리(Anthony Bertelli)의 연구는 공공 부문에서 동기 부여 군집 현상을 평가한 최초의 연구다(Bertelli 2006). 버텔리는 국세청과 통화감독국(OCC)의 직원 표본을 대상으로 잠재적인 내재적 동기를 추정했다. 두 기관의 차이점은 IRS가 OCC에서 사용하지 않는 감독관급 직원에 대한 능력별 분류에 따른 개인 보상 성과급을 도입했다는 점이다. 버텔리는 기본 데이터 소스(즉, 2002년 연방 인적 자본 조사)의 한계를 인정하면서, IRS에서 가장 낮은 수준에서는 내재적 동기의 구인 효과가 발생하지만 가장 높은 수준에서는 구축 효과가 발생한다는 사실을 발견했다. 능력별 분류에 따른 급여 등급에 따라 동기 부여 결과가 달랐지만, 버텔리는 능력별 분류에 따른 급여 제도의 전반적인 효과에 대해서는 결론을 내리지 못했다.

야니스 게오르겔리스(Yanis Georgellis), 엘리자베타 이오사(Elisabetta Iossa), 부레인 타부마(Vurain Tabvuma)는 이 장의 앞부분에서 ASA 연구와 관련해 논의한 공공 부문과 민간 부문의 직원 분류에 대한 연구에서 동기 부여 군집 이론을 간접적으로 테스트했다(Georgellis, Iossa, and Tabvuma 2011). 영국 가구 패널 조사에서 내재적 동기가 높은 사람들에게 더 높은 외재적 보상을 제공할 때 이들이 공공 부문 취업을 받아들일 가능성이 낮다는 연구 결과를 바탕으로 동기 군집 이론을 결론지었다. 이 결과는 고등교육 부문과 국민 보건 서비스(National Health Service)에만 적용된 것이다. 연구진은 이 결과를 내재적 동기의 구축 효과로 해석했다.

동기 부여의 군집화에 관한 가장 최근의 공공 부문 연구는 미국 지방 정부 표본을 사용해 성과 관련 급여, 공공봉사동기, 직무 만족도에 대한 예측을 테스트한 것이다(Stazyk 2013). 도시의 관리자, 부관리자, 부서장 표본을 대상으로 한 연구는 이전 연구와는 다른 결론에 도달했다. 에드먼드 스타직(Edmund C. Stazyk)은 로지스틱 회귀분석과 몬테카를로 시뮬레이션을 사용해 연구 결과를 도출했다. 그는 동기 부여 군집의 증거를 찾지 못했다. 그는 다음과 같이 요약한다: "대신 직무 만족도가 가장 높고 공공봉사동기가 가장 강한 직원이 성과급을 지급하는 도시에서 일할 가능성이 가장 높다는 결과가 나왔다"(Stazyk 2013, 265). 그러나 그는 자신이 횡단면 표본을 사용했으므로 단단한(robust) 검증은 아님을 인정했다.

2.3 목표 이론

목표 이론(goal theory)은 동기는 목표 지향적이라는 생각에 기초한다(Locke and Latham 1990). 이 이론의 핵심 개념은 목표다. 목표는 "특정 상황에 대한 가치의 적용"이라고 개념화할 수 있다(Locke 1991, 292). 목표 설정 이론(goal-setting theory)은 목표가 어떻게 획득되는지에 대한 몇 가지 시사점을 제공하지만, 이것이 이 이론의 핵심은 아니다. 목표가 개인의 행동과 성과에 미치는 영향에 대해 더 많은 관심을 기울인다.

목표 설정 이론은 사람들이 서로 다른 목표를 갖는 경향이 있기 때문에 동기 부여가 다르고 결과적으로 성과도 달라진다고 주장한다(Latham and Locke 1991). 목표 설정 이론의 기본 구성 요소는 목표의 내용과 목표 몰입(goal commitment)이다. 구체적이고 어려운 목표가 동기를 부여하고 성과를 높인다는 이론이다. 이 이론은 달성하고자 하는 목표 또는 과업의 내용에 초점을 맞춘다. 이 부분은 일반적이며 목표의 가치 구성 요소에 대해서는 언급하지 않는다. 목표 몰입이란 목표에 대한 몰입과 그것이 동기 부여와 성과에 미치는 영향을 포함한다. 여기서 가치는 중요한 역할을 한다. 한편, 몰입은 개인의 자기 효능감, 즉 사람들이 목표를 달성할 수 있다고 믿는 신념의 영향을 받는다. 다른 한편으로 몰입은 목표 달성이 목표의 중요성에 달려 있다는 신념의 영향을 받기도 한다. 이 마지막 요소는 특히 게리 래섬(Gary P. Latham)과 에드윈 로크(Edwin A. Locke)가 목표와 가치의 관계를 정의한 방식을 고려할 때 제도 및 정체성과 직접적으로 연관될 수 있다. 따라서 공공의 정체성이 존재할 때 목표에 대한 몰입은 더욱 강화될 것이다.

브래들리 라이트(Bradley E. Wright)의 연구는 목표 설정에 관한 연구를 공공봉사동기와 연결시키는 데 중요한 역할을 했다. 라이트(Wright 2004)의 초기 기여는 목표 설정을 공공 부문의 맥락과 공공봉사에 관한 중범위 이론의 중심에 놓고자 했다는 점에 있다. 목표 이론과 사회 인지 이론을 바탕으로 라이트는 목표 갈등, 목표 모호성, 절차적 제약 등 공공 부문 업무 맥락의 두드러진 측면을 목표 이론과 일관되게 통합하는 모델을 개발했다. 목표 이론의 논리와 관련해, 라이트는 공공 부문 맥락의 특정 과제가 직무 목표의 구체성 및 직무 난이도 등 목표 이론에서 확인된 선행 요인에 영향을 미쳐 업무 동기를 저하시킬 수 있다고 가정했다. 라이트는 자신의 모델에 공공봉사동기를 구체적으로 포함시키지는 않았지만, 목표 이론의 틀 안에서 공공봉사를 조사할 수 있다고 주장했다. 핵심적인 연결 고리는 공공봉사와 공무원들이 자신과 조직이 추구하는 목표에 부여하는 중요성 사이의 관계다. 라이트는 다음과 같이 주장한다: "…공공 부문 직원들이 자신의 업무가 사회에 도움이 되는 기관의 목표를 달성하는 데 중요하다고 인식한다면, 그들은 자신의 직무 수준 목표를 달성하기 위해 더 열심히 노력할 것이다"(Wright 2004, 73).

2.3.1 목표 특성의 대리 변수로서의 임무 가치관

라이트(Wright 2001, 2004)의 연구로 인해 주목받게 된 한 가지 구성 개념은 임무 가치관(mission valence)이다. 공공 부문 맥락에서 업무 동기의 역학을 설명하는 데 목표 이론의 유용성을 테스트하기 위한 후속 연구에서 라이트(Wright 2007)는 주요 목표 이론 변수를 통합한 모형의 선행 변수로 임무 가치관이란 개념을 도입했다. 임무 가치관은 조직 목표의 중요성을 나타낸다. 목표 이론에서 임무 가치관의 역할은 조직의 임무를 맡음으로써 활력을 얻는 개인이 자신의 직무 목표를 중요하게 인식해 더 많은 업무 노력을 기울인다는 것이다. 라이트는 뉴욕주의 한 기관에서 807명의 직원을 대상으로 실시한 설문 조사를 분석해 임무 가치관→직무 중요성→업무 동기 부여의 관계를 뒷받침했다. 이러한 관계는 성과 관련 외재적 보상을 통제했을 때도 유의미한 것으로 나타났다. 이 연구를 통해 임무 가치관이 직무의 의미를 높여 업무 동기에 영향을 미친다는 관점을 확인할 수 있었다. 후속 연구에서 라이트와 판데이(Wright and Pandey 2011)는 임무 가치관이 조직의 목표 명확성, 공공봉사동기, 업무 영향력에 따라 달라진다는 것을 확인했으며, 조직 성과를 결정하는 요인으로서 그 중요성을 확인했다.

임무의 효과에 대한 연구는 최근 들어 더욱 활발해지고 있다. 세바스찬 펠러(Sebastian Fehrler)와 마이클 코스펠트(Michael Kosfeld)는 두 가지 실험을 통해 흥미로운 결과를 도출했다(Fehrler and Kosfeld 2014). 첫 번째 실험에서 연구진은 피실험자들이 자신의 업무에 맞춰 임무를 선택했을 때 대조군보다 더 높은 노력을 기울이지 않는다는 사실을 발견했다. 첫 번째 실험에서 예상치 못한 결과가 나오자 두 번째 실험에서는 피실험자들에게 선호하는 임무가 있는 일을 선택할 수 있도록 했다. 선호하는 임무를 선택한 사람들 중 일부는 임금을 적게 받더라도 기꺼이 임무를 수행했으며, 동시에 훨씬 더 높은 노력을 기울였다. 이 두 가지 실험의 결과로 펠러와 코스펠트는 "일부 근로자는 임무에 의해 동기가 부여될 수 있으며, 임무 지향적 조직을 선택하는 것은 이러한 조직의 낮은 임금과 높은 동기 부여라는 경험적 결과를 설명하는 중요한 요인"(Fehrler and Kosfeld 2014, 99)이라는 결론을 내렸다.

세 가지 후속 연구는 임무와 공공봉사동기에 관한 연구의 개념적·경험적 토대를 단단히 했다. 제임스 제라드 카이예(James Gerard Caillier)의 연구는 3,500명의 대표 표본을 대상으로 설문 조사를 실시한 결과 913개의 유효 설문지를 회수해 26.1%의 응답률을 기록했다(Caillier 2015). 그는 응답자의 공공봉사동기가 임무 가치관과 역할 외 행동(extra-role behavior)에 직접적인 영향을 미친다고 결론지었다. 제이슨 스미스(Jason Smith)와 윌리엄 레시(William Resh), 존 마블(John Marvel), 보 웬(Bo Wen)은 임무 매칭의 매개 모델을 테스트하는 실제 노력 실험(real-effort experiment)을 수행했다(Resh, Marvel, and Wen 2018). 스미스는 임무와 근로자 매칭의 긍정적인 동기 부여 효과를 설명하는 심리적 메커니즘을 더 잘 파악하는 데 관심이 있었다. 그는 임무 매칭과 노력 사이의 중재 메커니즘으로 의미 부여(meaninfulness)를 확인했다. 임무→의미 부여→노력 관계는 피실험자가 잘 매칭된 정도(매칭 대 미매칭)와 친사회성 수준에 의해 매개됐다. 레시, 마블과 웬(Resh, Marvel, and Wen 2018)은 스미스의 임무 매칭 연구를 기반으로 연구를 진행했다. 이들이 연구에 도입한 새로운 변수는 임무 매칭이 지속적인 친사회적 업무 노력을 설명하는 정도였다. 이들은 피실험자가 임무와 좁게 동일시하는 것이 지속성을 결정하는 중요한 요인임을 발견해 스미스의 연구 결과를 뒷받침했다. 공공봉사동기, 임무 매칭, 업무 노력에 미치는 영향에 대한 연구는 리더십 연구의 주제이기도 하다. 이 연구는 8장에서 더 자세히 다룬다.

2.4 결론

공공봉사동기에 관한 연구가 급증한 배경에는 탄탄한 이론이 있었다. 성향-기회 이론, 자기 결정 이론, 목표 이론과 몇 가지 추가적인 보완적 프레임워크는 공공봉사동기 연구에 내재된 많은 예측을 종합적으로 뒷받침한다. 이론의 견고함보다 더 중요한 것은 그 실천적 함의가 공공 인적 자원을 설계하고 관리하는 새로운 방법을 제공한다는 것이다. 3장에서 이러한 실천적 함의를 밝히기 시작한다.

주(註)

1. 연구 중에는 다음과 같은 것들이 있다: Sangmook Kim(2012), Liu et al.(2015), Geunpil Ryu(2017), Rusi Sun, Shuyang Peng, and Sanjay Pandey(2014), Stephen Teo et al.(2016), Quratulain Samina and Abdul Karim Khan(2015), Julian Gould-Williams, Ahmed Mohammed Sayed Mostafa, and Paul Bottomley(2015), Oliver Neumann(2016), Sanjar Salajegheh, Morteza Mouseli, and Ali Moradpour Jaghdari(2016), Myung Jin, Bruce McDonald, and Jaehee Park(2016), and Myung Jin et al.(2019).
2. 에드워드 데시(Edward Deci)와 리처드 라이언(Richard Ryan)은 자기 결정 이론의 이 부분을 인지 평가 이론에서 파생된 "하위 이론"이라고 언급한다(Deci and Ryan 2000).
3. 자기 결정 이론의 이 구성 요소는 또 다른 하위 이론으로, 데시와 라이언(Deci and Ryan 2000)은 이를 유기적 통합 이론이라고 부른다.

제3장

공공봉사동기
Managing Organizations to Sustain Passion
for Public Service

공공봉사동기가 높은 인재의 충원이 우선이다

　스티브 켈만(Steve Kelman)은 블로그 게시물에서 저자가 공공봉사동기와 관련된 방대한 연구에서 추론한 바를 다음과 같이 적절히 요약했다(Kelman 2015): "다시 한번 강조하지만, 여기에는 관리 측면에서 시사점이 있다: 공공봉사동기를 활용해 직원들의 성과를 향상하고 싶다면, 애초에 그러한 동기를 가진 사람들이 조직에 들어오도록 노력해야 한다."

　켈만의 말에는 좀 더 미묘하고 함축적인 메시지도 담겨 있다. 공공 조직의 관리자와 인사 전문가들은 채용 절차의 명시적 목표인 지식, 기술, 능력에 집착하고 정책 및 규제 지침을 준수해야 하기 때문에 인재 영입, 유지, 윤리적 행동, 성과와 같은 결과를 결정하는 요인으로서 공공봉사동기를 무시하는 경우가 많다. 대니얼 브롬버그(Daniel E. Bromberg)와 에티엔 샤보노(Étienne Charbonneau)의 실험 연구(Bromberg and Charbonneau 2020)는 인적 자원 관리 전문가들의 초점이 잘못됐음을 명확하게 지적하고 있다. 브롬버그와 샤보노는 켈만(Kelman 2015)과 같이 공공봉사동기를 연구한 많은 사람이 공직 선발 과정에서 공공봉사동기 활용의 가치를 인식했음을 인정하면서 연구를 시작했다. 이들은 실험을 위해 국제공공인사관리협회(IPMA-HR)에서 238명의 인사 전문가를 모집했다. 전문가들에게 공공봉사동기가 표현된 정도와 다섯 가지 성격 특성이 다르게 작성돼 있는 세 개의 자기소개서를 평가하도록 요청했다. 그 결과, 공공봉사동기는 전문가들의 평가에 영향을 미치지 않았는데, 이는 공공봉사동기라는 속성이 인사 전문가들에게 아무 영향을 미치지 않았음을 의미한다. 축적된 여러 근거에 따르면, 채용 과정에서 공공봉사동기를 고려하지 않는 것은 심각한 결함이라고 할 수 있다.

공공봉사동기가 높은 사람을 선발하는 것은 공공 조직에 여러 가지 긍정적 결과를 가져올 수 있다:

- 직원의 성향이 조직이 제공하는 인센티브 유형에 더 잘 맞을 가능성이 높다;
- 선발된 사람이 직무와 팀에 더 적합할 가능성이 높다;
- 선발된 사람이 조직에 잘 맞을 가능성이 높다;
- 직원의 동기가 조직의 가치에 대한 동일시 또는 통합을 반영할 가능성이 더 높다;
- 직원은 자신의 직무와 조직에 내재된 목표에 더 크게 헌신할 가능성이 높다.

이러한 긍정적인 결과의 직접적인 효과는 직원이 더 오래 조직에 남고, 더 신뢰할 수 있는 역할 행동을 할 것이며, 직원 성과를 향상시킬 가능성을 높인다는 것이다.

공공봉사동기가 높은 사람을 선발하는 것이 중요하다는 켈만의 주장은 연구를 통해 입증됐다. 아드리안 리츠(Adrian Ritz), 진 브루워(Gene Brewer), 올리버 노이만(Oliver Neumann)은 1990년부터 2014년까지 전 세계적으로 발표된 공공봉사동기에 관한 323편의 논문을 종합한 결과, 공공봉사동기가 높은 사람을 선발하는 것이 가장 자주 언급된 실무상 시사점이라는 사실을 발견했다(Ritz, Brewer, and Neumann 2016). 전체 논문 중 18% 이상인 총 59편이 공직자 선발 결정 시 개인의 공공봉사동기를 고려할 것을 제안했다.

공공봉사동기와 선발을 연결시킨 리츠, 브루워와 노이만(Ritz, Brewer, and Neumann 2016)의 연구는 공공봉사동기가 높은 직원을 채용하고 선발하는 것이 공공 조직의 기능에 변화를 가져오는 몇 가지 이유를 밝혔다. 이는 이러한 구성 개념이 처음 등장했을 때 제시된 관점(Perry and Wise 1990)을 잘 반영하고 있다. 사이먼 앤더푸렌-비젯(Simon Anderfuhren-Biget), 프레데릭 바로네(Frédéric Varone)와 데이비드 지오크(David Giauque)의 연구는 공공봉사동기를 선택하는 주요 이유를 가치 일치, 주인-대리인 문제의 감소, 공무원 정체성의 세 가지로 정리했다(Anderfuhren-Biget, Varone, and Giauque 2014).

앤더푸렌-비젯, 바로네, 지오크가 식별한 세 가지 매개 변수는 2장에서 논의한 이론에 필수적이다. 예를 들어, 가치 일치 논의는 2장에서 처음 다뤘던 성향-기회, 매력-선택-이탈, 개인 적합성 이론 및 연구의 논리를 포착한다. 직원의 가치가 조직의 가치와 일치할 때, 직원은 자기 결정 이론에서 확인된 두 가지의 고차원 외재적 동기인 동일시 및 통합에 의해 자극을 받을 가능성이 더 크다(Ryan and Deci 2000; Paarlberg and Perry 2007). 주인-대리인 문제를 최소화될 수 있는 인력을 채용한다면 직원을 모니터링할 필요성이 줄어들고, 이에 따라 직원들이 특히 내부 이해관계자들로부터 더 큰 자율성을 가지고 일할 가능성이 높아지게 되고, 결과적으로 자기 결정을 위한 또 다른 조건이 만들어진다(Ryan and Deci 2000). 마지막으로, 공무원으로서의 정체성은 직원의 주인 의식(ownership)을 높여 업무에 대한 노력의 질을 향상시킨다. 목표에 대한 직원의 주인 의식은 목표 이론의 중심 동력이다(Locke and Latham 1990). 주인 의식은 목표에 대한 몰입과 노력의 질 향상으로 직결되며, 이는 직원들의 동기 부여를 높이는 열쇠다.

3.1 공공봉사동기가 높은 직원 영입하기

공공 조직은 공공봉사동기가 높은 사람들을 영입한다는 목표를 실현하기 위해 활용할 수 있는 다양한 정책 및 제도적 옵션을 가지고 있다. 공공봉사동기가 높은 직원을 영입하기 위한 네 가지 일반적인 단계를 선행 연구로부터 도출할 수 있다: 지원자에게 매력적인 임무와 조직 이미지를 제시하기, 임무와 공공 가치를 강조하도록 직무를 기술하고 맞춤형 홍보하기, 공공봉사동기가 높은 후보자를 선별하기, 내재적 또는 친사회적 성향을 배제하는 동기를 가진 후보자를 걸러내기(Christensen, Paarlberg, and Perry 2017). 이러한 일반적인 단계 중 하나만으로도 공공봉사동기가 높은 직원을 영입하는 데 성공할 수 있지만(예: 후술하는 미국 연방 교정국[BOP]의 조직 이미지 효과 참조), 공공 조직은 여러 옵션을 활용함으로써 더 큰 성과를 거둘 수 있다.

3.1.1 공공봉사동기가 높은 인재를 영입하기 위한 조직 이미지 계획

조직의 이미지와 조직에 매력을 느끼는 사람들의 유형 사이에 밀접한 관계가 있음을 주장하는 연구는 다음 두 가지 흐름이 있다. 첫 번째 흐름은 임무 신비주의(mission mystique)라는 개념에 초점을 둔 것으로서 공공 및 개발 행정에 관한 메릴리 그린들(Merilee Grindle)과 찰스 굿셀(Charles Goodsell)의 연구가 대표적이다(Grindle 1997; Goodsell 2011). 두 번째 연구 흐름은 조직행태론에서 나온 조직 동일시(organizational identification)라는 표제에 의해 포착되는데, 제인 더튼(Jane Dutton), 재닛 듀커리히(Janet Dukerich)와 셀리아 하퀘일(Celia Harquail)의 연구에 가장 잘 요약돼 있다(Dutton, Dukerich, and Harquail 1994). 이러한 흐름은 2장에서 소개한 이론, 특히 성향-기회 이론과 매력-선택-이탈 이론의 주제를 반영하고 있다.

그린들의 연구는 다른 두 이론 흐름에 비해 덜 발전됐지만, 시간적(즉, 1990년대 중반)으로나 지리적으로나 그 출발 면에서 흥미로운 기여점이 있다. 그린들은 공공 부문 전반의 성과가 저조한 매우 어려운 상황에서 개발도상국의 조직들이 높은 수준의 성과를 낼 수 있었던 이유를 이해하려고 노력했다. 그린들의 연구팀은 6개국 29개 조직을 연구했는데. 성과가 기대치를 초과했는지 또는 기준에 미치지 못했는지에 따라 조직을 분류한 후 다음 결론에 도달했다.[1] 그녀가 폭넓게 조직 문화라고도 하고 또는 조직 신비주의(organizational mystique) 및 임무 신비주의라고도 칭하는 것이 어려운 조건에서 예상치 못한 긍정적인 성과를 산출하는 데 매우 중요한 기여를 한다는 점이다. 그린들은 신비주의를 다음과 같이 설명한다: "각 사례에서 조직의 활동에 대한 사명감이나 신비주의는 종종 심각한 자원 부족과 때로는 열악한 근무 조건 속에서도 조직 목표에 대한 근로자들의 몰입을 설명하고, 그들로부터 열심히 그리고 일관된 노력을 이끌어 내는 데 중요한 요소였다"(Grindle 1997, 489). 그린들은 임무 신비주의의 몇 가지 구성 요소를 추출했다. 그것은 바로 직원들이 직업적 규범과 표준에 따라 행동하고 그에 동조하며, 임무에 대한 강한 봉사 의식을 가지고 있고, 임무가 조직 차원일 뿐만 아나라 개인 차원이라는 점 등이다. 그린들은 자신의 연구팀이 개발도상국의 효과적인 조직에서 발견한 많은 특징이, 후술하는 존 디울리오(John J. DiIulio, Jr.)의 BOP 연구물에서 발견한 특징과 유사하다는 결론을 내렸다(DiIulio 1994).

그린들(Grindle 1997)이 개발도상국을 대상으로 한 연구에서 처음 이 개념을 언급한 지 10여 년 후, 찰스 굿셀(Charles Goodsell)은 임무 신비주의 개념을 수용해 발전시켰다(Goodsell 2011)[2]. 굿셀이 임무 신비주의에 대해 연구한 가장 근접한 연구 출처는 미국 공공 조직에 대한 여섯 가지 사례 연구였지만,[3] 그는 또한 50년 이상의 연구 경력을 통해 축적한 방대한 학제 간 연구도 활용했다. 굿셀은 임무 신비주의를 그린들의 논의와 일관성 있게 다음과 같이 정의한다:

> … 활력을 주고 성찰적인 행정을 촉진하는 기준점이 될 수 있는 공공 조직의 특성이다. 임무 신비주의는 강한 공적 임무에 중점을 두는 기관을 위해 굳건한 제도적 신념 체계를 의식적으로 개발하는 토대가 된다. 임무 신비주의 조직의 직원들은 단순히 법을 충실히 집행하거나 프로그램을 효율적으로 운영하기 위해 노력하는 수준에서 그치지 않는다. 이러한 임무 사항들은 너무나 중요하기 때문이다. 조직 임무를 수행하는 행위 자체가 열정을 불러일으킨다. 임무와 관련해 지역 사회와 세상에 최대한 강렬한 인상을 남기고 싶어 하기 때문에 직원들은 창의적으로 열심히 일하게 된다(Grindle 2011, 2).

굿셀은 임무 신비주의 개념을 사용해 임무 신비주의 신념 체계 템플릿(template)을 개발했다. 여기서 템플릿이란 모델이나 명시적 지침과 구별되는 일반적인 지침을 의미한다. 〈표 3.1〉에 재현된 그의 템플릿은 세 개의 행과 열을 교차 분류해 만든 아홉 가지 구성 요소로 이뤄져 있다. 세 개의 행은 템플릿의 실질적인 핵심인 목적 의식 부여(목적 의식 아우라), 열정과 몰입의 존재(내재적 몰입), 기관의 장기적 유지(지속적 특징)를 나타낸다. 여러 셀 항목을 검토한 결과 굿셀의 임무 신비주의가 공공봉사동기와 공유하는 주목할 만한 특징을 발견할 수 있었다. 그중 하나는 조직 구성원들은 내재적으로 (외적인 요소가 아닌-역자 주) 동기 부여된다는 점이다.

〈표 3.1〉 임무 신비주의 신념 체계: 템플릿

시스템 요구 사항	주요 자질	필수적 설명	시간적 측면
목적 의식 아우라	1 중심이 되는 임무 목적이 기관에 스며든다.	2 임무에 의해 충족되는 사회적 필요가 긴급한 것으로 여겨진다.	3 성취를 기반으로 하는 차별적인 명성을 가진다.
내재적 몰입	4 기관의 직원들은 내재적으로 동기 부여된다.	5 기관 문화가 신념 체계를 제도화한다.	6 기관의 역사가 알려져 있고 기념되고 있다.
지속적 특징	7 신념은 논쟁과 반대(opposition)에 열려 있다.	8 적절한 변화를 허용할 수 있는 정책 자율성이 부여된다.	9 기관의 갱신(renewal)과 학습이 지속적으로 이뤄진다.

출처: Goodsell(2011, 14)

더튼, 듀커리히와 하퀘일(Dutton, Dukerich, and Harquail 1994)은 조직 이미지와 조직 구성원의 조직 동일시(organizational identification) 간의 관계에 관한 모델을 개발해 공공 조직이 어떻게 하면 공공봉사동기가 높은 인재를 더 효과적으로 영입할 수 있는지에 관한 성찰의 토대를 제공했다. 더튼 등은 두 가지 각기 다른 조직 이미지가 구성원의 조직 동일시에 영향을 미친다고 가정한다. 이 두 가지 조직 이미지 중 첫 번째는 "인지된 조직 정체성(perceived organizational identity)"으로, 조직에 대해 독특하고 중심적인 것이 무엇인지에 대한 구성원의 믿음을 기반으로 한다. 다른 하나는 "외부 정체성(external identity)"인데, 더튼과 동료들은 이를 조직 외부인들이 결합된 조직을 어떻게 인식하는지에 대한 구성원의 믿음으로 정의한다. 두 이미지의 공동 매력, 즉 조직 정체성 인지와 외부 정체성 해석의 매력은 구성원의 조직 동일시 강도를 설명하는 데 큰 도움이 된다는 것이 이 논문의 요지다.

더튼 외(Dutton et al. 1994)의 모델을 단순화해서 요약한 것이지만, 이 모델은 공공 관리자가 공공봉사동기가 높은 직원을 영입하기 위해 할 수 있는 몇 가지 원칙을 제시한다. 첫 번째 원칙은 "조직은 임무에 대한 명확한 이미지, 임무가 사회에서 가치 있는 결과를 어떻게 발전시키는지, 그리고 조직이 기여하는 것의 차별성에 대한 명확한 이미지를 투영해야 한다"(Christensen, Paarlberg, and Perry 2017, 533)라는 것이다. 이 첫 번째 원칙은 주로 2장에서 소개한 개념인 조직 목표의 중요성을 나타내는 임무 가치관(mission valence)에 초점을 맞추고 있다. 인지된 조직 정체성의 매력에 영향을 미치는 요인은 다양하지만, 첫 번째 원칙은 조직 구성원들이 매력과 구성원 행동, 대중 커뮤니케이션(예: 웹사이트, 인쇄 매체, 구인 광고) 및 행정 시스템이 매력에 미치는 영향에 주의를 기울일 필요가 있다는 점을 분명히 한다(Carpenter 2010). 공공 조직의 리더는 인지된 조직 정체성의 매력을 유지하고 강화할 특별한 책임을 지는데, 이 문제는 8장에서 다룰 것이다.

공공 조직과 그 리더, 구성원은 외부 정체성의 매력에 대한 통제력이 훨씬 적지만, 외부 이미지에 대한 내러티브를 구성하는 역할을 할 수 있다. 공공 프로그램과 조직에 대한 대중과 언론의 비판은 일상적인 일이지만, 리더는 비판을 더 큰 맥락에서 바라보도록 할 수 있다. 미국 국세청(IRS)은 조직이 어떤 일을 할 수 있는지 잘 보여 준다. IRS는 예비 직원들에게 매력적으로 인식되는 전문가 집단 내에서의 조직 정체성을 함양할 수 있다. 동시에 IRS는 임무의 강압적 특성으로 인해 대중적·정치적으로 비판적 평가의 대상이 되기 때문에 외부 이미지 관리에 어려움을 겪을 것이다(Christensen, Paarlberg, and Perry 2017). IRS가 대중의 공격으로 인해 생성된 이미지를 완화하기 위해 추구할 수 있는 한 가지 전략은 예비 직원, 직원 및 기타 이해관계자에게 정책의 근거와 출처를 설명하는 메시지를 보내는 것이다(예: 이 장의 후반부에서 논의하는 IRS의 현실적인 직무 프리뷰에 대한 토론 참조).

많은 공공 기관은 강한 조직 동일시를 형성하는 지원자에게 매력을 어필할 수 있도록 조직 이미지를 효과적으로 투영한다. 이러한 전략을 60년 이상 성공적으로 실행한 기관 중 하나는 3.1.2에서 논의할 미국 연방 교정국이다.

3.1.2 조직 이미지의 적극적 활용: 미국 연방 교정국

미국 연방 교정국(U.S. Federal Bureau of Prisons: BOP)의 "원칙을 지키는 직원(principled agents)"에 대한 존 디울리오(John J. DiIulio, Jr.)의 분석은 조직 이미지가 어떻게 조직의 장래 및 현재 직원과의 거래를 합리적인 사업에서 도덕적인 사업으로 변화시킬 수 있는지를 보여 주는 사례다(DiIulio 1994). 디울리오는 교도소 설립 후 63년간의 기록을 통해 교도소에서는 원칙을 지키는 직원 행동이 예외가 아니라 일반적이었다고 주장한다. 디울리오가 언급한 원칙을 지키는 직원은 내가 이 책에서 공공봉사동

기와 연관지어 설명한 특성을 반영한다. 디울리오는 이렇게 적고 있다:

> …"원칙을 지키는 직원" – 이러한 행동을 자제하게 하는 금전적 또는 다른 유형의 인센티브가 약하거나 존재하지 않는 경우에도 업무를 회피하거나 방해 또는 훔치지 않으며, 그러한 행동에 대한 인센티브가 매우 불확실한 경우에도 종종 "고마움을 받지 못하는 일"을 수행하고 자신의 노동을 사실상 "선물"하는 직원을 말한다 (DiIulio 1994, 282).

디울리오는 BOP를 "강한 문화" 조직, 즉 신념과 가치에 기반을 둔 조직으로 묘사하며, 공공 조직에서 점점 더 보편화되고 있는 "사명감", "뛰어난 역량", "평판"과 연관지어 설명한다. 이러한 조직은 금전적 인센티브에 의존하기보다는 개인이 기관을 대신해 행동하고 기관과 동일시하도록 유도하는 규범적 질서를 나타낸다. 기관을 위한 자기 희생은 구성원 행동의 한 속성이다.

디울리오의 BOP 이야기는 1987년 11월 말, 루이지애나주 오크데일과 조지아주 애틀랜타에 있는 두 개의 연방 구치소에서 불과 며칠 간격으로 발생한 대규모 소요 사태로 시작된다. 이 소요 사태로 인해 수백만 달러의 정부 재산 피해가 발생했으며 폭동을 진압하고 폭도들을 재배치하는 데 거의 같은 정도의 비용이 들었다.

오크데일과 애틀랜타에서 발생한 사건은 전 세계 언론의 헤드라인을 장식했지만, BOP 직원과 퇴직자들의 반응은 조직에 익숙한 사람들에게 이 조직이 어떤 의미인지를 드러낸 사례였다. 디울리오는 퇴직자들의 개인적인 반응을 다음과 같이 묘사했다: "그들은 서로에게 전화를 걸고, 함께 모여서 폭동에 대한 최신 뉴스를 듣기 위해 라디오와 텔레비전 앞에 바짝 붙어 있었다. 일부 퇴직자들은 상징적인 지지의 표시로 낡은 제복을 입고 나오기도 했다. 심지어 한 무리의 퇴직자들이 현장으로 달려가기도 했다"(DiIulio 1994, 284). 후배 직원들도 이러한 이벤트에 감동했다. 애틀랜타의 한 교도관은 이렇게 말했다: "하지만 마치 국기가 불타는 것을 보는 것 같은 느낌이었어요. 특히 수년간 제복을 입고 여기서 근무한 직원들에게는 더욱 그렇습니다. 얼굴만 봐도 알 수 있죠.… 얼마 전에는 BOP의 고위 관계자들이 울고 있는 모습을 많이 봤어요" (DiIulio 1994, 285).

디울리오가 주목하는 현실, 즉 BOP 안팎의 사람들에게 가시적이고 의미 있는 현실은 오크데일과 애틀랜타 소요 사태의 여파였다. 이 소요 사태에 대한 강한 부정적 감정이 예상됐지만, "폭도들에 대한 BOP 교도관의 위법적인 보복 행위는 단 한 건도 없었다"(DiIulio 1994, 286). 교도관들의 자제력은 애틀랜타 시설 재건에 대한 강렬한 헌신과 노력으로 이어졌다. 1988년 애틀랜타 재건을 관리한 사람은 BOP의 첫 번째 연례 우수 관리성과상을 받았다(DiIulio 1994, 287). 어느 교도소장은 역경에 대한 BOP의 대응이 가져온 결과를 이렇게 요약했다: "보세요, 어떤 조직에서든 어떤 문제가 발생하면 항상 희생양을 찾을 수 있습니다. 하지만 우리는 희생양을 원하지 않습니다. 우리는 탁월함을 원합니다. 우리는 국장, 의회, 대통령을 대신한 법무부 장관, 그리고 일반 대중이 연방 교도소를 자랑스러워하기를 바랍니다. 그러나 무엇보다도 우리는 국장, 교도소장, 매일 일선에서 근무하는 교도관 등 위에서부터 아래까지 우리 스스로를 자랑스럽게 여기고 싶습니다. 우리는 일을 완수하고 싶습니다"(DiIulio 1994, 287).

3.1.2.1 BOP의 행정적 통일성

디울리오가 설명하는 또 다른 특징은 지리적으로 서로 다른 지역에 있지만 연방 교정국(BOP) 지소 단위에서 탁월한 운영상의 통일성이 있다는 점이다. 이는 BOP의 독특하고 핵심적인 요소에 대한 직원들의 믿음과 외부 이미지에 대한 관심에 뿌리를 두고 있다. 디울리오는 루이스버그, 리븐워스, 롬포크에 있는 미국 교도소의 행정적 통일성을 예로 들어 설명한다. 이들 다른 시스템의 시설 운영에서 흔히 다르게 나타나는 세 가지 행정 영역이 놀라운 통일성을 보였는데, 디울리오는 이를 "운영의 구심적 특성(the centripetal character of operations)"이라고 한다.

첫 번째 행정적 통일성은 교도소장의 관리상의 행태(administrative behavior)다. 이는 다양한 교도소장, 지리적 분포, 시설의 물리적 특성 등 많은 변수에 따라 달라질 수 있기 때문에 주목할 만하다. BOP 내 관리상 통일성의 대표적인 것은 "줄서기"와 "걸으며 대화하기"와 같은 일관된 일과 수행이다. 줄을 서고 걸으며 대화하는 것은 수감자 및 직원과 대화하고, 보고, 관찰하는 "걸어 다니면서 관리하기"와 같은 BOP의 관리 방식이다. 디울리오는 BOP의 다양한 지소 단위에서 이러한 일과가 일관적인 것은 교도소장들이 "교도소를 운영하는 '올바른 방법'에 대해 매우 유사한 생각을 가지고 있으며, '올바르게' 운영하겠다는 공동의 몰입 상태에 있기 때문"(DiIulio 1994, 293)이라고 본다.

두 번째 행정적 통일성은 "일반적으로 50~250명의 수감자를 수용하는 물리적·행정적으로 구분되는 수용 단위"를 의미하는 지소 단위에 대한 관리다(DiIulio 1994, 298). 지소 관리는 팀 기반(team based)으로 이뤄지며, 지소 관리자와 한 명 이상의 사례 관리자, 교정 상담사, 교도관들로 구성된 직원들이 다같이 구금 및 기타 업무를 담당한다. 지소의 임무에 따라 사무 지원 인력, 교사, 심리학자 및 기타 전문 지원 인력이 일반적으로 핵심 구금 팀을 보강한다. 미국 연방 교정국장을 지낸 놈 칼슨(Norm Carlson)은 팀제 지소 관리를 도입했는데, 이에 대해 디울리오는 "가장 약한 형태의 지소 관리도 구금 중심의 전통적인 명령 및 통제 형태의 교도행정과 쉽게 구별할 수 있다"(DiIulio 1994, 299)고 했다. 칼슨의 지소 관리 철학은 내부자와 외부인이 BOP를 바라보는 방식 모두에 큰 영향을 미쳤다. 어느 교도소장은 이러한 결과에 대해 여러 고위 관리자가 공통적으로 이해하고 있던 내용을 다음과 같이 요약했다: "놈 국장은 직원들의 위생 상태와 침을 뱉어 구두를 닦는 것과 같이 외양을 깔끔하게 하는 것을 중요하게 생각했습니다. 그는 위생 상태가 좋으면 질서 있고 전문적인 운영을 가능하게 하고 방문객과 언론에 BOP의 긍정적인 이미지를 제공한다는 사실을 우리 중 누구에게도 설득할 필요가 없었습니다"(DiIulio 1994, 300).

세 번째 행정적 통일성은 수감자에 대한 징계 조치의 관리다. BOP 생활의 특징 중 변화의 맥락과 무한한 재량권 행사를 만들 수 있는 것이 있다면 수감자 징계를 꼽을 수 있다. 그러나 수감자 징계의 영역에서도 "징계 절차는 공식 기관의 정책을 준수하고, 직원들의 의견을 존중하며, 재량권을 최소화하고 '유사한' 위반에 '유사한' 처벌을 하는 방식으로 관리된다"(DiIulio 1994, 301). 디울리오는 다음과 같은 연구 결과에 놀라워했다:

> 그러나 필자는 모든 직급의 직원들이 이 절차를 교정 관리의 도구로 여기는 것처럼 보였다는 사실이 다소 믿기 어려웠다. 결국, 대부분까지는 아니지만 적어도 많은 교정 조직에서, 특히 일선 보안 직원들 사이에서, 지배적인 교정 윤리는 규칙을 위반하거나 다른 방식으로 공식 권위에 심각하게 도전하는 수감자들을 다루는 수단으

로서 관료주의적 절차보다는 인도주의적 정의를 선호해 왔다(DiIulio 1994, 307).

디울리오가 설명한 놀라운 행정적 통일성과 역경으로부터 회복하는 능력의 누적적 효과는 무엇이었는가? 그것은 BOP 직원들이 소중히 여기고, 자부심을 가지며, 부당한 공격에 맞서 싸울 준비가 돼 있는 조직 이미지(organizational image)였다. 한 베테랑 교도소장은 이러한 정서를 다음과 같이 요약했다: "BOP에 대한 자부심은 우리 기관의 상징에 있고, 우리 기관에 공헌한 후 퇴직한 사람들에 대한 존경심에 있으며, 우리가 누구이고 우리가 무엇을 하는지에 대한 언론의 저급한 비난이나 대중의 거짓말에 대응하는 방식에 있습니다"(DiIulio 1994, 311).

시간이 지남에 따라, 직원들을 격려하고 그들이 반응하는 조직 이미지는 BOP가 대표하는 공공봉사에 대한 강한 헌신을 가진 간부 집단을 형성했다. 한 교도소장은 많은 BOP 직원들이 공유하는 동기 부여 감정을 다음과 같이 표현했다: "역사, 상징 로고에 대한 자부심은 대부분의 사람이 이 조직에서 일하는 것을 좋아하는 큰 이유 중 하나입니다. 그리고 그것이 꽃길이 아니더라도, 크리스마스 즈음에 보수가 충분하지 않다고 느껴질 때조차도 열심히 일할 것입니다.… 당신은 중요한 일을 하고 있고, 최선을 다하고 있으며, 같은 감정을 느끼는 다른 사람들과 그 일을 함께 하고 있다고 느낍니다" (DiIulio 1994, 314).

3.1.2.2 1990년대 이후의 결과: BOP의 이미지와 구성원 정체성의 변화

역사, 가치, 성과가 우수하고 동기 부여가 높은 인재를 끌어들이는 조직 이미지를 가진 정부 조직을 만드는 것은 어려운 과제이지만, 미국 연방 교정국(BOP)의 사례에서 볼 수 있듯이 가능한 일이다.

그러나 조직의 이미지는 영원하지 않으며, BOP는 그 점도 잘 보여 준다. 1990년대 초 존 디울리오(John J. DiIulio, Jr.)의 현장 연구와 같은 방식의 연구가 최근 수행된 적은 없지만, 공공 기록을 통해 파악할 수 있는 내용은 다음과 같다. 첫째, 연방 정부 내 '공공 서비스 최고 직장 파트너십(Partnership for Public Service Best Places to Work)'이 하나의 평가 지표라고 한다면, BOP는 2007년 파트너십이 직원 참여 종합 점수를 보고하기 시작한 이후 가파른 하락세를 보이고 있다.[4] 2007년 BOP는 222개 기관[5] 중

67위로, 2사분위에서 상위권에 위치했다. 2012년 BOP 순위는 292개 기관 중 185위로, 2007년에 비해 1사분위 이상 하락했다. 5년이 더 지나 2017년에 BOP는 339개 기관 중 298위로, 모든 기관 중 4사분위에 진입했다. 데이터가 제공된 가장 최근 연도인 2018년의 경우 BOP는 415개 기관 중 372위로, 모든 연방 기관 중 하위 10%에 가깝게 위치했고, 이는 2007년에 비해 훨씬 낮아진 순위다.

조사 결과는 원인보다는 결과에 가깝다. 그렇다면 이러한 가파른 하락에 영향을 미친 요인은 무엇일까? 몇 가지 요인이 작용한 것으로 보인다.

3.1.2.3 과밀 수용

한 가지 요인은 수감자 수의 증가일 가능성이 높다. 디울리오(DiIulio 1994)의 분석 이후 미국 연방 교정국(BOP)의 수감자 수는 급격히 증가했다. 그 수는 1980년 26,000명에서 2008년 201,000명으로 증가했다(Friel 2008). 그러나 수감자 수의 증가에 상응하는 교도관 증원은 동반되지 않았다. 1998년 직원 대 수감자 비율은 1 대 3.57이었다. 2008년에는 그 비율이 1 대 4.92였다. 이러한 수치로는 알 수 없는 이야기는 업무량 증가가 직원의 안전 위험과 수감자에 대한 통제 능력에 미치는 영향이다. 미국 연방 회계감사원(GAO)은 2014년에 교도소 인구 증가와 교도관 안전 간의 연관성에 주목했다: "…BOP는 전반적으로 30% 과밀 수용되고 있으며, 가장 보안 수준이 높은 시설에서는 전체적으로 50% 이상 과밀 수용되고 있다. 또한 BOP의 수감자 대 직원 비율은 2000년 이후 증가했으며, 교도관의 안전은 지속적으로 위험에 처해 있다." 직원에 대한 위험과 수감자 수의 증가는 직원과 주요 이해관계자가 BOP를 인식하는 방식에 부정적인 영향을 미쳤을 가능성이 높다.

3.1.2.4 신규 시설의 가동

과밀 수용과 시설의 노후화는 교도소 시설을 신축해야 할 필요를 느끼게 했다. 미국 연방 교정국(BOP)은 2000년대 초반에 과밀 수용률을 낮추기 위해 새로운 시설을 신축하기 시작했다. 미국 연방 회계감사원(GAO)은 2014년 BOP가 5개의 시설을 신축하고 일리노이주에서 1개 시설을 구입했음에도 불구하고, 새로운 시설의 기능이 BOP의 목표에 미치지 못해 사실상 시설의 활용도가 떨어지는 결과를 낳았다고 보고했다.

신규 시설을 충분히 활용하지 못하는 것은 시설의 노후화로 인해 더욱 악화됐다. 미국 법무부(U.S. Department of Justice 2014)는 BOP 시설의 1/3이 50년을 넘었으며 220개의 주요 유지 보수 프로젝트에 약 4억 3천만 달러의 비용이 들 것으로 추정된다고 보고했다. 유지 보수의 지연은 시설의 보안에 영향을 미침으로써 "탈출 위험 증가, 감방 폐쇄 불능, 부적절한 생활 여건으로 인한 폭력 발생"(U.S. Department of Justice, 2014, 12)의 문제를 초래했다.

3.1.2.5 민영 교도소의 성장

연방 교정국(BOP)의 수감자 수 증가 문제를 해결하고자 1997년부터 민영 교도소와의 계약이 시작됐다. 2014 회계 연도 기준으로 BOP 수감자 수의 12%인 22,600명이 민영 교도소에 수용됐고, 그 비용은 6억 3천 900만 달러에 달했다. 2016년 오바마 행정부는 민영 교도소를 단계적으로 폐지할 것이라고 발표했다. 당시 법무부 감찰관 보고서에 의거해 샐리 예이츠(Sally Yates) 법무차관은 민영 교도소가 "…단순히 동일한 수준의 교정 서비스, 프로그램 및 자원을 제공하지 않을 뿐만 아니라…비용을 상당히 절감하지 않으며… 안전과 보안 수준을 유지하지 않는다"(Yates 2016, 1)고 썼다. 2016년의 비판적 평가에도 불구하고 민영 교도소 활용의 하락 추세는 오래 지속되지 않았다. 2017년 2월, 제프 세션스(Jeff Sessions) 신임 법무 장관이 정책 방향을 전환했다. 2018년 1월, 트럼프 행정부는 민영 교도소가 BOP 운영 기관과 동일한 수준의 교정 서비스를 제공하지 않는다는 2016년의 증거 기반 평가에도 불구하고 BOP의 공무원을 6,000명 감축하고 민영 교도소와의 계약을 늘리겠다고 제안했다(Katz 2018a).

디울리오가 BOP에 대한 연구를 집중적으로 수행한 이후의 기간은 조직 정체성 인지와 외부 정체성 해석이라는 두 가지 측면에서 기관의 매력이 감소하는 이야기다. 이는 감사 기관에 의해 표면화된 내부 서비스 표준의 악화와 외부 압력의 결과이며 공적 재원을 좇아 경쟁하는 민간 회사들에 의해 확대됐다. 최근의 상황 변화 추세에도 불구하고 공공봉사동기가 높은 직원을 영입하고 그들이 이직하지 않고 근속시키는 데 도움이 되는 방향으로 조직 정체성을 만들었다는 점에서, BOP가 다른 공공 기관의 모델로 남을 만한 기록적 사례임에는 변함이 없다. 장기적으로 미국 연방 교정국의 조직 이미지의 매력을 관리하는 데 성공한 것은 다른 공공 기관에 선망의 대상이 될 수 있다.

3.1.3 임무와 공공 가치를 강조하는 구인 광고 만들기

크리스천 왈드너(Christian Waldner)의 연구(Waldner 2012)와 토벤 벡 요르겐센(Torben Beck Jorgensen)과 마크 럿거스(Mark Rutgers)의 연구(Jorgensen and Rutgers 2014)는 구인 광고가 조직 이미지를 형성하는 데 과소 활용되는 도구라고 주장하며 이를 실증적으로 조사했다. 왈드너는 그가 정반대라고 간주하는 두 가지 노동 시장 전략을 대조하면서 글을 시작한다. 한쪽 극단에는 개인은 이기적인 존재이고 공공 부문 고용주는 민간 부문과 같은 전략을 추구할 것이라고 가정하는 신공공관리론(New Public Management: NPM)이 있다. 다른 한쪽 극단에는 공공 기관의 공공성을 강조하는 노동 시장 전략이 있는데, 그는 이를 공공봉사동기(public service motivation)와 연관시켜 민간 부문의 고용주와 차별화한다(Perry and Wise 1990). 왈드너는 공공 부문과 민간 부문 모두에서의 변호사 구인 광고를 분석했다. 그는 구인 광고에 대한 내용 분석을 통해 473개의 고유한 직무 요건과 직무 혜택을 파악했다. 그 결과, 구인 광고가 부문별로 다르다는 점을 발견했다. 공공 부문 고용주는 특정 공적인 특성을 홍보했지만, 고용주가 강조한 공적인 특성 중 시민에 대한 봉사와 업무의 사회적 의미와 같은, 공공봉사동기와 관련된 차이점은 거의 없었다. 또한 공공-민간 차이에도 불구하고 공공 부문 고용주들은 자신을 민간 고용주들과 가깝다고 인식했고, 이는 공공 부문 전략이 민간 부문 전략과 크게 차별화되지 않음을 나타낸다.

요르겐센과 럿거스(Jorgensen and Rutgers 2014)는 덴마크와 네덜란드라는 유럽 두 국가에서 상당히 긴 기간을 다루는 연구를 했다. 이 연구는 1960년대부터 2000년대까지 50년에 걸쳐, 두 국가의 구인 광고가 유사한 패턴을 따랐다는 점을 발견했다. 그들은 전문성/직업 의식(expertise/professionalism)으로 정의한 핵심 가치로서의 능력주의와 인적 자원 가치와 국가 정체성 강조로 정의한 조직 브랜딩(organizational branding)에 초점을 맞췄다. 요르겐센과 럿거스는 왈드너(Waldner 2012)가 제시한 노동 시장의 신공공관리 관련 구인 광고 내용이 시간이 지남에 따라 상당히 증가했다는 점을 발견했다. 이와 함께 그들은 능력주의를 "정치적 환경에서 행동하고 공공봉사동기를 가질 수 있는 능력"이라는 새로운 개념으로 해석했다(Waldner 2012, 69).

왈드너(Waldner 2012), 요르겐센과 럿거스(Jorgensen and Rutgers 2014)의 연구를 토

대로 두 가지 실험 연구가 진행됐다. 울리케 웨스케(Ulrike Weske) 등은 공공 일자리 홍보에 공공봉사동기를 사용하는 효과를 평가하고자 했다(Weske et al. 2019). 스위스 베른대학교 석사과정 학생들을 대상으로 한 그들의 실험은 강조하는 가치에 따라 다른 비네트(vignette: 설명 자료)를 사용했다. 공공 가치 비네트는 공정성, 청렴성, 적법성이라는 세 가지 가치 측면에서 통제 비네트 및 민간 가치 비네트와 상이했다. 민간 가치 비네트와 혁신성, 수익성, 경쟁력이라는 세 가지 고유한 가치에 따라 고용주를 브랜드화했다. 공공봉사동기가 높은 참여자들은 공공 가치나 민간 가치에 대한 매력도에서 차이를 보이지 않았지만, 외재적 요인에 따라 동기가 부여된 개인들은 민간 가치 브랜딩에 더 끌리는 경향이 있었다. 웨스케 등의 연구 결과는 예상치 못한 것이었지만, 그들은 결과에 대해 몇 가지 이론적 및 통계적 설명을 제공했다. 통계적 설명 중 하나는 66명이란 표본 크기와 참여자 간 변동이 적은 공공봉사동기 변수(공공 가치에 대한 헌신)의 평균치가 높기 때문에 상호 작용 효과를 감지하는 모델의 문제였다. 이러한 통계적 및 기타 이론적 한계점을 감안해, 저자들은 이를 보완하기 위한 향후 연구에서의 필요 사항을 제시한다.

독일의 600명의 학생을 대상으로 한 두 번째 실험 연구에서는 채용 메시지 프레이밍에서 시작해 지원자의 적합성 인식, 지원 의도에 대한 공공봉사동기의 조절 효과에 이르는 일련의 관계를 조사했다. 줄리아 아세버그(Julia Asseburg), 파비언 홈버그(Fabian Homberg)와 릭 보겔(Rick Vogel)은 설문 실험에서 업무 및 조직 임무와 관련된 영감을 주는 메시지와 합리적인 메시지를 대조해 주요 변수를 조작화했다(Asseburg, Homberg, and Vogel 2018). 그들은 영감을 주는 메시지가 적합성 인식을 높였고, 이는 지원자의 의도를 매개했다는 점을 발견했다. 지원자의 공공봉사동기 수준은 적합성 인식에 영향을 미쳤다. 또한 그들은 개인-직무 적합성에 의해 매개되는 직무 과제에 대해 영감을 주는 메시지가 개인-조직 적합성에 의해 매개되는 조직 임무에 초점을 맞춘 메시지보다 더 영향력이 크다는 점을 발견했다.

왈드너(Waldner 2012), 요르겐센과 럿거스(Jorgensen and Rutgers 2014), 아세버그, 홈버그와 보겔(Asseburg, Homberg, and Vogel 2018), 웨스케 외(Weske et al. 2019)의 연구는 공공봉사동기가 높은 직원을 채용하는 과정에서 구인 광고, 고용주 브랜딩, 가치가 조직 이미지를 알리고 형성하는 데 중요한 몇 가지 경로를 파악한다. 그러나 현재까지의 연구는 결정적이라기보다는 시사적이며, 공공 조직의 채용 담당자, 관리자, 경영진에게 더 명확한 지침을 주기 위해 실험 연구 방법으로 더욱 확장할 필요가 있다.

최근 『거버닝(Governing)』지는 일부 지방 정부가 임무와 공공 가치의 투영이 직원 채용에서 어떤 역할을 하는지 잘 인식하고 있음을 보여 주는 사례를 소개했다. "샌프란시스코는 2016년, 기술 전문가들을 유치하기 위해 "목표를 선택하라(choose purpose)"는 구호를 사용하기 시작했다. 이는 포커스 그룹 및 시장 조사 결과, 기술 전문가들이 더 의미 있다고 생각하는 일을 하기 위해 높은 급여를 받는 직장을 포기할 의사가 있음에 착안한 것이다"(Vyse 2019). 직업의 급여와 의미 사이의 균형은 공공봉사동기에 관한 연구를 수행하는 사람들에게 익숙한 것이다(예: Fehrler and Kosfeld 2014; Banuri and Keefer 2015; Hu and Hirsh 2017; Deserranno 2019). 샌프란시스코 인사 부서 정책 책임자인 수전 가드(Susan Gard)는 이 교훈을 명심하고 있다: "우리는 여러분에게 스톡 옵션을 제공할 수는 없지만 목표를 제공할 수는 있습니다"(Vyse 2019). 전 세계 많은 도시가 시민 정신을 지닌 우수한 인재를 영입하기 위해 "당신이 사랑하는 도시의 일원이 되세요," "목표를 선택하세요," "지역 사회를 섬기며 경력을 쌓으세요"와 같은 구호를 내세운 브랜딩 캠페인을 전개했다(Vyse 2019). 미니애폴리스 인사부 책임자 페이션스 퍼거슨(Patience Ferguson)이 지적했듯이 "우리의 목표는 공공봉사의 가치를 가진 사람들을 영입하는 것입니다"(Vyse 2019).

샌프란시스코와 미니애폴리스 같은 지역 사회가 잠재적 구직자에게 경쟁 우위를 차지하기 위한 인재 영입 전략을 채택했다는 사실은 다른 지역에 중요한 교훈이 된다. "임무와 공공 가치를 미디어에 통합해 여러분의 이미지를 전달하고 나아가 해당 지역에서 일하는 것의 보상을 전달하십시오." 『거버닝』지에 실린 또 다른 최근 기사는 큰 질문을 제기하고 답했다: "재능 있는 인재를 영입하고 싶습니까? 여러분 도시의 이야기를 전할 더 나은 방법을 찾으세요"(McKissen 2019).

아드리안 리츠(Adrian Ritz)와 크리스천 왈드너(Christian Waldner)는 독일 뮌헨 연방국방대학교 표본을 대상으로, 공공봉사동기에 호소하고 이를 공공 채용 마케팅에 활용하는 가치에 대해 강력한 결론을 도출했다. 리츠와 왈드너는 다음과 같이 썼다: "공공 행정은 공공봉사동기를 더 고려해 인적 자원 마케팅에 목적 의식적으로 사용해야 한다. 왜냐하면 이 연구에서 보여 주듯이 공공동사봉기의 매력은 잠재력이 매우 높기 때문이다. 이와 관련해 동시에 공공 행정은 '준독점'이기 때문에 공공봉사동기는 주로 공공 행정에 의해 다뤄질 수 있다"(Ritz and Waldner 2011, 308). 후속 연구에서 왈드너(Waldner 2012)는 공공 임무와 가치의 고유한 속성을 강조함으로써 얻을 수 있는 잠재적 이점을 상세히 설명했다. "노동 시장에서 차별화 전략의 일환으로 공공 고용주는 채용 및 선발 단계에서 공공봉사동기를 계속 활용해야 하며, 또한 개인이 자신의 공공봉사동기를 충족시킨다고 믿게 하는 기회를 제공해야 한다."

그러나 공공봉사동기에 호소해야 한다는 증거가 리츠와 왈드너(Ritz and Waldner 2011), 왈드너(Waldner 2012) 및 다른 연구자들(Asseburg et al. 2020)의 연구에서 일관되게 나타나는 것은 아니다. 엘리자베스 리노스(Elizabeth Linos)는 테네시주 채터누가(Chattanooga) 경찰서의 경찰관 구인 광고를 활용해 현장 실험을 진행한 바 있다(Linos 2018). 그녀는 대부분의 지원 예정자들이 이미 지역 사회에 봉사하고 싶다는 동기를 가지고 있기 때문에 여기에 호소하는 것이 더 많은 지원자를 끌어들이지는 않을 것이라는 가설을 세웠다. 리노스는 이 가설을 확인했다. 즉, 지원자들에게 업무 도전과 경력 혜택을 강조하는 것이 지원에 긍정적인 영향을 미칠 것이라는 가설을 입증했다. 도전과 경력 혜택 메시지는 또한 지원자의 다양성을 증가시켰다. 따라서 리노스는 지역 사회 봉사가, 그렇지 않았다면 지원했을 지원자들을 더 영입한다는 사실을 검증하지는 못했지만, 광고 메시지의 내용이 지원자 수와 다양성에 영향을 미쳤다.

아세버그, 해트케, 헨셀, 홈버그와 보겔(Asseburg, Hattke, Hensel, Homberg, and Vogel 2020)의 후속 연구는 리노스 실험의 맥락에서 수행됐다. 아세버그 연구팀의 연구는 다음과 같다:

> 리노스(Linos 2018)의 현장 실험에서는 채용 메시지를 받는 모든 수신자의 개인 정보, 특히 그들의 공공봉사동기 또는 다른 유형의 동기를 수집하는 것이 불가능했다. 따라서 이 연구에서는 채용 캠페인이 다른 지원자 그룹에서 어떻게 다르게 반응이 나올지 명확하지 않다. 우리의 조절 효과 분석 결과는 학생이 아닌 대상 집단에서 공공봉사동기와 친사회적 직업 특성에 대한 인식 사이의 상호 작용 관계를 정립했다. 리노스(Linos 2018)와 대조적으로, 우리는 그러한 메시지를 보내는 것이 여전히 가치 있다고 결론 내린다. 왜냐하면 그것이 공공봉사동기가 강한 후보자들이

공공 부문 일자리를 자발적으로 선택하도록 유도하기 때문이다.… 우리의 연구 결과에 따르면, 적절한 채용 메시지를 설계하는 것이 이러한 효과를 창출하는 하나의 수단이다.

따라서 아세버그 외(Asseburg et al. 2020)가 인사 관리자들에게 주는 교훈은 다음과 같다:

1. 인사 관리자가 채용 과정의 초기 단계에서 공공봉사동기 수준이 높은 후보자와 낮은 후보자 간의 구분 효과를 높이고 싶다면, 구인 광고의 메시지에서 친사회적 직업 특성을 강조해야 한다.
2. 우리의 연구 결과, 공공 부문 일자리의 친사회적 속성(사회적 영향, 공공 가치, 더 높은 목적 등)을 강조하는 것은 독립적 전략보다는 보완적 전략으로 권장된다. 외재적 및 내재적으로 인식되는 고용 인센티브가 잠재적 지원자들에게 훨씬 더 매력적이기 때문이다.
3. 공공봉사동기가 높은 지원자를 영입하려는 채용 담당자는 가급적 경력이 있는 후보자에게 친사회적 신호를 보내는 것이 바람직하다. 동일한 전략이 학생들 사이에서는 크게 효과가 없는 것으로 나타났는데, 이 대상 집단에서는 공공봉사동기 수준이 높은 개인과 낮은 개인 간의 구분 효과가 나타나지 않기 때문이다(Asseburg et al. 2020, 14-15).

3.1.4 공공봉사동기가 높은 지원자의 선별

지금까지의 논의에서 알 수 있듯이, 공공 관리자는 매력적인 조직 이미지를 구축하고 채용 과정에서 사명과 공공 가치를 명확히 드러냄으로써 공공봉사동기가 높은 지원자에게 조직을 매력적으로 만들기 위한 조치를 적극적으로 취할 수 있다.

선발 풀(pool)을 확대하기 위한 이러한 조치 외에도, 공공 관리자는 공공봉사동기가 높은 후보자를 선발하기 위해 신중한 조치를 취할 수 있다. 선발 과정에서 공공 조직과 관리자가 취할 수 있는 조치로는 다음이 있다:

- 공공봉사동기를 예측할 수 있는 선발 절차 사용하기

- 공공봉사에 몰입할 수 있는 사람들로 구성된 지원자 풀 찾기
- 공공봉사동기를 상징하는 행동에 가장 적극적으로 참여할 의사가 있는 지원자를 식별하기 위해 상황 면접을 활용하기
- 공공봉사에 적합한 속성을 가진 사람을 식별하기 위해 검증된 테스트를 활용하기

공공봉사동기가 높은 사람을 선발하는 이러한 조치는 이 책의 다른 부분에서 공통되는 근본적인 관점의 전환이 반영된 것이다. 즉, 직무를 위한 채용이 아닌 조직을 위한 채용이란 시각이다(Bowen, Ledford, and Nathan 1991). 직무가 아닌 조직을 위한 채용으로의 이러한 전환은 1980년대와 1990년대에 전개된 고성과(high-performance), 고참여(high-involvement) 운동에서 선례를 찾을 수 있다. 데이비드 보웬(David Bowen), 제럴드 레드퍼드(Gerald Ledford)와 배리 네이선(Barry Nathan)은 특정 직무의 요구 사항뿐만 아니라 조직의 특성에 맞는 직원을 채용하는 새로운 선발 접근법을 설명했다(Bowen, Ledford, and Nathan 1991). 좀 더 전체론적인 선발 관점에 따르면, 조직은 스스로 동기 부여돼 있고 헌신적인 사람들의 문화를 구축할 수 있다. 이들은 디울리오(DiIulio 1994), 그린들(Grindle 1997), 굿셀(Goodsell 2011)이 기술한 신비로움으로 가득 찬 직원들과 비슷하다. 새로운 채용 관행은 전통적인 선발 모델보다 비용이 더 들 수 있지만, 직원의 이탈 방지에서 조직 효과성에 이르기까지 긍정적 결과를 가져온다. 실제로 선발된 직원의 질을 향상시키는 투자는 상당한 수익을 가져올 가능성이 크다.

적어도 하나의 최근 연구에 따르면, 전통적인 직무 중심 선발 시험이 실제로 공공봉사동기가 높은 구직자를 영입하고 선발하는 것을 저해할 수 있다고 한다. 첸청안 외(Chen Chung-An et al. 2019)는 대만의 2015년 대학 수준(C-level) 공무원 시험에 응시한 폴리테크닉 졸업장 또는 학사 학위를 소지한 3,000명 이상을 대상으로 설문 조사를 실시했다. 그들은 경쟁이 치열한 공무원 시험과 관련된 두 가지 시나리오를 조사했다(첸 등은 공무원 시험 합격률이 약 5%라고 보고하고 있다). 한 가지 시나리오는 공공봉사동기가 높은 지원자가 공무원 시험에 합격할 능력이 더 뛰어나기 때문에 새로 공직에 진입한 사람들의 공공봉사동기가 그렇지 못한 사람보다 높을 가능성이 있다는 것이다. 그 반대의 시나리오도 가능하다. "공공봉사동기가 높은 개인이 그렇지 않은 사

람보다 경쟁적인 공무원 시험을 통해 공공 부문에 선발될 가능성이 낮다"(Chen et al. 2019, 12). 첸 외(Chen et al. 2019)의 통계 분석은 후자의 시나리오, 즉 공공봉사동기가 높은 시험 응시자가 공공 부문에 선발될 가능성이 낮다는 것을 증명했다. 그들은 또한 시험에 합격한 사람들이 시험에 불합격한 사람들보다 자원봉사에 쏟은 시간이 적음을 발견했다. 저자들은 대만과 더 나아가 중국, 인도, 방글라데시와 같은 많은 다른 아시아 국가에서 사용하는 매우 경쟁적인 시험 형태가 높은 공공봉사동기와 같은 바람직한 속성을 가진 사람을 공공 부문에 진입하는 것을 막는 역할을 할 수 있다는 증거로 해석한다. 그들은 또한 공공봉사동기가 높은 후보자를 제거하는 것이 공공봉사동기가 높은 후보자를 선발하는 제도화된 프로세스를 가지고 있는 다른 많은 국가의 경향에 반한다고 주장한다(Van de Walle, Steijn, and Jilke 2015).[6]

현재 사용 가능한 공공봉사동기 설문 도구(Perry 1996; Kim et al. 2013)를 사용해 구직자의 점수를 매기는 것은 공공봉사동기 수준에 따라 후보자를 식별하고 분류하는 한 가지 옵션이지만, 단순한 선별 조사는 장기적으로 보면 지속 가능하지 않다. 단순한 설문 조사는 응답자가 사회적 소망성(social desirability)을 고려해 자신의 응답을 조정할 수 있기 때문이다.

선별 테스트를 위한 또 다른 잠재적 방법은 응답자의 공공봉사 성향 또는 행동과 관련된 특성에 관한 대리 변수로서 성격 특성을 사용하는 것이다. 예를 들어, 최근 한 연구는 공공봉사동기, 친사회적 동기, 성격 특성 간의 상관 관계를 파악하고자 했다. 아젠 반 비텔루스튄(Arjen van Witteloostuijn), 마크 에스티브(Marc Estev)와 조지 보윈(George Boyne)은 네덜란드 주요 대학교의 경영학 및 경제학과 1학년 학부생 320명을 표본으로 성격과 공공봉사동기의 관계를 조사했다(van Witteloostuijn, Estev, and Boyne 2017). 그들은 공공봉사동기의 기반이 되는 두 가지 유형의 동기를 구분했다. 그것은 정서적 동기와 비정서적 동기다. 정서적 동기에는 공공봉사동기의 연민과 자기 희생 차원이 포함됐다(Perry 1996; Kim et al. 2013). 정책 결정에 대한 매력과 공익에 대한 몰입은 공공봉사동기의 도구적 및 규범적 측면을 포괄하는 비정서적 동기로 분류됐다(Perry and Wise 1990). 그들은 성격 특성을 측정하기 위해 6차원 모델을 사용했다. 가설을 검증하기 위한 최소자승법 회귀 모델에 근거해 반 비텐루스튄 외는 공공봉사동기가 성격 특성과 강하게 연관돼 있다고 결론지었다. 공공봉사동기의 비정서적 구성 요소에 대한 연구 결과, 세 가지 성격 특성(정직-겸손, 정서성, 우호성)과 유의한 양의 상관 관계를 보였고 성실성과는 부의 상관 관계를 보였다. 공공봉사동기의 비정서적 측면은 단 한 가지 성격 특성, 즉 경험에 대한 개방성과 양의 상관 관계를 보였다.

다른 연구들도 성격 특성과 공공봉사동기에 관한 연구를 수행했지만(Jang 2012; Hamidullah, Van Ryzin, and Huafang 2016; Bromberg and Charbonneau 2020), 잠재적인 공공봉사동기/친사회적 동기의 관계에 대해 결정적이라기보다는 시사점을 제공하는 정도라고 하겠다. 더 중요한 것은 기존의 공공봉사동기 문항, 친사회적 동기 또는 이타주의 설문 조사나 성격 테스트에 대한 대안이 있고, 이는 명백히 더 타당하고 신뢰할 수 있으며, 선발 테스트에 필수적이다. 이러한 테스트 도구에는 점수화된 개인의 신상 자료(scored biographical data), 행동 기반 면접, 암묵적 사회 인지 테스트가 있다.

3.1.4.1 개인의 신상 자료

과거 행동이 미래 행동을 예측할 수 있는 지표라는 잘 확립된 원칙에서 보면 지원자의 과거 행동을 파악하기 위해 다양한 방법을 강구해야 할 필요가 있다. 선발이란 관점에서 볼 때, 역시 중요한 것은 개인의 신상 자료(biodata)가 직원의 성과와 이직을 예측하는 최고의 지표 중 하나라는 점이다(Breaugh 2009). 따라서 공공봉사동기가 높은 직원을 구별해 내기 위해 신상 자료를 통합하는 것은 중요한 의미가 있다. 선행 연구는 또한 직원 시민 행동(이타주의와 타인에 대한 친사회적 행동 포함)을 강화하기 위해 직원을 선발하는 과정에서 신상 자료를 사용하는 것이 성공적임을 보여 주는데(Bolino, Turnkey, and Averett 2003), 신상 자료는 공공봉사동기와 중간 정도의 상관관계가 있다.

신상 자료가 미래 성과를 예측하는 데 유용한 지표라는 점은 선발을 위해 신상 자료를 구축(構築)해야 한다는 증거라는 점에서 중요하다. 이에 추가할 수 있는 논거는 민간에서 경력을 쌓아 가는 사람들과 공공 부문에서 경력을 쌓아 가는 사람들 간의 행동 차이에 대해 공공봉사동기 연구가 우리에게 시사해 주는 것에서 찾을 수 있다. 진 브루워(Gene Brewer)와 데이비드 휴스턴(David Houston)은 공공 및 민간 직원 간의 행동 차이에 대한 이해에 도움이 되는 초기 연구를 수행했다(Brewer 2003; Houston 2006). 브루워 연구의 기여점은 시민 참여 분석에 있다. 그의 시민 참여에 대한 행동 척도는 비정치적 단체에 대한 참여와 재정적 기여 및 스물두 가지 유형의 시민 단체 가입과 참여를 결합한 것이다. 1996년 전미 선거 연구(American National Election Study) 데이터를 사용해 브루워(Brewer 2003)는 공무원들이 다른 시민들보다 다섯 가지 시민 참여 지표 모두에서 유의미하게 높은 점수를 받았다는 점을 발견했는데, 이는 공무원이 더 많이 참여한다는 것을 의미한다.

휴스턴(Houston 2006)은 전국적으로 대표성 있는 2002년 일반 사회조사(General Social Survey) 데이터를 사용했다. 그는 자선단체에 투입한 시간, 헌혈, 금전 기부라는 세 가지 자기 보고 행동 척도를 가지고 공무원, 비영리, 영리 조직 직원들을 비교했다. 공무원은 영리 조직 직원보다 자원봉사와 헌혈을 할 가능성이 더 높았지만, 휴스턴은 자선 활동 면에서는 차이를 발견하지 못했다. 휴스턴은 민간 조직보다 공공 조직에서 공공봉사동기가 더 두드러지게 나타난다고 결론지었다.

세바스천 바퍼트(Sebastian Barfort) 외는 선발 과정에서 신상 자료를 사용하는 또 다른 잠재적 이유로 부패 감소를 제안한다(Barfort et al. 2019). 바퍼트의 연구는 공직 입직에서의 자기 선택 문제를 연구하기 위해 설문 실험을 실시했다. 세계에서 가장 부패하지 않은 국가인 덴마크를 대상으로 연구했는데, 정직성이 높은 사람들이 공직을 자발적으로 선택한다는 점을 발견했다. 공공 조직이 이러한 연구 결과와 기타 부패에 대한 연구 결과로 할 수 있는 일은 무엇일까? 첫 번째 시사점은 정직성 및 청렴성과 관련된 매력과 자기 선택과 관련된 요인이 무엇인지를 인식하는 것이다. 두 번째 시사점은 좀 더 적극적인 것이다. 공공봉사동기와 긍정적으로 관련된 속성을 식별하도록 선발 메커니즘을 설계할 수 있는 것처럼, 정직성 및 청렴성 또는 그 반대인 부정직 및 부패와 관련된 지표를 선발 과정에 포함시키자는 것이다.

이력서나 다른 출처의 신상 자료로 점수를 매기는 것은 지원자의 과거 행동과 공공봉사동기를 연결하는 유효한 방법이다. 중요 사건(critical incidents)은 공공봉사동기와 관련된 행동을 평가하는 또 다른 방법을 제공한다. 신상 자료와 중요 사건의 차이점은 후자가 직무에서 이미 나타났거나 나타날 수 있는 관찰 가능한 행동을 포함할 수 있다는 점이다. 따라서 특정 직무와 관련된 중요 사건은 선발 과정과 이후의 직무 재직자 평가 모두에 사용될 수 있으며, 신상 자료만으로 평가하는 것보다 더 다양한 목적으로 활용될 수 있다. 크리스텐센, 팔버그와 페리는 이력서와 중요 사건 기법을 함께 사용하는 것의 또 다른 이점을 제시한다: "이력서와 중요 사건의 점수 매기기는 특정 직무와 맥락에 맞춰질 수 있기 때문에 타당성을 더 높일 수 있다"(Christensen, Paarlberg, and Perry 2017, 533).

이러한 유형의 행동 척도에는 한계가 있다. 하나는 개발 비용인데, 이는 대량으로 채용하는 직무에서는 활용 가치를 제한할 수 있다. 또 다른 한계는 취약 계층인 지원자 집단에 불리한 영향을 미칠 수 있다는 점이다. 이러한 한계점과 관련된 잠재적 주의 사항을 제외한다면, 이력서 평가 또는 중요 사건 점수 매기기는 공공 조직이 바람직한 공공봉사 행동을 하는 후보자를 선별하는 데 적극적이고 효과적인 방법이 될 수 있다(Brewer 2003; Houston 2006; Christensen, Paarlberg, and Perry 2017).

3.1.4.2 행동 기반 면접

신상 자료와는 독립적으로 또는 함께 사용할 수 있는 접근법은 행동 기반 면접법(behavior-based interview)이다. 행동 기반 면접은 과거 성과를 미래 행동과 연결시키는 구조화된 접근법이다. 이는 선발 결정에 공공봉사동기를 체계적이고 객관적으로 포함시킬 수 있는 방법이다. 행동 기반 면접은 특정 직무 행동을 확인하는 데 사용될 수 있지만, 공직 수행과 관련된 다른 정보, 특히 기관이나 업무 부서에 대한 적합성 및 지원자가 팀과 기관의 임무에 어떻게 기여할 것인지를 평가하는 데도 유용하다.

다음과 같은 유형의 행동 항목은 후보자의 공공봉사동기와 타인에 대한 성향에 관해 많은 것을 찾아낼 수 있다:

- 조직의 가치와 목표를 진정으로 자신과 동일시했던 때에 대해 이야기해 주세요.
- 이전에 일했던 조직을 위해 개인적으로 희생을 했던 때에 대해 이야기해 주세요.
- 이전 직장에서 시민이나 조직 외부의 누군가를 어떻게 도왔는지 이야기해 주세요.
- 받은 것보다 더 많이 되돌려 줬던 때에 대해 이야기해 주세요.
- 조직에 참여함으로써 조직이 어떻게 더 나아졌는지 이야기해 주세요.
- 가장 최근에 자발적으로 추가 업무를 했던 때에 대해 이야기해 주세요.

사전에 이런 경험이 없는 개인을 면접할 경우에는, 질문 항목을 조정해 지원자가 특정 방식으로 행동할 수 있는 상황에 대해 질문할 수 있다.

3.1.4.3 암묵적 사회 인지 테스트

지난 25년 동안 학자들은 암묵적 사회 인지(implicit social cognition)와 관련한 일련의 연구를 집중적으로 수행해 왔다. 연구에 따르면, 사회적 판단과 행동은 행위자가 인식하지 못할 수 있는 태도와 그 밖의 인지에 의해 영향을 받는다(Greenwald and Lai 2020). 대부분의 연구가 심리학[7]에서 비롯되지만, 암묵적 사회 인지에 대한 연구는 교육학, 경영학, 행정학과 같은 응용 학문 분야의 학술 저널에도 등장한다.

존 마블(John Marvel)과 윌리엄 레시(William Resh)는 최근 친사회적 동기를 위해 특정 형태의 암묵적 사회 인지로 볼 수 있는 암묵적 연합 검사(implicit association test: IAT)를 개발했다. 그들은 Pro-IAT라고 부르는 그들의 척도를 "친사회적 동기와 공공봉사동기에 대한 기존의 설문 문항 척도를 보완한 것"(Marvel and Resh 2019, 65)이라고 생각한다. 그들의 암묵적 연합 검사의 전달 방식이 다소 복잡하긴 하지만, 마블과 레시는 Pro-IAT를 다음과 같이 설명한다[8]:

> 자아 개념을 측정하도록 설계된 암묵적 연합 검사는 일반적으로 나(ME)와 그들(THEY) 또는 나(ME)와 타인(NOT ME) 범주를 그것이 무엇이든지 간에 이론적으로 관심 있는 구성 개념을 나타내는 다른 두 범주와 짝을 만든다.··· 우리 버전의 암묵적 연합 검사에서는 나(ME)와 그들(THEY)을 봉사(SERVICE)와 이윤(PROFIT)과 짝을 짓는다. 나(ME) 범주를 나타내는 자극 항목은 I, me, myself, mine이다. 그들(THEY) 범주를 나타내는 항목은 they, them, their, theirs다. 봉사(SERVICE) 범주에는 compassion, sacrifice, duty, give, helping을 사용했다. 이윤(PROFIT) 범주에는 gain, win, money, take, capitalize를 사용했다.

Pro-IAT는 검사하고자 하는 친사회적 동기와 공공봉사동기 구성 개념에 부합하게 타인 지향(예: 의무, 희생, 연민)과 자기 지향적이고 이익 추구적인 지향(예: 돈, 승리, 이득)을 대조시킨다. Pro-IAT 점수는 응답자가 최대한 빠르게 항목을 범주로 분류하는 반응 시간으로 계산된다. 검사는 보통 온라인으로 실시되며 응답자가 항목을 분류하는 7라운드로 구성된다. Pro-IAT의 장점 중 하나는 개인의 공공봉사동기와 친사회적 동기를 간접적으로 파악하는 방법이어서, 좀 더 직접적인 설문 조사 척도를 쓸 때 생길 수 있는 거짓 답변이나 사회적 소망성 성향을 피할 수 있다는 점이다.

마블과 레시(Marvel and Resh 2019)는 여러 측면에서 Pro-IAT의 타당성을 옹호한다. 그들의 타당성 검사에는 다음이 포함된다:

- **알려진 집단 타당성**. Pro-IAT는 친사회적 동기와 공공봉사동기 면에서 차이가 있는 집단(행정대학원 석사과정 학생, 경영대학원 석사과정 학생, M-Turk 성인, 캘리포니아 지방 정부 직원)에 대해서 암묵적 친사회적 동기를 구별한다. 이 네 개 범주에 걸쳐 14개 표본을 분석한 결과, MPA 학생과 지방 정부 직원이 가장 높은 점수를 받았고, 그다음이 M-Turk 성인들이고, MBA 학생들이 가장 낮은 점수를 받았다. 또한 각 네 개 범주의 표본 간에는 유의한 차이가 없음을 발견했다.
- **암묵적 척도와 명시적 척도 간의 관계**. Pro-IAT와 친사회적 동기 및 공공봉사동기의 명시적 척도 간의 상관 관계는 약하며, 이는 Pro-IAT와 명시적 척도가 타인 지향의 다른 측면을 측정할 수 있음을 시사한다.
- **예측 타당성**. Pro-IAT는 이타주의의 대리 변수로 사용된 피실험자의 자선 기부 면에서의 변동 중 일부분만 설명한다.
- **사회적 소망성 편향에 대한 저항도**. 피실험자들이 평화봉사단에 대한 동영상 시청에서 친사회적 프라이밍(priming)에 무작위로 노출됐을 때, 처치에 노출된 피실험자와 평화봉사단 동영상을 보지 않은 피실험자 간의 Pro-IAT에서 차이가 발견되지 않았다. 공공봉사동기의 명시적 다섯 개 항목 요약 척도(2장의 표 2.1 참조)에 대해서도 차이가 발견되지 않았는데, 이는 사회적 소망성 편향이 암묵적 척도와 명시적 척도 모두에 영향을 미치지 않았음을 시사한다.

비록 이 시점에서 타인 지향에 대한 암묵적 인지 검사에 관한 경험적 증거가 제한적이기는 하지만, 이 검사 결과는 직원 선발을 위한 일련의 선발 도구 중 하나로 충분히 고려할 만하다.

3.1.5 내재적 또는 친사회적 동기를 약화시킬 가능성이 있는 동기를 가진 후보자 선별하기

공직 후보자 선별은 공공봉사에 긍정적인 속성을 가진 사람들을 찾아내어 지원자 풀(pool)에 포함시키는 문제일 뿐만 아니라 부정적인 속성을 가진 지원자를 찾아서 이러한 특성을 보이는 후보자를 제외하는 것이기도 하다(Christensen, Paarlberg, and Perry 2017). 직무 현실 미리 보기(realistic job previews)와 같은 후보자 선별 방법 중 일부는 자기 선택 역학에 의존하며, 아마도 개인은 공공봉사에 부과되는 규범적 또는 정서적 의무 때문에 후보자 풀에서 탈퇴하는 것을 선택할 수도 있다(Clerkin and Coggburn 2012).

크리스텐센, 팔버그와 페리(Christensen, Paarlberg, and Perry 2017)는 직무 현실 미리 보기를 적극적으로 변형해 사용하는 것을 제안한다. 그들의 방법은 다음과 같다:

> …자기 희생과 시민 의무와 같은 공공봉사동기 등과 상충하는 이기적 동기를 가진 후보자를 가려낸다. 안전이나 금전에 대해 욕구가 높은 후보자는 강한 공공봉사 동기가 없는 상태에서 이러한 욕구가 그들에게 주요하다면 배제될 수 있다. 펠러와 코스펠트(Fehrler and Kosfeld 2014)가 수행한 실험 연구에서는 참여자의 임무 중심의 직업 선택 의지를 평가하기 위해 낮은 임금을 제시했다. 피실험자의 약 3분의 1이 낮은 임금 옵션을 선택했는데, 이것이 효과적인 선별 장치임이 증명된 것이다(Christensen, Paarlberg, and Perry 2017, 533).

후보자 선별을 용이하게 하기 위해 다음과 같은 몇 가지 구체적인 방법을 제시할 수 있다. 부패(및 정직성) 선별, 직무 현실 미리 보기 구현, 채용 결정을 검증하기 위한 수습 기간 사용, 긍정적인 채용 및 선발 기회를 만들기 위한 인턴십 사용.

3.1.5.1 부패(및 정직성) 선별하기

몇몇 연구에 따르면, 제도가 공직 채용을 통해 사익을 추구하는 사람들을 끌어들여 공공봉사 정신을 약화시키고, 대신 부패한 직원이 사익을 위해 일할 수 있게 만들 수 있다(Banerjee, Baul, and Rosenblat 2015; Finan, Olken, and Pande 2017). 인도 학생들을 대상으로 한 연구는 이런 점에서 많은 것을 보여 준다. 실험 방법을 사용한 레마 한나(Rema Hanna)와 왕싱위(Wang Shing-Yi)는 단순한 실험실 과제에서 부정 행위를 한 학생들이 공직 입직을 선호할 가능성이 더 높고 친사회적 선호를 나타낸 학생들은 그럴 가능성이 더 낮다는 점을 발견했다(Hanna and Wang 2017). 한나와 왕은 높은 능력을 가진 학생과 낮은 능력을 가진 학생 사이에 부문 선호도 차이가 없다는 것을 발견했는데, 이는 "이 맥락에서 능력에 따른 선발이 공무원 선발 문제를 악화시키거나 완화시키지 않을 것"(Hanna and Wang 2017, 264)이라는 점을 의미한다. 이런 학생들 대상의 연구 결과를 정부에서 일하는 간호사 표본을 대상으로 삼아 다시 검증했는데, 실험실의 단순한 과제(나중에 논의될 주사위 게임)가 잠재적인 선별 도구로 유효함을 입증했다. 이러한 연구 결과를 바탕으로 한나와 왕은 다음과 같이 결론 내린다: "이러한 연구 결과는 관찰된 부패 수준의 차이가 누가 공직에 선발되는지에 따라 부분적으로 달라질 수 있음을 새롭게 보여 주는 증거다. 또한 측정 항목이 너무 명시적이어서 조작할 수 없는 한, 인지 능력 이외의 특성에 따른 선별을 더 강조하는 방법으로 채용 프로세스가 개선될 수 있음을 시사한다"(Hanna and Wang 2017, 265).

선발에 관한 연구는 정직성과 부패를 선별하기 위한 적어도 두 가지 방법을 제시하는데, 이 방법들은 공공 조직에서 이미 사용되고 있다. 로버트 클리가드(Robert Klitgaard)는 1980년대에 이 아이디어가 처음 주목받기 시작했을 때 청렴성 검사를 사용해 직원 선발에 주의를 기울였다(Klitgaard 1988). 사울 파인(Saul Fine)은 청렴성 검사의 문화 간 타당성에 대해 검증했다(Fine 2010). 그는 27개국 60,952명의 구직자의 평균 청렴성 점수를 비교한다. 국가별 평균 청렴성 점수는 국가 수준의 부패 비교 지수와 일관성 있게 변화하는데, 이는 청렴성 검사가 타당함을 의미한다.

아스머스 올센(Asmus Olsen) 외는 앞서 논의한 인도에서의 선발에 관한 한나와 왕(Hanna and Wang 2017)의 연구와 같이 실험에서 활용된 주사위 게임을 활용하는 또 다른 방법을 제안한다(Olsen et al. 2019). 올센 외(Olsen et al. 2019)는 주사위 게임의 이면에 깔려 있는 논리를 다음과 같이 설명한다. 그들은 현실 세계에서 부패에 대한 연구를 수행하는 것에 대한 냉엄한 현실을 지적하며 시작한다: "부정직함을 측정하는 것은 어렵다.… 규칙 위반, 체포 또는 유죄 판결에 대한 데이터는 측정 항목으로서 포착하고자 하는 바로 그 잠재적 개념에 의해 체계적으로 왜곡될 것이다. 설문 조사에서 부정직함과 비윤리적 행동에 대해 묻는 것도 사회적 소망성, 이기적 행동, 전략적 행동으로 인해 심각하게 왜곡될 것이다"(Olsen et al. 2019, 574). 올센과 동료들이 설명하는 주사위 게임 패러다임[9]의 주요 세부 내용은 다음과 같다:

- **주사위 게임의 기본 구조**. 일반적으로 주사위 게임은 실험자가 알지 못하는 사이에 피실험자가 보상을 부정직하게 늘릴 수 있도록 두 가지 방식 중 하나로 작업을 설계한다. "비공개 게임" 방식에서는 피실험자가 먼저 개인 주사위를 던져서 나온 숫자를 보고 그 결과를 보고하는데, 그 보고에 따라 보상을 받는다. "마음속 게임" 방식은 세 단계로 진행된다. 피실험자는 먼저 주사위가 나올 숫자를 개인적으로 예측을 하지만 그 예측을 기록할 필요는 없다. 그런 다음 주사위를 굴리고 실험자와 피실험자가 나온 숫자를 본다. 세 번째 단계에서 피실험자는 마음속으로 예측했던 숫자를 말하고 실제 주사위를 굴려 나온 숫자와 얼마나 근접한가에 따라 보상을 받는다.
- **이원 보상구조 vs. 다양한 보상 구조**. 이원적 보상 구조의 주사위 게임에서 피실험자는 고정된 보상을 받거나 전혀 받지 않는다. 다양한 보상 구조는 피실험자가 보고하는 내용에 따라 다양한 보상을 받을 수 있게 한다. 이원적 보상 구조는 부정 행위 비율을 계산하는 데 더 적합한 반면, 다양한 보상 구조는 다양한 수준의 부정직한 행동을 평가할 수 있게 한다.
- **정직하게 이길 가능성**. 피실험자가 정직하게 보고할 경우, 이길 가능성은 부정직한 행동을 측정할 수 있는 통계적 정확도에 영향을 미친다.
- **실험 환경**. 주사위 게임 패러다임의 사용자는 실험실, 온라인, 현장 구현 중에서 선택할 수 있어 주사위 게임을 다양한 상황에 적용할 수 있다.
- **일회성 구현 vs. 반복 구현**. 일회성 게임은 피실험자 수가 많을 경우 전체적인 부정직의 수준 또는 그룹 간 부정직의 차이에 대한 유용한 정보를 제공할 수 있다. 그러나 피실험자가 주사위 게임을 여러 번 반복한다면, 실험자는 피험자 수를 늘리지 않고도 통계적 정확도와 검증력을 높일 수 있다.
- **외적 타당성**. 주사위 게임 패러다임은 앞서 보고된 한나와 왕(Hanna and Wang 2017)의 연구를 포함해 실제 부정직한 행동에 대해 검증했다.

올센 외(Olsen et al. 2019)는 주사위 게임을 사용한 두 개의 연구를 제시한다: 하나는 덴마크의 예비 공무원에 관한 연구이고, 다른 하나는 부패 수준이 다른 10개국의 예비 공무원에 관한 연구다. 덴마크 예비 공무원 연구(n=441)는 주사위 게임에서의 (부)정직성과 공공봉사동기 사이에 강한 상관 관계가 있음을 보여 준다. 전반적으로 공공봉사동기는 부정직성과 강한 부의 상관 관계가 있다. 올센 외는 또한 모든 공공봉사동기의 하위 척도, 특히 공익에 대한 헌신과 자기 희생이 행동 정직성과 유의한 상관 관계가 있음을 발견했다. 올센 외는 이러한 발견이 상대적으로 정직한 덴마크 예비 공무원의 하위 그룹에 적용된다는 점을 강조하며, 이는 "상대적으로 동질적인 그룹 내에서 상당히 미묘한 (부)정직성 차이를 포착하는 주사위 게임 패러다임의 가치를 보여 준다"(Olsen et al. 2019, 579)고 설명한다. 덴마크와 같이 부패 수준이 낮은 국가에서 공공봉사동기와 정직성 사이에 강한 관계가 있다는 올센 등의 발견은 부패 수준이 높기로 잘 알려진 러시아와 우크라이나에서 대학생 1,870명을 대상으로 한 인센티브 실험 게임을 사용한 후속 연구에 의해 뒷받침된다. 조던 간스-모스 외(Jordan Gans-Morse et al. 2019, 2020)는 공공봉사동기와 이타적 행동 사이에 강한 양의 상관 관계가, 그리고 공공봉사동기와 부패 행동 참여 의지 사이에 부의 상관 관계가 있음을 검증했다.

두 번째 연구는 부패 수준이 다양한 10개국을 대상으로 부패 주사위 게임 결과를 평가한다. 10개국은 덴마크, 싱가포르, 스웨덴, 영국, 독일, 모로코, 이집트, 알제리, 인도네시아, 태국이다. 1998년부터 2017년까지 국제투명성기구(Transparency International's: TI)의 부패인식지수에 따르면, 5개국(덴마크, 싱가포르, 스웨덴, 영국, 독일)은 가장 부패하지 않은 국가에 속한다. 다른 국가들은 부패 스펙트럼의 반대편 끝에 놓여 있는데, 1998년부터 2017년까지 높은 수준의 부패를 보였다. 공공 부문 일자리를 선호하는 피실험자의 부정 행위율이 각국의 거시적 부패율과 얼마나 상관 관계가 있는가? 올센 외(Olsen et al. 2019)는 다음과 같이 결론 내린다: "부패인식지수와 부패 통제는 모두 추정된 부정 행위율과 강한 상관 관계를 보인다.… 요약하면, 국가 수준의 부패 측정치는 한 국가의 예비 공무원의 평균 부정 행위율과 강한 상관 관계가 있다"(Olsen et al. 2019, 584). 두 연구, 특히 미시적 수준의 정직성과 거시적 수준의 부패 사이에서 식별한 연관성을 바탕으로 올센과 동료들은 주사위 게임 패러다임이 적절한 선발 도구라고 결론 내린다.

3.1.5.2 직무 현실 미리 보기 사용하기

조직과 예비 직원 양자 모두가 수용하는 가치가 조직과 후보자가 잘 맞는지를 평가하는 기준이 돼야 한다는 것이 이 장의 핵심 아이디어다(Bowen, Ledford, and Nathan 1991; Cable and Judge 1996). 제니퍼 채트먼(Jennifer A. Chatman)은 "…개인과 조직은 선발 과정에서 서로에 대해 가능한 한 많은 정보를 얻어야 한다"(Chatman 1991, 481)고 말한다.

직무 현실 미리 보기는 문자 그대로다. 해당 직무와 그 직무가 속한 조직에 관해 긍정적인 면과 부정적인 면의 실제 모습을 보여 줌으로써, 지원자가 직무에 필요한 기술과 자격이 무엇이며, 일반적인 하루 일과가 어떤지, 현직자의 근무 실제 및 힘든 과제가 무엇인지 파악할 수 있도록 도와주는 것이다. 직무 현실 미리 보기는 일반적으로 지원자가 스스로 평가하는 도구이지, 전통적인 선발 장치는 아니다(U.S. Office of Personnel Management 2019a). 그들은 지원자에게 조직이 기대하는 바를 알려 줌으로써 그들이 추구하는 것과 부합되는지 더 잘 평가할 수 있게 해 준다. 직무 현실 미리 보기는 조직에 의한 "전달하고 설득하기(tell and sell)"와 같이 일방적인 소통이 아니라 조직과 지원자 간의 "쌍방향 소통(two-way street)"으로 만든다.

직무 현실 미리 보기는 몇 가지 중요한 행동 및 태도 결과에 차이를 만드는 것으로 나타났다. 직무 현실 미리 보기는 즉각적인 행동 결과인 자기 선택에 영향을 미치며, 이는 직무 현실 미리 보기가 후보자의 자기 평가 도구라는 기대와 일치한다(Premack and Wanous 1985; Phillips 1998; Earnest, Allen, and Landis 2011). 또한 직무 현실 미리 보기는 초기의 직무에 대한 기대 수준과 정확성, 조직 몰입 강화, 직무 만족도, 성과, 직장 생존(job survival) 등 다른 태도 및 행동 결과에도 영향을 미친다.

연구에 따르면, 직무 현실 미리 보기가 자기 선택을 포함해 공공봉사동기가 낮은 후보자를 가려낼 수 있는 바람직한 결과를 초래할 수 있지만, 대부분의 공공 부문에서의 모집 및 선발 도구에는 포함돼 있지 않다. 예외는 있다:

- 국세청(IRS)은 특수 요원 범죄 수사(www.youtube.com/watch?v=YZZfKfT8TwM)[10]를 포함한 다양한 직업에 미리 보기 기법을 사용하는데, 이는 IRS YouTube 계정에서 볼 수 있다.
- 교통안전청(TSA)은 교통안전요원을 위한 미리보기 동영상을 사용한다(www.youtube.com/

watch?v=NQoPmWlYytQ).[11]
- 텍사스주 가족보호서비스국은 사례 담당자를 위해 직무 현실 미리 보기를 사용한다(www.dfps.state.tx.us/Jobs/CPS/working_at_cps.asp).
- 뉴저지주 체리힐(Cherry Hill) 소방서는 소방관 채용을 위해 브로셔를 사용한다(www.cherryhill-nj.com/261/Fire-Employment-Opportunities).

동기 부여 적합성을 높이기 위해 직무 현실 미리 보기를 구현하려는 공공 조직은 다음과 같은 몇 가지 요소를 고려해야 한다:

- 직무 현실 미리 보기를 어떻게 만들 것인가;
- 직무 현실 미리 보기를 어떻게 배포할 것인가;
- 직무의 긍정적 측면과 부정적 측면을 어떻게 제시할 것인가;
- 채용 과정의 어느 시점에 직무 현실 미리 보기를 도입할 것인가(U.S. Office of Personnel Management 2019a).

이러한 요소에 대해 결정하고 나면, 다음과 같은 여러 가지 전달 방식 옵션이 있다:

- 동영상
- 소책자 또는 브로셔
- 현직 직원 또는 이해관계자와의 회의
- 멀티미디어 프레젠테이션
- 구조화된 관찰

전달 방식 외에도 직무 현실 미리 보기를 사용하는 것은 효과적인 프로그램 개발을 위해 많은 중요한 결정을 해야 한다(Wanous 1989; U.S. Office of Personnel Management 2019a). 직무 현실 미리 보기가 직원의 공공봉사동기를 높이는 목적으로 사용될 때 특히 중요한 몇 가지 결정이 있다. 상황을 평가하는 것은 직무 현실 미리 보기가 추구하는 결과를 파악하는 데 매우 중요하다. 직무 현실 미리 보기는 친사회적이고 공공봉사나 조직의 사회적 목표에 몰입하는 직원을 확보하기 위해 적극적으로 사용될 수 있다. 또한 이를 설계할 때는 신입 직원의 높은 조기 이직률과 같이 이미 파악된 문제를 주의 깊게 고려해야 할 수도 있는데, 이는 직무 현실 미리 보기를 설계하는 작업을 더욱 복잡하게 만드는 두 번째 결과일 수 있다.

그리고 설계자는 직무 미리 보기에서 무엇을 다루는지의 문제도 고민해야 한다(U.S. Office of Personnel Management 2019a). 이러한 문제에는 특정 직무, 고객, 동료 및 외부 구성원과의 관계, 직원이 직면할 수 있는 대처 능력을 시험할 문제적 상황 등이 있다. 예를 들어, 교통안전청 공항 검색요원의 업무는 감독자의 감시가 심하고 자율성은 낮은 군대와 유사한 상황에서 높은 정확성을 필요로 하는 낮은 기술 작업의 반복을 요구한다. 이러한 종류의 정보는 직무 현실 미리 보기에서 다뤄야 할 내용을 알려 주는 데 도움이 된다.

상황을 적절히 평가하고 다뤄야 할 문제를 정확히 파악하는 것은 직무 현실 미리 보기를 구현하는 사람들에게 중요한 관심사다. 직무 현실 미리 보기 방법을 그 대상이 되는 조직의 성과와 일치시키는 것이 효과를 달성하는 데 필수적이다.

3.1.5.3 수습 기간 및 대체 선발 과정을 활용해 채용 결정 검증하기

우리는 직원의 수습 기간을 채용 결정이 잘 됐는지 검증하는 시간으로 여기는 경우가 거의 없지만, 수습 기간은 채용 결정을 검증하는 기간으로 볼 수 있다(Elliott and Peaton 1994; U.S. Merit Systems Protection Board 2005; PDRI 2010). 공무원 임용이 독특한 것은 흔히 1년 이하의 고용 후 완전한 고용보장 청구권을 포함하는 많은 권리가 부여되는 재산권이라는 점이다. 2005년 보고서에서 미국 공무원 실적제 보호위원회(U.S. Merit Systems Protection Board, 2005)는 수습 직원이 공무원으로 최종 임명되기 전, 수습 기간 동안 신중하게 평가받도록 함으로써 공익에 기여하는 기관과 감독관들에 대해 자주 언급했다.

수습 기간은 공공 조직이 채용 결정에 대한 판단이 적절한가를 평가할 수 있는 좋은 기회다. 고용 초기에 조직은 직원의 직무 성과, 직원이 조직에 장기적인 자산이 될 가능성, 상사, 부하 직원, 동료 및 대중을 대하는 직원의 행동을 관찰하는 기회를 가질 수 있다. 최종 공무원 임용과 관련된 이해관계를 감안할 때, 수습 기간을 통해 채용 결정을 검증하는 것은 합리적이다.

수습 기간 종료 전에 직원을 해고하면 직원 성과나 행위에 대한 공공 고용주의 입증 책임이 줄어든다. 그러나 공공 고용주가 직원에 대한 실질적이고 윤리적인 의무가 없는 것은 아니다. 공공 고용주가 수습 기간을 선발 과정에 효과적이고 윤리적으로 통합하기 위해 취해야 할 조치는 다음과 같다(U.S. Merit Systems Protection Board 2005):

- 수습 기간이 임용이 최종 확정되기 전에 후보자를 평가하는 기간이라는 점을 법령, 조례 및/또는 규정에 분명히 명시한다.
- 수습 기간을 직위와 교육 프로그램의 고유한 특성에 맞춘다.
- 공공 고용주는 수습 직원이 적극적 요건을 충족하지 않은 상태에서 자동으로 직원이 되지 않도록 인증을 위해 적극적 조치를 취해야 하는 절차를 수립해야 한다.
- 감독자는 수습 기간을 효과적으로 활용할 책임이 있다.
- 감독자는 자신의 책임을 다하도록 교육을 받아야 한다.
- 수습 직원은 채용 제의를 수락하기 전에 자신의 지위가 무엇을 의미하는지, 또한 최종 임용이 보장되지 않는다는 점을 통지받아야 한다.
- 성과와 행동 수준이 조직 및 감독 기준을 충족하지 못하는 수습 직원은 해고된다.

3.1.5.4 인턴십을 활용해 긍정적인 채용 및 선발 기회 만들기

수습 기간 동안 재량권을 행사해 채용 결정을 검증하는 것이 우려스러운 조직에는 대안이 있다. 하나는 인턴십과 같은 임시 근무 형태(Forde 2001)를 채용 및 선발 과정에 포함시키는 것이다. 이러한 대안 중 가장 일반적인 것은 인턴십이다. 국제 인적 자원 컨설팅 회사인 PDRI(2010)가 공공봉사 파트너십(Partnership for Publis Service)의 의뢰로 작성한 보고서는 인턴십을 강력하게 권고했다: "기관은 인턴 프로그램을 더 잘 활용해, 젊은 후보자가 직무를 수행하는 동안 잠재력을 평가하고 적절한 자격과 능력을 갖춘 사람을 채용해야 한다. 인턴십 수행 시의 잠재력 평가는 직원의 미래 성과를 나타내는 최고의 지표 중 하나다"(PDRI 2010, 16). 『월스트리트저널』(Feintzeig 2014)은 NASA 존슨 우주센터의 조건부 입사(Pathway) 인턴 중 89%가 인턴십을 마친 후 일자리 제안을 수락했다고 보도했다.

브라질의 비영리단체인 베토르 브라질(Vetor Brazil)은 규칙에 얽매이고 부패했다는 고정관념에 시달리는 정부 조직에 인재를 영입하는 주요 방법 중 하나로 인턴십을 활용하고 있다. 베토르 브라질의 몇 가지 이니셔티브가 상자글 3.1에 설명돼 있다. 베토르 브라질이 인턴십을 통해 얻고자 하는 것은 정부 내에서 일하는 사람들을 바꿈으로써 정부를 변화시키는 것이다. 베토르 브라질의 간부는 이 프로그램이 우수한 교사를 도심 학군에 유치해 공립학교를 변화시키고자 하는 미국 기반 Teach For America(TFA) 프로그램에 상응하는 브라질 프로그램이라고 설명했다. 다만 초기에는 주 정부에 겨우 12명의 신입 공무원을 유치했을 뿐이다. 그러나 이들의 목표는 브라질 전국에 걸쳐 800명의 혁신적인 인재를 정부로 영입해 성과와 고정관념을 대폭적으로 변화시키는 것이다.

상자글 3.1. 정부 업무를 더욱 매력적으로 만드는 방법

베르토 브라질, 공공 부문에서 리더와 기회를 연결한다

세계 최대 경제 대국 중의 하나이며 2억 명이 넘는 인구를 가진 브라질은 라틴 아메리카의 거인이다. 정부는 규모가 크고 국민에게 필수 서비스를 제공하지만, 브라질은 공공 기관을 강화하고 통합하는 데 어려움을 겪고 있다.

문제점
"사람들의 삶에 진정으로 영향을 미치고 싶다면 민간 부문과의 협력만으로는 안 됩니다."라고 조이스 도요타(Joice Toyota)가 말한다. "영향력을 확대하고 싶다면 정부를 바꿔야 합니다." 그러나 정부를 변화시키는 것은 엄청난 과제이며, 그 일에 적합한 유능한 공무원을 영입하기도 어렵다. 사람들은 브라질과 그 통제되지 않는 관료가 부패했다는 만연한 고정관념 때문에 정부 일을 기피하는 경우가 많다. 2015년 스탠퍼드 경영대학원에서 MBA를 취득한 도요타 씨는 "그것은 사람들이 다루고 싶어 하지 않는 것입니다."라고 말한다.

해결책
도요타의 비영리 단체인 베토르 브라질(Vetor Brasil)은 브라질의 공공 부문과 대중에게 제공되는 공공봉사 방식을 변화시킬 수 있는 리더를 육성하는 것을 목표로 한다. 이를 정부 업무를 위한 미국의 Teach For America라고 생각해 보자. "우리는 사회적으로 영향력을 발휘하고 조국에 보답하고자 하는 잠재력이 큰 대학 졸업생이 수천 명에 달한다고 믿습니다."라고 도요타는 말한다.

그들이 소매를 걷어붙이고 나서지 못하는 이유는 무엇일까? 도요타는 이 젊은 근로자들이 공공 관리 분야에서 어떤 기회가 있는지 모르기 때문이라고 말한다. 베토르 브라질은 직원을 선발해 정부의 임시직에 배치한다. "사람을 변화시켜 시스템을 변화시키자는 아이디어입니다."라고 말한다.

도요타는 지난 여름 처음으로 지원자를 모집했다. 1,700명의 지원자를 받아 12명의 연수생을 브라질의 4개 주에 있는 주 정부 및 지방 정부에 배치했다.

베토르 브라질은 이들의 연수가 끝나면 공공 부문이나 다른 유형의 공공 기관에서 일자리를 얻을 수 있도록 복무 후 재원 지원과 상담을 제공할 것이다. 도요타의 목표는 향후 5년 내에 공공 부문에 총 800명의 직원을 배치하는 것이다.

원본 보고서 작성자: 릴리 클라우센(Lily B. Clausen) 스탠퍼드 비즈니스의 인사이트
2015년 9월 2일
(http://stanford.io/1PLO90s)

3.2 결론

조직의 임무를 위해 변화를 일으키고자 하는 동기가 있고, 공익을 생각하는 공무원을 찾는 직접적인 방법은 처음부터 이런 사람들을 채용하고 선발하는 것이다. 이 장에서는 그러한 목적을 달성하기 위한 전략과 방법을 설명했다. 이러한 직원을 영입하기 위한 유기적인 수단은 공공봉사동기가 높은 개인에게 어필할 수 있는 이미지를 가진 조직을 만드는 것이다. 수십 년 동안 미국 연방 교정국(BOP)은 좋을 때나 어려울 때나 조직에 헌신하고, 항상 올바른 일을 선택하며, 업무의 사회적 가치를 중시해 가시적인 보상을 포기하는 "원칙을 지키는 직원"을 영입한 모범적인 조직이었다. 긍정적인 조직 이미지를 구축하는 것은 많은 공공 조직이 공공봉사동기가 높은 구성원을 식별하는 직접적인 방법이다.

공공봉사동기가 높은 인재를 영입하기 위해 조직 이미지에 의존하는 것 외에도 공공 조직에는 적절한 인재를 채용하고 선발할 가능성을 높일 수 있는 도구가 다양하게

존재한다. 채용 단계에서 임무와 공공 가치를 강조하는 메시지를 포함시켜 공공봉사동기가 높은 직원을 영입할 수 있도록 채용 광고를 만들 수 있다.

지원자 선별 과정은 공공봉사동기 행동을 기반으로 어떤 사람을 포함하거나 제외할 수 있는 추가적인 기회다. 미래 행동을 나타내는 신상 자료와 행동 면접을 기반으로 공공봉사동기가 높은 지원자를 구별해 낼 수 있다. 암묵적 사회인지 검사는 친사회적이고 공공봉사동기가 있는 개인을 식별하는 또 다른 방법이다.

청렴성과 부정직성 검사를 포함한 검증 방법은 후보자를 선별하는 데 사용할 수 있는 방법 중 하나다. 직무 현실 미리 보기는 지원자가 자신이 직무나 조직에 적합하지 않다고 판단해 선발 과정에서 자진 탈락하도록 하는 방법이다. 공공 조직은 인턴십을 활용해 채용 결정 전에 조직과 개인 모두에게 적합성을 평가할 기회를 제공함으로써 선발 과정에서 좀 더 적극적인 역할을 할 수 있다. 채용이 확정된 개인의 경우, 조직이 올바른 선발 결정을 내렸는지 판단하기 위해 수습 기간을 활용할 수 있다.

공직에 적합한 인재를 채용하고 선발하는 것에 대한 이해를 더욱 높이기 위해 더 많은 연구와 실험이 필요하지만, 이 장에서 검토한 연구 결과들은 이 문제의 두 가지 측면을 명확히 해 준다. 첫째, 어떤 개인이 무엇 때문에 공직에 들어오는지가 이들의 성과에 중요한 차이를 가져오며, 최상의 결과를 달성하기 위해 신중하고 엄격하게 관리해야 한다는 이론을 입증한다. 전체적인 증거는 개발도상국의 실험 연구에서 도출된 결론을 강화한다: "…이 연구들은 개인의 특성이 성과에 중요한 결정 요인이라는 사실을 입증하고 정부가 지원자 풀을 어떻게 바꿀 수 있는지를 제시한다"(Finan, Olken, and Pande 2017, 491). 둘째, 여기서 고려한 증거는 또한 공직에 적합한 인재를 선발하고 채용하는 일이 이전에 가정했던 것보다 더 까다롭고 비용이 많이 들 수 있음을 시사한다. 이러한 논리는 1990년대 초 보웬, 레드퍼드와 네이선(Bowen, Ledford, and Nathan 1991)이 조직에 맞춰 채용하는 것이 직무에만 맞춰 채용하는 것보다 더 까다롭고 비용이 많이 든다고 결론 내린 것과도 일치한다. 공직을 맡을 사람들이 실적을 내기 위해 정부가 이들을 어떻게 선별해 내야 하는지에 대해 여전히 연구할 것이 많다. 이 장에서 제안한 방향은 필요한 개혁을 향한 강력한 출발점이 될 것이다.

주(註)

1. 그린들이 연구한 여섯 나라는 볼리비아, 중앙아프리카공화국, 가나, 모로코, 탄자니아, 그리고 스리랑카였다. 그린들이 우수한 성과를 내는 조직으로 분류한 기관 중에는 볼리비아와 스리랑카의 중앙은행, 가나의 농업확장연구소, 가나·모로코·스리랑카의 예산 사무소, 그리고 볼리비아의 보건 서비스를 제공하는 비정부 조직이 포함됐다.
2. 굿셀과 그린들이 모두 임무 신비주의 개념을 사용하지만, 그들의 기여는 독립적으로 보인다. 굿셀은 그의 책에서 그린들을 인용하지 않는다. 그들의 기여가 교차하는 유일한 부분은 디 울리오의 BOP 연구를 참조하는 것이다.
3. 굿셀이 연구한 여섯 조직은 미국 국립공원관리청, 미국 국립기상청, 미국 질병통제예방센터, 노스캐롤라이나주 메클렌버그 카운티 사회복지부, 버지니아주 경찰청, 그리고 미국평화봉사단이다.
4. 2007년부터 2018년까지 BOP의 종합 순위를 제공해 준 공공 서비스 최고 직장 파트너십의 선임 연구 프로그램 관리자 데이빗 가르시아(David Garcia)에게 감사드린다.
5. 파트너십은 한때 "부서(bureaus)"라고 불리던 것을 "하위 구성 요소(subcomponents)"라는 용어로 칭한다. 저자는 직관적으로 더 매력적인 일반 용어 "기관(agencies)"을 사용한다.
6. 26개국 연구에 포함된 국가는 호주, 벨기에(플랑드르), 불가리아, 캐나다, 키프로스, 체코공화국, 덴마크, 핀란드, 프랑스, 독일, 헝가리, 아일랜드, 이스라엘, 일본, 한국, 라트비아, 멕시코, 뉴질랜드, 노르웨이, 포르투갈, 슬로베니아, 스페인, 스웨덴, 스위스, 미국, 그리고 영국(그레이트브리튼)이다.
7. 앤서니 그린월드(Anthony Greenwald)와 캘빈 라이(Calvin Lai)는 2018년 말 PsycNET 데이터베이스 검색 결과, 2003년 이후 암묵적 사회 인지에 관한 1,483개의 논문이 발표됐고 보고한다(Greenwald and Lai 2020).
8. 마블과 레시(Marvel and Resh 2019)는 IAT에 관한 일반적인 정보를 제공하는 출처로 다음을 참조한다. https://implicit.harvard.edu/implicit/iatdetails.html을 볼 것.
9. 아스머스 올센(Asmus L. Alsen) 외는 "주사위 게임 패러다임"을 반복적으로 언급하지만, 그들이 패러다임으로 의미하는 바를 명확하게 정의하지 않는다. 저자는 그들이 사용하는 단어를 다음과 같은 구조를 가진 게임의 한 종류로 해석한다. "개인 및 그룹 수준의 부정직성을 측정하는 표준화된 방법. 주사위 게임 패러다임은 피실험자가 주사위 결과에 대해 거짓말을 해 이익을 증대시킬 수 있는 실험 과제를 포함하지만, 연구자가 거짓말을 감지할 위험은 없다. 그러나 주사위 게임의 예상 분포가 알려져 있기 때문에, 게임을 반복해서 나온 결과의 분포는 피실험자가 정직했다면 관찰됐어야 할 것을 기준으로 할 수 있다"(Olsen et al. 2019, 572).
10. 특별 요원의 범죄 수사는 이 책 전반에서 다룬 포인트와 관련된 다양한 메시지를 전달한다. 여기에는 공공봉사동기를 가진 직원을 영입하기 위해 인턴십을 사용하는 것과 직원의 업무 수행 결과(예: 법 위반자의 체포)와 직원을 연결하는 것이 포함된다.
11. 교통안전요원 비디오는 교통안전청의 임무와 국가의 대테러 보호를 위한 직무의 중요성을 포함해 몇 가지 중요한 공공봉사 메시지를 강조한다.

제4장

공공봉사동기
Managing Organizations to Sustain Passion for Public Service

공공 업무의 의미 활용하기

    빌 클린턴(Bill Clinton) 대통령 재임 시 미국 인사관리 책임자였던 제니스 라찬스(Janice Lachance)는 케이프 캐내버럴(Cape Canaveral-케네디 우주센터 지역 이름) 지역의 청소부가 1962년 우연히 존 케네디(John F. Kennedy) 대통령을 만난 이야기를 회고한 적이 있다(Lachance 2017). 이때는 케네디 대통령이 미국 우주항공국(NASA)에서 10년 이내에 달에 사람을 보내겠다고 약속한 직후였다. 케네디 대통령은 바닥을 쓸고 있는 청소부와 마주치자 "무슨 일을 하십니까?"라고 물었다. 그러자 청소부는 "오, 대통령님, 저는 사람을 달에 보내는 일을 하고 있습니다"라고 대답했다.

    이 이야기는 1960년대부터 자주 회자돼 왔다. 많은 언론 매체에서 언급했지만 그 진위 여부는 불확실하다. 일부에서는 이 이야기를 도시 전설(urban legend)[1]이라고 부르기도 한다. 청소부의 이름도 알려지지 않았다. 케네디 대통령이 실제로 청소부를 만났을까, 아니면 연방 정부 관료들에게 영감을 주기 위해 한 이야기일까?

    청소부에 대한 이야기는 전설이 됐지만, 공공봉사에 대한 구전(口傳) 및 기록된 이야기가 유일무이하지는 않다. 나의 막내딸 재키는 자부심 있는 사회복지학 석사이며, 사회복지사로서 15년 이상의 경력자다. 2008년에 재키는 다른 사회복지사(Arrington,

2008)로부터 받은 편지를 내게 보여 줬다. 이 편지에는 "값어치"와 사회적 "가치"에 대한 그들의 감정이 담겨 있었다:

어느 날 저녁 친구들과 둘러앉아 인생에 대해 이야기를 나누고 있었다. 그중 한 사람(내가 최근에 알게 된 사람)이 사회복지 서비스의 문제와 스스로를 돕지 않는 사람들을 어떻게 돕는지 설명하기로 했다. "인생에서 사회복지사가 되는 것이 가장 좋은 선택이라고 생각하는 사람이 어떻게 다른 사람에게 이득을 줄까?"라고 자문하면서 흔히 사회복지사란 "피를 흘리는 자유주의자"라고 한다는 점을 상기시켰다. 자신의 핵심을 강조하기 위해 그는 이렇게 말했다. "당신은 사회복지사예요, 카렌. 솔직히 말해 봐요. 당신은 무엇을 만드나요(make)?"

정직하고 솔직하다는 것으로 평판이 나 있는 나는 "제가 무엇을 만드는지 알고 싶나요?"라고 말한 뒤 잠시 뜸을 들였다가 대답하기 시작했다. "저는 학대를 받는 아이들에게 안식처를 만들어 줘요. 그 과정에서 아이들이 나중에 더 좋은 삶을 살 수 있도록 더 나은 대우를 받을 자격이 충분하다는 것을 알려 주려고 노력했어요. 지금은 시한부 환자들이 집에서 양질의 임종 간호를 받으며 마지막 날들을 보낼 수 있도록 준비해 줘요. 간병인들이 무기력증(burn out)이 오지 않도록 하고 간병인과 환자 모두가 마지막까지 편안하고 걱정 없을 수 있도록 도와줘요."

"젊은 과부나 미혼모가 어디로 가야 할지 모를 때 사회복지사는 (좋든 싫든) 그들이 어떤 혜택을 받을 수 있는지 알려 줘요. 그리고 우리는 도움이 필요한 여성들이 관료제적 형식주의에서 길을 잃지 않도록 노력해요. 취업과 살 곳을 구하는 것도 도와주죠."

이것은 시작에 불과했다. 나는 "사회복지사들이 무엇을 만드는지 궁금한가요?"라고 다시 물었다. "저희는 보통 사람들은 내기에 져도 절대 방문하지 않을 진짜 소외된 사람들을 방문해요. 그 사람들은 도움이 절실히 필요하다는 것을 알기 때문이죠. 그 과정에서 친구를 만들고 도움을 받은 이들은 결혼식, 요리 모임, 주민센터 개관식에 저희들을 초대하기도 해요."

"저희는 노인분들, 정신적으로 아픈 분들, 외로움을 느끼는 분들의 이야기를 듣기 위해 시간을 내요. 저희의 지식과 기술을 필요로 하는 분들이 더 편리한 삶을 살 수 있도록 도와줘요. 또한, 공무원 등 관계자와 만나고 지역 사회의 모든 사람이 공정한 대우를 받을 수 있도록 법원에서 증언을 해요."

"어떤 사회복지사들은 다음 세대의 사회복지사를 교육시키기도 하죠."

"가족 또는 친구들과 약속을 잡고 나서 지키지 못하는 때도 있어요. 사고, 화재, 재해, 사망 사건이 있으면 사회복지사가 꼭 필요하기 때문이에요." 나는 잠시 멈췄다가 다시 말을 이어갔다. "그러니까 만약 어떤 사람이 내가 사회복지사로서 만드는 것이 아무것도 없다고 속단한다면, 나는 고개를 들고 '나는 변화를 만들어요, 당신은 무엇을 만드나요?'라고 말해요."

케이프 캐내버럴의 청소부 이야기와 앨라배마의 사회복지사가 쓴 편지는 공공봉사 부문에서 일했던 모든 이가 공감할 만한 내용을 담고 있다. 이러한 이야기가 자주 전해진다는 사실은 그 이야기를 하는 사람들의 신념 체계가 어떤지 보여 준다. 그리고 이야기는 브루스 뷰캐넌(Bruce Buchanan)이 1970년대 중반에 공공 행정에 도입한(Buchanan 1974, 1975) 개인 중요성 강화(personal significance reinforcement)라는 더 광범위한 현상을 설명해 주기도 한다. 개인 중요성 강화는 자신이 조직의 성공에 기여한다고 믿는 정도를 말한다. 뷰캐넌은 공공 기관 직원들에게 개인 중요성에 대한 인식을 심어 주는 것이 특히 어렵다고 주장했다. 가장 큰 이유는 공공 기관 직원의 성과와 소속된 조직의 성과를 구분하는 경계선을 설정하기 어렵기 때문이다. 여기서 말하는 경계선은 다양한 정부의 크기와 정책 시행의 다원성 등 많은 요인의 산물이다. 일반적인 성과 기준에 이의를 제기할 수 있는 대규모 조직 내에서 개인의 중요성을 강조하는 태도를 개발해야 하는 경우, 개인 중요성을 강화하는 것은 더욱 어려운 과제다. 행정부와 입법부의 권력 분립과 같은 제도적 규칙은 행정부와 입법부 간의 갈등을 심화시킬 수 있으며, 이는 개인 중요성을 확립하고 강화하는 것을 방해하는 또 다른 요인이다.

공공 부문에서 개인 중요성 강화를 방해하는 각종 요인을 극복하기 어려워 보이지만, 앞의 사례에서 봤던 청소부나 사회복지사와 같은 공무원들의 경우는 종종 명확한 경계선을 그을 수 있다. 이 장에서는 업무와 다른 사람 및 사회에 미치는 영향 사이에 강력한 연결 고리를 구축해 개인의 중요성을 촉진하는 방법을 소개하도록 한다.

공공 업무의 의미를 활용하면 특히 공공 조직에 몇 가지 긍정적인 결과를 가져올 수 있다:

- 통제된 인센티브가 아닌 자율적인 인센티브에 직원의 동기가 결정될 가능성이 높아진다.
- 의미성이 높아지면 목표 난이도가 높아져 업무가 잠재적으로 동기 부여를 높일 가능성이 높다.
- 가치와 목표의 중요도를 매개로 하는 업무 의미성(work meaningfulness)은 목표 몰입을 높여 직원들의 동기 부여를 높인다.

4.1 공공 업무의 중요도: 공공 부문의 경쟁 우위

NASA 청소부와 앨라배마 사회복지사의 이야기는 매우 강력한 동기 부여 요인으로서 일의 의미에 주목한다. 더 미묘한 문제는 일의 중요도와 기관의 정체성 사이의 잠재적 연관성이다. 공공 기관의 특성이 의미 있는 중요한 일을 만드는 데 유리할까? 여러 연구 흐름에 따르면 실제로 제도적 이점이 있을 수 있다고 한다. 이러한 흐름에는 공공 일자리와 사회적으로 유용한 일자리 및 무용한 일자리에 대한 연구가 있다.

4.1.1 공공 업무

『미국 건설: 공공 일자리의 민주적 약속(Building America: The Democratic Promise Public Work)』(1996)에서 해리 보이트(Harry Boyte)와 낸시 카리(Nancy Kari)는 공공 일자리가 갖는 사회적 가치에는 의심의 여지가 없다고 말한다. 보이트와 카리는 "다른 사람들과 협력해 가치 있고 중요한 것을 만드는 일, 즉 공공 업무는 미국 민주주의의 뿌리다. 매일 수행하는 업무를 민주주의와 연결하는 것은 업무에 더 큰 의미를 부여하고 시민권을 중요하게 만든다"(Boyte and Kari 1996, 2). 전 세계적으로 공공 부문에서 직원들이 수행하는 업무가 체제 발전의 근간으로 여겨지는지는 불확실하지만, 이러한 업무의 본질적 성질은 가치 창출과 타인과의 협력을 결부시킨다. 따라서, 많은 공공 부문 종사자들은 자신의 업무의 의미와 시민으로서 권리와의 관계를 함께 이해하는 경향이 있는 것 같다.

보이트와 카리의 민주주의 혁신에 대한 실용적 이론의 탐색은 업무에 대한 단순한 관찰에서부터 시작된다. 보이트와 카리가 관찰한 것은 다음과 같다:

> 오늘날 사람들은 "과도하게 일(overwork)"하고 있다고 한다. 사실, 일은 단순히 목표를 위한 수단으로 전락했다. 사람들은 가족을 먹여 살리기 위해, 휴가비를 벌기 위해, 경제적으로 생존하기 위해 '일해야만' 한다. 자신이 만들거나 생산하는 것의 더 큰 의미에 대해 논의하는 직장은 거의 없다. 우리는 실제로 사람들이 "덜 일하고(underwork)" 있다고 확신한다. 아무리 많은 시간을 일해도 일은 더 큰 공공의 목적, 도전, 가능성과의 연관성을 잃어버렸다(Boyte and Kari 1996, 3-4).

보이트와 카리가 제기한 업무에 대한 비판은 이 분야에 국한되지 않고 여러 분야에 걸쳐, 그리고 국가 간에도 추론을 적용할 수 있다.

보이트와 카리는 부문 간 경계를 넘나드는 민주적 혁신을 위한 도구를 제공하지만, 공공 업무를 혁신하는 데 더 큰 의미가 있다고 볼 수 있다. 이들은 공공 기관 내에서 공감을 불러일으키는 공공의 의미를 세 가지로 구분한다. "먼저 공공은 함께 행동하는 다양한 집단이다. 두 번째로 공공은 개방적이고 가시적이며 접근 가능한 공간의 특성이며, 마지막으로 공공은 공공재나 공공의 이익과 같이 일반적으로 광의로서 중요한 목적을 의미한다"(Boyte and Kari 1996, 11-12). 이러한 세 가지 의미는 오랫동안 공공 기관 및 조직과 연관돼 있다고 믿어져 왔다(Perry and Rainey 1988). 보이트와 카리의 관점에서 볼 때, 현재의 일상에서 공공의 근본과 그것이 업무에 가져다주는 의미가 사라졌다는 것은 실패를 의미한다. 그러나 공공의 이상을 추구하는 것은 정부, 지역 사회 및 이익단체가 수행하는 많은 업무의 틀을 구성하는 제도 차원의 정체성(identity)으로, 이는 공공 정신에 의미를 부여한다(Kelman 1988).

4.1.2 사회적으로 유용한/무용한 일자리

공공 기관이 의미 있는 일자리를 창출하는 데 이점을 가지고 있는지 판단할 수 있는 증거는 사회적으로 무용한 일자리에 대한 연구에서 찾을 수 있다. 사회적으로 무용한 일자리의 개념은 인류학자 데이비드 그레이버(David Graber)에서 유래했다(Graber 2013). 로버트 듀어(Robert Dur)와 맥스 반 렌트(Max van Lent)는 "사회적으로 무용한 일자리"를 사회에 전혀 기여하지 않거나 부정적으로 기여하는 일로 정의했다(Dur and van Lent 2019). 그레이버(Graber 2013)의 자본주의 비판은 존 메이너드 케인스(John Maynard Keynes)의 세기말 주당 15시간 노동에 대한 예측을 떠올려 보면 덜 정중하다. 그는 사회적으로 무용한 일자리를 "헛소리 일자리"라고 부르며 "마치 누군가가 우리 모두를 계속 일하게 하기 위해 무의미한 일자리를 만들어 내는 것 같다"(Keynes 1930, 2)고 썼다.

사회적으로 무용한 일자리에 대한 듀어와 반 렌트(Dur and van Lent 2019)의 연구는 1989년, 1997년, 2005년, 2015년에 47개국에서 10만 명 이상의 근로자를 대상으로 한 규모가 크고 대표성 있는 데이터인 국제 사회조사 프로그램인 직업 선호 곡선(Work Orientations Waves)을 사용했다. 이 연구에서는 37개국 27,000명의 근로자를 대상으로 한 2015년 곡선만을 사용했다. 연구진은 응답자가 "내 직업은 사회에 유용하다"라는 설문 문항에 동의하지 않거나 매우 동의하지 않는다는 주관적 평가를 활용해 사회적으로 무용한 일자리를 조작화(operationlize)했다.

듀어와 반 렌트(Dur and van Lent 2019)의 연구에서는 전반적으로 약 75%의 근로자가 이 설문 문항에 동의하거나 매우 동의하는 것으로 나타났다. 상대적으로 많은 비율인 17%는 동의도 부동의도 하지 않아서 직업의 유용성에 대한 불확정적 태도를 가지고 있다. 공공 부문 근로자는 민간 부문 근로자보다 사회적으로 무용한 일자리를 갖고 있다고 응답한 비율이 훨씬 낮았다. 민간 부문 근로자의 평균은 8%였다. 공공 부문의 평균은 민간 부문보다 6% 낮았다. 소방관, 경찰관, 사회복지 공무원, 의료 종사자, 교사 등 일부 공공 부문 직종의 경우 사회적으로 쓸모없는 일이라고 응답한 비율이 0에 가깝거나 0이었다. 이러한 공공 부문의 장점은 보편적이라고 할 수는 없다. 예를 들어 일반 공무원과 군인은 표본 평균에 더 가깝다고 듀어와 반 렌트는 말한다.

듀어와 반 렌트의 연구는 일자리에 대한 주관적인 평가에 의존하지만, 공공 부문 종사자는 민간 부문 종사자들에 비해 자신의 일이 쓸모없다고 인식할 가능성이 훨씬 낮다는 사실을 발견했다. 이 차이는 부문 간 체계적 분류의 한 유형을 반영한다. 결론은 공공 관리자는 물론 비영리단체의 관리자도 일의 의미를 활용하고자 할 때 이 점에서 우위를 점할 수 있다는 것이다.

레아 카사르(Lea Cassar)와 스티븐 마이어(Stephan Meier)는 일의 의미에 대한 연구 결과를 요약(Cassar and Meier 2018)하면서 듀어와 반 렌트(Dur and van Lent 2019)의 연구와 마찬가지로 공공 부문 일자리와 직업이 더 의미 있다는 흥미로운 연구 결과를 제시한다. 앤드류 브라이스(Andrew Bryce)는 특정 직업이나 업무 유형이 개인에게 의미와 목적을 부여하는 정도인 유다이모닉 웰빙(eudaimonic well-being)을 분석했다. 브라이스는 미국의 시간 사용 실태 조사와 영국의 연간 인구 조사라는 두 나라의 주요 데이터셋을 사용했다. 여기서 특히 두 가지에 주목할 필요가 있다. 첫째, 브라이스는 일이 일 이외의 많은 시간 사용, 특히 소비, 사교, 휴식, 여가보다 더 의미 있다는 사실을 발견했는데, 이는 일이 사람들이 삶에서 의미를 찾는 주요 방법 중 하나임을 의미한다. 둘째, 가장 의미 있는 직업은 의료 전문가, 치료사, 간호사, 교사, 사회복지사 등 개인의 자율성과 친사회적 영향력이 높은 직업이었다. 브라이스는 유용한 직업이 어떤 분야에 집중돼 있는지에 대한 증거는 제시하지 않았지만, 간단한 조사 결과 이들 직업의 대부분 또는 전부가 공공 부문이 주도하는 직업(예: 보건 전문가, 간호사, 교사, 사회복지사)일 가능성이 높다는 점을 알 수 있다.

4.1.3 요약

사람들의 이야기와 설문 조사 결과에 따르면, 보이트와 카리가 열정적으로 "공공 업무(public work)"라고 부르는 공익을 위한 일은 그 일에 종사하는 사람들의 삶에 변화를 가져오는 것으로 보인다. 보이트와 카리가 말하는 '이상적인 또는 열망적인' 의미는 현재 공공 부문 일자리 종사자들이 자신의 일을 어떻게 인식하는지에까지 확장됐다. 듀어와 반 렌트(Dur and van Lent 2019)와 브라이스(Bryce 2018)의 연구에 따르면, 의미 있는 일의 비중은 공공 부문에서 불균형적으로 높다. 어떤 일이 개인에게 의미와 목적을 부여하는 정도를 나타내는 유다이모닉 웰빙은 공공 부문의 모든 직종에서 높게 나타난다. 역설적으로 보여지는 점은 공공 부문 업무의 '평판'이 종종 공공 업무의 잠재력과 현실을 모두 벗어난다는 것이다. 다음에 논의되는 전략에는 두 가지 목적이 있다. 직원들이 공공 업무의 의미를 경험하는 경우, 이 두 가지 전략은 그 의미를 실현하고 강화하는 데 도움이 된다. 업무의 의미를 경험하지 못하는 상황에서는 이 전략들이 직원이 공공봉사에 대한 열정을 불러일으키는 수단이 될 수 있다.

4.2 공공 업무의 의미를 활용하는 전략

개념적 논거를 제시하고 경험적 증거를 수집할 수 있지만, 공공 업무가 민간 업무보다 경쟁 우위에 있다는 긍정적인 의견에 모든 사람이 동의하지는 않을 것임을 잘 알고 있다. 한 가지 반론은 주로 제도론적 시각에서 오는데, 제도적 요인만으로는 일의 의미에 미치는 영향이 크지 않을 것이라는 주장이다. 이 반론은 동의할 수 있고 주목할 만한 가치도 있다. 공사 제도론적 구분는 사회와 노동 시장에 따라 가변적이기 때문에 다른 환경에서는 영향을 줄 수 있다(Kerckhoff 1995). 동시에, 듀어와 반 렌트(Dur and van Lent 2019)와 브라이스(Bryce 2018)의 연구에서 알 수 있듯이, 제도적 장치가 일의 의미에 실제적인 결과를 가져올 수 있다.

또 다른 반론은 주로 실용적인 측면이다. 다음과 같이 설명할 수 있다: "시민과 공익을 위해 행동한다는 것이 직무의 의미에 줄 수 있다는 장점은 실제 공공 부문의 현실을 보면 약화될 수 있다. 현실은 예산 제약, 정치인과 이익단체의 간여, 기타 여러 가지 집행 장벽으로 인해 공공 업무의 의미를 체감하기는 매우 어렵기 때문이다." 이러한 장벽은 현실이며 종종 공공 부문에서 일상적 삶의 일부다. 공공 업무의 의미에 관한 동기 부여 연구에 대한 리뷰(Perry and Porter 1982; Perry, Mesch, and Paarlberg 2006)는 직무 설계가 공무원의 동기에 중요한 영향을 미친다는 결론을 내리고 있지만, 이러한 리뷰는 또한 "조절 변수와 실행이 직무 설계의 효과에 중요한 영향을 미친다"는 사실을 인정한다(Perry, Mesch, and Paarlberg 2006, 508).

공공 업무에 대한 낙관론에 대한 이러한 위협은 일리가 있다. 동시에 일에 공공성이 내재돼 있지 않거나 직원들이 공공 업무와 관련된 의미 있는 일을 경험하는 데 실질적인 장벽이 있더라도, 공공 관리자와 조직은 의미 있는 일의 동기 부여 잠재력을 활용하고 의미 있는 일을 향상시키기 위한 조치를 취할 수 있다. 공공 업무의 유의미성을 활용할 수 있는 방법에는 최소한 네 가지 전략이 있다. 첫 번째는 공무원과 수혜자 간 직접적 접촉을 하도록 하는 직무 설계, 두 번째는 자기 설득을 통한 의미 강화, 세 번째는 직원들의 직무 개발 촉진, 네 번째는 의미 강화를 위한 경력 상담 제공이다.

4.2.1 공공 부문 직원과 수혜자 간의 직접적 접촉을 장려하는 직무 설계

직무 설계가 직원의 동기 부여에 중요한 영향을 미친다는 생각은 적어도 프레더릭 허즈버그(Frederick I. Herzberg)의 직무 충실화, 즉 "만족 요인" 또는 동기 부여 요인을 업무에 더 많이 배치하고 "불만족 요인" 또는 위생 요인의 영향을 줄인다는 연구에서부터 잘 확립돼 있다(Herzberg 1968). 리처드 해크먼(J. Richard Hackman)과 그렉 올드햄(Greg R. Oldham)은 동기 부여와 업무 설계에 대한 공식적인 모델을 개발하면서 허즈버그의 연구를 발전시켰다(Hackman and Oldham 1976, 1980). 이들의 모델에서는 업무의 다섯 가지 특성이 내적 동기 부여 심리를 자극하는 데 영향을 미친다고 가정한다. 이러한 심리적 상태는 업무의 경험적 의미와 같이, 내적 동기 부여, 높은 업무 성과, 결근 및 이직률 감소 등 바람직한 개인 성과 및 직무 성과로 이어진다.

여기서 진행된 논의와 가장 밀접한 관련이 있는 직무 특성은 다음과 같다. 자율성 및 업무의 중요성, 때로는 사회적 중요성, 해크먼과 올드햄이 정의한 "업무에 실질적인 직무가 조직 내부에서든 외부 환경에서든 다른 사람들의 삶이나 업무에 상당한 영향을 미치는 정도"(Hackman and Oldham 1976, 257)라고 정의할 수 있다. 직무 특성 모델이 처음 등장했을 때(Hackman et al. 1975), 해크먼과 동료들은 경험적으로 의미가 있고 경험적 결과를 책임지는 것과 같이 직무와 중요한 심리적 상태 사이에 관계를 강화하는 방법으로 고객 관계를 구축할 것을 제안했다. 고객 관계를 증대시키는 것은 업무 담당자와 다른 쪽 사용자 간의 접촉 또는 서로에 대한 의식을 방해하는 분리 요소를 감소시키는 방법으로 여겨지기도 했다.

애덤 그랜트(Adam M. Grant)는 관계적 직무 설계 모델을 소개함으로써 직무 설계에 대한 관심을 다시 불러일으켰다. 그랜트의 관계형 모델은 "… 많은 직원이 업무의 목적을 설명할 때 다른 사람의 삶에 긍정적인 변화를 가져오는 것"(Grant 2007, 393)이라는 인식에서 출발한다. 그랜트는 "직원들이 다른 사람들과 연결하고 상호 작용할 수 있는 기회를 형성하는 구조"(Grant 2007, 396)가 친사회적 변화를 일으키려는 동기에 매우 중요한 영향을 미친다고 주장한다. 직무 구조와 현직자의 특성에 더 큰 관심을 기울였던 직무 특성 모델과 달리, 관계성 모델은 관계의 구조, 그리고 그 구조가 친사회적 차이를 만드는 데 어떻게 기여하는지를 강조한다.

개인이 자신의 직업을 의미 있다고 인식하는 정도는 자신의 업무가 수혜자에게 미치는 영향을 인식하는 정도에 의해 상당한 영향을 받는데, 이는 관계적 직무 설계의 핵심 원칙이다(Grant 2007; Grant and Parker 2009). 그랜트(Grant 2008b)는 여러 연구에서 직원과 그들의 친사회적 영향력을 연결하는 것의 중요성을 검증했는데, 그중 몇 가지는 공무원에 관한 것이다. 그의 첫 번째 연구 중 하나는 공립대학에서 수행한 준실험이었다. 대상자는 장학금을 타려고 노력하는 전화 모금원이었다. 그랜트는 실험 집단이 전화 모금 캠페인의 혜택을 받은 장학금 수혜자를 만나도록 주선했다. 장학금 수혜자는 고등 교육을 받는 데 재원 지원이 의미하는 차이가 무엇인지에 대한 증언을 공유했다. 한 달 후, 실험 집단은 장학금 약속 및 기부금 모두에서 비교 집단보다 우수한 결과를 보였다. 비교 집단의 결과에는 변화가 없었다. 그랜트는 공공봉사 직원을 그들 업무의 친사회적 영향력과 연결하는 것이 동기 부여가 되며 그러한 연결의 효과가 크다고 결론지었다.

미국 외의 나라에서 공공봉사를 하는 직원들을 대상으로 그랜트와 유사한 방식의 연구가 수행된 바 있다. 니콜라 벨레(Nicola Bellé)는 이탈리아 한 공립병원의 간호사들을 대상으로 진실험을 시행했다(Bellé 2013). 벨레의 연구는 두 가지 변수와 두 가지 실험 조건 간의 관계를 보는 것이었다. 주요 변수는 공공봉사동기와 직무 성과였다. 첫 번째 실험 조건은 간호사들이 자신의 업무 수혜자와 접촉하는 것이었다. 두 번째 실험 조건은 자기 설득에 노출되는 것인데, 기본적으로는 간호사들이 자신이 맡은 업무의 중요성을 옹호하는 발표를 준비하는 것이었다. 수혜자 접촉과 자기 설득은 모두 지속성, 산출물, 생산성, 경계심 등 여러 동기 부여 결과에 긍정적인 영향을 미쳤다. 실험 전에 공공봉사동기가 높았던 간호사들은 각 실험 조건에서 더 강한 성과를 보여 줬다. 벨레는 이에 더해 두 실험 모두에서 추가적인 장점을 발견했다. 그것들은 공공봉사동기를 높였고, 이는 다시 개입의 직무 성과에 대한 긍정적 효과를 부분적으로 매개했다. 벨레의 실험 결과는 직원과 수혜자 간의 직접 접촉을 강화하는 방안을 모색하고 자기 설득 메커니즘을 사용해 그러한 직접 접촉을 대체하는 방식의 업무 재설계 필요성을 지지한다.

관계 구조와 관련된 개입을 테스트하는 이러한 직접적인 실험 외에도, 공무원에 대한 많은 다른 연구들이 이 모델의 논리와 수혜자 접촉 강화의 힘을 뒷받침한다. 연구의 예시는 다음과 같다:

- 존 브렘(John Brehm)과 스콧 게이츠(Scott Gates)는 모든 수준의 정부 관료를 대상으로 한 광범위한 연구에서 서비스 수혜자들이 정기적으로 접촉하는 공무원들에게 감독자보다 더 많은 영향을 미쳤다는 점을 발견했다(Brehm and Gates 1997).
- 재닛 빈잔트(Janet Vinzant)는 질적 연구를 통해 아동 보호 서비스(Child Protective Service: CPS) 근로자의 어려운 업무에 대한 일반적인 질문에 답하고자 했다. 그들은 왜 그 일을 했을까?라는 질문이다. 인터뷰 대상자들은 취약 계층 보호, 가족 돕기, 지역 사회 봉사에 대한 헌신에 대해 대답했다. 빈잔트는 다음과 같이 썼다: "한 근로자는 그저 '저는 사람들을 돕는 것을 좋아해요.'라고 말했습니다. 또 다른 이는 'CPS에서 일하는 것을 좋아해요. 도전적이고, 색다르고, 아이들의 생명을 구하고 있어요. 저는 변화를 만들고 있죠.'라고 말했습니다. 또 다른 이는 '저는 돕기 위해 여기 있어요. 아이들을 돕기 위해 여기 있어요. 저는 그 목적에 전력투구하고 있고, 그래서 여기 있는 거예요. 이건 그냥 단순한 직업이 아니에요.'라고 말했습니다"(Vinzant 1998, 358).
- 교사에 대한 연구는 그들이 학생들의 발전에 기여하는 것을 보고 경험할 수 있다는 가능성에 의해 동기 부여된다는 것을 보여 준다(Kelley 1999).
- 국방부 시설의 민간 직원에 대한 연구에서 로리 팔버그(Laurie E. Paarlberg)는 "고객 지향성," 동기 부여, 직원의 성과 및 동기 부여 간의 관계를 직무 역할에 걸쳐 종단적으로 연구했다. 고객 지향성은 "고객 요구 인식, 고객과 상호 작용하기 위해 마련된 조직 시스템, 고객 요구에 대응해 행동을 장려하는 목표"(Paarlberg 2007, 210)에 대한 설문 문항에서 구성된

가산 척도였다. 팔버그는 고객 서비스 지향성이 직원 성과와 동기 부여에 긍정적 영향을 미친다는 점을 발견했다. 고객 서비스 지향성은 직원들의 공공봉사 가치를 뒷받침하는 조직 목표와의 연결 고리를 제공했다. 그러나 "서비스를 구매하는 기관 고객에 초점을 맞춘 좀 더 '시장' 지향적인 방식을 만들기 위한 노력은 서비스 수혜자와의 공식적인 연계가 수반되지 않는 한, 직원 성과와 동기 부여에 제한적인 영향을 미치거나 심지어 해로운 영향을 미칠 수 있다"고 결론지었다(Paarlberg 2007, 201).

- 지넷 테일러(Jeannette Taylor)는 호주 지방 정부 근로자들의 두 가지 관계적 업무 구조, 즉 시민에 대한 영향과 시민과의 접촉에 대한 인식을 연구해 공공봉사동기와 직무 만족도에 미치는 영향을 확인했다(Taylor 2014). 이 연구는 자신의 직업이 시민에게 영향을 미칠 수 있는 통로가 된다고 인식한 직원들이 자신의 직업에 더 만족한다는 것을 발견했다. 그리고 서비스 수혜자와의 직무 접촉이 공공봉사동기-직무 만족도 관계에 대해 미치는 매개 효과 또는 조절 효과가 없다는 것을 발견했다. 표면적으로 테일러의 발견은 그랜트(Grant 2007)의 관계적 직무 설계 이론과 상충하는 것으로 해석될 수 있다. 또 다른 타당한 설명은 관계적 업무 구조가 특히 공공 부문에서 복잡할 수 있다는 것이다(이 해석을 그럴듯하게 만드는 일선 관료에 대한 논의는 4.4 참조). 그리고 긍정적인 결과를 얻기 위해 그 복잡성은 조심스럽게 다룰 필요가 있다.

공공 조직과 관리자들이 모든 직원을 서비스 수혜자와 연결할 수는 없지만, 수혜자와 연결할 수 있는 다른 방법들이 있다. 예를 들어, 조직 내에서 입소문으로 공유되는 이야기는 업무의 사회적 영향력을 강화해 직원들의 행동에 긍정적인 영향을 미칠 수 있다. 서비스 수혜자와의 사회적 상호 작용은 또한 직원들의 공공봉사 가치를 구체화하고 추상적인 조직 목표를 의미 있는 행동으로 변환함으로써 직원 동기 부여에 긍정적인 영향을 미칠 수 있다(Paarlberg 2007). 세계은행은 개발도상국 전문가들에게 가난한 사람들의 삶을 직접 관찰할 기회를 제공하는 두 가지 프로그램을 개발했다(World Bank 2003; Irvine, Chambers, and Eyben 2004). 이 풀뿌리 몰입 프로그램(Grass Roots Immersion Program)과 마을 몰입 프로그램(Village Immersion Program)의 목표는 비슷하다. 개발 전문가들을 사무실의 안락함에서 벗어나 가난한 사람들이 사는 곳으로 데려간다. 몰입은

…마을, 빈민가 또는 프로젝트를 대상으로 하는 보통의 짧은 현장 방문과는 구별된다. 이러한 방문은 흔히 매우 구조화돼 있고 '레드 카펫' 방식이어서, 엄격히 사전 계획된 일정, 형식, 시간 부족, 제약적인 정치적 환경, 그리고 자금 제공을 위한 방문자를 기쁘게 하거나 혜택을 얻기 위해 설계된 행동에 취약하다. 한 해외 정보 제공자가 표현한 바와 같이, '전체 과정은 매우 의례화돼 있으며 외국인이 볼 수 있는 것과 볼 수 없는 것을 둘러싼 정치적 의미로 가득 차 있다'(Irvine, Chambers, and Eyben 2004, 5).

몰입 프로그램에 참여하는 전문가들은 흔히 여러 날 동안 "특정 개인의 눈을 통해 빈곤과 취약성의 현실을 보고 그 개인이 그들의 빈곤과 취약성의 상황에 어떻게 대처하는지 이해하기 위해" 주최자와 함께 생활한다(World Bank 2003, 5). 몰입은 개발 전문가들이 변화시키고자 하는 환경과 급변하는 상황에서의 현재 조건, 복잡한 개발 과정에 대해 질문하고 숙고할 기회, 그리고 대면 접촉을 바탕으로 정책을 수립할 수 있는 에너지를 주고 헌신을 촉진한다(Irvine, Chambers, and Eyben 2004). 몰입의 인지적·정서적 결과에 대한 설명은 직원과 수혜자를 함께 연결하는 직무 설계에 관한 개입이 자주 설명되는 방식과 유사하다.

직원들과 수혜자를 연결해 친사회적 영향력이 동기 부여를 자극하는 것과 관련한 연구의 대부분은 공공봉사와 관련돼 있지만, 이 전략은 또한 정책 과정에 영향을 미치는 데 중점을 두기 때문에 정부에 관심을 갖는 사람들에게도 효과적이다. 공공봉사동기와 업무 특성에 대한 연구 초기에 피터 레이싱크(Peter Leisink)는 개인의 성향과 업무 특성 간의 교차점에서 무슨 일이 일어나는지 조사했다(Leisink 2004). 레이싱크는 직원들이 자신의 행동이 정책 과정에 영향을 미치는 것을 보는 것이 얼마나 중요한지 설명하기 위해 네덜란드 사무총장의 지적을 인용한다: "개인이 직장에서 동기 부여되는 것은 자신의 노력이 어떤 결과를 낳았는지 알고 싶어 하는 욕구에서 비롯된다. 예를 들어 장관이 의회에 보내는 통신문에서 자신의 글을 발견하는 것 같은 거죠. 그들은 정책 결정의 일부분에 자신의 흔적을 남기고 싶어 합니다"(Leisink 2004, 8).

그랜트(Grant 2007)의 관계적 직무 설계와 같은 업무 재설계 전략은 공무원 사이에서 친사회적 행동을 동기 부여하는 데 영향을 미칠 수 있지만, 이러한 노력에는 한계가 있을 가능성이 높다. 다양한 조직적·직업적·사회적 요인이 직원들의 직무 설계에 대한 반응을 제약할 수 있다(Perry, Mesch, and Paarlberg 2006; Grant 2007, 402). 예를 들어, 수혜자의 특성은 직원들의 정서적 몰입을 감소시킬 수 있다. 크리스텐센, 팔버그와 페리(Christensen, Paarlberg, and Perry 2017)는 오랫동안 세금 신고를 회피하고 추정적으로 "탈세자"로 취급되는 미국 국세청 고객을 예로 든다. 크리스텐센 외는 다음과 같은 점을 제시한다: "직무의 구조적 특성은 수혜자에 대한 사회적 정보에 영향을 미치며, 이는 수혜자에 대한 정서적 몰입에 대한 접촉의 효과를 조절한다. 따라서 사회적 정보는 직무 설계가 공공봉사동기를 높이기 위한 효과적인 전략이 될 수 있는지에 대한 선택에 영향을 미치는 중요한 변수다"(Christensen et al. 2017, 535).

4.3 직원을 수혜자와 연결하기 위해 자기 설득 또는 기타 자기 처치 사용하기

자기 설득(self-persuation)은 외부 자원을 활용해 개인을 직접 설득하려는 시도를 부정한다. 대신, 자기 설득은 개인이 스스로 무언가가 사실이라고 확신하는 방법에 의존한다. 자기 설득의 창시자인 엘리엇 애론슨(Elliot Aronson)은 직접 설득과 자기 설득을 다음과 같이 대조한다: "자기 설득 상황을 특징짓는 것은 누구든 어떤 것에 대해 직접 설득하려는 시도가 없다는 것이다. 오히려 개인은 특정한 것이 사실이라고 스스로를 설득하는 것이 효과적인 상황에 처하게 된다. 예를 들어, 자신이 합류한 특정 집단이 매력적이라는 것처럼 말이다…"(Aronson 1999, 882).

자기 설득의 논리는 더 강력한 동기 부여가 외재적 자원(즉 타인이 아닌), 내면(즉 자기 조절)에서 비롯된다는 점에서 자기 결정 이론을 반영한다.[2] 자기 설득을 효과적으로 만드는 근본적인 심리적 과정을 설명하는 것은 이 책의 범위를 벗어나지만, 인지 부조화를 유발하는 것이 역동성의 핵심 특징이다. 피터 헤슬린(Peter A. Heslin), 게리 래섬(Gary P. Latham), 돈 반 데 왈레(Don Van de Walle)는 다음과 같이 주장한다: "자기 설득 관련 연구들의 핵심 발견점은 사람들이 자신이 서로 연결시키는 아이디어에 따라 행동하지 않는 방식에 관심을 갖게 함으로써 인지부조화를 유발하는 것이 자기 설득의 효과를 높이는 데 상당히 도움이 된다는 것이다"(Heslin, Latham, and Van de Walle

2005, 850). 브래들리 라이트(Bradley E. Wright)와 애덤 그랜트(Adam M. Grant)는 자기 설득 개입이 다양한 형태를 취할 수 있음을 지적한다:

> 전형적인 자기 설득 개입에는 아이디어 성찰과 옹호의 과정이 있다. 예를 들어, 연구자들은 직원들에게 공공봉사의 중요성을 성찰한 다음, 각 개인이 공공봉사에 참여하는 것이 얼마나 중요한지에 대해 서면과 대면 모두 공개적으로 옹호하도록 요청한다. 그렇게 함으로써 그들은 공공봉사의 중요성을 스스로 확신하게 되고, 향후 공공 기관을 발전시키기 위해 개인적이고 공개적인 헌신을 하게 된다(Wright and Grant 2010, 696).

자기 설득 개입은 이탈리아 공립병원의 간호사를 대상으로 한 벨레(Bellé 2013)의 연구에서 시도한 두 번째 실험 조건이었다. 벨레의 자기 설득 개입은 앞서 언급한 원칙을 사용해 간호사들이 자신의 업무 중요성에 대해 스스로 납득하도록 했다. 자기 설득 처치를 받는 간호사들은 "같은 지역 보건 당국에 속한 모든 병원 부서와 다른 모든 병원에 전달될 프레젠테이션에 포함될 몇 줄을 작성했는데, 이 프로젝트가 대상 지역의 의료 종사자들이 환자들의 삶을 개선하는 데 어떻게 도움이 될 것이라고 생각하는지 설명했다"(Bellé 2013, 146). 자기 설득 참가자들은 또한 "자신의 부서 내에서 프로젝트를 홍보하고 향후 동일한 업무를 수행할 의향이 있는 최소 세 명의 자원봉사자를 모집하기 위해 최선을 다해야 했다"(Bellé 2013, 146-147). 벨레는 자기 설득 개입이 이 실험 참여 전에 공공봉사동기가 강하다고 답한 직원들 사이에서 성과를 높였다는 점을 발견했다.

또 다른 연구는 공공봉사동기와 매우 밀접한 관련이 있지만 개념적으로 구별되는 성향을 형성하는 데 자기 설득이 유용하다고 주장한다(Arieli, Grant, and Sagiv 2014). 샤론 아리엘리(Sharon Arieli), 애덤 그랜트(Adam M. Grant)와 릴라흐 사기브(Lilach Sagiv)는 미국과 이스라엘 표본 모두를 대상으로 실험했다. 아리엘리 외의 연구 대상은 "타인을 돕고 보살피려는 동기를 나타내는" 자비심 가치였다(Arieli et al. 2014, 15). 그들은 자기 설득과 일관성 유지를 결합한 처치를 개발했는데, 이는 대상자의 노력을 필요로 했으며, 가치 변화를 위한 자동 자극(autonomous stimulus)인 프라이밍

(priming)과 결합됐다. 그들의 세 가지 실험 결과는 설득력 있는 결과를 보여 줬다. 세 실험 모두 자비심 가치를 증가시켰다. 이스라엘의 경영학 전공 학생들을 대상으로 수행한 두 번째 실험에서는 가치가 행동으로 전환되는지 확인했다. 피실험자들은 타인을 돕기 위해 자원봉사할 의사를 나타냈는데, 이는 가치 변화가 행동 변화로도 이어졌음을 의미한다. 세 번째 실험(첫 번째 실험과 마찬가지로 미국 대학생을 대상으로)에서는 가치 변화가 지속되는지 여부를 테스트했다. 아리엘리 외는 자비심의 증가가 4주 후에도 여전히 뚜렷이 나타났다는 점을 발견했다.

공공봉사에 초점을 맞춘 자기 설득의 효능과 관련된 또 다른 실험에서 도미니크 보겔(Dominik Vogel)과 유르겐 윌렘스(Jurgen Willems)는 "직원들이 자신의 직업의 친사회적이고 사회적인 영향력을 인식하는 데 도움을 주기 위한" 세 가지 "미시적 개입"을 실험했다(Vogel and Willems 2020, 2). 미시적 개입의 의미는 자기 설득보다 넓고 다른 개념이지만, 보겔과 윌렘스는 자신들의 개입을 자기 설득의 과정을 포함하는 "성찰 과제"로 설명하곤 한다. 그들은 직원들의 친사회적(특정 타인) 및 사회적(일반화된 타인) 영향력이 직원들의 웰빙, 근속 의도, 다른 이들에게 자신의 직업을 추천할 의향에 미치는 영향에 대한 세 가지 미시적 개입의 효과를 평가했다. 그들은 직원들에게 자신의 직업이 사회에 미치는 영향력을 인식시키기 위한 미시적 개입이 자신들의 연구 결과에 영향을 미쳤다고 결론지었다.

공공 관리자들은 일상적으로 자기 설득 방법을 사용하지 않을 수도 있지만, 공무원들의 동기 부여에 영향을 미치기 위해 사용할 수 있는 도구임은 분명하다. 앞서 보고된 실험 결과의 유형을 감안할 때, 자기 설득(또는 미시적 처치)은 관리자들이 훨씬 더 자주 사용할 만한 가치가 있다. 자기 설득은 관계적 직무 설계와 같이 대안이 제약되거나 비용이 많이 들 때 이를 대체할 수 있다. 자기 설득은 또한 이탈리아 간호사를 대상으로 한 벨레의 실험에서와 같이 대안을 보완하거나 강화하는 방식으로 고려할 수도 있다. 자기 설득은 또한 이 장의 후반부에서 논의될 경력 상담의 맥락에서도 유용하게 쓰일 수 있는 전략이다.

4.4 직무 개편

직무 개편(job crafting)은 직무에 의미를 부여하기 위해 직원이 스스로 주도하는 직무 변경이다. 직무 개편은 최근까지 공공봉사동기 연구의 맥락에서 명시적으로 다뤄지지 않았지만, 주목받을 만한 가치가 있다. 공공봉사동기의 잠재적인 "어두운 면"으로서의 일-가정 갈등에 대한 최근 연구에서 줄리아 아세버그(Julia Asseburg)는 공공봉사동기가 높은 직원들의 긴장을 완화하는 방법으로 직무 개편을 사용할 것을 제안했다(Asseburg 2018). 306명의 독일 공무원을 대상으로 두 차례 설문 조사를 실시한 아세버그(Asseburg 2018)는 공공봉사동기가 일-가정 갈등의 예측 변수이며, 직무 개편이 갈등을 부분적으로 매개한다고 결론지었다.

직무 개편과 공공 행정 간 연관성이 더 두드러진다는 것은 마이클 립스키(Michael Lipsky)의 영향력 있는 저서 『일선 관료(Street-Level Bureaucracy: Dilemmas of the Individual in Public Services)』(2010)에서 시작된 일선 관료(street-level bureaucrats)에 대한 연구에 나타난다. 립스키는 시민 및 서비스 수혜자와 직접 상호 작용하는 경찰관, 교사, 사회복지사 등의 공무원을 지칭하기 위해 "일선 관료"라는 용어를 만들었다. 그의 가장 중요한 주장은 일선 관료들이 적어도 두 가지 메커니즘, 즉 재량권 행사와 시민 고객과 맺는 관계를 통해 정책 집행에 영향을 미친다는 것이다. 이 두 가지 메커니즘, 즉 재량권과 시민 고객과의 관계는 일선 관료제 연구와 직무 개편 사이의 연결 고리인데, 이 점은 나중에 설명한다.

일선 관료제 연구는 종종 일선 근로자에 대한 내러티브 형태로 이뤄진다(Maynard-Moody, Williams, and Musheno 2003; Riccucci 2005; Zarychta, Grillos, and Andersson 2020). 이러한 내러티브는 일선 관료의 직무에서 일어나는 일에 대해 자연주의적 묘사를 하는데(Maynard-Moody and Musheno 2000), 이는 직무가 수정되는 과정과 수정의 결과를 파악함으로써 그들의 이야기를 직무 개편과 연결한다. 예를 들어, 스티븐 메이너드-무디(Steven Maynard-Moody)와 마이클 머셰노(Michael Musheno)는 경찰, 교사, 상담사의 이야기를 설명하는데(Maynard-Moody and Musheno 2003), 이는 이러한 일선 근로자들이 자신의 직업을 더 보람 있게 만들 뿐만 아니라 더 쉽고 안전하게 만드는 방법을 조명한다.

영유아 돌봄 교육 제공자에 초점을 맞춘 한 연구는 일선 근로자와 직무 개편에 대한 연구의 공식적인 교차점을 나타낸다. 캐리 리나(Carrie Leana), 아일린 애플바움(Eileen Applebaum)과 이리나 셰브추크(Iryna Shevchuk)의 연구는 펜실베이니아주와 뉴저지주의 62개 보육센터에서 232명의 교사와 보조 교사를 대상으로 설문 조사를 수행했다(Leana, Applebaum, and Shevchuk 2009). 그들은 개별적 직무 개편과 협력적 직무 개편이 이직 의도, 직무 만족도와 몰입도, 보육의 질 등 다양한 결과에 어떤 영향을 미치는지에 관심이 있었다. 그들이 연구한 직무 개편의 형태는 업무 관행을 변경하는 것을 포함했기 때문에 "과업 개편(task crafting)"이었다. 리나, 애플바움과 셰브추크는 개별적 직무 개편과 협력적 직무 개편 모두 관심 있는 결과에 영향을 미친다는 점을 발견했다. 개인의 책임성이 중요하지만, 임무의 성공이 종종 팀워크에 달려 있는 영유아 교육, 치안, 교육 등의 서비스에서와 같이 공공 조직에서 개별적 직무 개편과 협력적 직무 개편을 모두 고려하는 것은 특히 중요하다.

4.4.1 의미성을 높이기 위한 직무 개편

직무 개편은 업무에 의미를 부여하기 위한 전략으로서 긍정심리학 운동에서 비롯됐다. 직원들을 위해 업무의 의미를 강화하는 직무 설계 대신, 직무 개편은 직원들이 자신의 일에 의미를 더하기 위해 주도적으로 업무를 설계한다. 직무 개편은 물리적·사회적·인지적으로 자신의 업무를 구성하는 방식에 대한 재량권을 직원들에게 부여한다. 직원들은 자신의 장점을 중심으로 직무 책임을 구축하고 동시에 자신이 하는 일의 의미를 높일 기회를 갖는 것이다.

직무 개편은 공공봉사를 추구하는 개인들에게 자신이 하는 업무의 의미를 능동적으로 형성할 기회를 제공한다(Buchanan 1975; Perry and Porter 1982; Perry and Vandenabeele 2008). 직무 개편은 그들에게 자신의 정체성에 맞게 업무를 변경할 수 있는 수단을 부여한다. 직무 개편은 단일한 기술이 아니라 직원들이 자신의 직무를 설계해 나아갈 수 있는 세 가지 일반적인 방법을 포함한다(Wrzesniewski and Dutton 2001; Berg, Dutton, and Wrzesniewski 2013). 그것들은 다음과 같다:

직무 개편의 동기	직무 개편 기술	개인적 결과
필요 및/또는 욕구: • 직무 및 업무 의미에 대한 통제; 긍정적인 자아상; 인간적 연결 • 자신의 일로부터 혜택을 받는 사람들과의 의미 있는 상호 작용 • 자신의 직업 이외의 다른 직업에 대한 열정의 충족 • 직장에서 역경에 대처할 수 있는 능력	**활동적으로 변경:** • 과업의 수, 유형 또는 성질: – 자신의 열정과 관련된 실제 직업의 과업 강조 – 자신의 열정과 관련된 추가 과업 수행 – 역경에 대처하기 위한 과업 변경 • 다른 사람들과의 상호 작용: – 의미 있고 도움이 되거나 활력을 주는 관계 구축 – 수혜자에게 더 큰 영향을 미치기 위해 역할 확장 – 특정 수혜자를 위한 관계 맞춤 – 불쾌한 수혜자 훈계 또는 해고 – 가치 있는 수혜자를 돕기 위한 상황 선택 – 역경에 대처하기 위해 관계 변경 • 작업에 대한 인지적 인식: – 작업의 사회적 목적을 자신의 열정과 일치하도록 재구성 – 역경에 대처하기 위해 직업에 대한 생각이나 신념 변경	• 작업의 의미와 자신의 작업 정체성에 대한 변화: – 개인적 기대와의 일치 – 가치 있는 정체성 충족 • 긍정적인 경험: – 성취감 – 즐거움 – 의미 • 의도하지 않은 부정적인 경험: – 추가 스트레스 – 때때로 느끼는 후회 • 회복력: – 향상된 능력 – 개인적 성장 – 미래의 역경에 대처할 수 있는 능력

출처: Berg et al.(2008), http://positiveorgs.bus.umich.edu/wp-content/uploads/What-is-Job-Crafting-and-Why-Does-it-Matter1.pdf, 2008년 8월 24일 접속.

[그림 4.1] 직무 개편 연구 결과의 핵심 요약

1. **과업 개편**(task crafting)은 직무에 더 많은 의미를 부여할 수 있는 방식으로 직무 과업을 변경하는 것이다. 과업 변경에는 과업 폐기, 특히 매력적인 과업 추가, 또는 과업 수행 방식 변경 등이 있다.

2. **관계 개편**(relational crafting)은 업무의 사회적 관계를 변경하는 데 초점을 맞춘다. 여기에는 새로운 관계 개발과 기존 관계 재구성이 있을 수 있으며, 이 모든 것은 업무를 더 의미 있게 만들기 위한 목적이다.

3. **인지 개편**(cognitive crafting)은 사람들이 자신의 직업에 대해 생각하는 방식을 변경하는 것이다. 이는 재구성이 개인의 업무 인식에서부터 시작됨을 의미한다. 직원들은 업무 목적에 대한

인식을 변경하고자 할 수 있으며, 자신의 정체성에 더 잘 맞도록 직무를 재구성할 수 있다.

[그림 4.1]은 직무 개편의 동기, 앞서 설명한 기술, 직무 개편 개입과 관련된 개인 결과에 따른 전반적인 직무 개편 모델을 요약한 도식이다(Berg, Dutton, and Wrzesniewski 2008).

상자글 4.1 직장이 싫은가요? 이렇게 바꿔 보세요.

옛날에는 직장이 싫으면 그만두거나 참는 것밖에 방법이 없었습니다. 요즘에는 연구자들이 제시하는 세 번째 옵션이 있습니다. 바로 직무를 개편해 더 보람차게 만드는 것입니다.

"우리는 종종 직무를 해야 할 일 목록과 책임 목록으로 생각하는 함정에 빠집니다"라고 예일 경영대학원의 부교수인 에이미 브제즈니에프스키(Amy Wrzesniewski)는 말합니다. "하지만 그런 생각을 제쳐두면 어떨까요?" 그녀는 말합니다. "만약 당신이 하는 일을 조정할 수 있다면, 누구와 대화를 시작하고, 어떤 다른 일을 맡고, 누구와 함께 일할 것인가요?"

생활을 더 활기차게 만들기 위해, 브제즈니에프스키와 그녀의 동료인 제인 더튼(Jane Dutton)과 저스틴 버그(Justin Berg)는 직무 개편이라고 부르는 방법론을 개발했습니다. 그들은 『포춘』 500대 기업, 중소기업, 그리고 경영대학들과 함께 일하면서 미국인들이 일에 대해 생각하는 방식을 변화시키고 있습니다. 이 아이디어는 직원들이 브레인스토밍을 통해 미묘하지만 중요한 직장 조정(workplace adjustment)을 실현하도록 함으로써 모든 직무, 심지어 평범한 직무도 더 의미 있게 만드는 것입니다.

1단계: 창의적으로 직무를 다시 생각해 보기

"일부 사람들이 아침에 일어나서 출근하며 직면하는 기본적인 상태는 해야 할 일 목록입니다"라고 브제즈니에프스키는 말합니다. 따라서 직무 개편 과정에서 첫 번째 단계는 직무를 전체적으로 생각해 보는 것입니다. 먼저 당신이 다양한 과제에 얼마나 많은 시간, 에너지, 그리고 주의를 기울이는지 분석합니다. 그런 다음 그 배분에 대해 반성합니다.

개인 관리 제품을 만드는 버츠비(Burt's Bees)의 유지 보수 기술자를 예로 들어 보겠습니다. 그는 직무 설명서에 포함되지 않았지만, 공정 엔지니어링에 관심이 있었습니다. 그는 자신의 일상 활동 범위를 변경하기 위해, 회사의 제조 절차를 더 에너지 효율적으로 만드는 아이디어를 연구하는 데 시간을 쓸 수 있는지 상사에게 질문했습니다. 그의 아이디어는 유용하다는 것이 증명됐고, 이제 공정 엔지니어링은 그의 업무 범위의 일부가 됐습니다.

『긍정성(Positivity)』의 저자이자 노스캐롤라이나대학교 채플 힐 캠퍼스의 심리학 교수인 바버라 프레드릭슨(Barbara Fredrickson)은 사람들이 근무 중 감정에 주의를 기울이는 것이 중요하다고 말합니다. "그렇게 하면," 그녀는 말합니다, "당신의 일 중에서 어떤 부분이 가장 생기를 주고, 어떤 부분이 가장 생기를 빼앗는지 발견하는 데 도움이 될 것입니다."

우리 중 많은 사람이 틀에 박혀 있습니다. 직무 개편 방법론 개발에 기여한 펜실베이니아대학교 와튼 스쿨의 박사 과정 학생인 버그는 우리가 주기적으로 하는 일을 재고하는 것에서 모두가 혜택을 받는다고 말합니다. "가장 제약이 많은 직업에서도 사람들은 어느 정도의 여유를 가지고 있습니다"라고 그는 말합니다. "작은 변화가 직장에서의 삶에 실제로 큰 영향을 미칠 수 있습니다."

2단계: 하루 일과 다이어그램 그리기

변화를 위한 기초를 마련하기 위해, 직무 개편 참가자들은 자신의 하루 일과를 자세히 나타내는 다이어그램을 작성합니다. 첫 번째 목표는 직장에서 실제로 무엇을 하고 있는지에 대한 새로운 통찰을 개발하는 것입니다. 그런 다음 직무 개편 연습에서 "강점, 동기 및 열정"이라고 부르는 것을 일상 업무에 통합할 새로운 방법을 구상할 수 있습니다. 과업 목록을 유연한 구성 요소로 전환합니다. 최종 결과는 특정 변화를 위한 지도로 사용할 수 있는 "이후(after)" 다이어그램입니다.

최근 직무 개편 워크숍에 참여한 경영 컨설턴트 이나 로카우-보겔(Ina Lockau-Vogel)은 이 연습이 그녀의 우선순위를 조정하는 데 도움이 됐다고 말합니다. "이전에는 요청에 대응하고 긴급한 작업에 집중하느라 정말 중요한 문제를 다룰 시간이 전혀 없었습니다." 직무 개편 과정의 일환으로, 그녀는 더 많은 행정 책임을 위임하고 외부에 맡기는 전략을 결정했습니다.

직원들에게 인센티브를 통해 영향을 미치라고 조언하는 경영 서적과 달리, 직무 개편은 직원들이 매일 하는 일을 재구상하고 조정할 수 있는 방법에 초점을 맞춥니다.

3단계: 좋아하는 직무와 싫어하는 직무 파악하기

직무에 대한 사고방식을 재정립함으로써, 당신은 하루 일과의 시간과 에너지를 재구성할 새로운 아이디어를 자유롭게 떠올릴 수 있게 됩니다. 기술적으로 미숙한 고객들과의 통화를 싫어하는 IT 직원을 예로 들어 보겠습니다. 그는 고객 서비스보다 교육하는 것을 더 즐길 수 있습니다. 동료들을 교육하는 데 더 많은 시간을 할애하고, 헬프라인 전화(helf-line callers)를 기술에 호기심 많은 학생으로 대함으로써, 이 불만을 가진 IT 직원은 자신의 9시부터 5시까지의 근무 시간을 최대한 활용할 수 있습니다.

미시간대학교 로스 경영대학원의 교수인 더튼은 직무 개편 과정에서 지역 자동차 산업 노동자들이 혜택을 받는 것을 봤다고 말합니다. "그들은 지친 모습으로 들어오지만, 이 연습에 두 시간을 보낸 후에는 서너 가지 다르게 할 수 있는 일을 생각하게 됩니다." "그들은 자신이 생각했던 것보다 자신의 업무에 대해 더 많은 통제 권한을 가지고 있다는 것을 인식하기 시작합니다"라고 초기 직무 개편 연구에서 브제즈니에프스키와 협력한 더튼은 말합니다.

4단계: 아이디어를 실행에 옮기기

직무 개편 과정을 마무리하기 위해, 참가자들은 구체적인 후속 단계를 나열합니다. 많은 사람이 새로운 프로젝트 아이디어를 제안하기 위해 상사와 일대일 회의를 계획합니다. 다른 사람들은 특정 작업 교환에 대한 논의를 하기 위해 동료들과 접촉합니다. 버그는 목표만 달성된다면 많은 관리자가 기꺼이 직원들이 업무 방식을 조정하도록 허용한다고 말합니다.

직무 개편은 수익 자체에 관한 것이 아니지만, 직원 참여를 활성화하면 결국 수익을 증대시킬 수 있습니다. 급여, 직무, 복리후생 삭감 속에서 점점 더 많은 노동자가 불만을 품고 있습니다. 설문 조사에 따르면, 50% 이상의 사람들이 자신의 일에 만족하지 않습니다. 더튼, 버그, 그리고 브제즈니에프스키는 즐거움을 강조하면 이직률을 낮추고 생산성을 높여 효율성을 증대시킬 수 있다고 주장합니다. 직무 개편은 형편없는 상사나 낮은 급여를 없애 주지는 않지만, 직무 불만족에 대한 몇 가지 해결책을 제공합니다. 직장을 그만두거나 바꿀 수 없다면, 적어도 그것을 더 좋아할 수 있도록 만드십시오.

원본 작성자: Jeremy Caplan
『타임(*TIME*)』
2009년 12월 4일
http://content.time.com/time/business/article/0,8599,1944101,00.html

상자글 4.1은 직무 개편을 실행하는 과정을 요약한 것이다. 이 과정은 네 단계로 이뤄져 있다. 1단계인 "창의적으로 직무를 다시 생각해 보기"는 업무에 포함된 과업을 파악하고 가능성을 성찰하면서 직업을 전체적으로 생각하는 것이다. 2단계인 "하루 일과 다이어그램 그리기"는 직무를 둘러싼 과정을 상세히 분석해 무엇을 하고 있는지, 직무 과업이 어떻게 재구성될 수 있는지에 대한 통찰을 얻는 것이다. 다음 단계인 "좋아하는 직무와 싫어하는 직무 파악하기"는 직원이 2단계의 분석 결과를 업무에 대한 자신의 업무에 대한 감정과 연결할 수 있는 기회가 된다. 이 단계에서 직원들은 자신을 업무로 이끄는 열정과 동기를 재발견할 수 있다. 4단계인 "아이디어를 실행에 옮기기"는 본격적으로 실행, 즉 변화를 만들어 내는 단계다. 이 단계에는 관리자와 동료를 포함해 직무 변경에 영향을 미칠 수 있는 사람들과의 협의가 포함된다.

4.4.2 공공 부문의 직무 개편을 위한 몇 가지 고려 사항

직무 개편의 논리와 기법은 공공 부문에도 적용할 수 있지만, 직무 개편에 관심이 있는 공무원들을 위해 다음 몇 가지 고려 사항을 검토할 필요가 있다. 모든 공공 업무에 적용될 수는 없지만 이러한 고려 사항에는 법규 준수, 관리자와의 협의, 협력적 직무 개편, 직원의 업무 스트레스 요인을 관리하기 위한 전략으로서의 직무 개편이 포함된다.

4.4.2.1 법규 준수

공공 부문의 업무는 종종 행정법, 규정, 조례와 관련된다. 이는 과업, 관계, 업무 인식을 변경하는 것이 행정법과 어떤 형태로든 연관될 수 있음을 의미한다. 직무 개편을 고려하는 직원들은 직무 개편이 행정 법규에 미칠 수 있는 영향에 대해 숙고해야 한다. 극단적인 예로 외국 분쟁에서 미국 수사관들이 수감자를 심문하는 데 선택할 수 있는 기술 범위에 물고문과 같은 특정 기술을 추가할 수 있는지 여부를 들 수 있다. 개별 수사관이 직무 도전을 높이는 수단으로 그러한 과업 개편을 생각해 낼 수도 있을 것이다. 그러나 물고문은 미국 법률로써 금지돼 있으므로 직무 개편의 적법한 선택지에서 제외된다. 이 예시는 극단적이지만, 직무 개편자들이 직무 개편의 법적 맥락에 주의를 기울여야 한다는 점을 이해하는 데 도움을 주기 위한 것이다.

4.4.2.2 관리자와 계획 협의

직무 개편을 고려하는 사람은 관리자와 상의할 필요가 있다고 생각할 수 있지만, 직무 개편을 직원 주도로 해야 한다는 논리에서 보면 협의가 필요하지 않다. 특히 위계적 관계가 보편적이고 직원들이 정기적인 성과 평가를 받는 상황에서는 직원과 관리자 간 대화가 자연스러운 것이다. 관리자와 협의하는 것의 장점 중 하나는 직무 개편의 결과를 유지하기가 더 쉬워진다는 것이다. 직원과 관리자의 교류는 또한 직원이 주도권을 갖고 자신의 업무를 개편하기 위한 새로운 아이디어를 창출한 데 대해 인정받을 기회가 된다. 협의가 가진 또 다른 잠재적 장점은 직무 개편 선택에 협력적 개편 방법을 추가할 가능성을 열어 두는 데 있다.

4.4.2.3 팀 여건을 감안한 협력적 직무 개편 탐색

리나, 애플바움과 셰브추크(Leana, Applebaum, and Shevchuk 2009)의 62개 보육센터에서의 직무 개편 연구는 개별적 직무 개편과 협력적 직무 개편이 공존할 수 있음을 보여 준다. 실제로 군대, 경찰 및 소방 서비스, 초중등 교육, 정책 개발 등 많은 공공 서비스에서 팀워크가 보편적임을 감안할 때 협력적 직무 개편은 상당한 이점을 가진다. 예를 들어, 법적으로 필수적이지만 한 직원이 포기한 일을 이를 더 어려운 과업이라고 생각하고 있는 다른 직원이 맡도록 할 수 있다. 협력적 직무 개편은 공공봉사의 혁신을 위한 더 많은 경로를 열 수 있다. 또한 협력의 과정은 애초에 많은 직원을 공공봉사로 이끄는 집단적 열정을 확산시키는 데 도움이 될 수 있다. 따라서 협력적 직무 개편은 공공 부문에서 진지하게 고려할 가치가 있다.

4.4.2.4 업무 스트레스 요인을 관리하기 위한 전략으로서 직무 개편

공공봉사동기가 높은 직원을 영입하는 것도 좋지만, 이러한 직원들이 업무 스트레스에 더 취약할 수 있다는 위험이 있다. 스트레스는 두 가지 요인, 즉 동기 부여가 높은 직원의 성실성 또는 추가 업무를 기꺼이 맡으려는 의지에서 비롯되는 과도한 직무 요구와 직원이 직무 요구에 대처하는 데 도움이 되는 자원 부족의 함수일 수 있다. 공공봉사동기 수준이 높은 직원들은 타고난 회복력 때문인지 몰라도 자신의 성향의 이러한 "어두운 면"(Van Loon, Vandenabeele, and Leisink 2015; Jensen, Andersen, and Holten 2019)에 잘 대처한다는 증거가 일부 있다. 류방쳉, 양카이펑과 유웨이(Liu Bangcheng, Yang Kaifeng, and Yu Wei 2015)는 중국 동부의 한 대도시에서 412명의 경찰관을 대상으로 업무 스트레스 요인, 직원 웰빙, 공공봉사동기 간의 관계를 조사했다. 그들은 공공봉사동기가 업무 스트레스 요인과 개인 웰빙 간의 관계를 조절하는 요인이라는 것을 발견했다. 공공봉사동기 수준이 높은 공무원들이 부정적인 영향을 상쇄하는 방식으로 스트레스 요인에 더 잘 대처할 수 있다는 것은 분명하다. 심동철, 박현희와 엄태호(Shim Dong Chul, Park Hyun Hee, and Eom Tae Ho 2015)는 4,974명의 한국 일선 관료를 대상으로 한 설문 조사에서 유사한 결과를 얻었다. 그들이 연구한 결과는 이직 의도였다. 직무 요구는 이직 의도와 직접적으로 관련이 있었다. 직무 요구-이직 의도의 관계는 또한 업무 소진에 따라 매개되는 관계다. 공공봉사동기는 직무 요구에서 업무 소진(exhaustion)을 거쳐 이직 의도에 이르는 인과 관계의 세 가지 관계 모두를 조절하는 것으로 나타났다.

류방쳉 외와 심동철 외의 연구 결과는 높은 공공봉사동기가 잠재적으로 가지는 어두운 면에 대해서는 고무적이지만, 직원과 관리자는 또한 직무 개편과 같이 직원의 웰빙을 위협할 수 있는 직무 요구를 해결하기 위해 적극적인 조치를 취할 수도 있음을 시사한다. 아널드 바커(Arnold B. Bakker)는 과도한 직무 요구 또는 대처할 자원의 제약으로 인한 소진 가능성을 완화하기 위해 직원과 주의 깊은 관리자를 위해 직무 개편에 근거해 다음 몇 가지 주의점을 제시한다:

> 관리자들은 자신이 직원들에게 매일 어떤 특정 직무 자원을 제공하는지 자문해 봐야 한다. 직원들은 자신의 일상 업무 활동에 대한 피드백을 받는가? 정기적으로 직원들을 만나 그들이 어떻게 지내는지, 지원, 과업 다양성, 피드백 또는 기타 직무 자원이 필요한지 물어보는 것이 좋을 것이다. 또한 직원들에게 충분한 직무 통제권을 제공함으로써 그들이 매일 자신의 직무를 개편할 수 있는 자율성을 갖도록 하는 것도 좋은 방법일 수 있다. 동시에 관리자는 일상적인 직무 요구에 주의를 기울여야 한다. 수행해야 할 업무가 충분히 흥미롭고 도전적인가? 늘 일상적으로 처리해야 할 번거로움이 있는가? 높은 공공봉사동기는 공무원들이 자신의 일상적인 직무 요구를 처리하는 데 도움이 될 수 있지만, 만성적인 직무 요구는 스트레스로 이어

져 공공봉사동기를 저해할 수 있다(Bakker 2015, 730).

일상적인 소진으로 인한 장기적 위협을 관리하기 위한 바커의 조언은 단순하지만 강력하다. 관리자는 직원들에게 스트레스를 주는 직무 요구가 무엇인지, 직원들이 직무 요구에 대처할 수 있도록 동원 가능한 자원이 무엇인지 매일 주의를 기울여야 한다(Caillier 2017).

4.5 경력 상담

"개인이 자신의 삶의 목적으로 인식하는 일"(Hall and Chandler 2005, 160)이라는 소명(召命, calling)의 개념은 관련 연구가 부족하지만, 공공봉사동기와 직무 개편에 대한 연구와 교차한다. 제임스 페리(James L. Perry)와 로이스 와이즈(Lois R. Wise)가 공공봉사동기 구성 개념을 개발했을 때(Perry and Wise 1990), 다른 이들의 소명 정의와 유사한 엘머 스타츠(Elmer B. Staats) 감사원장의 "공공봉사" 설명을 인용한 바 있다. "광의에서 보면, '공공봉사'는 개념, 태도, 의무감, 즉 공공 도덕성까지도 의미합니다"(Staats 1982, 601).

소명 개념의 뿌리는 1세기 전으로 거슬러 올라가며, 종종 막스 베버(Max Weber)가 20세기 초 기여한 연구와 관련이 있다. 스튜어트 번더슨(J. Stuart Bunderson)과 제프리 톰슨(Jeffrey A. Thompson)은 이 개념의 그리스 기원과 종교 개혁 기간 동안 마틴 루터(Martin Luther)에 의한 개념 변화를 상기시킨다(Bunderson and Thompson 2009). 번더슨과 톰슨(Bunderson and Thompson 2009)의 연구는 또한 동물원 사육사에게 초점을 맞췄기 때문에 주목할 만하다. 동물원은 종종 정부가 소유하거나 자금을 상당 부분 지원하므로 많은 동물원 사육사가 공무원이다.[3] 최근 제프리 톰슨과 로버트 크리스텐센(Robert K. Christensen)은 공공봉사동기와 소명에 관한 연구를 연결하고자 했다. 그들은 유사점과 차이점을 파악하고, 이 개념들이 어떻게 결합될 수 있는지 더 잘 파악할 수 있는 연구 질문 목록을 제안했다(Thompson and Christensen 2018).

업무의 의미는 공공봉사동기와 직무 개편 연구가 교차하는 핵심 개념이다. 이 교차점은 또한 조직과 관리자가 공공봉사동기를 강화하는 데 사용할 수 있는 또 다른 수단을 제공한다. 이 수단은 경력 선택이나 변경을 위한 상담으로서 경력 상담 또는 경력 지도다(Dik and Duffy 2009; Dik, Duffy, and Eldridge 2009). 경력 상담은 여기서 언급된 다른 몇 가지 개입과 달리, 업무의 고유한 특성 자체에 직접 접근하는 것이 아니라 외적으로 개입된다.

브라이언 딕(Bryan J. Dik), 라이언 더피(Ryan D. Duffy)와 브랜디 엘드리지(Brandy M. Eldridge)는 "소명과 천직은 의미성 증진과의 이론적 관련성 때문에, 그리고 업무 관련 및 웰빙 연구에서 일관성 있게 연관되기 때문에 제고할 만한 가치가 있는 구성 개념"이라고 주장한다(Dik, Duffy, and Eldridge 2009, 627). 이러한 이유로 그들은 직원들의 소명을 강화하기 위한 경력 상담을 통합하도록 제안한다. 공공 조직과 직원들이 이러한 경력 상담에 접근할 수 있는 방법이 여러 가지 있다는 점을 주목할 만하다. 대규모 공공 조직에는 경력 상담을 전담하거나 그러한 개입을 이끌 역량을 갖춘 전문 인재가 있을 수 있다. 또한 직원들의 소명 의식 개발을 돕기 위해 특별한 외부 자원을 제공할 수도 있다(예: 대형 컨설팅 회사인 콘 페리[Korn Ferry]는 경력 상담 서비스를 홍보한다). 공공 조직의 관리자, 감독자, 리더십 코치, 멘토는 경력 상담을 촉진할 수 있는 또 다른 대표적 자원 집단이다. 앞서 언급한 모든 선택지는 자신의 일을 삶의 목적으로 받아들이는 직원들 사이에서 소명과 직업을 강화하는 방법이다.

의미 있는 일의 이점을 최대한 활용해 소명을 동기 부여 요인으로 강화하기 위해 어떤 구체적인 조치를 취할 수 있을까? 딕과 더피(Dik and Duffy 2009)는 경력 상담에 대한 권장 사항을 소명 구성 개념의 3차원 정의에 따라 구분한다:

1. 초월적 부름
- **관련성 평가**: 자발적 경험을 반추하거나 개방형 질문으로 성향을 평가해 초월적 부름의 관련성과 중요성을 평가할 수 있도록 도와준다.
- **수동적 식별에서 능동적 식별로 전환**: 경력 의사결정 과제에 참여해 초월적 부름을 적극적으로 식별하도록 권장한다.
- **종교와 영성 통합**: 경력이나 삶을 결정할 때 종교나 영성의 역할에 대해 개방형 질문을 함으로써 종교의 중요성을 평가한다.

2. 일과 의미의 연결

- **현재 업무의 의미 평가**: 상담자는 "업무 활동을 얼마나 의미 있게 생각하십니까?" 또는 "무엇이 당신의 일을 더 의미 있게 만들까요?"와 같은 개방형 질문을 통해 피상담자가 자신의 일에서 경험하는 의미의 정도를 평가할 수 있다(Dik, Duffy, and Eldridge 2009, 268).
- **삶의 의미와 업무의 의미 연결**: 상담자는 피상담자가 자신의 삶의 의미와 직무 역할 내에서의 의미 사이의 연결 고리를 만들 수 있도록 도울 수 있다. 삶과 일의 의미 사이의 연결은 소명과 천직 평가를 촉진하며, 일 관련 가치를 추출하는 데 도움이 되기 때문에 전반적으로 유익하다.
- **의미를 창출하는 행동 장려**: 상담자는 잘 개발된 의미 창출 기법을 실천함으로써 피상담자가 일에서 의미를 찾을 수 있도록 도울 수 있다. 이러한 기법에는 매일 자신의 대표적인 업무 관련 강점을 사용하고 현실적인 경력 관련 기대와 목표를 추구하도록 하는 것이 포함된다.[4]

3. 타인 지향적 가치와 목표

- **사회적 적합성과 개인적 적합성 연결**: 경력 상담에서 개인-환경 적합성은 전통적으로 개인과 직무 특성에 초점을 맞추도록 좁게 정의돼 왔다. 적합성의 사회적 측면에 대한 관심을 확대하면 피상담자의 동기와 성과를 높일 수 있는 의미를 경험할 가능성이 높아진다.
- **사회적으로 의미 있는 직업의 범위 확장**: 상담자와 피상담자 간 업무의 사회적 의미에 대한 탐구는 특정 업무(예: NASA의 청소부)가 친사회적 목적에 어떻게 기여하는지에 대한 이해를 확장하는 데 도움이 될 수 있다.
- **재구성 및 재초점**: 피상담자가 직업을 바꾸는 대신, 상담 과정을 통해 피상담자가 업무의 친사회적 연결을 강화하는 방법을 찾는 것을 도와줄 수 있다. 블레이크 애시포스(Blake E. Ashforth)와 글렌 크라이너(Glen E. Kreiner)가 제안한 전략에서 도출된 두 가지 접근 방식(Ashforth and Kreiner 1999)은 업무 경험을 재구성하고 재조정하는 것이다.

4.5.1 경력 상담사와 직원을 위한 도구

마이클 스테거(Michael F. Steger), 브라이언 딕(Bryan J. Dik), 라이언 더피(Ryan D.

Duffy)는 직원, 경력 상담사 및 기타 사람들이 업무의 의미성에 대한 목록을 제안함으로써 의미 있는 일을 찾아가는 것을 체계화할 수 있는 도구를 제공한다(Steger, Dik, and Duffy 2012). 그 도구는 업무와 의미 목록(Work and Meaning Inventory)이다. 의미 있는 업무의 목록은 긍정적 의미, 일을 통한 의미 형성, 더 큰 선을 위한 동기라는 세 가지 이론 차원으로 구성된다. 세 가지 하위 척도는 10개 항목으로 측정된다(Steger, Dik, and Duffy 2012, 330):

1. 긍정적 의미
- 나는 의미 있는 경력을 찾았다.
- 나는 내 일이 내 삶의 의미에 어떻게 기여하는지 이해한다.
- 나는 내 일을 의미 있게 만드는 것이 무엇인지 잘 알고 있다.

2. 일을 통한 의미 형성
- 나는 만족스러운 목적이 있는 일을 발견했다.
- 나는 내 일이 나의 개인적 성장에 기여한다고 생각한다.
- 내 일은 나 자신을 더 잘 이해하는 데 도움이 된다.
- 내 일은 내가 주변 세계를 이해하는 데 도움이 된다.

3. 더 큰 선을 위한 동기
- 내 일은 세상에 전혀 변화를 만들지 못한다.
- 나는 내 일이 세상에 긍정적인 변화를 만든다는 것을 알고 있다.
- 내가 하는 일은 더 큰 목적을 위한 것이다.

스테거, 딕과 더피(Steger, Dik, and Duffy 2012)는 주관적으로 의미 있는 경험의 목록이 신뢰도와 타당도가 높다고 한다. 이 측정 도구는 예상했던 대로 업무 관련 지표와 상관 관계가 있었고, 직무 만족도, 결근, 삶의 만족도 면에서 고유한 분산을 설명했다. 학자들(예: Tims, Derks, and Bakker 2016)과 실무자들(Steger, Dik, and Shim 2019)은 이 목록을 성공적으로 사용한 바 있다.

4.5.2 요약

경력 상담에 대한 연구와 실무가 공공봉사동기에 대한 연구나 행정학 연구에 들어오지는 못했지만, 딕과 더피(Dik and Duffy 2009), 딕, 더피와 엘드리지(Dik, Duffy, and Eldridge 2009), 그리고 다른 이들(Seligman, Rashid, and Parks 2006; Steger, Dik, and Duffy 2012)의 연구는 공공봉사동기 부여의 잠재력 향상에 관심이 있는 사람들의 주목을 받을 만하다. 딕과 동료들이 제안한 상담 기법은 소명과 직업의 경계를 훨씬 넘어 적용할 수 있다. 이러한 기법이 더 광범위하게 확산되고 적용되는 것은 공공 조직이 전체 인력에 걸쳐 공공봉사동기를 강화하는 데 사용할 수 있는 도구 상자의 소중한 부분이 될 수 있다.

4.6 결론

이 장에서는 두 가지 광범위한 주장을 제시한다. 첫째, 공공 기관은 "공공성" 때문에 대부분의 사회에서 특별한 지위를 차지하며, 그 지위는 사회가 공공 기관에 할당한 업무의 상당 부분이 본질적으로 의미 있다는 것을 의미한다. 공공 업무의 사회적 유용성은 사람을 모집하고 동기 부여하는 데 있어 뚜렷한 경쟁 우위다. 흥미롭게도 공공 부문의 경쟁 우위는 종종 관료주의적 규칙, 부패, 관료들의 전형적인 게으름과 이기심 등 다른 속성으로 위장된다(Brehm and Gates 1997). 공공 관리자들은 공공 업무의 경쟁 우위에 있다. 실현하는 데 방해가 되는 이러한 장애물을 극복하기 위한 적극적인 방법을 고려할 필요가 있다.

두 번째 광범위한 주장은 공공 조직과 관리자들이 공공 업무의 의미성을 활용하기 위해 다양한 도구를 활용할 수 있다는 것이다. 이러한 도구들은 수십 년에 걸쳐 개발됐지만, 공공 업무의 의미성을 활용하기 위한 강력한 자원이다. 흥미롭게도 이 도구들은 조직에서 리더와 관리자, 직원 자신, 경력 상담사와 같은 전문 인력에 이르기까지 의미 있는 일에 관련된 다양한 이해관계자에게 책임을 부여한다. 업무 설계라는 도구는 지난 50년 동안 개발된 방법을 사용해 업무에 의미를 부여한다. 업무 설계 도구의 특성은 1960년대 이후 진화해 왔지만, 직무 충실화(Herzberg 1968)에서 직무 설계(Hackman and Oldham 1976, 1980), 관계적 직무 설계(Grant 2007)에 이르는 것들은 조직과 지도자, 관리자에게 의미성을 강화해 주기 위한 중요한 도구 상자다. 여러 장벽으로 인해 업무 설계가 어려운 경우, 직원들은 자기 설득을 통해 자신의 업무 의미를 스스로 변화시킬 수 있다. 그리고 조직이 업무 설계를 주도하지 않는 다른 상황에서 직원들은 직무 설계자가 됨으로써 직무 설계를 받아들일 수 있다. 마지막으로 경력 상담은 경력 성향과 강점, 일과 의미의 연결, 타인 지향적 가치와 목표 발견을 위한 방안을 제시한다.

주(註)

1. 앤드류 카튼(Andrew M. Carton)의 최근 연구에 따르면, 이 이야기는 실제로 케네디 대통령과 케이프 캐내버럴의 청소부 사이의 대화에서 비롯됐다고 한다(Carton 2018). 카튼의 연구는 리더 행동의 맥락에서 8장에서 명시적으로 다뤄진다.

2. 헤슬린, 래섬,, 그리고 반 데 왈레(Heslin, Latham, and Van de Walle)는 프라트카니스와 애론슨(Pratkanis and Aronson 2001)의 연구를 인용하며 "자기 설득은 가장 효과적인 설득 전략이다. 왜냐하면 그 결과 메시지는 사람들이 거의 항상 신뢰할 만하고, 믿을 수 있으며, 존경받고, 좋아하는 출처, 즉 자신에게서 나오기 때문이다"라고 썼다.

3. 미국 동물원 및 수족관 협회에 따르면, 동물원 자금의 47%를 정부가 제공하며, 이는 많은 동물원이 정부 기관이거나 정부 지원에 크게 의존하고 있음을 의미한다. 번더슨과 톰슨(Bunderson and Thompson 2009)은 미국 노동 통계국에 따르면 2004년에 미국의 210개 동물원 및 수족관에서 4,680명의 "비농장 동물 돌보미"(즉, 사육사)가 일하고 있었다고 보고한다.

4. 딕, 더피와 엘드리지(Dik, Duffy, and Eldridge 2009)는 공공봉사동기 및 행정학 학자들에게 친숙한 용어로 의미 창출 행동 기법을 설명한다. 그들은 두 가지 기법에 대해 셀리그만, 라시드와 팍스(Seligman, Rashid, and Parks 2006, 777)를 인용한다. 일상적으로 강점을 사용하는 것과 관련해, 그들은 "자신의 고유 강점과 재능을 사용하여 자신보다 더 큰 것에 속하고 그것을 섬기는 것"이라는 중심 아이디어를 셀리그만 등에게 돌린다. 현실적인 경력 관련 기대와 관련해, 딕 등은 다시 셀리그만 외(Seligman et al. 2006, 782)를 인용해 "최대화 대신 만족시키기"를 권장한다.

제5장

공공봉사동기
Managing Organizations to Sustain Passion for Public Service

공공봉사동기를 장려하는 근무 환경 조성하기

공공 조직이 자신의 임무와 공익을 효과적으로 추구하는 방향으로 발전하기 위해서는 많은 기반 요소(building blocks)를 갖춰야 한다(Rainey and Steinbauer 1999). 3장에서는 조직의 잠재적인 구성원에 중점을 두고 그들의 성향을 공공 조직이 제공하는 인센티브와 더 잘 조화시키는 방법에 초점을 맞췄다. 4장에서는 업무 자체에 주목함으로써 직원들에게 의미 있는 업무를 보장하는 것을 목표로 했다. 이 장에서는 제3의 기반 요소인 공공 조직 내의 근무 환경(work environments)에 대해 설명한다. 근무 환경은 많은 변수의 산물이지만(Perry and Porter 1982, 91), 그중에서도 동료, 관리자 및 작업 현장에 영향을 미치는 조직 내 정책이 가장 중요하다. 우리는 기존 연구를 통해 근무 환경이 공직자 동기 부여(public employee motivation) (Perry and Porter 1982)와 공공봉사동기(public service motivation) (Christensen, Paarlberg, and Perry 2017)에 중요한 요소임을 알고 있다.

공공봉사동기를 장려하는 근무 환경을 조성한다면 다음과 같이 몇 가지 긍정적인 결과를 가져올 수 있다:

- 공공봉사동기를 장려하는 근무 환경은 직원들의 이직을 방지하고 더욱 업무에 노력을 기하도록 함으로써 조직의 공공 가치를 강화할 수 있다.
- 공공봉사동기를 장려하는 근무 환경은 직원들의 기본적인 심리적 욕구(basic psychological needs)를 충족하기 위한 조건을 조성하고 이를 통해 직원들의 공공봉사동기와 공공 가치 추구를 강화한다.
- 공공봉사동기를 장려하는 근무 환경은 구성원들의 일체감과 통합을 독려해 자율적인 동기 부여를 촉진함으로써 기본적인 심리적 욕구를 충족시킨다.

5.1 공공 제도적 장치가 지원적인 근무 환경을 유지하는 방법

공공봉사동기를 장려하는 근무 환경이 높은 공공봉사동기의 선행 요소라는 연구를 처음 대했을 때 나는 놀라움을 금치 못했다. 로버트 크리스텐센(Robert K. Christensen), 로리 팔버그(Laurie E. Paarlberg)와 제임스 페리(James L. Perry)는 2008년과 2015년 사이에 발표된 30건의 연구를 검토하면서, 이 연구들의 중요한 함의가 공공봉사동기를 장려하는 근무 환경이 높은 공공봉사동기를 유지하고 강화한다는 점이라고 결론 내렸다(Christensen, Paarlberg, and Perry 2017). 30개의 연구 중 19개는 근무 환경의 실질적인 영향을 깊이 있게 다뤘다. 직접적으로 근무 환경에 대해 수행한 연구가 많다는 사실에서 학계가 공공 업무 경험을 개선하는 일에 지속적인 관심을 가져왔음을 알 수 있다. 그러나 저자들은 그들 연구의 실질적인 함의에 대한 추론 과정에서 "왜"라는 질문에 답하지 못했다.

크리스텐센, 팔버그와 페리(Christensen, Paarlberg, and Perry 2017)의 연구가 발표된 이후, "왜"라는 질문에 대한 답이 더 명확해졌다. 공공봉사동기를 중요시하는 근무 환경이 공공봉사동기 자체를 어떻게 강화하는지를 미시적 수준에서 이해하기 위해서는 효과적인 공공 기관에 대한 거시적 수준에서의 이해가 필요하다. 카를 달스트룀(Carl Dahlström)과 빅터 라푸엔테(Victor Lapuente)의 『조직 리바이어던: 정치인, 관료, 그리고 좋은 정부 만들기(Organizing Leviathan: Politicians Bareaucrats, and the Making of Good Government)』(2017)라는 저서에서 현대 공공 기관의 역할에 초점을 맞췄다(Dahlström and Lapuente 2017). 이 책에서 저자들은 좋은 정부를 유지하는 핵심 프로세스가 무엇인지 보여 준다. 달스트룀과 라푸엔테는 다음과 같이 기술하고 있다: "이 책의 주요 아이디어는 국가 기구의 조직 또는 책 제목에 등장하는 리바이어던(Leviathan)이 만약 공직자들을 정치인, 그리고 관료 두 개의 그룹으로 나눈다면 공무원에 의한 권한 남용 및 기회주의의 가능성이 감소한다는 것이다. 이 두 그룹은 그들의 경력(career) 발전에 대한 인센티브 구조가 다르기 때문이다"(Dahlström and Lapuente 2017, 13). 따라서 정치인과 관료의 경력을 분리하고 두 그룹이 서로 다른 인센티브를 가진 책임 제도에 연결되도록 구조화할 수 있다고 주장한다. 즉, 정치인의 인센티브 체계는 그들을 유권자에게 책임지게 만든다. 관료의 인센티브 체계는, 일반적으로 공직 제도(civil service system) 및 공법(public laws) 체계, 그리고 전문가 동료에 대해 책임을 갖도록 구조화한다. 정치인과 관료에 대한 각각의 인센티브 체계는 두 그룹 간의 상호 모니터링을 촉진하고 관료가 정치 권력에 대해 침묵하지 않고 진실을 말할 수 있도록 한다(Tonon 2008).

달스트룀과 라푸엔테가 설명하는 관료 및 정치인에 대한 고유한 규칙과 인센티브 체계는 이 섹션의 도입부에서 언급했던, 공공봉사동기를 장려하는 근무 환경이 높은 공공봉사동기의 선행 요소라는 발견의 궁극적인 기초가 된다. 관료와 정치인이라는 서로 다른 경력 경로는 공공봉사동기를 강화하기 위한 조건을 만든다. 거시적 규칙, 특히 관료와 정치인을 위한 경력 체계의 구분과 미시적 환경, 즉 공공 조직의 근무 환경을 연결하는 것은 제도(Kiser and Ostrom 1982) 및 공직 제도(Bekke, Perry, and Toonen 1996)에 대한 이전의 토론과 맥을 같이한다. 달스트룀과 라푸엔테가 주장한 헌법 수준의 규칙 유형은 공공봉사동기를 장려하는 근무 환경을 위한 조건이기도 하다.

달스트룀과 라푸엔테는 정치인과 관료의 경력 및 인센티브 체계를 분리해 다루는 것이 중요하다는 자신들의 주장을 뒷받침하고자 광범위한 비교 증거를 제시한다. 저자들의 사례는 개발도상국에 대한 최근의 조사 연구에 의해 더욱 설득력을 얻게 됐다. 얀 힌리크 마이어-잘링(Jan-Hinrik Meyer-Sahling), 크리스천 슈스터(Christian Schuster), 킴 사스 미켈슨(Kim Sass Mikkelsen)은 10개국 23,000명의 공무원을 대상으로 공무원의 태도와 행동에 영향을 미치는 공무원 관리 관행(civil service management practices)을 조사했다(Meyer-Sahling, Schuster, and Mikkelsen 2018). 10

개 국가는 알바니아, 방글라데시, 브라질, 칠레, 에스토니아, 가나, 코소보, 말라위, 네팔, 우간다로, 네 개 대륙에 분포돼 있다. 마이어-잘링, 슈스터와 미켈슨이 조사 연구에서 얻은 첫 번째 교훈은 공무원 관리를 탈정치화하는 것이다. 그들은 다음과 같이 기술하고 있다: "데이터는 공무원 관리 기능의 이러한 정치화가 공무원의 업무 동기 부여(work motivation), 직업 만족도, 공공봉사동기, 성과 및 성실성(integrity)에 부정적인 영향을 미친다는 것을 보여 준다. 또한 공무원을 채용하기 위한 구두 및 필기 시험이나 임용을 위한 공고와 같은 실적주의적인 공무원 관리 관행이 관료의 정치화를 억제한다는 것을 보여 준다"(Meyer-Sahling, Schuster, and Mikkelsen 2018, 18).

공무원(관료)과 정치인을 분리하는 효과적인 헌법 수준의 규칙은 공공봉사동기를 강화하는 두 가지 조건이 충족되기를 요구한다. 즉, 첫째, 공유재를 위한 환경을 조성하고, 둘째, 직원들의 기본적인 심리적 욕구를 강화한다. 아래에서는 이 공공 근무 환경의 두 가지 측면에 대해 논의한다.

5.1.1 공무원 규칙은 공유재를 위한 환경을 조성한다

"관료주의"와 "관료"는 특히 신공공관리(New Public Management: NPM)의 부상 이후 오늘날에는 부정적으로 평가되는 용어이지만(Boruvka and Perry 2019), 막스 베버(Max Weber)는 이 개념을 효율적이고 효과적인 조직 및 인력 배치의 모범으로 개발했다. 관료주의의 이상형은 기술적인 효율성과 합리성을 대표하는 것이었다. 엘리제 브루브카(Elise Boruvka)와 제임스 페리(James L. Perry)는 관료의 속성을 다음과 같이 요약하고 있다(Boruvka and Perry 2019):

- 정치적 상급자에 대한 애착보다는 실적에 따른 직무 선발
- 직무 규칙을 헌신적이고 성실하게 준수
- 관료주의가 내재된 정치적이고 규범적인 질서에 따라 행동
- 헌법 원칙, 법치주의 및 전문적 표준을 지키는 역할(Verkuil 2017)

관료제의 구조와 관료의 속성이 무엇인가는 흔히 다양하고 광범위한 용어로 특징

지을 수 있다. 예를 들어, 요한 올슨(Johan P. Olsen)은 다음과 같이 쓰고 있다: "이상적인 관료제 구조는 통합과 조정, 정확성과 속도, 예측 가능성, 복종과 충성심, 공정성, 마찰(friction) 및 물적·인적 비용의 감소, 파일과 제도화된 기억에 대한 지식(knowledge of files and institutionalized memory), 그리고 정부의 변화에도 불구하고 유지되는 연속성에 기여한다고 가정된다"(Olsen 2006, 8). 통합, 조정, 충성심, 공정성 및 연속성은 바람직한 속성이다. 브루노 프레이(Bruno S. Frey)와 마지트 오스털로(Margit Osterloh)는 올슨의 주장을 높이 사면서, 그가 설명하는 속성이 관료제를 관리하는 제도적 장치(institutional arrangements)가 생성한 공유재라고 주장한다(Frey and Osterloh 2005). 프레이와 오스털로에 따르면, 베버의 관료주의 모델에 나타나는 제도적 장치는 대리인 이론(agency theory)에 의한 조직 원칙보다 더 바람직하다. 올슨이 설명하는 "재화"는 통합에서 연속성에 이르기까지 관료제 내의 사람과 관료제에 영향을 받는 모든 사람에게 생성되는 공공재다.

사회적 자본의 효과에 대한 최근 연구들은 이와 같은 공유재 주장과 일치한다. 알렉산더 크롤(Alexander Kroll), 라이샤 데하트-데이비스(Leisha Dehart-Davis)와 도미니크 보겔(Dominick Vogel)은 초기 영국 지방 정부에 대한 연구(Andrews 2010)를 인용해, 높은 수준의 사회적 자본이 직원의 헌신과 참여를 강화한다고 봤다(Kroll, Dehart-Davis, and Vogel 2019). 그들은 사회적 자본을 "조직 내 구성원 간의 협력, 신뢰 및 사명감으로 구성된 집단 자원"(Kroll, Dehart-Davis, and Vogel 2019, 1)으로 정의하는데, 이는 올슨의 관료제적 이상과 프레이 및 오스털로의 공유재와 관련된 조직 내 분위기와 매우 유사하다. 따라서 최근 사회적 자본에 관한 연구에서 기술하는 근무 환경은 역사적으로 공공 제도적 장치와 관련된 조건을 잘 나타내고 있다.

앞서 언급한 연구들은 공공봉사동기를 장려하는 환경을 만들기 위한 토대로서 관료제와 사회적 자본과 관련된 제도적 장치가 중요함을 지적하지만, 과연 무엇이 그러한 환경을 조성하는지 설명하지 않는다. 제도적 장치는 결과를 유발할 수 있지만 긍정적인 결과를 자동으로 만들어 내는 것을 보장하지는 않는다. 공공 조직 내 인간의 행동은 구조와 결과 사이의 긍정적인 흐름을 실현하는 데 중요한 역할을 한다. 조직 구성원들의 기여, 특히 동기 부여적 성향과 조직 계층 구조 내 사람들의 활동은 긍정적인 결과에 큰 영향을 미친다.

5.1.2 공무원 규칙은 기본적인 심리적 욕구를 촉진할 수 있다

2장에서는 자기 결정 이론(self-determination theory)에 대해 논의했다. 이 이론의 주요 특징은 개인의 안녕과 자기 결정에 필수적인 유능성, 자율성, 관계성이라는 세 가지 기본적인 심리적 욕구가 중요하다는 것이다. 역설적이게도 정치인들의 경력 발전(Dahlström and Lapuente 2017)과 관료 경력을 분리해 관리하는 것이 이 세 가지 기본적인 심리적 욕구를 실현하기 위한 조건을 만들어 낸다. 전통적인 관료제는 종종 제한적이고 심지어 억압적인 것으로 묘사되지만(Goodsell 2004), 오히려 직원들이 기본적인 심리적 욕구를 충족하도록 자유를 부여할 수도 있다. 이와 같이 이상적인 관료제 구조와 관련된 재화는 우연히 생기는 것이 아니라 조직원들에게 기본적인 심리적 욕구를 충족시킬 수 있는 여지를 열어 준 결과다.

5.1.2.1 유능성

공직 제도의 역사를 살펴보면, 자기 결정 이론의 중심에 있는 기본적인 심리적 욕구와 기초 제도적 장치와의 관련성을 분명히 알 수 있다. 이 중 두 가지 기본적인 심리적 욕구, 즉 유능성(competence)과 자율성(autonomy)은 많은 국가에서 공무원을 관리하는 제도적 장치에 견고하게 뿌리를 내리고 있다. 세 가지 중 첫 번째는 유능성으로, 이는 개인들이 스스로 목표를 달성할 수 있다고 믿는 능력을 포함한다. 공직 제도에서 사용되는 언어로 표현한다면 유능성은 일반적으로 "실적"으로 이해할 수 있다. 이는 개인이 자신의 직무 역량에 맞게 선발되고 승진함을 의미한다(Ingraham 2006). 52개국 비교 연구(Dahlström, Lapuente, and Teorell 2012)에 따르면, 능력에 따른 공개 채용 제도를 실행하는 나라에서 정부의 질을 나타내는 한 가지 지표인 부패 수준이 더 낮았다. 경쟁에 의한 보수 및 내부 승진과 같은 다른 변수는 부패에 유의한 영향을 미치지 않았다.

폴 오닐(Paul A. O'Neill) 전 재무 장관은 유능성에 대한 기본적인 심리적 욕구 충족이 자신의 경력 초기 단계에서 얼마나 큰 차이를 만들어 냈는지에 대해 설명한다(Perry 2017). 오닐은 직업 공무원이었는데, 당시 대통령 행정실에 새로 신설된 예산관리국(Office of Management and Budget: OMB) 책임자인 조지 슐츠(George P. Shultz)가

오닐에게 그동안의 경력을 포기하고 OMB의 부국장직을 맡을 것을 제안했다. 오닐은 부국장 제안을 받아들였는데, 유능함을 추구하는 그의 기본적인 심리적 욕구를 충족시킬 수 있는 기회라고 생각해서 그러한 결정을 했을 것이라고 짐작할 수 있다. 오닐은 몇 년 후 인터뷰에서 다음과 같이 밝혔다: "조지는 준비가 돼 있고 복잡한 문제 해결에 기여할 수 있는 사람들의 가치를 알아보는 사람이었습니다. 그래서 저는 몇 가지 정말 중요한 업무를 그와 함께 하면서 큰 뿌듯함을 느꼈습니다."

오닐의 능력이 어느 정도인가는 슐츠의 대리인 중 한 명으로 여러 번 테스트를 받았겠으나, 인종을 분리하지 않고 같은 버스에 강제로 버스 통학(forced busing)을 시키는 매우 중요한 정책을 추진한 것을 통해 잘 알 수 있다. 그는 다음과 같이 당시 상황을 설명한다:

> 1972년경 대법원이 공립학교의 통합(integration)을 달성하기 위해 강제 버스 통학을 명령한 일로 사회는 위기를 겪고 있었습니다. 대통령은 조지에게 거리에서 분쟁과 폭동이 일어나지 않도록 주의하면서 이 문제를 해결할 것을 지시했습니다. 조지는 이를 위해 저를 비롯해 몇몇 다른 사람들을 OMB에 고용했습니다. 저는 연방 정부 수준에서 자금의 유연한 사용에 대한 지식을 개발해 왔지만 이런 특정 문제를 염두에 두고 준비했던 것은 아니었습니다. 그러나 학교의 인종 간 분리 문제를 해결하기 위해 일할 지역 리더십 그룹 창설을 지원하기 위한 자금을 마련해야 할 때 어디에서 자금을 구해야 하는지 알고 있었습니다. 저는 의식적으로 이런 상황에 대비하지는 않았지만 제가 축적해 온 지식과 모든 타이밍이 정말 큰 차이를 만들었습니다(O'Neill 2012, 132).

5.1.2.2 자율성

두 번째 기본적인 심리적 욕구인 자율성 또한 많은 국가의 공직 제도에 내재돼 있는 제도적 장치와 밀접한 관련이 있다. 대부분의 경우, 공직 제도에서 정치적 중립성(또는 이와 유사한 용어)은 공무원들에게 높은 수준의 자율성을 부여한다는 것을 의미한다. 미국 행정학의 고전이라 할 수 있는 논문에서 허버트 카우프만(Herbert Kaufman)은 정치적 중립성을 다양한 시기에서 미국 정부 조직 설계에 활기를 불어넣은 세 가지 가치

중 하나라고 설명한다(Kaufman 1969). 같은 맥락에서 리처드 멀건(Richard Mulgan)은 호주의 공공봉사를 설명하면서, 정치적 중립성을 의회 제도에서 확인한다. 호주와 캐나다의 거버넌스 시스템은 모두 대영제국에서 유래한 관료의 정치적 중립성이라는 원칙을 물려받았다(Mulgan 2007). 이러한 대영제국의 제도는 식민 지배를 했던 여러 국가의 거버넌스 시스템에 남아 있다.

자율성은 호주, 캐나다 및 미국과 같은 민주주의 체제의 영어권 선진국뿐만 아니라 개발도상국에서도 관료 행태와 성과에 중요한 영향을 미친다. 머릴리 그린들(Merilee S. Grindle)은 6개 개발도상국의 29개 조직을 연구하면서(Grindle 1997), 전반적으로 공공 부문의 성과가 좋지 않은 불리한 상황에서도 상대적으로 좋은 성과를 내는 조직적 요인을 찾아내려고 했다. 그린들은 인사 문제에서의 자율성이 성과가 높은 조직과 낮은 조직을 구분하는 요인이라고 봤다. "인사 문제의 자율성이 반드시 좋은 성과를 보장하는 것은 아니지만 효과적인 관리자와 관리 관행이 성과 지향적 규범 및 행동을 장려할 수 있는 맥락을 제공한다"(Grindle 1997, 491). 그린들은 자율성이 일종의 촉진 조건으로서, 더 높은 성과에 도움이 되는 조직 문화의 발전을 지원한다고 추론했다. 특별히 자율성을 개인의 심리적 요인과 연결하지는 않았지만, 그녀가 주목한 조직의 맥락은 직원들이 가진 자율성에 대한 기본적인 심리적 욕구를 충족시킬 가능성을 높일 수도 있다.

가나에서 진행된 에린 맥도넬(Erin M. McDonnell)의 최근 연구(McDonnell 2017, 2020)는 개발도상국에서 관료의 자율성과 관련된 선행 요인 및 결과에 대한 더욱 구체적인 내용을 분석함으로써 그린들의 연구를 확장한다. 가나에서의 연구와 미국, 중국, 케냐, 나이지리아와의 역사적 비교를 바탕으로 맥도넬(McDonnell 2017)은 성과가 저조한 국가 내 관료제의 틈새(niche)로서 "관료제적 간극(bureaucratic interstices)"이라는 개념을 개발한다. 이는 전통적인 베버식 관료제와 상반되는 자율성과 같은 특성을 나타내지만 동시에 관료주의적인 문화와 관료적 행태를 나타낸다. 이를 맥도넬은 다음과 같이 설명한다: "… 관료제적 간극은 잠재적으로 베버식 관료주의의 혜택을 얻도록 일정한 역할을 하며, 이로써 관료 경험이 풍부하고 관료 지향적인 개인들을 양성하는 데 기여할 수 있다. 이것은 모든 관료적 자원 중에서 가장 부족한 것이다"(McDonnell 2017, 493-494). 관료제적 간극의 독특한 특성 중에는 높은 수준의 자율성, 급여 이상의 매력, 틈새에 대한 자부심 및 긍정적인 식별, 적응형 중복성(adaptive redundancy)이 있다. 맥도넬은 이러한 특성을 공유재나 구성원의 자율성에 대한 기본적인 심리적 욕구 충족과 직접 연결하지 않지만 관료제적 간극에 대한 설명은 이러한 요인들이 관료적 성과 향상에 영향을 미칠 수 있음을 시사한다.

개발도상국에서 자율성의 개인적 이점에 대한 가장 직접적인 증거는 나이지리아 관료제에 대한 임란 라술(Imran Rasul)과 대니얼 로저(Daniel Rogger)의 연구에서 도출됐다(Rasul and Rogger 2015). 그들은 4,000개 이상의 프로젝트를 대상으로 경영 관행의 변화를 코딩했고, 공무원의 자율성이 직무 성과와 양의 상관 관계가 있음을 발견했다. 이 증거는 자율성이 나이지리아 공무원의 기본적인 심리적 욕구 충족에 기여하는지에 대한 직접적인 평가는 아니지만 어떤 관련성을 시사한다고 볼 수 있다.

데이비드 그랜트(David Grant)가 공직에 평생 헌신하게 된 것은 개인의 자율성 욕구 충족이 얼마나 중요한가에 대한 객관적인 교훈이다. 그랜트는 23세에 미국 연방 정부의 인턴으로 일을 시작했는데, 당시에는 3년간의 조달청 인턴십을 마치고 나면 바로 민간 부문으로 뛰어들 것이라고 생각했었다. 그가 3년 차에 맡은 과제 중 하나는 이동통신 시스템의 디지털화를 위한 7,500만 달러 계약을 협상하는 것이었다. 이 과제의 결과로 일어난 일에 대한 자세한 설명은 상자글 5.1에 있다. 포트 몬머스(Ft. Monmouth)에서 일주일 동안의 집중적인 협상 중, 그랜트는 한 가지 중요한 사실을 깨닫게 됐다. 그것은 함께 협상에 참가했던 대위와 자신이 GTE* 측 직원들보다 계약 조건을 결정하는 데 훨씬 더 많은 권한을 가지고 있었다는 것이다. 협상에 참가한 사람 중에서 가장 어린 나이였음에도 불구하고, 그에게는 계약을 평가하고 협상하고 최종적으로 결정할 권한이 있었다. 이것이 그에게 어떤 차이를 만들었을까? 그는 다음과 같이 기억하고 있다: "나는 단순히 관리자를 위해 조사 등을 수행하는 지원팀의 일원이 되는 것 또는 이 같은 권한을 갖지 못하는 계약 관리자가 되기보다는 이 위치에 있고 싶다는 생각이 들었다." 그랜트의 그 "한순간"의 깨달음은 미국 연방 정부에서의 35년 경력의 시작이었다.

---

* GTE는 1918년 세워진 미국의 이동통신 전문 기업이다(역자 주).

상자글 5.1 인턴의 경력을 바꾼 순간

나는 뉴저지의 포트 몬머스(Ft. Monmouth)에 있는 통신전자 지휘부(Communications-Electronics Command)의 계약 전문가로 근무했다. 이는 조달청(Office of Procurement) 내의 다양한 조직을 여러 번 순환하는 3년간의 인턴십 프로그램이었다. 이러한 순환 근무의 목적은 인턴들이 3년의 기간 동안 가능한 한 많은 조달 업무의 라이프 사이클(life cycle of procurement)을 경험하게 하는 것이었다.

내 목표는 이 인턴십을 거쳐 민간 부문에서 일자리를 찾는 것이었고, 이왕이면 더 높은 소득을 기대했다.

인턴 3년 차에 나는 다중 서비스 통신 시스템(Multi Service Communication Systems: MSCS) 지부로 발령받았다. 이 지부는 육군, 공군 및 해병대를 위한 통신장비를 확보하는 일을 하는 곳이었다.

나는 지프차를 타고 배낭을 멘 채로 이동통신 시스템의 디지털화를 위한 75만 달러 규모의 협상을 진행할 수 있는 기회를 얻었다. 이 장치는 군단에 새로 배치된 디지털 네트워크(digital echelon)와 통신하는 것이었는데 이 네트워크 또한 우리 지부가 확보한 것이었다. 더 큰 네트워크가 이미 아날로그에서 디지털로 전환되고 있었고 2년마다 열리는 북대서양조약기구 리포저 훈련(NATO Reforger Exercise)이 곧 예정돼 있었기 때문에 이 프로젝트는 중요한 일정으로 추진 중에 있었다. 이동통신 장비는 미군이 NATO 군과 함께 하는 훈련에 참여하는 데 필요한 것이었다.

우리는 GTE에 군대의 설치, 배치 및 훈련을 위한 업그레이드된 시스템과 서비스에 대한 제안서의 제출을 요청했다. 그들이 만든 제안서를 평가했고 협상이 필요한 몇 가지 쟁점을 발견했다. 우리는 포트 몬머스에서 GTE 팀과 일주일 동안 협상을 진행했다. 정부 측은 나와 기술 전문가인 육군 대위로 구성됐고, GTE 팀은 20년 이상 경력을 가진 베테랑과 계약, 가격, 기술을 담당하는 몇 명의 젊은 직원으로 구성됐다.

우리는 매일 만나서 대위나 내가 가지고 있는 제안서상의 기술, 계약 또는 가격 이슈에 대한 쟁점 사항을 논의했다. GTE 팀은 기술적인 문제에 대해서는 어떤 질문이든 해결하려고 열심이었다. 그러나 이들은 계약 조건(예: 납품 시기, 교육 또는 지원 조건, 특히 가격 관련 이슈)에 관한 논의에서는 훨씬 유보적인 태도를 보였다. 주 중반쯤 되자, 나는 그들이 유보적인 이유를 알았다. GTE의 계약 관리자/팀은 협상 도중에 공식적으로 휴회를 요청한 뒤 별도의 회의실에서 본사로 연락해 계약 조건이나 가격 인하에 대한 의견을 들었던 것이다.

그제서야 대위와 나는 GTE 팀이 현장에서 완전한 협상을 할 수 있는 충분한 권한이 없음이 명백하다고 생각하게 됐다. 반면 대위와 나는 계약 조항, 조건 및 일정을 협상할 수 있는 훨씬 더 넓은 권한을 가지고 있었다. 실제로 가격을 협상할 때, 우리는 GTE 관리자에게 권한이 거의 없다는 것을 알게 됐다. 그들은 가격을 책정하기 위해 계속 휴회를 요청하고 본사에 전화를 걸어야 했다. 대위와 나는 그들 매니저보다 적어도 20~25세 어렸고 사실 그의 지원팀 직원들과 나이가 훨씬 비슷했다. 하지만, 나이가 어린 우리에게 협상을 진행하고 계약을 마무리할 수 있는 권한이 더 많이 부여돼 있음을 알 수 있었다. 바로 그 순간 나는 내 경력에 대해 눈을 번쩍 뜨게 됐다. 나는 그 산업에서 GTE의 매니저 같은 지위의 직원들이 어느 정도의 급여를 받는지 알고 있었다. 왜냐하면 그들의 실제 원가, 간접비, 관리비 및 경상비, 이익을 보여 주는 데이터에 접근할 수 있었기 때문이다. 물론 특정 개인들이 얼마를 받는지는 몰랐지만, 말하자면 나는 그 업계를 알고 있었다. 나는 그 방에서 가장 어렸고 그 방 안의 모든 사람이 나보다 훨씬 더 많은 돈을 벌고 있었지만, 내가 그 방에서 어느 누구보다 더 많은 권한을 가지고 있었다.

나는 GTE의 계약 관리자가 자신의 팀에 각종 업데이트, 조사, 스프레드시트 등을 계속 요청하는 것을 봤다. 대위와 나는 지원팀이 없었으므로 이 모든 일을 스스로 해야 했다. 하지만 결론은 내가 우리의 요구 사항, 계약 조건, 견적 가격뿐만 아니라 GTE 제안의 해당 부분을 회의실 내의 그 누구에 뒤지지 않을 만큼, 또는 그 누구보다 더 잘 알고 있었다는 것이다. 그리고 나에게는 그 거래를 평가하고, 협상하며, 마무리지을 권한이 부여돼 있었다.

나는 단순히 관리자를 위해 조사 등을 수행하는 지원팀의 일원이 되는 것 또는 이 같은 권한을 갖지 못하는 계약 관리자가 되기보다는 이 위치에 있고 싶다는 생각이 들었다. 그 프로젝트가 끝난 후 나는 내가 여기 좀 더 오래 머물면서 더 크고 더 복잡한 프로그램에서 더 많은 경험을 쌓는다면 언젠가 내가 옵션을 탐색하는 위치까지 다다랐을 때 나의 조직에서 또는 민간 부문에서 훨씬 더 가치 있는 사람이 될 수 있다는 결론을 내렸다. 결과적으로 나는 거의 35년 동안 정부에 머물게 됐다.

* 이 상자글의 세부 정보는 2019년 8월 26일 그랜트와의 개인적인 대화를 통해 얻은 것이다.

5.1.2.3 관계성

세 번째 기본적인 심리적 욕구인 관계성(relatedness)은 공무원 규칙이나 원칙을 설명하는 데 유능성과 자율성만큼 명시적으로 사용되는 것은 아니지만, 공공 제도라는 것은 본질적으로 타인과의 연결과 소속감, 공동의 이익과 접근에 관한 것임을 주목해야 한다. 관계성 - 경청하기, 신뢰, 우정, 보살핌, 소속감 - 과 관련된 행동과 감정은 많은 공공 제도의 구조에 배태된 가치와 규칙 위에 나타난다. 유럽 출신 엔지니어 한 명과 미국 출신 육군 장교 한 명의 사례를 통해 관계성을 설명하고자 한다.

장자크 도데인(Jean-Jacques Dordain)은 1986년 유럽우주국(European Space Agency: ESA)에 입사해 12년간 사무총장으로 역임한 뒤 2015년 은퇴했다(Lambright 2016). ESA는 유럽의 미 항공우주국(NASA)에 해당하는 기관이지만, 독립된 조직이 아니라 하나의 협력 프로젝트다. 1986년 13개 회원국에서 시작해 도데인이 은퇴할 때에는 22개 회원국이 참여할 만큼 성장했다. 국제 협력 프로젝트의 정점에서 12년을 보낸 도데인은 관계성에 대한 욕구를 충족시키는 경험을 할 수 있는 기회를 얻었고, 그러한 관계에 대해 깊은 감사를 표했다. 사무총장으로서 도데인의 "전략은 상황을 앞서 주도하는 것이었고, 유럽연합(EU)과 유럽우주국(ESA)이 계층적인 관계가 아니라 파트너 관계를 맺을 수 있는 유럽 우주 정책을 만들어 내는 것"이었다(Lambright 2016, 508).

도데인은 ESA를 협력 프로젝트로 이끌면서 사회적 관계에 대한 감수성을 성공의 핵심으로 삼았다. 그가 개인적인 관계에 대해 언급한 내용은 그의 철학과 동기 부여에 대한 통찰을 제공한다: "어떤 레시피도 사람을 대신할 수 없으며, 이는 협력이 레시피의 단순한 모음이 아닌 이유다. 협력은 문화가 돼야 하고, 더 정확히 말하면 문화를 넘어서 하나의 정체성(identity)이 돼야 한다"(Lambright 2016, 510).

도데인이 직면한 가장 큰 어려움 중 하나는 유럽의 글로벌 위치 확인 시스템인 갈릴레오(Galileo)와 관련이 있었다. 그는 처음에 기금 지연 문제에 직면했는데, 회원국은 자신들의 기여를 이용해 시설에 대한 비례적 접근 권한을 얻고자 했다. 그러나 도데인은 ESA 관계의 맥락에서 자신의 역할에 대해 심사숙고함으로써 이 장애물을 극복했다: "나의 역할은 [ESA] 회원국 간의 전쟁을 유지하는 것이 아니다. 나의 역할은 프로그램을 성공시키는 것이다"(Lambright 2016, 509). 나중에 발생한 어려움은 ESA 회원국이 아니라 유럽연합(EU)의 집행기관인 집행위원회(European Commission: EC)와의 관계 설정에 있었다. 헨리 램브라이트(W. Henry Lambright)는 이 사건을 다음과 같이 설명한다:

> 유럽연합 집행위원회(EC)는 ESA와 갈릴레오를 건설 중인 산업 컨소시엄에 벌금을 부과하겠다고 위협했다.… 기자회견에서 도데인은 ESA가 EC의 압력에 굴하지 않음을 분명히 했는데, 사실상 EC는 ESA를 본사로 소환해 질문에 답하도록 했다.

그는 "우리는 (갈릴레오 문제와 관련해) 누구의 잘못인지에 관심이 없다. 우리는 일을 해결하려고 하는 것"이라고 말했다. 도데인은 "협력은 쉽지 않고 느리다. EU와 ESA의 문화는 다르지만, 이것이 협력을 하지 않아야 하는 이유는 아니다.… 실제로 우리가 그 연결 고리를 만드는 것, 우주 인프라를 정치적 영역으로 가져오는 것이 매우 중요하다. 이것은 삶을 더 복잡하게 만들지만, 우리는 해야 한다"라고 고백했다(Lambright 2016, 509).

새드 앨런(Thad W. Allen)은 미국 해안 경비대(US Coast Guard) 사령관으로 39년간의 군 경력을 마치면서 제독의 지위에 올랐다. 군 장교로서 그는 계급 구조(hierarchy)를 알고 있었으며, 가장 낮은 계급부터 최고 사령관에 이르는 지휘 계통을 잘 알고 있었다. 그러나 그의 군 경력 후반에 특별한 도전에 직면했다. 먼저 2005년 뉴올리언스에서 발생한 허리케인 카트리나의 현장 구호 활동 지휘관(commander of onsite relief efforts)을 맡게 됐는데, 이 역할은 허리케인 강타 며칠 후에 국토안보부 장관 마이클 체토프(Michael Chertoff)가 연방 소방방재청(Federal Emergency Management Agency) 국장인 마이클 브라운(Michael D. Brown)을 해임한 뒤에 그에게 맡겨진 것이었다. 그로부터 5년 뒤, 그는 미국 역사상 가장 대규모였던 딥워터 호라이즌(Deepwater Horizon) 원유 유출 사건의 국가 사건 지휘관(national incident commander)이 됐다.

허리케인 카트리나와 딥워터 호라이즌 위기의 독특한 본질은 앨런 제독의 사회적 공간(social space)을 이해하고 가치를 두는 능력, 그리고 그들과 관련된 사람들과의 관계에 대한 능력을 높이 평가받게 했다. 그는 이 두 가지 위기 상황에서 군 사령관으로서 역할을 맡게 됐지만, 그의 우선순위는 "명령의 통일(unity of command)"이 아닌 "노력의 통일(unity of effort)"을 확립하는 것이었다. 카트리나와 같은 대형 위기의 여파를 고려해, 앨런은 다음과 같이 설명했다: "지휘 계통(chain of command)은 존재하지 않는다. 하나의 목표를 달성하기 위해서는 모든 사람의 능력을 통합해야 하며, 그들이 각각 구별되는 권한과 책임을 가지고 있다는 점을 고려해야 한다. 이는 명령의 통일이 아닌 노력의 통일을 창출하는 것이며, 이는 훨씬 더 복잡한 관리 과제다"(Berinato 2010).

카트리나 이후 그를 현장 구호 활동 지휘관으로 발표한 기자회견 직후, 앨런은 그에게 할당된 4,000명의 인원 모두를 한데 모으려고 했다. 그러나 불행하게도 4,000명

모두를 수용할 시설이 없었다. 결국 그는 2,000명을 배턴 루즈(Baton Rouge)의 딜라드(Dillard's) 백화점 창고에 소집할 수 있었다.

앨런이 모든 인원을 소집한 후에 한 일을 보면, 그가 관계성에 대해 어떤 관점을 가지고 있는지 확인할 수 있다. "나는 확성기를 가지고 책상 위로 올라가서 모두를 향해 단 한 가지 명령을 내리겠다고 말했다: 그들은 폭풍의 영향권에 있었던 모든 사람을 마치 자신의 가족처럼 대해야 한다. 어머니, 아버지, 형제, 자매, 무슨 관계이든."

앞에서 논의한 공유재나 사회적 자본의 거시적 속성과 마찬가지로, 욕구 충족의 미시적 속성은 공공 제도적 장치에서 자동적으로 도출되지 않는다. 제도적 장치는 설계를 확립하지만, 기본적인 심리적 욕구의 실현을 확립하지는 않는다. 관료주의에 대한 비판은 종종 인지평가이론(즉, 유능성, 자율성 및 관계성에 대한 기본적인 심리적 욕구 충족)에서 도출된 인간 행동에 대한 이해와 관료적 규칙과 규범을 분리하는 것에서 시작된다. 예를 들어, 브루스 뷰캐넌(Bruce Buchanan)은 관료적인 위험 회피가 신입 사원에게 주어지는 초기의 직무 부과에 제한이 되고, 이로 인해 신입 사원의 조직 몰입(organizational commitment)이 저하되며, 결국 장기적으로 업무 수행 노력이 감소하거나 이직으로 이어진다고 설명한다(Buchanan 1974). 공공 제도적 장치의 가능성을 실현하기 위해서는 구성원과 지도자의 주의(vigilance)가 필요하다. 이는 유능성, 자율성 및 관계성을 지지하는 규칙을 통해 기본적인 심리적 욕구 충족에 대한 장벽을 제거하는 것을 의미한다.

5.1.3 요약

공공 제도적 장치는 공유재를 생성하고 기본적인 심리적 욕구를 충족시킬 수 있는 조건을 설정한다. 경력과 정치적 인센티브를 분리하는 제도적 장치를 통해 얻은 유리한 조건에서 얻을 수 있는 성과는 그냥 일어나는 것은 아니다. 긍정적인 결과를 얻기 위해서는 추구하는 목표와 관련된 역학(dynamics)을 이해하고 명확하게 주의를 기울여야 한다.

5.2 지원적인 근무 환경을 강화하기 위한 전략

이 장의 서론에서 강조했듯이, 많은 정부 및 공공 기관의 제도적 장치는 구성원의 기본적인 심리적 욕구 충족에 유리한 환경을 조성한다. 유기적인 공유재, 실적주의적 규범 및 경력 인센티브의 완충으로부터 발생하는 일임에도 불구하고, 공공 기관이 사용할 수 있는 다양한 개발 도구를 활용해 내재적인 동기 부여 행동을 촉진하기 위해 더 많은 일을 할 수 있다. 이러한 도구 중에는 확실한 학습 및 성장 기회를 확립하는 것, 고용 보장과 성과를 균형 있게 조절하는 규범을 개발하는 것, 그리고 공공봉사동기를 육성해 조직과 직원 간의 유대를 강화하는 것이 있다.

5.2.1 확실한 학습 및 성장의 기회

공공 조직은 확실한 학습 및 성장 기회를 확립하기 위해 다양한 도구를 자유롭게 활용할 수 있다. 공공동사봉기를 장려하는 근무 환경 조성에 크게 기여하는 세 가지 도구는 경력 전반에 걸친 학습과 능력 계발, 조직 내 계층 전반에서 리더를 양성하는 것, 그리고 경력 발전 과정에서 주관적 성공감을 촉진하는 것이다.

5.2.1.1 경력 전반에 걸친 학습과 능력 계발

경력 전반에 걸친 능력 계발이라는 개념은 많은 정부 조직에서 잘 확립돼 있다. 예를 들어, 미국과 다른 여러 국가에서는 군대에서 군 복무 시작부터 이직할 때까지 구성원들의 능력을 계발하는 것을 당연하게 여긴다. 군 경력 동안 인지 및 경험적 학습을 촉진하기 위해 다양한 전술이 사용된다. 여기에는 빈번한 직무 순환, 연속적인 임무에 도전하게 하고 책임을 확대하는 것, 각자의 전문 분야 외의 역할과 기능에 노출시키는 것이 포함된다(Jans and Frazer-Jans 2004).

비록 공공 부문의 일부에서는 성공을 거뒀지만, 경력 전반에 걸친 직원의 능력 계발은 일반적이지 않다. 정부 기관은 세금 수입에 의존하고 있기 때문에 경제 위기 시에는 예산 삭감이 자주 발생하며, 훈련 및 개발 자원은 종종 첫 번째 삭감 대상이 된다. 이러한 예산 삭감은 서비스 품질 및 직원들이 이러한 기회에 부여하는 가치를 고려할 때 이중으로 문제를 발생시킨다. 2018년 보스턴 컨설팅 그룹(Boston Consulting Group)이 전 세계 366,000명의 응답자를 대상으로 실시한 조사에서 응답자들은 "학습 및 교육 기회"와 "능력 계발"을 직장에 대한 만족 요인 26개 중 각각 4, 5위로 꼽았다(Roediger et al. 2019). 대부분의 직원에게 학습과 능력 계발이 상대적으로 중요하다는 점을 고려할 때, 그들의 기대를 충족시키는 것은 유능성과 성장에 대한 기본적인 욕구 충족에 중요하게 작용한다. 이러한 요소들은 공공봉사동기를 활성화하고 유지하는 데 필수적이다.

직원들의 경력 전반에 걸쳐 학습과 능력 계발을 성공적으로 실현한 사례는 세계에서 가장 우수한 지역 중 하나로 인정받는 상하이 교육 시스템이다(World Bank 2016). 전문성 개발에의 책임은 학교, 교장, 전문 동료 및 교사들 사이에 광범위하게 분산돼 있다.

상하이 학교는 전문성 개발 활동이 협력적이고 교육적 향상에 중점을 두도록 설계한다. 학교 교장들은 각 교사에 대한 평가 결과를 기반으로 대상이 되는 교사 교육 계획을 수립할 책임이 있다. 전문성 개발은 학교의 운영비 지출 중 상당 부분을 차지한다. 이 도시에서는 새로 시작하는 경험이 부족한 교사와 능숙하고 경험이 풍부한 교사가 1:1 팀을 이룬다. 교육-연구그룹 및 수업 관찰이 교사들의 전문성 개발 및 성과 평가의 중요한 플랫폼으로 보편적으로 이뤄진다. 교사들에게는 학생 성과와 관련해 자신의 교수법을 평가하고 개선하는 연구자로서의 역할이 부여된다. 이 도시에서는 신임 교사의 경우 첫 5년간 360시간의 전문성 개발 프로그램을 이수해야 하고, 상급직으로 승진하려면 추가로 540시간이 필요하다.

보스턴 컨설팅 그룹의 보고서인 「미래의 정부 인력 양성(Building the Government Workforce of the Future)」(Roediger et al. 2019)은 경력 전반에 걸쳐 학습과 능력 계발이 측정 가능한 혁신적인 프로그램의 예를 다음과 같이 제시하고 있다:

- **전문성을 계발하기 위한 맞춤형 진로.** 사이버 보안, 인공 지능 및 데이터 분석과 같은 새로

운 전문 분야의 급부상은 인재 경쟁이 치열하고 특정 기술이 부족한 상황에서 창의적인 대응을 요구한다. 보스턴 컨설팅 그룹은 영국의 맞춤형 진로 프로그램을 다음과 같이 설명하고 있다: "영국 공무원은 분석, 프로젝트 진행 및 디지털과 같은 분야에서 12개의 정부 부처 간 기능(cross-government function)을 개발했다. 각 기능에는 고유한 진로와 학습 커리큘럼이 있으며, 역량을 개발하고 모범 사례를 공유하는 데 중점을 둔 전담 팀 리더가 있다" (Roediger et al. 2019). 맞춤형 진로를 통해 직원들은 여러 기관과 부서를 거치면서 고유한 기술력을 쌓을 수 있다.

- **학습 협약.** 공무원이 자신의 능력 계발 목표를 달성할 수 있도록 지원하기 위해 정부는 일반적으로 자발적인 개인 능력 계발 계획(voluntary individual development plans)을 도구로 사용한다. 이것은 직원과 상사가 함께 학습 목표와 역량에 대한 기대치를 설정하는 일종의 약속이다. 학습 협약은 현재의 역할과 변화하는 환경에서 예상되는 미래의 역할에 대비하기 위한 교육과 능력 계발에 대한 고용주와 직원 간의 공식적인 합의다. 학습 협약은 직원이 학습과 능력 계발을 위해 사용할 수 있는 개인적인 학습 계정(individual learning accounts)을, 즉 기본적인 가용 자원의 양을 반영하며, 미 연방 정부에서 2000년 이후 활용해 왔다(U.S. Office of Personnel Management 2019b). 개인 학습 계정은 주로 직원의 공식 업무와 직접 관련된 지식, 기술 및 역량을 계발하는 데 사용될 수 있지만, 학습 협약은 좀 더 광범위한 용도를 포괄할 수 있다.

- **임무 선택.** 전통적인 직무 순환 훈련과 개발은 일반적으로 직원들을 조직에서 지정하고 지시하는 경로로 이끈다. 현대적인 변형은 기관이 직원에게 어떻게 그리고 어디에서 기여할 것인지에 대한 선택권을 부여하는 방식이다. 캐나다는 직원이 자신의 관심에 부합하는 프로젝트를 선택할 수 있는 "캐나다 자유 에이전트(Agents Libre du Canada)"라는 시범 프로그램을 도입했다. 이 프로그램을 통해 직원들은 의미 있는 방식으로 기여할 수 있으며(업무의 유의미함[meaningfulness]을 강화하는 방법에 대한 4장에서의 논의를 참조할 것), 동시에 유능한 직원이 이탈하지 않을 가능성을 높인다.

니콜 오그리스코(Nicole Ogrysko)는 미국 연방 공무원 제도에 대한 유사한 혁신 사례를 보고하고 있다(Ogrysko 2019). 이러한 사례를 보면, 일종의 구식(outdated) 공무원 프레임워크로 인해 방해받고 있지만 종합적인 공무원 개혁이 없는 상황에서도 진전이 이뤄지고 있다. 아래 상자글 5.2에서는 내무부(Department of Interior)의 자동화된 경력 발전 도구를 관련 사례를 통해 자세히 설명한다.

상자글 5.2 미국 내무부의 자동화된 경력 발전 도구

내무부 직원들은 평균적으로 한 부서에서 14년 정도 근무한다. 직원들은 소속 기관에서 계속 근무하는 것을 선호하지만 한편 종종 새롭거나 다른 경력 기회를 찾고 있다고 내무부의 인적 자본 부국장 제니퍼 애커맨(Jennifer Ackerman)이 말했다.

이 도구는 20개의 핵심 임무와 4개의 "고밀도" 직무에 대한 가능한 경력 발전 경로를 보여 주며, 내무부 인력의 50% 이상을 대상으로 한다.

"우리가 보여 주고자 한 것은 당신이 어떻게 비선형적인 방식으로 A에서 B로 이동하는지입니다." 그녀는 말했다. "때때로 사람들은 공원 관리자가 되길 원합니다. 그들은 단순히 GS-4로 시작해서 거기에 도달한 것이 아닙니다. 많은 경우 비선형적으로 이뤄집니다."

이 사이트는 직원들에게 그들의 역량에 관한 문제를 내고 그 응답 결과를 바탕으로 잠재적으로 어떠한 경력 기회가 가능한지 보여 준다. 이 사이트는 USAJobs.gov로 다시 연결되며 해당 부처 내에서 가능한 세부 기회를 보여 준다.

애커맨은 말했다. "이것은 1.0 버전입니다. 우리는 최종적으로 11.0까지 가고 싶습니다. 출시 첫날에는 9,000회 이상의 조회 수를 기록했습니다. DOI Careers 사이트에서 2년 넘게 가장 많은 클릭을 기록한 날이었습니다."

내무부는 직원들을 대상으로 "가치 조사(value survey)"를 실시한 후에 경력 매핑 도구(career mapping tool)를 시작했다. 내무부 직원들은 특히 존중과 유연성을 중요하게 여기는 환경에서 근무하는 것을 중시하는 것으로 나타났다.

* 출처: Ogrysko(2019).

개발도상국을 대상으로 한 실험에서 얻은 증거에 따르면, 직원에게 임무 선택 권한을 부여하는 한 가지 방법인 자리 이동, 즉 전보(transfer)가 직원들의 성과에 상당한 차이를 만들 수 있다. 앱히짓 바너지(Abhijit V. Banerjee) 외는 인도의 라자스탄주에서 약 8백만 명의 주민에게 치안 서비스를 제공하고 있는 162개 경찰서 샘플에서 무작위 실험(randomized trials)을 시행했다(Banerjee et al. 2014). 두 번째 실험 세트에서 그들은 경찰관들에게 음주운전 단속 검문소 업무를 맡기고 만약 여기서 좋은 성과를 얻는

다면 각자 원하는 경찰서로 배치하겠다는 인센티브를 제안했다. 이러한 인센티브는 성과에 큰 영향을 미쳤으며, 계층적이고 고도로 관료적인 환경에서도 전보가 매력적인 성장 기회가 될 수 있음을 시사한다.

5.2.1.2 조직 계층 전반에서 리더 양성

공공 기관이 모든 직원에게 성장 기회에 대한 포용적인 메시지를 전달하는 것과 마찬가지로, 많은 리더십 개발 프로그램은 조직 내 계층 전반에서 리더로 성장할 수 있는 인력을 영입하기 위해 더욱 포용적으로 변화해 왔다. 미국 기반의 공공봉사 파트너십(Partnership for Public Service 2019)의 공공봉사 리더십 모델은 조직 계층 구조의 다양한 수준에서 활동을 구상하는 발전적인 관점을 반영하고 있다. 파트너십 모델의 네 가지 수준은 가장 낮은 수준부터 가장 높은 수준까지 다음과 같다:

1. **신진 리더**, 일반적으로 GS-7에서 GS-11까지로 구성되며, 팀 또는 그룹의 구성원, 감독관을 지망하는 자 및 기술 전문가로 성장하고 있는 자를 포함한다.
2. **팀 또는 프로젝트의 리더**, GS-12 및 GS-13로 구성되며, 팀 또는 그룹의 리더, 신규 감독관 및 기술 전문가를 포함한다.
3. **리더의 리더**, GS-14 및 GS-15로 구성되며, 대규모 팀의 리더 및 각 분야에서의 기술 리더와 같은 역할을 포함한다.
4. **조직의 리더**, 고위 공무원 및 정무직으로 구성되며, 행정부 및 대규모 사업의 리더, 기관 간 책임자와 기관 내 책임자를 포함한다.

이 다층 리더십 개발 모델은 또한 많은 성공적인 기관 기반(agency-based) 리더십 개발 프로그램에서도 두드러지게 나타나고 있다(Abner et al. 2019).

5.2.1.3 경력 발전에서 주관적인 성공감 촉진

더글러스 홀(Douglas T. Hall)과 돈 챈들러(Dawn E. Chandler)는 경력 전반에 걸친 발전이라는 특정 사례를 다루고 있다(Hall and Chandler 2005). 이는 공공봉사동기와 소명(calling)을 연결짓는(Thompson and Christensen 2018), 4장에서 소개했던 개념과 관

련이 있다. 홀과 챈들러가 제시한 발전 모델은 객관적인 경력과 주관적인 경력을 구별함으로써 시작된다. 주관적 경력은 개인의 시각을 반영한다. 이 주관적인 관점은 개인이 자신의 기여와 평가를 어떻게 인식하는지를 강조한다. 객관적 경력은 승진과 소득과 같이 실체적인 측면에 중점을 둔 외부 관찰자의 관점에서 본 경력이다. 홀과 챈들러는 개인이 어떤 소명 의식을 갖고 있는 경우 주관적 경력이 더욱 특별한 중요성을 갖는다고 주장한다. 그들은 개인이 자신의 소명이나 삶의 기본적인 목적을 추구하는 데 성공한 경우 주관적 경력에서 더 큰 성공을 보일 것이라고 가정한다. 이러한 결과는 홀과 챈들러가 메타 역량(meta-competencies)이라고 부르는 자신감과 정체성 변화 두 가지 결과에 차례로 영향을 미친다. 메타 역량의 중요성은 이러한 역량들이 적응적 및 자기 주도적 경력 성과의 연속적인 순환을 주도한다는 것이다.

5.2.2 고용 안정성과 성과 간의 균형을 맞추는 기준 개발

많은 국가에서 공직 제도를 정의하는 특성 중 하나는 고용 안정성(job security)이다(Hur and Perry 2016). 고용 안정에 대한 규칙은 많은 공무원에게 부여된 자율성의 기초로서 이 장의 앞부분에서 논의했던 중립적 유능성(neutral competence)의 기본 요소 중 하나다(Kaufman 1969). 고용 안정성은 일반적으로 동기 부여와 인적 자원 문헌에서 외부적 보상으로 분류되는데, 이것은 여러 목적을 달성할 수 있다. 하나는 관료적 결정과 의견이 일치하지 않거나 그를 통제하려는 정치 지도자들로부터 공무원을 보호하는 것이다(Dahlström and Lapuente 2017). 이러한 측면은 조직에 대한 소속감을 유지해 주기도 하지만, 고용 안정성을 강력하게 필요로 하는 개인들에게 인센티브로 변환함으로써 의도하지 않은 결과를 초래할 수 있다. 따라서 고용 안정성 규칙은 두 번째 목적으로서, 인력 전반에 걸쳐 다양하게 중요한 요구를 충족시키기 위한 보상으로 작용한다. 또한 고용 안정성은 공무원들이 더 장기간의 재직을 기대함으로써 전문 지식을 습득하는 데 투자하도록 인센티브를 제공한다(Gailmard and Patty 2007). 장기 고용을 기대하는 개인들은 조직 내에서 향후 자신에게 부여될 다양한 업무 과제와 특수한 기회가 찾아왔을 때를 대비해 스스로 역량을 계발할 수 있다.

지난 40년 동안 고용 안정성은 다음 두 가지 주요 이유로 공격을 받아 왔다. 하나는 고용 안정성 때문에 공무원에게 부여된 자율성이 정치 지도자들에 대한 대응성(responsiveness)을 약화시킨다는 것이다. 제한된 정치적 대응성이 공익에 불이익을 초래할 수 있는 경우가 있을 수 있지만, 공무원의 대응성을 제한하는 규칙은 의도적으로 집단 행동 상황에 맞게 설계됐다. 따라서 정치적 대응성 약화라는 측면에서 고용 안정성을 비판하는 경우, 이는 효율성과 효과성과 같은 성과 기준에 대한 광범위한 평가가 아닌, 이념(ideology)에 의존하는 것이다. 이러한 대응성 비판은 1978년 미국 공무원제도 개혁법(Civil Service Reform Act)과 1980년대에 다른 국가에서 시행했던 유사한 개혁의 근본적인 원인이었다.

고용 안정성에 대한 최근의 비판은 직원의 성과 문제와 관련이 있다. 이 비판은 예측적(prospective) 측면과 회고적(retrospective) 측면 두 가지로 구분된다. 예측적 측면은 직원의 성과 미흡으로 인한 실직 위협이 직원을 동기 부여할 수 있는 일종의 지렛대를 제거한다는 것이다. 실직의 위협은 종종 임의 해고 정책(at-will employment policy)과 관련이 있으며, 이는 직원 중심의 고용 안정성 관행으로 인해 감독자와 조직이 포기한 동기 부여 요소로 여겨진다. 회고적 측면은 고용 안정성이 직원의 성과가 미흡한 경우에도 해고하기 어렵게 만드는 보호막을 제공한다는 것이다.

이 책 앞부분에서 제시한 아이디어 중 일부는 고용 안정성에 대한 성과 측면에서의 비판을 완화하는 데 도움이 될 수 있다. 높은 공공봉사동기를 가진 사람을 선발하는 것은 향후 고용 안정이 주된 동기 부여 요인이 되는 직원을 걸러 내는 한 가지 방법이다. 또한 좀 더 차별적인 선발 과정은 동기 지향성이나 역량 프로필의 특성을 숨기고자 하는 실적이 저조한 사람들을 걸러 내는 가능성을 높인다. 예를 들어 3장에서 제시된 아이디어와 같이, 선발 절차를 확대해 수습 직원을 더욱 면밀히 살피는 것은 정규 직원 자격을 부여하기 전에 성과 또는 다른 이유로 조직에 적합하지 않을 수 있는 사람들을 걸러 내는 방법이 된다.

최근의 연구 결과는 고용 안정성에 대한 비판이 과장됐거나 더 간단히 말해 잘못됐을 수 있음을 시사한다. 허현강(Hur Hyunkang)은 직원의 태도와 직무 성과를 향상시키는 데 고용 안정성의 역할을 강조하는 메타 분석을 수행했다(Hur 2019). 허현강의 메타 분석은 45개의 독립적인 샘플을 다루는 37개 연구로 구성됐다. 그는 고용 안정성과 직무 만족도 및 조직 몰입과 같은 결과 변수 간에 비선형 관계를 기대했다. 즉,

고용 안정성이 낮거나 높은 수준에서는 직무 만족도 및 조직 몰입이 더 낮게 나타날 것으로 예상했다. 하지만 그는 고용 안정성이 일반적으로 직원의 업무 태도에 긍정적인 영향을 미친다는 것을 발견했다. 이 메타 연구에서 직무 만족도와의 상관 관계는 0.327이었고 조직 몰입의 경우 0.253이었다. 이러한 연구 결과는 고용 안정성과 직원의 업무 태도 간의 관계가 허현강의 가설과 달리 비선형이 아니라 양의 관계가 있음을 나타낸다. 이에 따라 그는 임의 고용 형태로 가는 추세에 반해 "공공 부문에서 고용 안정성은 어떤 형태로든 유지할 가치가 있다"(Hur 2019, 1)고 결론 내렸다.

허현강의 메타 분석은 최근의 다른 경험적 연구에서도 지지되고 있다. 류창킨(Lu Chang-qin) 외는 중국을 대상으로 고용 안정성과 직무 요구 모형(job demands model) 간의 관계에 대한 연구를 수행했다(Bakker 2015). 그들은 횡단면 설계와 시차(time-lagged) 설계를 모두 사용한 세 가지 개별 연구를 통해 고용 안정성이 직무 요구와 직무 성과 간의 관계에 미치는 조절 효과를 분석했다. 세 가지 연구 모두에서, 고용 안정성이 높을수록 직무 요구가 직무 성과를 유의하게 향상시켰으나, 고용 안정성이 낮은 경우 그 반대의 관계가 있음이 밝혀졌다. 저자들은 고용 안정성이 스트레스 상황에서 직원의 성과를 향상시킨다고 결론 내렸다.

5.2.2.1 성과와 재산권 보호 간의 균형

이상에서 검토한 연구들은 고용 안정성이 책임성과 높은 성과에 대한 방해물이라는 비판이 과장됐을 수 있음을 시사한다. 실제로 고용 안정성과 직원의 태도에 대한 허(Hur 2019)의 메타 분석 결과와 달스트룀과 라푸엔테(Dalström and Lapuente 2017)가 제시한 현대 공직 제도에서의 일반적인 규칙이 정부 효과성을 높이고 동시에 부패를 감소시킨다는 광범위한 사례를 고려할 때, 고용 안정성에 대한 비판은 오히려 완전히 잘못된 것일 수 있다. 이후에 제시되는 제안은 성과가 미흡한 직원들을 보호한다는 우려를 해결하면서도 전통적인 고용 안정성을 유지하기 위한 것이다.

허(Hur 2019), 허와 페리(Hur and Perry 2016, 2019)의 연구와 기타 다른 연구(Bartol et al. 2009; Kraimer et al. 2005) 결과를 종합하면, 고용 안정성을 포기하고 임의 해고 제도를 선호하는 것은 다소 경솔하다고 볼 수 있다. 전통적인 재산권 규칙을 약간 변경하면 고용 안정성과 성과 사이에 균형을 더 잘 유지할 수 있을 것이다. 바로 이러한 변화가 잠재적인 직원과 관심 있는 이해관계자들에게 성과가 중요하다는 신호를 보낼 수 있다면 말이다. 전통적인 재산권 규칙에 대한 몇 가지 조정은 성과와의 더 나은 균형을 이루는 데 도움이 될 수 있다.

- **중기(medium-term) 고용 계약**(예: 10년에서 15년). 최근 몇 년 동안 몇몇 정부는 공무원의 고용 안정성을 완전히 없앴고(즉, 임의 해고로 전환) 다른 몇몇 정부는 단기(3년에서 5년) 계약직으로 전환했다. 허현강의 메타 분석 및 다른 고용 안정성에 관한 연구는 고용 안정성의 전통적인 이점을 최대한 활용하고 동시에 성과와 대응성에 대한 이해관계자의 우려에 대응할 수 있는 기회를 공공 부문의 고용주들에게 제공하는 또 다른 대안을 제시하고 있다. 허와 페리(Hur and Perry 2016)는 "단기 및 중기(장기는 제외)에 높은 고용 안정성을 부여하는 것이 직원들의 직무 만족도와 조직 몰입을 극대화하기 위한 수단이 될 수 있을 것"(Hur and Perry 2016, 277)이라고 결론 내렸다. 그들의 추론은 "고용 안정성, 직무 만족도 및 조직 몰입 간의 관련성은 신입·중기 재직자의 경우에 더 긍정적이지만 재직 기간이 길어짐에 따라 둔화된다"(Hur and Perry 2016, 277)는 메타 분석 결과를 기반으로 하고 있다. 중기 고용 계약에 대한 아이디어는 어느 정도 추측적(speculative)이지만 고용 안정성의 효과에 대한 증거와 일관적으로 나타나고 있으므로 더 많은 연구와 실험을 통해 논의를 계속할 필요가 있다.
- **수습 기간 연장.** 수습 기간은 보통 1년인데, 1년이라는 기간은 특정 업무 과제에 대한 직원의 준비 상태를 검토하고 관찰하기에 적절한 기간을 체계적으로 분석했다기보다는 단순히 종래의 관례를 답습하는 것으로 보인다. 그러한 관행을 바꿔서 예컨대 2년으로 연장하는 등의 방안을 고려하는 것은 이미 몇몇 정부에서 시행했으며(Lunney 2016) 다른 곳에서도 활발하게 논의 중이다(Wagner 2019).
- **변화에 대한 수용성(receptivity) 관리.** 직원들에게 교육 및 능력 계발의 기회를 제공하는 것(Aguinis and Kraiger 2009)은 조직 내에서 그들의 생산성을 향상시키고 고용 기회를 확대하며 새로운 직장을 빨리 찾을 수 있는 안정성을 제공할 수 있다(Wilthagen and Tros 2004). 효과적인 경력 상담 및 양질의 취업 소개 서비스는 고용에 대한 불안감을 완화할 수도 있다(Hur and Perry 2016).

5.2.2.2 성과관리 시스템의 효과성 향상

정부는 효과적이고 지속 가능한 성과관리 시스템을 찾기 위해 많이 노력해 왔으나, 무엇이 효과적인지에 관한 풍부한 연구 결과가 잘 축적돼 있다(National Research Council 1991; U.S. Merit Systems Protection Board 2018). 마이어-잘링, 슈스터와 미켈슨(Meyer-Sahling, Schuster, and Mikkelsen 2018)은 성과관리가 개발도상국뿐만 아니라 선진국에서의 효과성을 위해서도 중요하다는 점을 확인했다. 그들이 10개 개발도상국에서 23,000명의 공무원을 대상으로 한 조사에서 얻은 결론은 "관리자와 지도자들이 공무원 관리에서 성과가 중요하다는 것을 확실히 해야 한다"(Meyer-Sahling, Schuster, and Mikkelsen 2018, 36)는 것이다. 그들은 다음과 같이 쓰고 있다: "공무원 관리에서 성과가 중요하다는 것과 이를 달성하기 위해 공식적인 성과관리 시스템이 잘 설계되고 구현되는 것이 얼마나 중요한지 여러 연구의 증거를 통해 확인할 수 있다"(Meyer-Sahling, Schuster, and Mikkelson 2018, 36).

성과관리는 조직 목표를 효과적이고 효율적으로 달성하도록 지원하는 일련의 활동이다. 수년 동안 정부에서의 성과관리는 성과 검토 또는 평가와 동일한 것으로 간주됐다. 그러나 성과관리는 개별적인 성과 평가보다 포괄적이고 높은 수준의 프로세스다. 개별적인 성과 평가는 보통 매년 수행되며, 성과관리 시스템의 일부일 가능성이 높다. 효과적인 성과관리 시스템의 구성 요소는 다음과 같다:

1. **임무와 비전 선언문(statement).** 이 책에서 반복적으로 강조하는 것은 조직의 임무가 모든 구성원의 노력의 경로를 명확히 밝히는 데 중심적인 역할을 한다는 것이다. 임무는 조직 전체에서 현저히 눈에 띄어야 하며 정기적으로 또 일상적으로 강화해야 한다.
2. **목표, 성과 계획 및 성과 정보.** 조직과 그 구성원들은 미션 달성을 향한 진전 상황을 시각화해야 한다. 지표는 정량적·정성적이고 상징적일 수 있으며, 진행 상황에 대한 지속적이고 공개적인 비판적 평가를 위해 제공된다.
3. **정기적이고 건설적인 피드백.** 이것은 아마도 직원과 그들의 부서에 대한 피드백을 관리상(administrative)의 피드백과 분리하는 것을 의미한다. 피드백 제공에 관여하는 모든 조직 구성원은 피드백을 받는 사람들과의 대화를 위한 훈련을 받아야 한다.
4. **발전적인 리뷰의 공식화.** 정부 조직은 일반적으로 직원 관리의 목적으로 이뤄지는 5점 척

도의 형식적인 리뷰에 너무 많은 관심을 기울인다. 이러한 리뷰의 관리적인 역할은 일반적으로 발전적인 역할을 압도한다. 동시에 관리를 위한 정보는 조직적 필요를 충족하지 못한다. 예컨대 성과급, 포상, 승진, 감원 등 그 정보의 해당 용도를 제대로 변별하지 못하기 때문이다. 공공 조직은 각기 다른 인적 자원 관리를 결정하기 위해서 그 용도에 맞춰 적절한 변별력을 갖춘 시스템을 개발해야 한다.

5. **정기적이고 빈번한 코칭.** 코칭은 직원의 성장과 역량을 유지하고 촉진하기 위한 발전적 자원이다(Katz 2018b). 이는 직원들을 지원해 주며 적대적인 교류보다는 상호 협력의 문화를 조성한다.

6. **성과 포상.** 높은 성과를 낸 사람을 포상함으로써 조직은 여러 가지 이익을 얻을 수 있다. 이는 직원과 다른 이해관계자들에게 높은 성과가 가치 있고 조직의 중요한 우선순위라는 신호를 보낸다. 포상을 받는 사람들에게는 업무를 잘 해 줘서 감사하다는 칭찬과 격려의 의미가 된다. 포상을 위해 성과급 체계를 만들어야 하는 것은 아니지만, 낮은 수준이라도 인센티브 활용이 필요하다(인센티브에 대한 자세한 내용은 6장 참조).

5.2.2.3 성과 평가 개선

성과관리는 개인에 대한 평가만이 아니라 더 넓은 범위를 포괄하는 개념이지만, 일반적으로 성과 평가는 특히 정부 조직에서 성과관리의 중요한 부분이다. 개별 성과 평가와 관련된 실제는 점차 변화하고 있다. 성과 평가의 변화가 갖는 주요 특성들은 상자글 5.3에 요약돼 있다. 성과 평가의 변화에서 새롭게 나타나는 두 가지 특성은 기술의 역할이 증가한다는 점과 문화에 대해 집중한다는 점이다. 5.2.2.4에서 더 논의하겠지만, 공공봉사에 대해 좀 더 명확하게 관심을 두는 것은 문화에 대한 집중과 같은 맥락에 있다.

성과 평가의 긍정적인 결과가 예상보다 부족한 주요 이유 중 하나는 그 평가를 사용하려는 목적이 상충되기 때문이다.[1] 무엇보다 성과 평가의 관리적 역할과 업무를 통해 개인의 역량을 개발하는 역할(Meyer, Kay, and French 1965) 간의 충돌이 가장 중요한 문제다. 학자들과 실무가들은 이러한 상충 관계에 대해 집중적으로 연구해 왔다. 성과 평가는 전통적으로 성과 평가 당사자, 일반적으로 상사와 부하 직원이 최근 성과와 미래 목표, 성과 개선 방법에 대한 정보를 교환하는 수단으로 간주해 왔다. 직원 간에 최근 성과에 대한 정보를 교환함으로써 그 직원은 잘 해 왔던 점을 더욱 강화할 수 있는 기회를 얻게 되고, 또한 개선의 여지가 있는 부분은 상사의 지도와 지원을 통해 실제 어떻게 개선할 수 있는지 습득할 수 있는 기회를 얻게 된다. 이러한 발전적인 프로세스는 상사와 부하 직원 간의 자유롭고 개방적인 정보의 흐름과 공통의 목표를 전제로 한다.

상자글 5.3 성과 평가의 변형

1. **피드백 빈도의 변화.** 조직은 연차 성과 평가 제도를 중단하고 있다. 그 대신 관리자, 동료 및 고객이 실시간으로 자주 피드백을 제공할 수 있는 시스템을 도입하고 있다. 이러한 소프트웨어 플랫폼을 통해 즉각적인 피드백, 건설적인 비판 및 실행 가능한 통찰력을 제공한다. 이 데이터를 집계하고 정량화함으로써 직원과 그룹에 대해 전체적인 상황을 볼 수 있는 대화와 분석이 가능해진다.
2. **대화의 개선.** 연차 평가에서 벗어나기 위해서는 관리자가 성과에 대해 직원과 대화하는 방식에 대해 좀 더 체계적으로 접근해야 한다. 관리자가 직원들이 자신의 역할과 목표에 미치는 영향을 파악하도록 돕는 경우에 수시로 피드백을 하는 것이 가장 효과적이다.
3. **상향식 접근.** 목표 설정은 하향식 접근 방식에서 벗어나 직원들로부터 시작하는 접근 방식으로 전환될 수 있다. 일단 조직의 목표가 설정되면, 직원들은 더 큰 목표에 부합하도록 우선순위를 설정하는 식으로 스스로의 개별 목표를 설정할 수 있다.
4. **관리자 교육의 개선.** 새로운 패러다임에서의 효과적인 성과관리는 관리자에게 크게 의존하게 된다. 이는 관리자가 자기 직원들의 성공을 돕기 위해 추가적인 교육과 리더십 개발이 필요하다는 것을 의미한다. 이 교육에는 직원들이 공동의 전략을 중심으로 목표를 정립하도록 돕는 방법, 직원들에게 경력 경로와 기회에 대해 지도하고 정기적인 피드백을 충실히 수행하는 것이 포함될 수 있다.
5. **기술의 역할.** 오늘날 기업은 매우 효과적인 기술을 활용해 다른 핵심적인 인적 자원(HR) 프로그램과 성과관리를 통합하고 있다. 이러한 기업의 접근 방식은 정량화, 분석 및 영향력을 좀 더 빠르게 확인할 수 있도록 한다. 플랫폼을 통해 회사와 직원들은 상호 작용하고 서로 배우며 피드백을 남기고 멘토를 찾고 문제를 해결할 수 있다.
6. **문화에 대한 집중.** 성과관리는 기본적인 비즈니스 목표를 달성하는 것 이상으로 진화하고 있다. 오늘날 인력의 복잡성을 고려할 때, 성과관리의 일부는 직원이 직장 문화와 분위기에 미치는 영향에 집중해야 한다.

반면 성과 평가의 관리적 역할은 주로 부족한 자원의 통제와 분배에 관한 것이다. 50여년 전, 허버트 마이어(Herbert H. Meyer), 에마누엘 케이(Emanuel Kay)와 존 프렌치(John R. French, Jr.)의 연구는 직원의 능력 계발과 급여 결정을 위해 동일한 평가를 사용하는 것이 갖는 문제점을 분명히 밝힌 바 있다: "한 관리자가 부하 직원의 성과 향상을 돕는 조언자 역할을 하면서 동시에 그 부하 직원의 급여 결정을 판단하는 판사 역할을 맡는 것은 어리석은 일이다"(Meyer, Kay, and French 1965, 127). 관리 목적으로 이뤄지는 평가는 일반적으로 직원을 방어적인 입장에 둠으로써, 그들이 정보를 숨기고 성취를 과장하며 결점은 최소화하도록 유도하게 된다. 동시에 상사들은 자신의 평가를 "정당화"한다. 발전적인 평가가 지향하는 것, 즉 정보가 자유롭게 흐르며 목표 지향적 교환 관계에 중점을 둬야 한다는 이상은 평가자와 평가 대상자 간의 이기적인 교환 관계로 빠르게 변질될 수 있다.

공공 조직과 관리자에 대한 법적·규제적 제약으로 인해 충돌을 완전히 제거하기는 어려울 수 있지만, 충돌을 완화하기 위한 차선책은 있다. 가장 직접적인 방법은 발전적인 목적의 평가를 관리 목적의 평가와는 별도의 등급 및 순위로 보강하는 것이다(National Research Council 1991). 조직이 일반적으로 직원들을 우수(outstanding)에서 불만족(unsatisfactory)까지의 척도로 평가하는 연차 성과 평가에 의존하는 경우, 평가의 발전적인 목적과 관리적인 목적 간의 충돌은 불가피하다.

5.2.2.4 성과관리 및 평가 시스템의 기준으로서의 공공봉사

관료주의적 이상형의 요소 중 하나는 가치(values)라는 점을 이 장의 앞부분에서 언급한 바 있다: "관료들은 일반적으로 관료주의가 내재된 정치적·규범적 질서 내에서 행동할 것으로 기대된다"(Boruvka and Perry 2020, 8). 정치적·규범적 질서에 영향을 미치는 가치 중 상당수는 직업 또는 미션 성과와 관련된 지표에 쉽게 파악되지 않는다. 그러나 공직자들은 헌법 원칙, 법의 지배(rule of law) 및 직업적 표준의 관리자다. 수잔 피오트로프스키(Suzanne J. Piotrowski)와 데이비드 로젠블룸(David H. Rosenbloom)은 이러한 가치를 "임무에 기반하지 않은 가치(nonmission-based values)"라고 지칭한다(Piotrowski and Rosenbloom 2002). 이들은 신공공관리(New Public Management: NPM) 정신에 따라 "결과 지향적인(results-oriented)" 개혁을 강조하면,

거버넌스 가치의 중요성에 대해 직원들의 관심이 약해질 수 있다고 주장한다. 따라서 특히 민주주의적-헌법적 가치와 같은 공공봉사 가치는 조직의 성과관리 및 개인의 성과 평가 시스템에 통합돼야 한다.

공공봉사와 관련된 가치를 성과관리 및 평가 시스템에 통합해야 한다는 주장은 높은 성과에 대한 일반적인 연구와 동일한 맥락에 있다. 예를 들어, 이는 3장에서 소개했던 높은 성과 연구에서 도출된 원칙과 일치한다. 즉, 단지 직무뿐만 아니라 개인-조직 적합성(person-organization fit)에 부합하는 직원을 선발해야 한다(Bowen, Ledford, and Nathan 1991). 보웬과 그 동료들은 직무 분석에 추가해 조직 분석을 수행했는데, 전체 작업 환경을 평가하는 것이 직무 적합성으로부터 개인의 조직 적합성으로의 전환에 필요한 요소라고 주장한다. 직무 적합성과 조직 적합성 모두 선발과 관련이 있다면 성과관리와 평가에 통합돼야 한다. 이러한 추론은 데이비드 보웬(David E. Bowen), 제럴드 레드퍼드(Gerald E. Ledford)와 베리 네이선(Barry R. Nathan)이 직업 훈련과 조직 설계를 통해 조직 적합성을 강화해야 한다고 강조했던 주장과도 일치하며(Bowen, Ledford, and Nathan 1991), 일반적인 직무 성과 연구와도 일치한다(Welbourne, Johnson, and Erez 1998; Viswesvaran and Ones 2000). 예를 들어, 테레사 웰보른(Theresa M. Welbourne), 다이앤 존슨(Diane E. Johnson)과 아미르 에레즈(Amir Erez)는 역할 및 정체성 이론을 기반으로 한 역할 기반 성과 척도(role-based performance scale)를 제안했다. 이는 직무 중심(job-based) 모델에서 역량 중심(competency-based) 모델로 이동하는 추세를 나타내며, 특히 개인의 현재 및 미래의 직무와 관련된 역량에 중점을 둔다(Lawler 1994; Milkovich and Boudreau 1997).

피오트로프스키와 로젠블룸(Piotrowski and Rosenbloom 2002)은 성과 계획에서 균형성과표(balanced scorecard)를 사용하는 것이 민주-헌법 가치에 대한 관심을 높일 수 있다고 주장한다. 일부 공공 기관은 기술적 기대와 가치적 기대를 조화시키기 위해 오래전부터 균형성과표를 사용해 왔다. 대부분의 미국 군대에서는 기술 능력뿐만 아니라 품행까지 포함한 성과 평가 시스템을 사용한다. 미 해군과 해병대는 매년 "그/그녀의 삶에서 핵심 가치의 수용"을 포함한 피트니스 보고서(fitness reports)를 발행한다(Parkyn 2006, 231). 마이클 파킨(Michael B. Parkyn)은 미 해병대에서 이러한 핵심 가치의 활용 결과를 다음과 같이 설명하고 있다: "공통의 가치와 신념을 가진 해병대원들은 서로를 신뢰하고 서로 소통하며 가장 어려운 상황에서도 서로 조화롭게 일할 수 있다. 핵심 가치를 공유하는 복무 정신은 신뢰, 의사소통 및 조화를 촉진해 결국 하나로 결속되게 한다"(Parkyn 2006, 218).

미 해군 시설의 민간 직원을 대상으로 한 연구에서 로리 팔버그(Laurie E. Paarlberg)와 제임스 페리(James L. Perry)는 높은 성과를 거둔 작업 단위의 관리자들이 종종 성과 평가를 개발할 때 원칙적인 목표에 중점을 둔다는 것을 관찰했다(Paarlberg and Perry 2007). 이러한 원칙적인 목표에는 정직, 팀워크, 고객에 대한 헌신, 시설 자원에 대한 훌륭한 관리 등이 포함돼 있다.

벨기에의 플랑드르 지역 정부(Flemish government)에서는 협력, 지속적인 개선, 고객 중심, 신뢰라는 네 가지 핵심 가치를 정의했다. 이러한 가치는 역량 프레임워크의 일부이며 모든 공무원의 역량 프로필에 포함돼 있다(Brans and Hondeghem 2005).

5.2.2.5 성과 기반 인력 감축

고용 안정성과 성과 간의 균형을 맞추기 위한 또 다른 단계는 경력 또는 기타 비성과 기준이 아닌, 성과를 기반으로 인력 감축(Reductions-in-Force: RIF)을 수행하는 것이다. 인력 감축은 정책 변경이나 수요 감소로 인해 프로그램 또는 직원을 정리하는 것을 포함한다. RIF 결정을 내리는 데 사용되는 기준에는 근무 기간, 보호 계층 여부, 임명 유형 및 성과와 같은 요소들이 포함된다. 최근 고용 안정성 규칙에 대해 비판하는 이유 중 하나는 많은 사람이 이것을 성과가 낮은 직원을 보호하는 수단으로 보기 때문이다(Hur and Perry 2016). 공공봉사 파트너십과 볼커 얼라이언스(Partnership for Public Service, and The Volcker Alliance 2018)의 최근 제안에서는 성과를 RIF의 가장 중요한 기준으로 삼아야 한다고 주장한다.

5.2.3 조직과 직원 간의 유대 관계를 강화하기 위한 공공봉사동기 향상

브래들리 라이트(Bradley E. Wright)와 산제이 판데이(Sanjay K. Pandey)는 공공봉사동기를 장려하는 근무 환경에 관한 이전 논의의 대부분을 확증하는 기본적인 공공 관리 원칙을 분명히 하고 있다. 그들은 다음과 같이 쓰고 있다: "[공공봉사동기]는 조직의 가치 및 목표가 어떻게 직원의 가치 및 목표와 일치하는지를 강조하는 커뮤니케이션과 성과 피드백을 통해 육성돼야 한다"(Wright and Pandey 2008, 515). 라이트와 판데이의 원칙은 공공봉사동기와 친사회적 행동에 관한 실험적 연구를 통해 지지되고 있다. 마크 에스테브(Marc Esteve) 외는 263명의 학생 표본을 사용해 공공봉사동기와 친사회적 행동 간의 관계를 조사했다(Esteve et al. 2016). 그들은 공공봉사동기와 친사회적 행동 간의 양의 관계뿐만 아니라 그룹 구성원의 행동이 이 관계를 조절한다는 점을 발견했다. 이에 관해 에스테브 외(Esteve et al. 2016)는 다음과 같이 말한다: "우리는 높은 공공봉사동기(Public Service Motivation: PSM)를 가진 사람들의 친사회적 행동은 다른 사람들이 어느 정도 친사회적인 환경에 처해 있는지에 따라 달라진다는 것을 발견했다. 우리의 분석 결과는 PSM이 높은 사람들이 사회적 맥락에 맞게 그들의 행동을 조정함을 보여 준다. 즉, 그들은 친사회적인 개인들과 상호 작용할 때에는 친사회적으로 행동하지만, 그렇지 않은 경우에는 다른 사람을 위하는 행동을 취하지 않는다"(Esteve et al. 2016, 183). 제시카 브로우(Jessica Breaugh), 커스틴 알페스(Kerstin Alfes)와 아드리안 리츠(Adrian Ritz)가 스위스의 131개 조직을 대상으로 수행한 최근의 공공봉사동기 연구(Breaugh, Alfes, and Ritz 2019)는 에스테브 외의 연구 결과를 뒷받침한다. 브로우, 알페스와 리츠(Breaugh, Alfes, and Ritz 2019)가 공공봉사동기 환경(climate)이라고 부르는 그룹 수준의 동기 부여 점수는 팀 확인을 통해 팀의 효과성에 간접적으로 영향을 미치며, 그 관계는 공공봉사동기 환경이 강한 경우에 더욱 강화된다. 그러므로 두 연구를 통해 근무 환경이 동료들의 집단적인 공공봉사동기의 차이를 만든다는 점을 알 수 있다.

공공 관리자와 그 조직은 어떤 방법으로 공공봉사동기를 향상시킬 수 있을까? 몇 가지 방법을 제안할 수 있다. 그중 하나는 이 장에서 앞서 강조한 기본적인 심리적 욕구를 충족시키는 것이다. 2장에서 논의했던 이론적 지원과 함께 이 장에서 고려했던 공공 제도적 장치의 내재적 이점 외에도 몇몇 경험적 연구가 추가적인 증거를 제시하고 있다. 예를 들어, 바우터 반데나빌레(Wouter Vandenabeele)는 벨기에 플랑드르 지역 정부 중앙부처의 3,000명 이상의 공무원으로부터 수집한 설문 응답을 분석했다(Vandenabeele 2014). 그는 두 가지 종속 변수, 즉 공공 가치 촉진을 위한 리더십과 개인의 공공봉사동기를 살펴봤다. 분석 결과, 기본적인 심리적 욕구 충족이 두 변수 간의 관계를 조절하는 것으로 나타났다. 따라서 조직이 구성원의 기본적인 심리적 욕구를 충족시키는 데 주의를 기울이면, 리더의 공공 가치 촉진의 효과성과 함께 구성원의 공공봉사동기도 높아질 것이다.

러츠 카이저(Lutz Kaiser)는 독일 북부 라인-베스트팔리아(North Rhine-Westphalial) 지역의 도시에서 498명의 공무원을 대상으로 한 서베이 자료를 수집해 반데나빌레(Vandenabeele 2014)의 연구와 일관된 결과를 얻었다(Kaiser 2014). 그는 자율성과 유능성이라는 기본적인 심리적 욕구를 충족시키는 것이 개인이 자율적 정체성의 일부인 공공봉사 가치를 내재화할 수 있는 동기의 원천이라고 추론했다. 카이저는 다음과 같이 쓰고 있다: "후속 연구의 분석 결과는 현대적인 인적 자원 관리 도구의 실행을 강력히 권장한다. 특히, 현대적인 인사관리의 도구에는 유능성과 자율성의 이전 가능성과 같이, 직무에서의 자기 결정을 허용하는 장치가 포함돼야 한다"(Kaiser 2014, 14).

5.3 합의의 해체: 가치 체계가 충돌할 때

2장부터 4장에 걸쳐 다뤘던 일관된 주제는 "적합성(fit)"의 중요성이다. 즉, 개인과 직무 간의 적합성, 개인과 조직 간의 적합성, 조직의 정체성과 개인의 가치 및 열정 간의 적합성, 그리고 개인의 정체성과 근무 환경 간의 적합성이다. 그러나 적합성은 영구적이지 않으며 영원하지도 않다. 내가 처음으로 적합성의 불영속성과 직면했던 것은 1978년의 미국 공무원 제도 개혁법(the Civil Service Reform Act)을 평가하던 1970년대 후반과 1980년대 초의 경험이었다. 우리가 연구한 현장 사례 중 하나는 미국 농무부 농민내무국(Farmers Home Administration: FmHA)의 캘리포니아주 소재 사무소였다. 이 기관의 임무는 농촌 개발을 위한 자금을 대출하는 것이었다. 카터 행정부에서 레이건 행정부로의 전환은 밤낮의 차이와 같이 대조적이었다. 카터 행정부 시절 농민내무국(FmHA)은 농촌 지역에 접근 가능한 대출 건수와 대출 금액으로 평가됐다. 그 우수성의 평가 기준은 더 많은 금액을 더 많이 대출하는 것이었다. 레이건 행정부는 정책의 방향성을 전환했다. 즉, 적은 금액과 대출 건수가 적은 것이 우수성의 기준이 됐다. 거의 하룻밤 사이에 우수성의 기준이 완전히 달라진 것이다.

FmHA 사례는 가끔씩 정치적 풍향이 바뀌는 경우에 어떤 일이 벌어질 수 있는지 보여 준다. 이것은 정권 교체가 발생할 때, 임무에 대한 대중의 여론이 악화될 때, 또는 핵심적인 조직 기술이 무용해질 때, 공공 맥락에서 발생할 수 있는 상황이다. 조직 구성원들은 개인적으로나 집단적으로 낯선 상황에 처할 수 있다. 3장에서 다뤘던 미국 연방 교정국(BOP)의 이야기는 존 디울리오(John J. DiIulio, Jr.)가 BOP 초기 몇 십 년 동안 문서화했던 강한 문화의 쇠퇴로 이어지지는 않았지만, 1990년대와 2000년대 초반의 다양한 사건들은 확실히 "원칙주의적인 기관(principled agents)"으로서의 쇠퇴에 영향을 미쳤다(DiIulio 1994). 대중 매체는 BOP에서 수년 동안 발생한 것과 유사한 해체를 겪는 다른 공공 기관에 대한 사례를 제공하고 있다. 다음은 미국과 인도의 사례다:

- 직업 외교관인 존 필리(John Feeley)는 2016년 파나마 대사로 임명됐다. 그는 거의 35년의 외교 경력 동안 주로 라틴 아메리카에서 근무하며 스페인어 능력과 해당 지역과 사람들, 문화에 대한 지식을 쌓았다(Anderson 2018). 2017년 이후 미국 국무부를 떠난 많은 외교관과 마찬가지로, 그의 2018년 3월 퇴임은 정책과 무관했다. 대신, 필리가 공직에 종사하면서 추구해 왔던 가치관과 미국 정부의 리더들이 추구하는 가치관의 문제였다. 필리(Feeley 2018)는 『워싱턴 포스트』지에 기고한 칼럼에서 그의 사임 결정에 가치관과 정책이 어떤 역할을 했는지 다음과 같이 설명했다:

"이제 나는 더 이상 대통령과 그의 정책을 지원해야 할 책임이 없으므로 몇 가지 사항을 명확히 하고자 한다. 나는 파나마에서의 소관 업무와 관련된 어떠한 정책 결정으로 인해 사임하지 않았으며 – 언론에서 잘못 언급한 바와 같이 – 비자 다양성 추첨 제도(the visa diversity lottery)에 참여하는 국가들을 폄하하는 대통령의 발언 때문에 사임한 것도 아니다. 나는 미국의 전통적인 핵심 가치가 대통령의 국가안보 전략과 그의 외교 정책에서 왜곡되고 무시당해 사임한 것이다. 나는 개인적으로 더 이상 대통령을 대변할 수 없었고, 미국을 진정으로 위대하게 만드는 것에 대한 나의 신념에 충실할 수 없었다."

- 2019년 8월 21일, 2012년부터 인도의 행정공무원으로 근무해 온 캐넌 고피너선(Kannan Gopinathan)은 카슈미르 지역의 시민 자유에 대한 변경 조치에 항의해 사임했다(Jose 2019). 그리고 나서 얼마 지나지 않아 9월 6일에 2009년부터 인도 행정공무원으로 일했던 새시캔스 센틸(K. Sasikanth Senthil)이 이에 합류했다. 센틸은 자신의 퇴임을 개인적인 상황이나 특정 정책과 연관시키지 않고, 가치 변화와 관련시켰다: "우리 중 많은 사람은 어떤 이상과 가치를 좇아 공무원이 되는데, 그러한 이상에 의문이 제기되면 계속 근무하기 어려워진다.… 나는 공무원으로 근무하는 동안 개인적인 문제에 직면한 적은 없었다. 나는 최근 우리나라가 움직이고 있는 방향에 대해 더 큰 의미를 전하기 위해 떠났다"(Jose 2019)고 말했다. 여당의 방향성에 반대하는 많은 이가 고피너선과 센틸의 뜻에 합류한 것으로 보도됐다(Munsi 2019).

존 필리, 캐넌 고피너선 및 새시캔스 센틸과 같은 공직자들의 이탈로 인한 인적 자원 손실이 조직 전체에 걸쳐 증가한다면 효과성 측면에서 막대한 손실을 가져온다. 존 리 앤더슨(Jon Lee Anderson)은 그의 에세이에서 이러한 손실을 설명하면서, 미 국무부의 발전이라는 더 큰 맥락에서 필리의 사임을 다루고 있다(Anderson 2018):

> 지역에서 근무하고 있는 어느 외교관은 미국 외교의 효과를 복원하기 위해서는 오랜 기간 혼신의 노력을 기울여야 한다고 말했다. "우리는 이미 복구를 위해 다년간 노력해 왔습니다 – 네, 5년 정도." 그는 말했다. "상황이 심각합니다." 미국이 동맹국과의 관계를 회복하려고 노력할 때, 글로벌 문제의 세부 사항을 다룰 수 있는 전문가와 신입 직원들을 위한 경험 많은 멘토의 심각한 부족에 직면하게 될 것이다. 국무부에서 이 외교관은 이렇게 덧붙였다. "우리에겐 무기가 없습니다. 우리에겐 엄청난 예산도 없습니다. 우리가 경쟁해야 할 것은 단지 우리 고위 간부들의 신뢰뿐입니다. 그런 것들이 없다면, 취약한 위치에서 대처해 가야 합니다. 결국 상황을 타개하는 방법은 존(John)처럼 문제를 해결할 수 있는 사람들을 전진시키는 것입니다." 그는 말을 이어갔다. "우리나라에 매우 위험한 시기에 이런 일이 일어나고 있습니다. 어떤 사람들은 이를 자책골로 비유합니다. 저는 이것이 마치 자초(自招)한 '진주만(Pearl Harbor)'과 유사하다고 말하고 싶습니다."

역량의 침식을 "자초한 진주만"이라고 묘사하는 것은 다소 극단적이지만, 가치에 대한 합의의 해체가 어떻게 조직을 파괴할 수 있는지 파악하는 데에 도움이 된다.

공공 기관에서의 이러한 극단적인 결과를 관리하거나 방지할 수 있을까? 미국 외교부와 인도 행정부에서와 같은 혼란을 완화하기 위해 어떤 균형추를 개발할 수 있을까? 지지하는 직원이나 이해관계자들을 위한 선택권을 재조정해 퇴직(exit) 대신 그들의 목소리(voice)와 충성도(loyalty)를 강화할 수 있을까(Hirschman 1970)? 쉽게 답을 찾기 어려운 난해한 질문들이다. 이 질문들에 도움이 될 만한 몇 가지 고려 사항을 제안해 보겠다.

첫째, 앞서 언급한 가치 반전으로 인한 인적 손실이 유감스러운 만큼, 이러한 사건들은 예측하기 어렵고, 많은 정치 체제에서 드물게 발생한다. 예를 들어, 미국에서 레이건 대통령과 트럼프 대통령의 임기가 중요한 정치적 격변의 기준점이라면, 그들은 40년 간격이다. 이는 평생은 아니지만 상당한 기간이다. 영국과 같이 내각책임제인 국가에서는 마거릿 대처(Margaret H. Thatcher) 총리의 임기가 제2차 세계대전 이후 주요한 가치 체계의 변화로 여겨질 수 있다.

둘째, 공공 기관에서의 대규모 변화는 종종 가치 변화를 형성하는 선거 과정과 함께 반대 의견을 증폭시키는 메커니즘을 동반한다. 여기에서 주목할 점은 가치 변화가 종종 잘못된 지도자의 임의적인 선택이 아니라 대중 지지에서 비롯된 변화를 반영한다는 것이다. 또한 많은 공공 기관은 구성원들이 자신의 반대 의견을 표명할 수 있는 공식적인 메커니즘도 제공하므로 방향 변경에 대한 반대 의견을 설명할 기회를 얻을 수도 있다(O'Leary 2020). 반대 의견을 고려하는 메커니즘은 정책 전문가 커뮤니티 내에서 정책 차이로 인한 분열을 해결할 수 있을지 모르지만, 가치에 대한 심오하고 근본적인 차이를 해결하기에는 효과적인 메커니즘이 아닐 수도 있다.

마지막으로, 거버넌스 및 공공 정책의 기반이 되는 가치 체계의 재검토와 때때로 발생하는 급격한 변화는 민주 정부에서 건강하고 필요한 과정일 수 있다. 민주주의적 절차의 운영은 공무원들의 전문 지식이나 이해보다 우선시해야 한다. 그 공무원들 중 일부가 정책이나 집행 과정에서 중심 역할을 하는 경우에도 그러하다. 공무원들의 이탈이 의미하는 인적 자본의 손실이 유감스럽지만, 이러한 손실은 건강한 민주적 과정이라는 더 크고 장기적인 맥락 안에서 고려돼야 한다. 물론 "누가 통치하는가"는 정치 체제에 따라 달라진다. 권위주의 체제에서는 이해관계자들의 개입에 다른 가중치를 부여할 수 있을 것이다. 마찬가지로 권위주의 체제조차 장기적으로는 그들 체제의 정당성을 유지하기 위해 주의를 기울일 것이다.

5.4 결론

실증 연구에 따르면, 공공봉사동기를 강화하고 유지하는 분위기를 조성하려면 이를 장려하는 근무 환경이 중요하다. 공공봉사동기를 장려하는 근무 환경의 기반은 정치인과 관료에게 구별된 경력 인센티브를 제공하는 제도적 장치다. 공무원과 정치인을 분리하는 규정은 공공봉사동기를 향상시키기 위한 다음 두 가지 조건을 설정한다. 즉, 공유재를 위한 환경 조성 및 직원의 기본적인 심리적 욕구를 촉진하는 것이다.

그러나 유기적 공유재, 실적주의 기준, 그리고 경력 인센티브의 완화에도 불구하고 공공 기관이 사용할 수 있는 다양한 능력 계발 도구를 통해 본질적 동기 부여 행동을 촉진하는 것이 가능하다. 이러한 도구 중에는 견고한 학습 및 성장 기회 확립, 고용 안정성과 성과를 균형 있게 반영하는 기준 개발, 그리고 조직과 직원 간의 유대를 강화하기 위한 공공봉사동기를 향상시키는 것이 있다.

이 장에서는 공공 기관이 견고한 학습 및 성장 기회를 확립할 수 있는 여러 가지 방법을 확인했다. 아마도 가장 중요한 단계 중 하나는 경력 전반에 걸쳐 지속적인 학습 및 개발 기회를 제공하는 것이다. 이러한 전체 경력 기간 동안의 학습은 군 경력에서 일반적이지만, 군대가 인지 및 경험적 학습을 장려하는 방식과 유사한 전술이 공공 인력 전반에 걸쳐 광범위하게 확장될 수 있다. 리더 개발 프로그램 또한 이와 비슷하게 더 포괄적으로 확장돼 조직의 계층 구조 전반에 걸쳐 기회를 열어 줄 수 있다. 마지막으로, 자신의 소명이나 삶의 기본적인 목적을 추구하는 개인들은 경력에서의 주관적인 성취에 더 많은 관심을 기울일 수 있다. 주관적인 성취의 달성은 직원의 자신감과 정체성의 토대가 되며, 결국 자기 주도적인 경력 성과의 연속적인 사이클로 이어질 것이다.

고용 안정성 규칙이 정치인과 관료 사이에 완충을 유지하는 데 중요하다고 할 때,

안정성은 높은 성과에 대한 전망과 균형을 이뤄야 한다. 이러한 균형을 달성하는 한 가지 방법은 재산권과 성과를 동등하게 존중하는 규칙을 정의하는 것이다. 공공 기관은 성과관리 시스템의 효과를 향상시키고, 이러한 시스템의 주요 요소인 성과 평가를 개선함으로써 성과에 긍정적인 영향을 미칠 수 있다. 또한 공공봉사의 가치와 기대를 직접 이러한 성과관리와 평가 제도에 통합시킬 수 있다. 아울러 성과는 인력 감축(RIF)과 같은 결정을 내릴 때 하나의 기준으로 제시할 수 있다.

본질적인 동기 부여 행동을 발전시키기 위한 마지막 단계로, 공공 기관은 공공봉사동기를 향상시켜야 한다. 조직의 일상적인, 또는 특별한 프로세스를 통해 조직의 가치와 목표가 직원들 스스로의 가치와 목표가 되도록 직원들과 소통하는 것은 공공봉사동기를 향상시키고 유지하는 데 큰 도움이 될 수 있다.

주(註)

1. 성과 평가가 사용되는 역할 간의 충돌이 그 효과성에 영향을 미치는 유일한 요인은 아니다. 크리스텐센 외(Christensen et al. 2013)는 혼합 실험 설계를 사용해 한국 MPA 및 MBA 학생 샘플을 대상으로 공공봉사동기와 성과 평가 간의 관계를 조사했다. 그들의 발견 중 하나는 평가자의 공공봉사동기가 직무 및 비직무 행동 모두에 대한 평가를 조절한다는 것이었다. 이러한 연구 결과를 기반으로 그들은 후속 연구를 위한 몇 가지 제안을 제시했다.

제6장

공공봉사동기
Managing Organizations to Sustain Passion
for Public Service

보상 체계와 공공봉사동기를 연계하기

많은 사람이 공공봉사동기와 외적 보상 체계를 별개로 생각하는 경향이 있다. 하지만 실제로 외적 보상과 내적 보상은 밀접하게 연관돼 있다. 보상과 공공봉사동기는 특히 성과급과 조건부 급여에 대한 연구에서 자주 교차하는 개념이다. 조건부 보상과 공공봉사동기 간의 교차가 가장 두드러지지만, 보상 정책의 많은 영역이 공공봉사동기와 관련이 매우 크다. 이 장에서는 보상 정책과 공공봉사동기 간의 교차점을 강조하고, 전문가들이 보상 정책과 실무에 대한 연구에서 도출할 수 있는 명제를 평가하며, 보상 정책을 공공봉사동기에 부합하도록 연계하는 전략을 도출하고자 한다.

공공봉사동기에 맞춰 보상 정책을 연계하는 것은 공공 조직에 여러 긍정적인 효과를 촉진하는데, 특히 다음과 같다:

- 명확하고 일관된 보상 정책은 잠재적 직원들에게 다양한 유형의 보상이 상대적 중요성을 전달함으로써 인센티브가 더 잘 작동하도록 한다.
- 동기란 통제된 인센티브보다는 자율적 인센티브와 더 잘 조화될 가능성이 높다.
- 보상 체계가 잘 설계되면 내적 동기와 공공봉사동기가 밀려나기보다는 수용될 가능성이 더

커진다.
- 보상 정책을 잘 연계하면 직원들의 이해관계, 적절한 보상에 대한 공공의 기대, 그리고 예산 제약을 조화시키는 데 도움을 준다.

이 장은 세 단계로 서술된다. 먼저 몇 가지 대단히 중요한 질문들, 어떤 행동이 효과적인 조직에 중요한지, 즉 효과적인 보상 체계란 무엇인지 설명하는 것으로 시작하고자 한다. 이후 보상 체계의 구성 요소에 대해 논의한다. 특히 무엇이 중요한지, 구성 요소들이 공공봉사동기에 어떠한 영향을 미치는지에 관한 연구 결과를 함께 논의한다. 여기에서는 여덟 가지 구체적인 전략이 제시될 것이다. 공공재에 중요한 요소인 친사회적이고 내적인 동기를 어떻게 제고하고 공공봉사동기를 강화하는가와 관련된 제도적 장치에 관한 전략이다. 끝으로 제안된 전략을 추진하는 것의 함의를 생각하는 것으로 이 장은 결론을 맺는다.

6.1 동기 부여와 효과적인 보상 체계

우선 효과성 평가 기준을 논의하는 것은 공공 관리자들이 달성하고자 하는 목표에 대한 기준점을 제공하는 데 도움이 될 것이다. 여기에는 두 가지 병렬적인 기준이 관련돼 있는데, 하나는 동기 부여와 관련되고 다른 하나는 보상 체계와 관련된 것이다. 동기 부여와 관련해 소속감, 신뢰할 수 있는 역할 행동, 그리고 혁신적이고 자발적인 활동이라는 세 가지 개념은 효과적인 조직이 요구하는 행동에 포함된다(Katz 1964). 이러한 개념들은 2장의 전반부에서 자세히 논의한 바 있다.

이 세 가지 행동 유형은 무엇보다도 효과적인 보상이 무엇인지에 대한 논의에서 강조된다. 주요 보상 텍스트(Milkovich and Newman 1999)는 다음과 같은 네 가지 전략적 정책이 있음을 보여 준다: (1) 내적 일관성, (2) 외적 경쟁력, (3) 직원 기여도, (4) 관리.[1] 이러한 보상의 효과성 기준은 효과적인 조직에서 요구하는 행동과 연결돼 있음이 분명하다. 예를 들어, 인센티브는 혁신적이고 자발적인 활동을 자극하기 위한 조직의 노력임을 알 수 있다. 우수한 후보자를 영입하는 능력과 외적 경쟁력은 구성원 행동과 관련해 핵심적인 고려 사항이다. 내적 일관성은 신뢰할 수 있는 역할 행동에 필수적이다. 따라서 보상 정책과 전략은 효과적인 조직 행동을 실현하는 데 매우 중요하다.

로이스 와이즈(Lois R. Wise)와 저자는 처음으로 공공봉사동기에 대해 글을 쓰면서(Perry and Wise 1990), 보상과 공공봉사동기가 서로 얽혀 있다는 것을 발견했다. 우리가 제시한 세 가지 주장 중 하나는 "높은 수준의 공공봉사동기를 가진 구성원을 영입하는 공공 기관은 개인의 효율적인 성과관리를 위해 공리주의적 인센티브(utilitarian incentives)에 덜 의존할 가능성이 높다"(Perry and Wise 1990, 371)는 것이었다. 개인이 조직이 제공하는 인센티브와 자신의 성향을 일치시키려는 경향을 가진다고 가정하는 성향-기회 이론(predisposition-opportunity theory)에 따르면(Knoke and Wright-Isak 1982), 효과적인 인센티브는 개인이 조직에 가져오는 성향과 직접적으로 연관된 것이다. 예를 들어, 금전 때문에 동기가 부여되는 개인들은 규범적이거나 정서적인 인센티브가 아닌 공리주의적 인센티브에만 의존하는 순수 공리주의적 인센티브 체계에 더 잘 반응할 가능성이 높다(표 2.2 참조). 규범적 및 정서적 인센티브를 활용해 구성원을 영입하는 조직들은 순수 규범적, 순수 정서적, 또는 공리주의적 인센티브를 배제하는 서비스 체계와 같은 다른 유형의 인센티브 체계에 의존할 것이다.

보상 체계 설계에 대한 논의를 보면, 공직 제도가 어떻게든 좋은 성과를 얻으려는 결과론과 적정한 수준의 보상을 해야 하는 적절성 간의 균형을 고려하는 혼합 동기(mixed-motive) 시스템임을 알 수 있다(March and Olsen 1989). 재정적 인센티브 시스템은 일반적으로 개인이 이기적이라는 가정에 근거해, 구성원 개인의 자기 이해관계와 조직의 목표는 외적 보상의 분배를 통해 가장 잘 조정된다고 본다(Deckop, Mangel, and Cirka 1999; Ferraro, Pfeffer, and Sutton 2005; Ghosal 2005). 그러나 공공봉사동기에 관한 이론들은 인간 본성에 대한 다른 대안적 가정에서 출발한다. 로리 팔버그(Laurie E. Paarlberg), 제임스 페리(James L. Perry)와 애니 혼데헴(Annie Hondeghem)은 인간 본성을 다음과 같이 가정한다: "…공공봉사동기에 관한 이론들은 개인들이 공공봉사의 내적 보상에 의해 '내재적으로 동기 부여됨'을 가정한다(Perry and Wise 1990). 동기 부여에 대한 많은 연구는 어떤 사람들은 이기적이며 개인주의적이어서 합리적·물질적 인센티브에 의해 동기가 부여되는 반면, 다른 이들은 사회 공헌 능력이나 규범적 가치 준수에 대한 사회적 수용 등 '타인 동기 부여(other motivated)'로부터의 경험과 정체성에 의해 동기 부여됨을 시사한다"(Paarlberg, Perry, and Hondeghem 2008, 279).

보상 설계와 직원 행동 간의 연계에 대한 거시적 질문(big picture question)과 별개로, 공공 부문에서의 보상 체계에서는 실제로 재원을 어떻게 조달하느냐의 문제를 고려해야 한다. 공무원에 대한 보상은 일반적으로 세금 및 기타 공적 자금에서 전적으로 지원되는데, 그러한 자금의 성격과 공무원에 대한 적절한 보상 수준에 대한 일반 국민의 기대 때문에 결국 실질적인 재원 제약 문제에 직면하게 된다. 공공 보상 체계 설계에서는 이러한 제약을 분명히 인식해야 한다.

6.2 동기 부여와 보상 체계 효과성에 영향을 미치는 보상 구조

보상은 다양한 형태로 제공된다. 조지 밀코비치(George T. Milkovich)와 제리 뉴먼(Jerry M. Newman)은 다음과 같이 보상의 네 가지 주요 형태를 구분한다(Milkovich and Newman 1999): 기본 급여, 성과 급여, 인센티브, 혜택 및 서비스. 이러한 유형별로 특정 행동을 어떻게 동기 부여하는지에 대해 추측해 볼 수 있지만, 공공봉사 동기에 대한 연구가 아직 그렇게 오래되고 광범위하게 이뤄지지 않았으므로 각 유형별로 보상 설계에 대한 지침으로 연결하기는 어렵다. 아래의 논의는 총 보상(total compensation), 기본급(basic pay), 이동 시스템(mobility systems),* 재정적 인센티브(financial incentives)와 같이 몇 가지 형태의 보상에 초점을 맞추고자 한다.

이 장에서 논의하는 일반적인 모델은 [그림 6.1]과 같다. 이 모델은 보상의 여러 측면이 다른 매개 변수에 영향을 미친다고 가정한다. 보상에 의해 영향을 받는 매개 변수 중 하나는 해당 조직에서 직원들에게 중요한 요소들에 관련된 것인데, 즉 경쟁사(즉, 비교 대상) 대비 기본급의 경쟁력, 구성원 간 임금의 분산 정도, 승진 규칙과 같은 지표들이다. 이러한 변수들은 시장 경쟁력과 내재적 동기와 같은 다른 매개 변수에 영향을 미칠 수 있다. 마지막으로, 매개 변수들은 차례로 소속감, 신뢰할 수 있는 역할

---

* 정확한 의미는 후술 6.3.3을 참조(역자 주).

행동, 그리고 혁신적이고 자발적인 활동과 같이 조직 효과성에 중요한 동기 부여에 영향을 미친다.

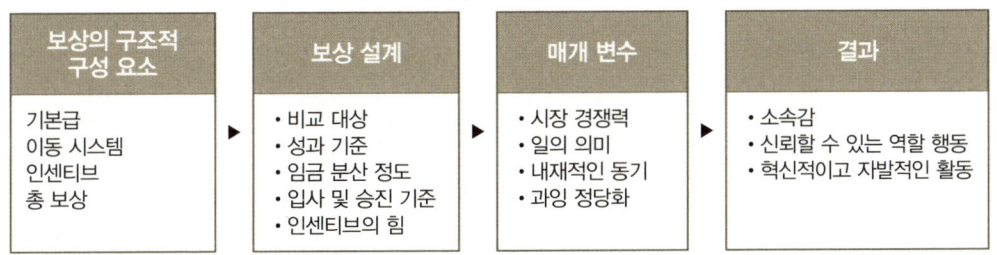

[그림 6.1] 보상 설계 및 결과에 대한 일반적인 모델

6.2.1 보상 구조의 이론적 역할

보상은 다양한 역할을 하지만 그중에서도 가장 중요한 것은 구직 시장에서의 신호(signaling) 기능이다(Spence 1973). 신호 기능의 한 축에는 기본급이 있다. 이는 지원자에게 전체적인 보상 체계에서 금전이 얼마나 중요한지와 조직의 효과성 면에서 그 일자리가 얼마나 중요한지에 대한 정보를 전달한다. 신호의 직접적인 기능은 조직과 잠재적 인력 간의 정보 비대칭을 줄이는 것이다(Connelly et al. 2011). 신호는 기본급뿐만 아니라 총 보상, 고용 안정성 규칙, 조직 내 승진 등 구직 시장의 여러 측면에서 전달된다(Spence 1973; Celani and Singh 2011).

하나의 프레임워크로서 신호 기능의 장점은 구직 시장의 개개인뿐만 아니라 모든 이해관계자에게 전달되는 정보를 알 수 있다는 것이다. 기업 부문에서 신호 기능은 잠재적 투자자와 주주와 같은 이해관계자들에게 정보를 전달한다. 정부에서는 납세자, 유권자, 시민들이 주요 이해관계자들이다. 공적 부문의 보상이 관대하다는 믿음에 대해서는 후술하겠지만, 이러한 이해관계자들은 공적 지출과 공적 성과에 미치는 영향 때문에 공적 보상 결정에 큰 관심을 가지고 있다. 공공 부문 보상에 관해 다양한 이해관계자들이 민감하다는 점을 고려할 때, 공공 부문 보상에 대한 제도적 조치가 잠재적 직원뿐만 아니라 납세자와 다른 이해관계자들에게도 어떤 영향을 미치는지 고려하는 것이 중요하다.

신호 기능이라는 이슈는 정부나 공공봉사 조직의 취업 시장과 관련해서는 거의 다뤄지지 않았다. 한 가지 예외는 브루노 프레이(Bruno S. Frey)와 마짓 오스털로(Margit Osterloh)의 기업과 관료적 보상 구조의 비교 연구인데(Frey and Osterloh 2005), 그들은 역설적으로 경영진에 대한 과도한 보상과 회계 부정(fraudulent accounts)과 같은 기업 스캔들을 줄이기 위한 제도적 조치를 모색하는 데 이를 활용했다. 프레이와 오스털로는 막스 베버(Max Weber)의 관료제 모델과 관련된 제도적 조치가 기업들이 사용하는 대리인 이론 접근법보다 우수하다고 주장한다. 즉, 시장과 성과에 따른 보수라는 기업의 제도적 장치는 특정 상황에서 효과적으로 작동한다. 프레이와 오스털로는 "행위자 간의 상호 의존성이 단순하고 계약이란 형태로 쉽게 처리될 수 있을 때, 이러한 제도적 설정(관료제, 역자 주)이 효율적으로 작동한다"(Frey and Osterloh 2005, 106)고 말하고 있다.

프레이와 오스털로(Frey and Osterloh 2005)는 대리인 이론의 대안이 관료주의라고 주장한다. 관료주의라는 제도적 장치는 공공재(collective goods)를 생성하는 것인데, 이는 대리인 이론에서 말하는 개별 계약과 관련된 외적 보상보다는 관료들의 내재적 동기에 의한 행동에 의존하기 때문이다. 그들은 다음과 같이 쓰고 있다: "관료 개인은 활동 자체에서 효용을 얻거나 주어진 규범적 기준을 자발적으로 준수하고자 하기 때문에 효용이 생긴다. 내재적으로 생긴 동기에 의한 행동의 범위는 적절한 제도에 의해 주어지는 조건에 따라 체계적으로 결정된다"(Frey and Osterloh 2005, 106).

보상과 동기를 연계하는 문제와 관련해, 프레이와 오스털로(Frey and Osterloh 2005)의 연구에서 얻을 수 있는 교훈의 핵심은 보상과 관련된 제도적 장치가 공공봉사동기를 지원하도록 구조화돼야 한다는 점이다. 이는 보상 체계의 설계가 공공봉사에 동기 부여된 직원을 영입하는 것을 '적극적'으로 지원함을 의미한다. 또한 자기 이익만을 추구하거나 태만한 행동 없이, 공익에 의해 주도되는 신뢰할 수 있는 행동을 장려하며, 혁신적이고 자발적인 활동을 보상한다는 것을 의미한다. 더 나아가, 보상 체계가 친사회적 행동을 촉진하고 자율적으로 동기 부여된 공공봉사 행동을 밀어내지 않음을 의미한다. 프레이와 오스털로(Frey and Osterloh 2005)가 언급하는 제도적 장치는 데시와 라이언(Deci and Ryan 1985), 페리(Perry 1986), 올슨(Olsen 2006), 페리와 반데나빌레(Perry and Vandenabeele 2008), 바누리와 키퍼(Banuri and Keefer 2015) 등 많은 연구에서 지지하고 있다.

총 보상(total compensation)은 조직이 직원에게 근로를 대가로 제공하는 모든 것을 말한다. 여기에는 기본급, 인센티브, 복리후생 및 특전이 포함된다. "총 보상 전략"은 1990년대 초 임금에 관한 주목할 만한 저작인 제이 슈스터(Jay R. Schuster)와 패트리셔 징하임(Patricia K. Zingheim)의 『새로운 임금(The New Pay)』(1992)의 중심 주제였다. 그들이 강조한 것 중 하나는 보상 전략이 종종 프로그램적(programmatic)이라는 것으로, 개별 구성 요소(예: 기본급, 변동급[variable pay])에 초점을 맞추기보다는 조직의 목표와 임무와 관련해 전체적으로 고려해야 한다는 것이다. 슈스터와 징하임(Schuster and Zingheim 1992)은 보상의 모든 측면을 조직의 임무에 전략적으로 연결해야 하며 변동급을 더 중시해야 한다고 주장한다. 총 보상에서 기본급보다는 급여 차이 부분이 더 큰 비중을 차지하도록 하고, 보상 정책의 중심은 변동 급여가 돼야 한다는 것이다. 저자가 총 보상을 보는 시각은 어떤 면에서는 이들의 시각과 일치하지만 더 전통적이다. 즉, 직원들에 대한 총 보상의 가치와 정부 조직에 대한 총 보상 비용, 그리고 직원 동기 부여에 미칠 수 있는 잠재적 영향에 주목하고 있다.

공공 부문 종사자들의 총 보상이 민간 부문 근로자의 총 보상과 어떻게 비교되는지에 대한 증거는 부족하지만, 몇몇 연구는 공무원이 민간 근로자보다 더 큰 보상을 받는다고 주장한다. 프레데리코 피난(Frederico Finan), 벤저민 올켄(Benjamin A. Olken)과 로히니 판데(Rohini Pande)는 34개국의 설문조사 마이크로데이터를 분석해 공공 및 민간 부문에서의 보상을 비교하면서 몇 가지 사실을 발견했다(Finan, Olken, and Pande 2017). 이 국가들 중 19개국은 세계은행(World Bank)이 저소득 또는 중하위 소득 국가로 분류했다. 저자들은 공공 부문이 임금 수준, 복리후생, 노동력 구성, 근속 기간 등 많은 변수에서 민간 부문과 상당히 다르다는 결론을 내렸다. 많은 국가에서 공공 부문 종사자들은 〈표 6.1〉에서 볼 수 있는 바와 같이 민간 부문 종사자들에 비해 상당한 임금 프리미엄을 받는다. 피난, 올켄과 판데(Finan, Olken, and Pande 2017)는 그러한 임금 격차가 저소득 국가들 사이에서 가장 크다는 것을 발견했다. 그러나 보건 의료 혜택과 연금에 대해 공공-민간을 비교한 결과는 앞에서 임금에 국한했을 때보다 더 혼합된 양상을 보이고 있는데, 〈표 6.1〉에서 보는 바와 같이 전체 비교에 필요한 데이터는 매우 부족하고 만족스럽지 못하다.

피난, 올켄과 판데(Finan, Olken, and Pande 2017)의 연구 결과에서 알 수 있듯이, 선진국에서 공공 부문 종사자들에 대한 잠재적인 총 보상 프리미엄에 대한 증거는 논란의 여지가 있으며 덜 명확한 추론으로 이어진다. 예컨대 알렉산더 댄저(Alexander Danzer)와 피터 돌튼(Peter J. Dolton)의 영국에서의 총 보상에 관한 연구는 성별에 따른 차이를 나타낸다(Danzer and Dolton 2011). 댄저와 돌튼은 총 보상을 급여, 연금 및 기타 혜택을 포함하는 것으로 정의한다. 댄저와 돌튼(Danzer and Dolton 2011)은 공공 부문과 민간 부문에서 고학력 노동자들이 일생 동안 지급받는 총 보수의 현재 가치를 비교했다. 그들은 남성의 경우 평생 동안의 총 보상 지급액이 동등하지만, 여성은 그들의 재직하는 동안 유리한 상황을 경험한다는 점을 발견했다. 매트 딕슨(Matt Dickson), 파비앙 포스텔-비네(Fabien Postel-Vinay)와 헬렌 터론(Hélène Turon)은 독일, 네덜란드, 프랑스, 이탈리아, 스페인의 5개 유럽 대륙 국가에 대한 분석을 기반으로 이와는 다른 결론을 내렸다(Dickson, Postel-Vinay, and Turon 2014). 그들은 1994~2001년 기간 동안의 유럽 공동체 가계 패널(European Community Household Panel) 데이터를 사용해 공공-민간 비교 평생 보수 가치를 추정했다. 딕슨의 평생 보수 가치 개념 – 미래 소득 흐름의 현재 할인된 합계 – 은 댄저와 돌튼(Danzer and Dolton 2011)의 총 보상 개념과 유사하지만, 소득 흐름을 추정하는 방법은 임금 수준에 의존하지 않고 대신 소득 이동성, 소득 변동성, 그리고 실직 위험의 차이를 고려한다는 점에서 다르다. 그들이 추정한 보수 구조는 5개 국가별로 다르게 나타난다. 프랑스, 스페인, 이탈리아의 경우 공공 부문의 평생 보수 구조는 공공 부문이 민간보다 높음을 의미하는 양수로 추정된다. 네덜란드와 독일에서는 최상위 소득 계층의 평생 보수 구조는 음수로 나타난다. 따라서 저소득 국가와 달리 부유한 유럽 국가들의 총 보수의 공공-민간 비교는 나라마다 복잡한 양상으로 다르게 나타난다.

〈표 6.1〉 34개국의 공공 및 민간 부문에서 급여, 의료 혜택 및 연금의 동등성 비교

국가	로그 페이(Log pay), Fully Specified model	의료 혜택	연금
알바니아	No premium	–	–
아르헨티나	Positive premium	Positive premium	Positive premium

국가			
아르메니아	No premium	–	–
볼리비아	No premium	–	–
보스니아헤르체고비나	Negative premium	Positive premium	Positive premium
불가리아	Negative premium	Negative premium	Negative premium
콜롬비아	No premium	–	–
이집트	Negative premium	Positive premium	–
조지아	Positive premium	–	–
가나	Positive premium	–	–
인도	Positive premium	Positive premium	Positive premium
인도네시아	Positive premium	Positive premium	Positive premium
이라크	Negative premium	Positive premium	Positive premium
케냐	Positive premium	–	–
한국	No premium	–	–
라오스	Negative premium	–	–
말라위	Positive premium	–	–
멕시코	Positive premium	Positive premium	Positive premium
니카라과	No premium	Positive premium	Negative premium
니제르	No premium	Positive premium	Positive premium
나이지리아	Positive premium	–	Positive premium
파키스탄	Positive premium	–	–
파나마	Positive premium	–	–
페루	Positive premium	No premium	–
세르비아	Positive premium	Positive premium	Positive premium
남아프리카	Positive premium	Positive premium	Positive premium
스리랑카	Positive premium	–	–
타지키스탄	Negative premium	–	–
탄자니아	Positive premium	–	–
동티모르	No premium	–	–

우간다	No premium	No premium	No premium
영국	No premium	–	–
미국	Positive premium	Positive premium	Positive premium
베트남	No premium	–	–

* 각 국가별 데이터는 2004년부터 2014년까지 다양하다. 연도와 출처에 대해서는 Finan, Olken, and Pande(2017, 509-511)의 연구 부록을 참조하라. Positive premium은 공공 부문이 민간 부문보다 상당히 낮다는 것을 나타낸다. Negative premium은 민간 부문이 공공 부문보다 상당히 낮다는 것을 나타낸다.

그러나 여러 가지 이유로, 총 보상 비용은 정부 조직의 보상 정책이나 전략을 마련할 때 중요하게 고려되지 않았다(Risher and Reese 2016). 한 가지 이유는 방법론 문제다. 공공-민간 급여를 어떻게 정확히 비교하느냐라는 방법론은 많은 비판을 받아 왔다(기본급에 대해서는 이후의 논의를 참조). 보수뿐만 아니라 복리후생 및 연금과 같은 항목을 포함해 좀 더 복잡한 보상 구조를 어떻게 찾아내느냐로 문제를 확대하면 비교 설계와 방법론 면에서 더 많은 논쟁을 불러올 소지가 크다.

두 번째 이유는 정치 및 정책 개발과 관련이 있다. 정부 조직에서 보상 패키지의 일부를 변경하려면 내부 및 영향을 받는 이해관계자들의 동의를 얻어 내고, 적절한 입법 기관에 의한 공식적인 심의가 필요할 수 있다. 공무원에 대한 보상은 단체교섭과 입법 기관을 포함한 다른 차원에서 이뤄진 여러 의사결정의 결과라는 점을 주목해야 한다. 예를 들어, 현재의 급여는 흔히 인사 단위 혹은 지역적 결정의 결과로서 단체교섭의 결과일 수 있지만, 연기된 보상(deferred compensation)이라는 개념의 보수 결정은 보통 입법 기관에 의해 이뤄지는 것으로, 이는 현재 급여의 결정과는 거리가 먼 것일 수 있다. 따라서 공무원은 다양한 의사결정 규칙과 프로세스에 따라 여러 차원에 걸쳐서 이뤄지는 총 보수를 정당화해야 한다. 이러한 결정 과정에서의 문제를 제쳐두고도, 공공 부문에 미칠 영향 때문에 총 보상에 대해 심각하게 고민할 필요가 있다.

총 보상과 공공봉사동기의 관계에 대해 조사한 연구는 거의 없지만, 덴마크의 학자들(Andersen, Eriksson, Kristensen and Pedersen 2012)은 이 문제를 새로운 방식으로 접근했다. 로테 앤더슨(Lotte Bøsh Andersen) 등은 임금, 의료 패키지, 근무 시간 유연성 및 보너스와 같은 항목으로 다양한 사람들에게 제공되는 비네트(vignettes: 설명 자료 - 역자 주)를 개발했다. 이들 공공봉사동기가 높은 직원들에게 관심을 받는 보상 패키지가 어떻게 구성돼야 하는지의 시각에서 다양한 비네트를 평가한 바 있다. 이 연구는 총 보상의 영향을 직접적으로 테스트하지는 않지만, 공공봉사동기와 관련해 보상을 전체적으로 – 패키지로 – 어떻게 구성해야 하느냐에 대한 방식의 논리와 그 중요성을 제시하고 있다는 데 의미가 있다.

6.2.1.1 총 보상 전략

보상을 전체적으로 보면서 모든 보상의 구성 요소를 조직 목표에 전략적으로 연결한다는 슈스터와 징하임(Schuster and Zingheim 1992)의 생각은 공공 조직이 지향하는 중요한 방향이다. 이는 보상 전략의 기초로서, 총 보상과 외부 시장 간 비교를 하기 위해 필요한 수준의 기준이라는 점과 연결된다.

전략1: 시장 비교를 위한 기준으로 총 보상을 사용하라.

총 보상 전략으로 접근해야 한다는 것은 많은 공공 조직에 중요한 출발점이 될 것이다. 총 보상을 지출 기준으로 사용하는 정부 기관에서는 적어도 두 가지 이점이 나타날 가능성이 높다. 첫째, 총 보상을 지출의 기준으로 사용하는 것은 외적 보상과 내적 보상의 비율을 통제하는 데 도움이 될 것이다. 외적 보상 비중이 너무 커짐으로써 돈이 조직 일체감이나 기타 행동 결과의 동기가 되는 것을 막고, 공공봉사가 정부 기관의 공공 가치로서 유지되는 데 기여할 것이다(Perry and Buckwalter 2010).

둘째, 총 보상을 기준으로 사용하는 것이 동기 부여의 함의를 넘어서 갖는 또 다른 이점은 과도한 지출을 제한함으로써 경제성을 창출할 수 있다는 것이다. 비용을 통제한다는 것은 예산과 직접 연결되는 이점이다.

시장 비교를 위해 총 보상을 기준으로 사용하는 것의 간접적인 이점은 시민과 그들의 대표들에게 직원 보상에 관한 내용을 알리는 신호가 될 수 있다는 것이다. 이는 공공 부문 보수 변화에 대한 논의를 하는 데 도움이 될 수 있다. 공무원들은 종종 과도한 급여, 혜택 및/또는 연금의 수혜자로서 자기를 과시하는 것으로 묘사된다. 하워드 리셔(Howard H. Risher)와 애덤 리스(Adam J. Reese)는 "보상은 정부 비판자들에게 주된 논쟁거리(lightning rod)가 돼 왔다"(Risher and Reese 2016, 1)고 본다. 비록 보수 성향의 재단들의 보고서이긴 하지만, 그들은 미국 공무원이 후하게 보상받고 있다고 주장하는 기획보고서들을 다음과 같이 요약하고 있다:

- 2014년, 미국 기업연구소(American Enterprise Institute)는 「과대 보상인가, 혹은 과소 보상인가? 주별 공무원 보상 순위(Biggs and Richwine 2014)」라는 보고서를 발표했는데, 이 보고서는 버지니아주에서만 공무원에 대해 '미미한 페널티(modest penalty)'를 부과했다고 결론지었다.
- 케이토연구소(Cato Institute)는 후한 연금과 복리후생, 그리고 높은 연봉 인상에 대한 증거 자료들을 자주 발표해 왔다.
- 헤리티지재단(Heritage Foundation)의 보고서는 미국 시간 사용 조사 데이터(American Time Use Survey)를 사용해 공무원들이 유사한 민간 부문 직원과 비교할 때 연간 최대 한 달 정도 적게 일한다고 분석하고 있다(Richwine 2012).

공공 보상에 대한 비판이 완전히 줄어들 가능성은 낮지만, 총 보상이란 기준으로 접근하면, 납세자들에게 전달되는 왜곡된 신호를 줄이고 공공 부문의 보상과 공공봉사에 대한 논의의 방향을 바꿀 수 있다.

정부 부문에서 효과적인 총 보상 전략의 특성은 무엇일까? 다음이 포함될 수 있다:

- 직원 임금과 급여, 복리후생 및 연금을 포괄하는 총 보상은 민간 부문의 유사한 직종과 조직에서의 총 보상과 상당히 유사할 것이다;
- 직원 보상의 어떠한 구성 요소도 시장 규범에서 크게 벗어나지 않으며, 예비 직원들의 주목을 끌지 않아야 한다.

얀 힌리크 마이어-잘링(Jan-Hinrik Meyer-Sahling), 크리스천 슈스터(Christian Schuster)와 킴 사스 미켈슨(Kim Sass Mikkelsen)은 열 개의 개발도상국에 대해 조사를 수행한 후, 이 단락의 시작에서 제기된 질문에 대해 대안적인 해답을 제시했다. 그들이 23,000명의 공무원에 대한 조사에서 얻은 네 번째 교훈은 "특히 의욕적인 직원이 이직하지 않도록 충분한 급여를 지급하라"(Meyer-Sahling, Jan-Hinrik, Schuster, and

Mikkelsen 2018, 49)다. 그들의 해답은 총 보상과 다음 섹션의 주제인 기본급에 대한 논의를 안내하는 좋은 경험칙을 제공한다.

6.2.2 기본급

앞의 논의에서 알 수 있는 바와 같이, 총 보상은 일종의 보상 포트폴리오이며, 직원들에게 가장 중요한 보상 중 하나는 기본급(base pay)이다. 기본급은 수행된 작업에 대해 고용주가 지불하는 현금 보상으로, 일반적으로 수행되는 작업이나 기술의 가치와 관련돼 있다(Milkovich and Newman 1999). 공공 조직이 기본급 전략 면에서 할 수 있는 선택은 다양하다. 이러한 전략의 대부분은 시장 임금과의 비교로부터 시작하는데, 이는 출발점으로 적절한 접근이다. 여기에서 고려되는 세 가지 비교 대상은 대체 임금(alternative wage), 효율 임금(efficiency wage), 그리고 공공봉사동기 조정 임금(PSM-adjusted wage)이다.

6.2.2.1 대체 임금

앨런 크뤼거(Alan B. Krueger)는 '대체 임금'을 하나의 옵션으로 제시하는데, 이는 공공 및 민간 부문의 동일한 직책이나 직종을 찾아서 연령, 교육 및 기타 비교에 영향을 미칠 수 있는 요인을 통제한 임금을 비교하는 것이다(Krueger 1988b). 오래된 연구이지만 크뤼거의 연구(Krueger 1988a, 1988b)는 공공봉사동기에 대한 연구 및 이론과 기본급을 조정하는 문제에서 여전히 유익하다. 크뤼거가 제기한 문제 중 하나는 논쟁이 계속되는 이슈인데, 대체 임금의 비교 가능성을 식별하는 방법에 관한 것이다(예: *Public Administration Review*에서 Biggs and Richwine[2012]와 Condrey, Facer, and Lorens[2012] 간에 이뤄진 논쟁을 보라). 크뤼거는 추정이 횡단면 또는 종단 데이터셋을 기반으로 하는지, 비임금 보상 관련 요인들이 포함돼 있는지 여부 등 비교의 문제를 제기했다. 대체 임금 비교는 추정 방법의 타당성 수용에 따라서 정당성을 인정받을 수 있다는 점은 주목할 필요가 있다. 따라서 공무원이 기본급 전략을 실행하고 수용되도록 하기 위해서는, 그 기초 작업으로서 임금 비교 방법에 대한 동의를 확보하는 것이 중요하다.

크뤼거(Krueger 1988b)의 연방 일자리 줄서기 현상에 대한 연구 결과는 공공 부문의 임금 설정에 여러 함의를 준다. 그의 분석은 연방 직원들의 임금 상승이 연방 일자리에 대한 지원자 수를 증가시키고 지원자들의 평균적인 자격 수준을 높인다는 것을 보여 줬다. 그는 취업 지원율이 경제적 인센티브를 반영하는 것으로 보이기 때문에, 취업 지원 데이터를 임금 조정에 사용할 수 있다고 결론 내렸다. 이것은 임금 데이터 외에 대체 임금을 식별하는 데 사용할 수 있는 근거를 넓혀 준다. 크뤼거는 임금 설정에서 취업 지원 정보를 사용할 것을 제안한다: "특정 개방직에 대한 취업 지원 수가 특정 수준 이하로 떨어지거나 그 이상으로 상승하면, 비용을 최소화하기 위해 그에 따라 임금을 조정할 수 있다"(Krueger 1988b, 578). 취업 대기 인원 분석과 직접적으로 연결되는 정책 변화를 제안한 것 외에도, 크뤼거는 직원들이 이직 제안을 거절하는 비율을 조사하는 것이 또 다른 옵션이 될 수 있다고 주장한다. 이직 제안 거절은 보상의 수준과 경쟁력에 대한 추가적인 지표로 활용할 수 있다. 크뤼거의 세 번째 옵션은 민간 부문과의 비교보다는 취업 지원율에서의 차이가 정부의 기관별 성과에 미치는 영향을 평가하는 성과관리로의 방향 전환을 주장했다.

6.2.2.2 효율 임금

경제학(Gerhart and Rynes 2003)과 공공 행정 문헌(Davis and Gabris 2008; Taylor and Taylor 2010)에서 기본급에 대한 또 다른 전략으로 제시되는 것은 효율 임금이다. 효율 임금 이론은 직원들에게 임금 프리미엄을 지급하면 노력을 극대화하도록 함으로써 효과성을 높인다는 주장이다. 그러나 직원들에게 프리미엄을 지급하면 노력을 극대화할 것이라는 주장을 일반화하기에는 모든 "좋은 것"처럼 한계가 있다(Solow 1979). 공공 영역에서는 효율 임금에 대해 다음과 같은 두 가지 질문이 제기된다: (1) 효과가 있는가? (2) 대부분의 공공 기관의 예산 제약을 고려할 때 지속 가능한 것인가?

효율 임금의 효과에 대한 실증적 연구는 주로 민간 부문에 대한 연구에서 찾아볼 수 있다. 에릭 피치(Eric K. Peach)와 스탠리(T. D. Stanley)는 효율-임금 효과에 대한 75개 연구에 대한 메타 분석을 통해 효율 임금 효과가 크다는 것을 발견했다(Peach and Stanley 2009). 이 메타 분석의 결과는 효율 임금 효과에 대한 기존의 기초 연구 결과(Krueger and Summers 1988; Stiglitz 2002)와 일치한다.

정부 부문에서 효율 임금이 지속 가능한가의 문제는 효과성만큼이나 규범적 차원의 문제라고 할 수 있다. 정부에서의 효율 임금에 대한 몇 건의 연구 중 하나인, 트렌튼 데이비스(Trenton J. Davis)와 제럴드 가브리스(Gerrald T. Gabris)의 연구는 효율 임금 비율이 주변 지역 사회에서 제공되는 서비스 품질에 대한 전문 관리자들의 평가를 대표하는 주관적 척도인 서비스 품질 평판에의 중요한 예측 변수라는 점을 발견했다(Davis and Gabris 2008). 그러나 데이비스와 가브리스(Davis and Gabris 2008)의 연구는 시카고 근처의 작은 지역에 국한돼 있고, 지원자의 질, 생산성, 조직 성과와 같은 더 강력한 증거로 뒷받침하지 않고 평판 설문 조사와 일화를 통한 추론에 의존했다는 한계가 있다.

6.2.2.3 공공봉사동기 조정 임금

공공봉사동기와 관련해 기본급에 대해 생각할 수 있는 세 번째 방법은 지넷 테일러(Jeanette Taylor)와 래널드 테일러(Ranald Taylor)가 공공봉사동기 조정 임금이라고 부르는 것이다(Taylor and Taylor 2009). 이것은 공공봉사동기를 저해하지 않으면서 높은 노력을 장려하는 수준에서 기본급을 설정하는 것을 의미한다. 공공봉사동기 조정 임금은 사회적 책임이 높은 직업에 대해 낮은 임금을 기꺼이 받아들일 의향이 있는 지원자의 의지를 반영하는 "기대 임금 프리미엄(reservation pay premium)"과 어느 정도 유사하다(Frank 1996). 15개의 다양한 국가(예: 불가리아, 이스라엘, 러시아, 대만, 미국)를 대상으로 한 연구에서, 테일러와 테일러는 공공봉사동기가 "임금보다 공무원들의 노력을 높일 수 있는 비용 효과적인 방법"이라고 결론지었다(Taylor and Taylor 2010, 81). 효율 임금은 국가마다 크게 달랐는데, 일부 국가는 시장 요율(market rate)보다 더 높게 지급하는 반면, 다른 국가들은 그보다 훨씬 낮게 지급하는 것으로 나타났다. 또한, 공공봉사동기의 효과는 국가마다 달랐다. 미국과 이스라엘의 공무원은 프랑스와 일본의 공무원보다 공공봉사동기로 인해 그들의 노력을 높이는 경향성이 더 컸다. 따라서, 공공봉사동기 조정 임금은 노력 수준 측면에서 효율 임금과 유사한 효과가 있지만, 이러한 효과의 크기는 국가에 따라 다를 수 있다. 물론, 이러한 효과가 국가마다 왜 다른지, 그리고 공공봉사동기에 의해 영향을 받는 여러 수단에 대해 더욱 전략적으로 접근함으로써 이러한 효과를 조절할 수 있는지 여부를 우리는 알지 못한다.

다른 분야에서 수행된 연구도 테일러와 테일러의 연구 결과를 뒷받침한다(Fehrler and Kosfeld 2014; Banuri and Keefer 2016; Burbano 2016). 여기서 두 가지 실험 연구를 주목할 필요가 있다. 바네사 버바노(Vanessa C. Burbano)는 로버트 프랭크(Robert H. Frank)의 기대 임금 프리미엄에 대한 연구를 두 차례의 무작위 현장 실험으로 재현한 바 있다(Burbano 2016). 버바노는 단기 일자리를 제공하는 채용 정보에서 고용주의 사회적 책임에 관한 정보를 조작화하는 방법을 택했다. 고용주의 사회적 책임에 대한 정보는 예비 근로자들의 임금에 대한 기대를 낮췄다. 임금에 대한 기대가 낮은 현상은 최고의 성과를 내는 근로자들에게서 더욱 두드러졌다. 분석 결과, 전반적으로 근로자들이 비금전적 혜택을 위해 금전적 혜택을 포기할 의사가 있음을 보여 줬다. 다른 실험은 민간 및 공공 부문에서 일하기를 원하는 1,700명의 학생과 인도네시아 재무부에 관련된 것으로, 세헤야르 바누리(Sheheryar Banuri)와 필립 키퍼(Philip Keefer)가 보고했다(Banuri and Keefer 2016). 그들은 친사회적 조직의 임금과 친사회적 동기의 상호작용을 조사했고 세 가지 결론에 도달했다. 첫째, 높은 임금은 친사회적 동기 수준이 낮은 근로자를 유인한다. 둘째, 더 높은 수준의 친사회적 동기를 가진 근로자들은 더 많은 노력을 보인다. 셋째, 인도네시아 재무부에 입사하려는 예비 공무원들이 일반 근로자 그룹에 비해 친사회적 동기가 더 높음을 발견했다.

다만, 예비 직원들이 비금전적 혜택을 위해 금전적 혜택을 희생할 의향이 있다고 제안하는 연구와는 다른 결과를 보여 준 연구도 있다. 에르네스토 달 보(Ernesto Dal Bó), 페데리코 피난(Frederico Finan)과 마틴 로시(Martin A. Rossi)는 멕시코 지방자치단체에서 이뤄지는 채용에 대해 연구했다(Dal Bó, Finan, and Rossi 2013). 임금은 채용 사이트별로 무작위 배정했고, 직무 제안도 무작위로 이뤄졌으며, 지적 능력, 동기, 성격을 측정하기 위해 검증된 시험을 사용해 선별했다. 임금과 직무 제안의 무작위화를 통해 달 보와 동료들은 재정적 인센티브가 노동력 풀(pool)의 크기와 품질에 미치는 영향, 그리고 지방자치단체의 매력도와 같은 직무 특성이 채용에 미치는 영향을 평가했다. 그들은 IQ와 공공봉사동기로 측정한 지원자의 자질과 더 높은 임금 사이에 긍정적인 관계를 발견했다. 또한 더 높은 임금 제안은 일반적으로, 그리고 상대적으로 덜 매력적인 지방자치단체에서의 수락률과도 긍정적 관련이 있었다.

달 보, 피난과 로시(Dal Bó, Finan, and Rossi 2013)의 연구는 공공봉사동기가 높은 사람에게 직업 매력도에 따른 보상을 달리해 주는 방법이 갖는 잠재적인 한 가지 단점을 지적하고 있다. 즉, 기대 임금 프리미엄 자체가 존재하지 않을 수 있다는 것이다. 공공봉사동기가 높은 사람에게 일의 매력을 반영해 임금을 조정하는 또 다른 잠재적인 단점은, 보상의 가치를 "계산"하는 것이다. 이렇게 되면 결국 시간이 지남에 따라 일 자체의 내재적 동기를 제거하는 역할을 하게 될 것이다. 따라서, 이와 같이 기본급 수준을 정하는 방법은 신중하게 사용해야 한다. 정책 입안자들이 임금 비교를 하기는 하되, 구직 대기 현황이나 노동 시장에서 직업의 매력도를 나타내는 다른 지표들을 보완적으로 활용하고 기타 지표의 변동에 따라 기본급을 조정하는 것이 더 나을 것이다.

6.2.2.4 기본급 설계 전략

최근 이뤄진 연구들은 일반적으로 공공봉사동기에 관한 연구보다 기본급 설계에 더 유용하다. 지넷 테일러(Jeannette Taylor)와 라널드 테일러(Ranald Taylor)의 공공봉사동기에 대한 연구는 기본급 설정 시 고려해야 할 중요한 통찰을 제공한다(Taylor and Taylor 2010). 위에서 요약한 연구는 기본급 설정에 중요한 두 가지 전략을 도출한다:

전략 2. 보상 설계 시 대체 가능성, 효율성 및 공공봉사동기 조정 임금을 기본급 설정 과정에 반영해야 한다.

기본급에 대한 세 가지 기준은 기본급의 설정 시 서로 다른 선택을 도출할 가능성이 높지만, 옵션들 간의 비교는 유용하다. 각 옵션에 대한 기본 급여 평가를 수행함으로써 해당 옵션들이 상충되는지가 명확해진다. 이러한 비교를 통해 전체 비용, 효율성 및 가능한 동기 부여 효과의 차이를 평가할 수 있다.

전략 3. 급여 비교 평가는 급여 조사법을 활용하되, 구직 대기 현황, 제안 거절률, 이직률 및 노동 시장 대비 일자리의 매력도를 나타내는 다양한 추가 지표들을 함께 고려해야 한다.

기본급, 특히 미국 정부에서의 기본급은 과도하게 관대하다는 비판을 널리 받고 있으며, 급여 조사 방법이 가지고 있는 결함에 대한 비판이 많다(Biggs and Richwine 2014). 급여 조사를 다른 지표들로 보완하면 정부는 외부 경쟁력 있는 임금이 무엇인지 삼각 측량(triangulate)할 수 있게 될 것이다. 구직 대기 현황과 거절률과 같은 지표들도 임금을 조정할 때 의미 있는 통찰을 제공한다. 적절한 임금(예: 대체 및 효율 임금)과 행동 결과(예: 구직 대기 현황과 이직률)의 다양한 개념으로 기본급을 확고하게 설정하면, 기본급이 보상 결정에서 정확하게 가중될 것이며, 이는 독립적으로 평가되거나 전체 보상의 구성 요소로 평가되는 경우에도 마찬가지다.

6.2.3 이동 시스템

보상 구조의 또 다른 차원은 개인이 급여 사다리를 얼마나 빠르게 오르는지, 즉 급여선의 기울기와 개인이 급여 사다리를 넘나드는 속도, 그리고 경력 발전 가능성에 관한 것이다. 보상 구조의 이 차원을 표현하고 생각하는 대안적 방법은 이동 시스템(mobility systems)으로 정의되며, 이는 경력 및 인사 경제학에서 개발된 개념이다. 이동 시스템을 다룬 최초의 학자 중 한 명인 랠프 터너(Ralph H. Turner)는 미국과 영국의 교사들을 비교하며, 경쟁(contest) 및 후원(sponsored)이라는 두 가지 이동 시스템을 구분했다(Turner 1960).

터너(Turner 1960)가 미국의 교육 제도와 관련지은 경쟁 이동성은 기회를 완전히 열어 두는 데 핵심이 있는데, 미국에서는 엘리트 지위를 향한 이동 가능성을 차단하는 정책이 없으며, 반대로 엘리트의 하향 이동을 막는 정책도 없는 것이 특징이다. 제임스 로젠바움(James E. Rosenbaum)이 설명하듯이 "경쟁 이동성 규범을 따르는 (후술하는) 선발 시스템에서는 선발이 지연되고, 개인은 자신의 경력 대부분에 걸쳐 이동의 자유가 완전히 보장된다"(Rosenbaum 1984, 16).

반면, 영국 교육 규범을 나타내는 후원 이동성(sponsored mobility)은 미국의 기회 이동성 보장과는 대조적으로 효율성을 선호한다. 사람의 경력 초기, 즉 매우 이른 시기에 엘리트 경로에 선발되고, 후원 이동성이라는 규범 안에서 초기에 이뤄진 선발 배치에서 변경이 허용되지 않는다. 조기에 엘리트를 선발하는 것은 조직이 미래의 엘리트

자리에 선택된 사람들에 대해 특화된 훈련과 사회화에 집중할 수 있게 한다.

로젠바움(Rosenbaum 1979, 1984)은 또 다른 이동 모델을 제안했는데, 이를 토너먼트 모델(tournament model)이라고 불렀다. "토너먼트 이동성 모델에서는 경력이란 개인 간 일련의 경쟁으로 개념화되며, 각각 후속 선발에서 개인의 이동 기회에 영향을 미친다"(Rosenbaum 1984, 42). 로젠바움이 토너먼트 모델을 처음 제시했지만, 경제학자 에드워드 라지어(Edward P. Lazear)와 셔윈 로젠(Sherwin Rosen)이 이를 공식화했고, 임금 인상이 승진과 어떤 관련이 있는지 보여 줬다(Lazear and Rosen 1981). 토너먼트 모델은 개인의 절대적인 성과가 아닌, 다른 사람들과 비교한 상대적 순위에 따라 승진한다고 주장한다. 토너먼트의 승자에 대한 보상은 그 수준에서 일하는 개인의 동기 부여에 반드시 필요한 것은 아니지만, 승진을 추구하는 그 아래 단계의 모든 사람에게 동기를 부여한다. 조직의 단계 간 임금 격차를 증가시키면 노력을 기울일 인센티브 또한 증가한다.

토너먼트 이동성 모델(tournament mobility model)은 효과적으로 관리되지 않으면 의도하지 않은 결과를 초래할 수 있다(Lazear and Shaw 2007). 큰 임금 격차는 높은 노력을 유발할 수 있지만, 불쾌한 근무 환경을 조장하는 극도의 경쟁(ultracompetition)을 유발할 수도 있다. 특히 토너먼트가 잠재적으로는 제로섬(zero sum)이라는 점을 인식하고 있는 경영진 간의 팀워크는 다른 이들의 실패를 유도하는 수동적인 형태의 비협조 또는 동료들에 대한 적극적인 방해 행위로 어려움을 겪을 수 있다.

이 장의 앞부분에서 소개한 변동급에 대한 광범위한 분석에서 프레이와 오스털로(Frey and Osterloh 2005)는 이동 시스템 문제를 해결하기 위한 이론적 및 실증적 근거를 제공한다. 그들의 논문 제목은 해결책을 제시한다, "네, 관리자는 관료처럼 급여를 받아야 합니다(Yes, Managers Should Be Paid Like Bureaucrats.)." 이 주장은 토너먼트 모델과 관련된 높은 수준의 인센티브 보상이 장기보다는 단기에의 집중, 친사회적 행동의 배제, 회계 부정에 대한 인센티브, 그리고 회사 특정 자원에 대한 이기적 팀 멤버들의 투자 부족과 같은 여러 바람직하지 않은 결과를 낳는다는 것이다. 이러한 바람직하지 않은 결과에 대한 해결책은 기업 부문의 현재 급여 관행을 개선하는 것이 아니라 관료제의 일부 특징을 모방하는 것이다. 가장 두드러진 두 가지 특징은 조직을 "단일 행위자에게 귀속되지 않는 공동의 초과 이익을 생성하는" 공유재로 인식하는 것이다

(Frey and Osterloh 2005, 106). 관료제의 또 다른 특징은 친사회적 내적 유인을 키우는 것으로, 프레이와 오스털로는 이것이 공공재 생산에 필수적이라고 주장한다.

6.2.3.1 능력, 기술, 성과에 따른 급여

이동성의 또 다른 측면은 입사와 승진 시 사용되는 급여 기준과 관련이 있다. 최근 몇 년 동안 이러한 선택이 다양해졌다. 여기서는 세 가지를 언급하고자 한다: 능력급(pay-for-ability), 기술급(skill-based-pay), 그리고 성과급(pay-for-performance).

현대 공직 제도의 등장과 함께, 정부의 급여 체계는 '능력급'이라는 원칙에 의존해 왔다. 여기서 능력이란 일반적으로 능력을 공식적으로 측정하는 시험과 관련되는 문제다. 시험은 능력이나 "실적"의 척도이지만, 보상은 직무와 관련이 있다. 급여 범위 내에서의 진행은 시간이 지남에 따라 이뤄지지만, 대부분은 시험을 통한 초기 자격 수준에 의존한다. 노력이나 성과 정도는 해당 직무 수행자의 성과와 행동이 최소 기준 이하로 떨어질 때만 인사에 영향을 미친다.

'기술급'은 직무를 기준으로 하지 않는 대신 개인이 보유한 기술 포트폴리오에 연동된다. 기술급은 수행하는 직무 자체가 아닌 직원이 보유한 기술과 연결돼 있지만, 급여는 종종 업무에서 기술의 사용에 따라 정해진다. 기술급은 3장에서 소개한 논리와 일관되며 직무가 아니라 조직을 위한 채용에 도움이 된다(Bowen, Ledford, and Nathan 1991). 조직이 기술에 급여를 연결할 수 있는 이유는 유연성을 증가시키고, 기술 습득을 장려하며, 고객 서비스를 개선하고, 더 복잡한 문제 해결을 용이하게 하며(Zingheim and Schuster 2002), 조직 문화를 구축하기 때문이다(Bowen, Ledford, and Nathan 1991).

'성과급'은 급여와 측정된 성과를 명시적으로 연계하는 것이다. 전통적인 성과급 체계는 직원의 성과에 대한 상관의 판단에 의존한다. 최근에 개발된 일부 제도는 성과를 측정하기 위해 객관적 지표를 사용하기도 한다. 성과급 제도의 효율성을 평가하는 연구가 1980년 이후 상당히 진행됐으며(Perry, Engbers, and Jun 2009), 다른 연구는 구축 효과(crowding effects)를 살펴봤지만(이후 논의 참조), 이동에 대한 이러한 다른 기준을 직접 비교한 연구는 거의 없었다. 바누리와 키퍼(Banuri and Keefer 2015)는 친사회적 임무를 가진 조직에서 개인의 능력과 동기에 대한 금전적 보상의 영향을 조사하기 위한 실험을 수행했다. 그들의 연구는 세 가지 급여 체계 – 고정 급여(고정급), 능력에 따른 급여(능력급), 성과에 따른 급여(성과급) – 를 비교했다. 고정급은 능력이나 노력과 무관한 것으로 나타났다. 바누리와 키퍼가 베버식 체계라고 말하는 능력은 노력과 독립적이었다. 이 실험 연구는 인도네시아의 공공 부문 지원자들 표본을 사용했다. 세 가지 급여 체계 모두 친사회적 임무를 가진 직무에 동기 부여된 근로자를 유치했지만, 고정급은 능력이 낮은 근로자도 유치했다. 단기적으로, 성과급은 다른 두 급여 체계보다 더 높은 노력을 유발했으며, 이 차이는 전적으로 동기가 부여되지 않은 근로자에 대한 효과에 의해 발생했다. 선택 효과를 통제한 후, 친사회적 작업에 대한 능력급과 성과급 체계하에서 근로자들의 노력 수준은 통계적으로 동일했다. 성과급이 더 높은 비용이 든다는 점을 고려할 때, 능력급이 노력을 유발하는 데 더 효율적이었다. 자신들의 논문 제목에서 제기한 질문, "베버가 옳았는가?"에 대해 바누리와 키퍼는 조건부 긍정으로 답했다. 실험을 통해 성과급과 능력급이 친사회적 작업에 대한 유인과 노력 정도에 관해 기본적으로 동일한 결과를 가져옴을 확인했지만, 성과급에서 어떻게 성과를 측정하는지의 문제에 관한 불확실성에 대해 경고하고 있고, 이는 능력급이 잠재적인 이점이 있음을 의미한다.

6.2.3.2 이동 설계 전략

연구에 따르면, 이동 형태(경쟁, 후원, 토너먼트)와 보상 기준(예: 능력, 기술, 성과)은 개인 및 조직 성과에 중요한 영향을 미친다. 이 연구는 공공봉사동기와 일관된 보상 체계를 설계하는 데 중요한 세 가지 전략을 제시한다.

전략 4. 보상 전략으로서, 경쟁 모델이 공공 기관에 가장 적합하며, 후원 및 토너먼트 이동성 모델은 선택적으로 사용할 가치가 있다.

이동 모델이 사회 규범과 일치하는지 여부를 떠나서, 경쟁 이동 모델은 공공 맥락에서 다른 모델들에 비해 장점이 있다. 이 모델은 인적 자원을 유지하기 위한 규칙과 환경을 만든다. 경쟁 모델은 공유재, 즉 조직의 성공에 대해 모두가 공동 책임을 지는 규범을 유지하는 환경을 조성한다. 이러한 규범은 초기에 일부 직원에게 더 적은 기회를 주는 후원 모델이나 최고 순위를 위한 경쟁자들을 서로 제로섬 경쟁에 놓는 토너먼트 모델하에서는 유지하기 어려울 것이다. 경쟁 모델은 또한 예를 들어, 최고 순위를 달성한 직원에게 높은 보상을 요구할 수 있는 토너먼트 모델보다 더 효율적일 것이며, 따라서 제한된 예산하에서 더 지속 가능하다. 또한 공공봉사동기를 유지하고 향상시키는 환경을 조성한다.

저자는 경쟁 모델을 선호하지만, 최적의 모델 선택은 상황에 따라 달라진다. 예를 들어, 공기업이 민간 부문의 유사한 기업들(예: 병원 및 금융 기관)을 복제하는 경우 또는 상당한 인재의 이동이 공공과 민간의 경계를 넘나드는 경우에는 토너먼트 이동 모델을 사용하는 것이 타당할 수 있다. 마찬가지로, 인재 개발 비용이 매우 높아서 공직 후보자들이 직위에 도달하기 전에 미리 선발해야 할 수도 있다.

전략 5. 보상 전략으로서, 공공 기관은 고도의 기술을 요하는 직종과 경영진 사이에 더 두드러진 임금 격차를 줘야 하며, 유지 및 승진을 위한 인센티브를 주면서도 동시에 높은 급여를 지급하는 토너먼트 모델에 집착해서는 안 된다.

토너먼트 모델이 일반적으로 정부 환경에서 채택하기에 적절하지 않을 수 있지만, 이는 보상 체계 설계와 관련된 공통적인 문제를 생각하게 한다. 문제는 임금의 내부 분산과 관련된다. 공공 부문에서 자주 주목받는 임금 분산 문제 중 하나는 급여 또는 임금 압축(wage compression)이다. 국제통화기금(IMF)은 임금 압축 비율을 최고 급여와 최저 급여의 비율로 정의하며(Clements et al. 2010), 임금 수준을 평가할 수 있는 세 가지 주요 지표 중 하나로 본다.[2] IMF는 압축 비율이 임금의 적절성을 나타내는 지표이며, 압축 비율이 낮을 때 고숙련 근로자는 지나치게 낮은 급여를 받고 있을 가능성이 높고, 비숙련 근로자는 지나치게 높은 급여를 받고 있을 가능성이 높다고 한다. IMF는 또한 낮은 압축 비율이 부패와 관련이 있다는 증거를 지적한다.

조지 보르하스(George J. Borjas)의 연구에 따르면, 임금의 내부 분산은 이동 시스템의 형태와는 독립적으로 중요한 설계 특징이다(Borjas 2003). 그의 연구는 또한 로렌스 카츠(Lawrence F. Katz)와 앨런 크뤼거(Alan B. Krueger)의 초기 연구를 더욱 강화하는데, 이 연구는 정부 인사 정책이 "노동 시장 조건에 둔감하고 경제 상황에 매우 민감한 전반적인 임금 성장률을 생성하는"(Katz and Krueger 1991, 33) 유연성이 없는 내부 임금 구조를 초래한다는 것을 발견했다. 보라스의 연구는 1970년 이후 사적 부문에 비해 공공 부문에서 임금 분포가 상당히 압축됐음을 발견했다. 임금 구조의 이러한 차별적 진화는 부문 간 근로자의 분류에 상당한 영향을 미쳤다. 보라스에 따르면, 상대적 임금 압축의 결과로 공공 부문이 고숙련 근로자를 영입하고 유지하는 데 점점 더 어려움을 겪고 있다는 것이다. 관리자와 경영진에 대한 역사적인 저임금 패턴을 고려할 때, 상대적 임금 압축은 공공 부문 급여 범위의 상위에서 두드러질 가능성이 높다. 보라스의 발견은 다른 노동 경제학 연구에 의해 지지된다. 인사 경제학 연구의 선구자인 에드워드 라지어(Edward P. Lazear)는 처음으로 임금 성장, 승진 및 성과 간의 관계를 모형화하고 조사한 사람들 중 하나다. 라지어는 승진이 고성과자와 저성과자 사이의 임금 성장을 효과적으로 차별화한다고 주장한다(Lazear, 1999). 보라스의 연구에서 얻은 교훈은 공공 기관의 성격을 고려해 공공 의사결정자들이 임금을 제한할 수 있지만, 극단적인 절약이 공공봉사를 위한 개인적 희생을 감수할 의지가 있는 사람들 중에서도 역량이 높은(high-quality) 직원을 영입하고 유지하는 데 방해가 될 수 있다는 것이다.

전략 6. 능력, 기술 및 성과는 입사 및 승진 자격 평가를 위한 전략적 기준으로 함께 고려해야 한다.

베버식의 능력에 따른 급여(Banuri and Keefer 2015)가 전통적인 공직 제도의 주요 요소이지만, 입사 및 승진을 위한 유일한 기준은 아니다. 공공 업무가 복잡하고, 정부가 처한 환경이 급변한다는 점은 다른 대안적 기준을 고려해야 할 이유다. 기술급은 또 다른 옵션이다. 바누리와 키퍼(Banuri and Keefer 2015)가 경고하듯이, 성과에 따른 급여 체계는 측정 문제를 수반한다. 다음 장에서 논의하듯이, 성과에 따른 급여 체계는 공공봉사동기를 약화시킬 수도 있다.

성과를 인정하는 한 가지 방법은 승진 및 경력 발전 과정에 이를 더 강력하게 포함시키는 것이다. 승진과 관련된 평가는 간헐적이고 철저하며 전체적이므로, 개발 및 관리 기능을 모두 수행하는 연간 성과 평가보다 더 유용할 수 있다. 전략 4에서 제시된 전략 방향, 고숙련 직종 및 경영진 사이에서 더 두드러진 임금 격차를 추구하는 것은 성과에 대한 강력한 인정을 제공하고 토너먼트 이동 모델과 관련된 의도하지 않은 결과를 피할 수 있다.

6.2.4 인센티브

1979년 미국 연방 정부에 실적급(merit pay) 체계가 도입됐을 때, '드디어 시간이 됐다!'는 반응이 지배적이었다. 하지만, 정부 관리자들과 학자들이 그토록 오랜 시간이 경과된 진정한 이유를 이해하는 데는 그리 오래 걸리지 않았다. 실적급은 효과가 없었다. 미국은 물론이고 여러 나라에서 수많은 시도가 있었음에도 불구하고(Lah and Perry 2008; Bellé and Cantarelli 2015), 공공 부문에서 가변적 또는 조건부 급여 체계가 실패하는 이유는 이제 더 명확해졌다.

이론적 설명은 뒤처졌지만, 이제는 공공 부문에서 인센티브가 자주 실패하는 이유를 설명하는 학술 연구가 점점 증가하고 있다. 2장에서 소개한 두 가지 연구 흐름, 자기 결정 이론과 동기 구축 이론(motivation-crowding theory)을 여기서 다시 언급할 필요가 있다.

자기 결정 이론(Deci and Ryan 1985)은 사회심리학, 특히 에드워드 데시(Edward L. Deci)의 내재적 동기에 대한 선구적 연구에 뿌리를 두고 있으며, 1970년대 초반(Deci 1971)으로 거슬러 올라간다. 데시는 그 후에 그의 동료 리처드 라이언(Richard M. Ryan)과 함께 두 가지 광범위한 동기 유형, 즉 자율적 동기와 통제된 동기를 구분한다. 자율적 동기는 개인이 자발적으로 선택하며, 흥미, 즐거움, 가치를 바탕으로 한다. 통제된 동기는 외부 요구나 압력을 기반으로 보상을 얻거나 처벌을 피하기 위해 행동을 유발한다. 이 두 가지 인간 동기 유형은 개인의 심리적 욕구 상태에 영향을 받는다. 모든 인간은 유능성, 관계성, 자율성을 포함하는 기본적인 심리적 욕구를 가지고 있다. 기본적인 인간의 욕구가 충족된 개인은 자율적으로 동기 부여될 것이다.

데시와 라이언의 많은 연구는 자율적으로 동기 부여된 개인에게 통제된 동기 형태(예: 금전적 인센티브)를 부가할 때 생기는 효과를 보여 준다. 적어도 아홉 가지 메타 분석(Deci, Koestner, and Ryan 1999; Cerasoli, Nicklin, and Ford 2014)은 이 연구 결과와 일관된 결론을 보여 준다. 하나의 연구 흐름은 인지 평가 이론과 관련된다. 다른 연구 흐름은 심리학자들이 과잉 정당화 효과라고 부르는 것을 중심으로 발전한다(Tang and Hall 1995). 이는 개인이 어떤 외부 목표를 위한 명시적 수단으로 그 활동에 참여하도록 유도될 때, 내재적 동기가 오히려 감소하는 점을 지적한다. 프레이와 오스털로(Frey and Osterloh 2005)는 과잉 정당화의 효과를 좀 더 일반적인 말로 표현한다: "추가적인 급여 없이 의무를 수행하는 것은 충분하지 않다."

동기 구축 이론(Frey 1997; Frey and Jegen 2001)은 데시와 라이언의 연구와 직접적인 관련이 있는데, 외적 보상이 내재적 동기를 "구축하는" 이유에 대한 경제학적 이론 및 해석을 제공한다. 패트릭 프랑수아(Patrick Francois)는 오랫동안 진행된 공공 행정 연구(Rainey 1982, 1983; Perry and Wise 1990; Denhardt 1993; Rainey and Steinbauer 1999)와 최근 경제학 연구(Frey 1997)에 기초해 공공 기관이 민간 기업을 능가할 수 있다는 주장을 전개한다(Francois 2000). 그는 공공봉사동기가 높은, 즉 개인적으로 가치 있는 공공 결과에 대해 관심을 가진 공공 근로자들이 민간 기업의 근로자들보다 더 많은 노력을 기울일 것으로 예상되며, 그들은 보상이 낮음에도 불구하고 일을 수행할 준비가 돼 있기 때문에 더 효율적으로 일할 것이라고 주장한다. 따라서 그들이 기울이는 노력도 더 효율적이며, 높은 수준의 인센티브가 필요 없게 만든다. 일반적으로 재정적 인센티브의 최적 설계를 명시하기는 어렵지만, 증거는 낮은 수준의 인센티브 급여를 제공하는 것이 공공봉사를 보상하는 데 가장 효과적임을 시사한다(Burgess and Ratto 2003; Ashraf, Bandiera, and Jack 2014). 나바 아쉬라프(Nava Ashraf), 오리아나 반디에라(Oriana Bandiera)와 스콧 리(Scott S. Lee)는 잠비아의 보건 근로자 교육 프로그램에서 비금전적 보상이 성과를 이끌어 낸다고 보고한다(Ashraf, Bandiera, and Lee 2014). 그들은 고용주의 인정과 사회적 가시성, 자기 결정 이론에서 식별 동기와 일치하는 두 가지 보상이 성과를 증가시켰으며, 통제 지향적 동기인 사회적 비교는 특히 능력이 낮은 연수생들 사이에서 성과를 감소시켰다는 것을 발견했다. 아쉬라프와 동료들의 발견은 마이클 코스펠트(Michael Kosfeld)와 수잔 네커만(Susanne Neckermann)의 이전 연구(Kosfeld and Neckermann 2011)와 일관되는데, 이 연구는 스위스 학생들을 대상으로 한 현장 실험에서 지위와 사회적 인정이 성과에 미치는 영향을 분석했다.

6.2.4.1 구축

학자들과 실무자들이 공공봉사동기 구축(驅逐, crowding-out), 즉 밀어내기 현상에 대해 우려를 표현한 가장 흔한 맥락은 공공 기관에서 실적급 또는 성과급과 같이 조건부로 급여를 주는 경우다. 앞의 연구들(Frey 1997; Francois 2000; Perry, Engbers, and Jun 2009)에서 논의된 바와 같이, 외적 보상은 공공봉사동기보다 덜 강력할 수 있다. 외적 보상은 또한 공공봉사 또는 친사회적 동기보다 덜 지속적일 수 있다(Grant 2008a; Perry, Engbers, and Jun 2009).

구축 현상을 조사하는 행정 부문 연구는 많이 있다. 구축 현상에 대한 공공 부문 연구들은 다음과 같다:

- **영국 고등 교육 및 국립 보건 서비스** – 야니스 게오겔리스(Yannis Georgellis), 엘리자베타 이오사(Elisabetta Iossa) 및 부레인 타부마(Vurain Tabvuma)(2011)
- **스위스 주(cantons)** – 데이비드 지오크(David Giauque), 사이먼 앤더프렌-비젯(Simon Anderfuhren-Biget)과 프레데릭 바론(Frédéric Varone)은 성과에 따른 급여가 공공봉사동기에 부정적인 영향을 미친다고 결론지었다. "현재 공공 인사관리(HRM)의 추세는 주로 성과에 따른 급여를 제안하는 것이며, 이는 공무원의 동기 부여와 조직 성과를 높이려는 목표를 달성할 수 없다"(Giauque, Anderfuhren-Biget, and Varone 2013, 141)
- **덴마크 학교 교사** – 크리스티안 야곱센(Christian B. Jacobsen), 요한 흐빗베드(Johan Hvitved), 및 로테 안데르센(Lotte B. Andersen)(2014)

성과 관련 급여(성과급)를 피해야 한다는 경고에 대해 적어도 몇 가지 주의점을 언급할 필요가 있다. 첫째, 성과 관련 급여에 대한 거의 모든 실증 연구는 그룹, 팀 또는 조직 수준의 인센티브 시스템보다는 개인에 중점을 둔다. 이익 공유 및 성과 공유와 같은 그룹 인센티브 계획에 대한 증거는 연구 범위를 민간 부문까지 확장하더라도 제한적이다. 공공 교육 분야의 연구는 학교 수준의 인센티브 시스템이 교사들 사이의 지원적 상호 작용을 유발해 교사 성과를 향상시킬 수 있음을 보여 주는 몇 가지 예를 제시한다(Kelley 1999). 효과적인 학교 수준 프로그램과 비효과적인 프로그램의 구별에서 금전은 이차적인 고려 사항이며, 교사들을 처음부터 그들의 일로 이끈 내재적 보상에 중점을 둔 전문성 개발이 가장 중요하다는 것이다. 이 해석은 전문성 개발을 강력한 인센티브 및 보상으로 지적하는 미국에서의 연구와 일치한다(Hawley 1985; Desimone et al. 2002).

공공 부문에서 인센티브 시스템의 설계는 성과에 중요한 영향을 미칠 가능성이 높지만, 다른 연구는 맥락 또한 중요하다는 점을 지적한다. 기존 연구를 종합하면 인센티브 급여의 효과성은 공공봉사 유형과 직원들의 조직 역할과 관련이 있다는 것이다. 1977년부터 2008년까지의 68개 공공 부문 연구를 종합한 제임스 페리(James L. Perry), 트렌트 엥버스(Trent Engbers)와 전소윤(Jun So Yun)은 결과의 효과가 공공 서비스 분야별로 다를 수 있다고 제안했다. 의료 서비스에서 인센티브가 가장 높은 성공률을 보였다. 이 결과는 성과급이 대부분 성과를 가져오는 데 실패했고 "파편적"이라고 여겨졌던 분야인 규제 및 금융 부문과 대조적이었다(Perry, Engbers, and Jun 2009, 44). 공공 교육 및 공공 안전 부문의 결과는 의료 서비스와 규제 및 금융 부문 사이의 중간 지점에 위치했다.

급여 인센티브의 효과성에 영향을 미치는 두 번째 요인은 해당 직원이 관리자인지 아닌지와 관련된다. 페리, 엥버스와 전(Perry, Engbers, and Jun 2009, 44)은 "긍정적인 성과 결과가 있다는 연구의 많은 비율을 비관리직에 대한 연구가 차지한다"는 점을 발견했다. 비관리직과 관리직 사이의 성공률 차이는 20% 대 14%로 미미했지만, 페리 등은 비관리직 직원의 직무 책임이 더 구체적이고 측정 가능할 수 있다는 것을 고려할 수 있다고 제안했다.

연구의 양이 축적됐고 마지막 주요 연구 종합(Perry, Engbers, and Jun 2009; Hasnain, Manning, and Pierskalla 2014) 및 메타 분석(Weibel, Rost, and Osterloh 2010) 이후로 시간이 많이 지났기 때문에, 공공 기관에서 성과급 인센티브의 효과성에 대한 연구 결과를 재검토하는 것이 적절할 수 있다. 공공 부문 전체의 연구를 종합하기보다는 공교육과 같은 특정 공공 서비스에 중점을 둔 연구가 더 적절할 수 있을 것이다. 10여 년 전 마이클 포드거스키(Michael J. Podgursky)와 매튜 스프링거(Matthew G. Springer)는 교사 성과급의 긍정적인 효과에 대해 낙관적 견해를 표명했다(Podgursky and Springer 2007). 카틱 무랄리다란(Karthik Muralidharan)과 벤카테시 선다라라만(Venkatesh Sundararaman)과 같은 연구는 포드거스키와 스피링거가 주장한 견해에 추가적인 내용을 덧붙인다(Muralidharan and Sundararaman 2011). 무랄리다란과 선다라라만은 인도의 안드라 프라데시 주 정부 농촌 초등학교의 대표적인 샘플을 사용해 무작위 평가를 수행했다. 2년 후, 인센티브 학교의 학생들은 수학과 언어 시험에서 유의하게 더 나은 성과를 보였다. 저자들은 부정적인 결과에 대한 증거가 없다고 보고했다. 이것은 단지 하나의 연구일 뿐이어서, 지속적인 실험과 평가가 필요하다.

바로 위에서 언급한 연구는 공공 인센티브 시스템의 설계자들이 그룹 기반 인센티브 시스템과 같은 프로그램 설계의 변화에 열린 마음을 가져야 하며, 전문성 개발과 같은 다른 보상과 금전적 인센티브를 어떻게 조화시킬지 고려해야 함을 시사한다. 이는 조직의 집단적 및 공유재 문화를 강화함으로써 공공봉사동기를 강화할 수 있는 방법과 밀접하게 관련이 있다. 이는 인센티브 시스템의 또 다른 잠재적 결과인 끌어들이기와 밀접하게 관련이 있다.

6.2.4.2 구인

공공봉사동기를 구인(拘引, crowding-in), 즉 끌어들이는 것은 밀어내기보다 훨씬 드물지만, 문헌에서는 몇 가지 예를 제시한다. 하나는 데이비드 코헨(David K. Cohen)과 리처드 머네인(Richard J. Murnane)이 수행한 여섯 개의 학군에 대한 연구다(Cohen and Murnane 1985; Murnane and Cohen 1986). 각 학군은 적어도 6년 동안 실적급 제도를 실시했다. 코헨과 머네인은 교사들이 이미 높은 수준에서 성과를 내고 있을 때 실적급 프로그램이 가장 성공적이라는 것을 발견했다. 이러한 학교에서 실적급 프로그램이 어떤 가치를 추가했는지는 불분명했다. 하나의 가능성은 성과급이 양질의 교육을 지원하는 기존 가치를 강화했다는 것이다. 동시에, 교장들이 "특출한"과 "뛰어난" 교사들 사이의 미세한 차이를 구별하는 어려움은 프로그램이 지속돼야 하는지에 대한 의문을 불러일으켰다. 각 학군은 이러한 유형의 갈등을 완화하기 위한 전략을 추구했으며, 그중에는 높은 수준에서 낮은 수준으로 인센티브를 전환하는 것이 포함됐다. 전략 중에는 더 높은 성과가 아닌 추가 업무에 대해 추가 급여를 제공하는 것, 보상을 작게 유지하면서 널리 분배하는 것, 그리고 자발적으로 참여하게 하는 것이 포함됐다.

6.2.4.3 인센티브 설계 전략

인센티브와 변동급에 대한 연구는 공공 부문에서 동기 부여 결과를 극대화하기 위한 보상 체계의 여러 전략을 제공한다. 이 논리에 부합하는 두 가지 전략이 다음에서 논의된다.

전략 7. 인센티브를 설계할 때, 정부 기관은 고강도 인센티브보다는 저강도 인센티브에 중점을 둬야 한다.

최근 개발도상국에 초점을 맞춘 실험 연구는 공공봉사에서 강력한 인센티브가 도입될 때 생기는 직원 동기에 대한 두 가지 주요 위협을 지적한다(Banerjee et al. 2014; Finan, Olken, and Pande 2017). 이러한 위협은 선진국에서도 연구한 바 있다(Perry 1986; Frey 1997; Burgess and Ratto 2003; Perry, Engbers, and Jun 2009; Bellé and Cantarelli 2015). 첫 번째 위협은 친사회적 동기의 감소인데, 높은 수준의 재정적 인센티브가 부정적 결과를 낳는다는 것을 사회심리학자들(Tang and Hall 1995)이 오래전부터 연구해 왔고, 최근에는 경제학자들(Frey 1997; Frey and Jegen 2001)도 이를 연구했다. 우간다에서 새로운 건강 증진 담당자 직책에 대한 에리카 데세라노(Erika Deserranno)의 실험 연구는 고강도 재정 인센티브의 잠재적 부작용을 보여 주는 예다(Deserranno 2019). 이 연구는 더 많은 수익이 가능한 직책이 친사회적 성향이 강한 요원들로 하여금 건강 증진 담당자 직책에 지원하지 않도록 방해했다는 것을 발견했다. 비록 더 높은 재정 인센티브가 공석을 채울 확률을 높였지만, 그들이 보낸 신호는 더 오래 머물고 더 나은 성과를 내는, 사회적으로 동기 부여된 가장 적합한 사람들을 채용하는 능력을 감소시켰다.

고도의 인센티브와 관련된 두 번째 동기 부여 위협은 다중 업무 문제의 증가로, 직원들이 인센티브가 없는 업무보다 인센티브가 있는 업무에 집중한다는 문제다(March and Simon 1958; Perry 1985; Holmstrom and Milgrom 1987). 피난, 올켄과 판데는 공공 부문에서의 강제력 결여와 결과 측정의 어려움이 결합됨으로써 다중 업무 문제가 특히 두드러질 수 있다고 관찰한다. 그들은 다음과 같이 쓴다: "많은 맥락에서 다중 업무는 문제이지만, 공공 부문 맥락에서는 특히 심각할 수 있다. 여기서 관료들은 상당한 권한을 행사하고(예: 경찰과 판사), 그들에게 인센티브를 부여하려는 '진실'에 대한 객관적인 측정 방법을 찾기 어렵다"(Finan, Olken, and Pande 2017, 471).

고도의 인센티브로 인한 이러한 두 가지 동기 위협, 즉 친사회적 동기의 감소와 다중 작업은 이러한 인센티브를 동기 부여 옵션으로 사용하는 것을 배제하자는 것은 아니지만, 이러한 옵션을 고려하는 공공 기관은 이를 강력한 경고로 받아들여야 한다. 개발도상국에서의 실험적 연구를 검토한 피난, 올켄과 판데(Finan, Olken, and Pande 2017)는 고도의 인센티브 도입을 고려하는 공공봉사 리더들에게 다음과 같이 경고한다:

> "문헌은 이러한 상충 관계 중 일부를 인식하기 시작했지만, 이러한 문제들이 가장 일어날 가능성이 높은 조건을 더 잘 이해하기 위해 더 많은 연구가 필요하다. 예를 들어, 직무의 복잡성은 그러한 조건의 하나일 수 있다. 성과급과 관련된 다중 업무에 대한 우려는 관료들에게 복잡한 업무가 할당될 때 더욱 발생할 가능성이 높다. 동시에 복잡한 업무를 모니터링하기는 더 어렵다. 모니터링 비용의 절감 효과가 다중 업무와 관련된 비용을 상쇄하는지 여부는 관료제를 어떻게 조직해야 하는지에 대한 중요한 함의를 가진 흥미로운 질문이다"(Finan, Olken, and Pande 2017, 508).

피난 등의 연구에 따르면, 모니터링이 다중 업무 문제를 상쇄해 고도의 인센티브를 적절하고 실행 가능하게 만드는 상황을 발견할 수 있다는 것은 공공 부문을 위한 인센티브 전략 중 하나의 옵션이다. 공공봉사동기를 연구한 학자들은 공공 부문에 대한 대안적 옵션을 제시했다(Burgess and Ratto 2003; Miller and Whitford 2007; Perry, Engbers, and Jun 2009). 고도의 인센티브에 대한 대안으로서 낮은 수준의 인센티브를 활용하는 것이다. 낮은 인센티브는 몇 가지 즉각적인 이점을 가지고 있다. 낮은 인센티브가 있는 상황에서 내재적 동기는 유지될 수 있다(예: Stazyk 2013). 낮은 인센티브는 또한 예산 제약이 있는 기관에서 더 지속할 가능성이 높다(Ashraf, Bandiera, and Jack 2014; Ashraf, Bandiera, and Lee 2014).

전략 8. 정부 기관은 공공봉사동기, 즉 친사회적·내재적·자율적 동기를 밀어내는 인센티브를 피해야 한다. 반대로, 그들은 친사회적·내재적·자율적 동기를 끌어들이는 기회를 찾아야 한다.

어떤 면에서 이 전략은 앞서 설명한 전략의 당연한 귀결이다. 전략 7은 동기 부여 방정식의 인센티브 측면을 다룬다. 전략 8은 직원 동기를 다루며, 직원들이 통제에서 자율적 동기에 이르는 연속 선상에서 어떤 형태의 공공봉사동기를 가지고 있는지에 초점을 맞춘다. 전략 8은 2장에서 검토한 자기 결정 및 동기 구축 이론과 일관되며, 개발 맥락에서의 경험적 증거도 전략 8을 지지한다. 예를 들어, 임란 라슐(Imran Rasul)과 대니얼 로저(Daniel Rogger)는 나이지리아 관료제에서 프로젝트 성과에 대한 광범위한 검토를 수행하고 4,000개 이상의 프로젝트에서 관리 관행의 변화에 초점을 맞췄다(Rasul and Rogger 2015). 그들은 공무원의 자율성이 직무 성과와 긍정적으로 상관돼 있지만, 재정 인센티브와 모니터링은 성과와 부정적인 상관 관계가 있다는 점을 발견했다. 라슐과 로저가 제시한 구체적 증거는 일반적인 발견(Grindle 1997; McDonnell 2017)을 지지한다. 즉, 낮은 성과가 일반적이고 좋은 성과가 예외적인 개발 도상국의 관료제에서 자율성은 예상치 못한 높은 수준의 성과와 관련이 있다. 이러한 결과는 또한 자율성, 직원 동기 부여, 성과에 관한 5장에서 제시된 이론 및 연구 결과와 일관적이다.

6.2.5 직위 분류

중요한 보상 설계 문제 중 하나는 조직 내 직위와 직업 간 보수를 일관적이고 공정하게 할당하는 방법이다. 공공 조직에서 보상을 설계하는 것은 전통적으로 직위 분류(position classification)와 관련이 있는데, 그것은 적절한 급여 범위에 할당하기 위해 직무를 그룹화하는 것을 의미한다. 관리직과 보상 전문가들은 임금 분산, 입사 및 승진 기준, 인센티브에 이르기까지 다양한 질문을 포함하는 지난 두 절의 많은 개념과 관련해 직위 분류를 언급한다. 불행하게도, 일반적인 보상에 대한 연구나 특히 공공봉사동기에 대한 연구는 직위 분류 체계의 변화와 관련된 행동 결과와 상충 관계에 대해 명확하고 강력한 방향을 제공하지는 않는다.

정부의 직위 분류제가 오랫동안 존재해 왔고 최근 몇 년 동안 그들에 대한 비판이 얼마나 많았는지를 고려하면 이 문제에 대한 연구가 부족한 것은 놀라운 일이다. 전통적 시스템은 직무 명칭과 분류가 불편할 정도로 증가하고, 등급 간 미세한 차이를 유지하기 위한 경직성, 조직과 그 관리자들이 이를 활용하지 못하는 무능력, 시장 기반 및 성과 급여에 대한 분류의 장애물 등으로 비판받아 왔다(Partnership for Public Service and Grant Thornton 2010; Stier 2011; Partnership for Public Service, and The Volcker Alliance 2018).

전통적인 직위 분류제에 대한 광범위한 비판을 고려해, 많은 정부에서 대안을 모색해 왔다. 가장 많은 주목을 받고 검토된 대안은 급여밴딩(paybanding) 또는 브로드밴딩(broadbanding)이다. 이러한 변화는 여러 급여 등급을 더 적은 수의 등급 또는 급여 밴드로 통합해, 상당히 더 넓은 급여 범위를 갖는 것이다. 조직 또는 보상 성과 기준에 대한 브로드밴딩의 효과는 엄격히 평가되지 않았지만, 실무자들과 학자들의 연구 결과는 엇갈린다. 에드윈 아놀드(Edwin W. Arnold)와 클라이드 스콧(Clyde J. Scott)은 미국의 민간 부문에서 보상 체계 평가 기준에 따라 브로드밴딩에 대한 분석을 수행했다. 그 기준에는 내부 공평성, 외부 경쟁력, 직원 동기 부여, 관리 용이성 등이 포함된다. 그들은 "브로드밴딩이 보상 체계 효과성 달성에 미치는 영향이 예상보다 훨씬 부정적일 수 있다"고 결론지었다(Arnold and Scott 2002, 7).

공공 기관에서의 경험에 대한 문헌 역시 전통적 분류 제도의 결함에 대한 해결책으로 브로드밴딩을 받아들이는 데에는 신중하지만, 전반적으로는 더 긍정적일 수 있다.[3] 미국 연방 최고 인사 책임자와 인적 자원 리더 68명과의 인터뷰를 보면 이들은 브로드밴딩에 대해 대체로 긍정적인 평가를 하고 있다(Partnership for Public Service and Grant Thornton 2010). 이들은 전통적인 15등급 분류 제도에 대한 대안으로 브로드밴딩에 대해 긍정적인 의견을 냈다. 브로드밴드 시스템이 매력적인 이유 중 하나는 관리자들이 밴드 내에서 급여와 신규 채용에 대한 더 큰 권한을 가지기 때문이다. 68명의 인터뷰에서 나온 의견은 제임스 톰슨(James R. Thompson)과 롭 사이드너(Rob Seidner)의 후속 분석 연구에서의 결론과 일치한다(Thompson and Seidner 2009). 1980년대 초부터 시작된 분류 시범 프로젝트를 기반으로 한 그들의 교훈 중에는 브로드밴딩 시스템이 직원 채용과 관리 책임에 도움이 되고, 변화는 종종 급진적이지 않으며, 집행은 신중하게 관리되고 모니터링돼야 한다는 점이 포함된다.

코트니 왈렌(Cortney Whalen)과 메리 가이(Mary E. Guy)는 미국 주정부들의 동향을 조사해, 단 열두 개 주만이 완전히 브로드밴딩 시스템으로 전환했으며, 네 개의 주는 제한적으로 도입했고, 열여덟 개의 주는 도입을 고려했지만 거부했으며, 열여섯 주는 도입을 고려조차 하지 않았다는 것을 발견했다(Whalen and Guy 2008). 세 개의 주에서의 더 심도 있는 분석을 기반으로, 왈렌과 가이는 브로드밴딩이 그 목적을 달성하지 못했다고 결론지었다. 이는 브로드밴딩이 예산 및 관리 재량과 같은 다른 보완적인 관리 변화와 동반되지 않았기 때문이다. 토드 요르단(Todd Jordan)과 폴 바타글리오(R. Paul Battaglio)는 분권화, 성과 기반 급여, 분류 해제, 규제 완화, 그리고 민영화와 같은 다섯 가지 주제에 걸쳐 공공 인사 개혁 연구에 대한 체계적 검토를 수행했다(Jordan and Battaglio 2014). 그들은 238개의 논문 중 브로드밴딩을 중심 주제로 다룬 논문은 1% 미만으로 두 편에 불과하며, 그것들은 국제적이기보다는 미국을 기반으로 한 연구였다는 점을 발견했다. 요르단과 바타글리오(Jordan and Battaglio 2014)와 이어진 진 브루워(Gene A. Brewer)와 에드워드 켈로(J. Edward Kellough)의 검토는 인사 개혁과 그 결과, 특히 브로드밴딩과 관련해 실증적 증거가 부족하다는 결론을 내렸다(Brewer and Kellough 2016). 브루워와 켈로는 다음과 같이 관찰했다: "가장 좋은 상황에서조차, 직무 분류를 위한 브로드밴딩 시스템이 공공 기관을 더 생산적으로 만들 것인지 분명하지 않다…"(Brewer and Kellough 2016, 184). 그들의 체계적 연구에 포함된 국제 연구 중 어느 것도 브로드밴딩을 다루지 않았다.

요약하자면, 브로드밴딩에 대한 연구는 드물고, 전통적인 직위 분류에 대한 대안으로서의 효과성에 대해 명확한 길을 제시하지 않는다. 동시에, 연구는 브로드밴딩의 잠재적 이점을 제시한다. 이에는 더 큰 유연성, 관리적 통제 및 책임 강화, 직원 동기 부여 향상 등이 포함된다. 이는 향후 연구에서 평가할 수 있는 일련의 결과를 예고한다고 하겠다. 직원 동기에 미치는 영향과 같은 일부 결과는 공공봉사동기에 대한 연구에 중요하지만, 아직 브로드밴딩과 공공봉사동기 사이의 연결을 시도한 연구는 없다.

6.3 결론

이 장에서는 보상과 동기 부여에 대한 연구를 종합해 공공 부문 보상 체계를 설계하는 전략을 발견하고, 최적의 결과를 도출하기 위한 방법을 탐구했다. 이 장은 보상 구조의 네 가지 측면 - 총 보상, 기본급, 이동 시스템, 인센티브 - 을 살펴보고, 보상 효과를 높이고 그에 따른 동기 부여 및 조직 성과를 향상시킬 것으로 예상되는 여덟 가지 전략을 제시했다. 많은 전략은 공공봉사동기 연구 결과에서 도출했으며, 이는 연구와 보상 설계 간의 연계를 강화하는 장점이 있다.

이 장에서 제시된 전략들은 여러 방면에서 정부의 공공 부문 보상 관행을 개선할 것이다. 첫째, 전략들은 보상 관행을 공공봉사, 친사회적 성향, 타인 지향적 행동이 중심이 되는 기관의 다른 동기 요소와 일치시키고, 전반적인 보상 정책에 대해 더 많은 내부 일관성을 창출한다. 보상 관행을 공공 서비스 기관과 일치시킴으로써, 전략들은 또한 3장에서 처음 소개한 직무가 아닌 조직을 위한 채용(Bowen, Ledford, and Nathan 1991)이라는 고성과(high-performance) 연구의 원칙을 확인한다. 이러한 일관성의 이점은 정책 자체를 넘어서며, 조직 효과성을 유지하는 직원 행동 - 더 많은 구성원 영입 및 유지, 신뢰할 수 있는 역할 행동, 혁신적이고 자발적인 활동 - 을 가져온다.

두 번째 장점은 제안된 전략들을 이해관계자들이 더 공정하게 인식할 가능성이 높다는 것이다. 이 장에서는 제안된 전략의 이러한 측면에 주목하지 않았지만, 대부분의 국가에서 공공 부문 보상은 공무원 및 그 대표자, 기업, 납세자, 시민 등 다양한 이해관계자들의 관심을 받는다. 공공 부문 직원 보상의 "공공성"을 고려할 때, 보상에 대한 이해관계자의 선호는 거버넌스 기관의 정당성에 영향을 미칠 가능성이 높다. 공공 부문 보상 정책과 관행의 공정성을 높이면 긍정적인 결과를 가져올 것으로 예상된다. 예를 들어, 총 보상 전략은 공무원이 과도하게 보상받거나 특정 유형의 보상(예: 연금)을 다른 유형(예: 기본급)보다 선호하는 방식으로 보상받는 것으로 보는 사회에서 더 공정하게 인식될 가능성이 높다(Reilly 2012). 제안된 전략에 가장 만족스럽지 않을 가능성이 높은 이해관계자 범주는 미국에서 "블루칼라 직업"이라고 불리는 분야의 근로자들일 수 있다. 왜냐하면 그들의 평생 총 보상이 민간 부문 동료들보다 높을 수 있기 때문이다(Reilly 2012). 이 장에서 제안된 전략의 목표는 직원-조직 간 교환의 중심에 "공공 서비스"를 두는 것이다. 이 목표를 달성하는 것은 이해관계자들에게 다르게 영향을 미칠 수 있지만, 제안된 전략의 효과성에 대한 궁극적인 시험은 공공 서비스 기관의 건강을 회복하는 것이다.

제안된 전략의 세 번째 장점은 비용을 줄이고 공공 부문 보상의 효율성과 효과성을 높이는 것이다. 공공 보상을 공공봉사동기와 일치시키면 예산에 대한 압력이 줄어들 것으로 예상되며, 따라서 정부 기관이 예산 제약을 극복하는 데 도움이 될 것이다. 물론, 제안된 전략의 성공적인 구현이라는 전제가 성공하지 않는다면, 비용 절감을 장점으로 내세우는 것은 당연한 결론이 아니다.

이 장의 전략들은 종합적인 개혁에 중요한 핵심 문제를 모두 다루지는 않는다. 하나는 내적 일관성의 문제다. 이 장에서 제시된 대부분의 전략은 외부 경쟁력이나 직원 기여에 초점을 맞추고 있다. 정책 입안자들은 전략이 보상 체계의 내적 일관성에 미치는 함의를 평가하고 변화에 맞게 제도를 재설계해야 할 것이다. 이 장에서는 전통적인 직위 분류의 개혁 중 하나인 브로드밴딩에 대해 논의했지만, 브로드밴딩의 효과를 분석한 강력한 연구가 거의 없으며 공공봉사동기와의 관계에 대한 연구는 전혀 없다. 두 번째로 다루지 않은 문제는 임금 결정에 노동조합과 단체 협상의 역할이다. 비록 집단 행동이 임금 결정에 중요한 영향을 미친다는 점을 감안하더라도(예: Krueger and Summers 1988; Zweimüller and Barth 1994 참조), 그 영향은 국가별로 다양하므로 특히 우리가 직접적인 연구 증거를 가지고 있지 않은 공공봉사동기와 관련해 일반적인 영향을 분리하기 어렵다. 내적 일관성과 공공봉사동기의 문제처럼, 집단 행동과 공공봉사동기의 문제는 더 전략적인 연구가 필요하다.

마지막으로, 정책 입안자와 공공 리더들이 주의를 기울여야 할 핵심 문제는 변화 과정 그 자체다. 많은 환경에서 직원들과 그들의 대표가 변화 과정에 밀접하게 관여할 것으로 예상된다. 공공 부문 보상 체계의 광범위한 결과를 고려할 때, 변화 과정에는 사회 전반의 이해관계자들이 포함돼야 하며, 직원들과 그들의 대표자 외 다른 그룹들도 통합돼야 할 것이다.

주(註)

1. 『공공행정핸드북(Handbook of Public Administration)』 2판에서 정부 보상 분야에서 오랜 경험을 가진 헤이그룹(Hay Group)의 컨설턴트인 찰스 푸니언(Charles A. Pounian)과 제프리 풀러(Jeffrey J. Fuller)는 성공적인 보상 정책의 아홉 가지 특성을 식별한다(Pounian and Fuller 1996): (1) 명확하게 정의된 철학, (2) 문화적 일치, (3) 우수한 후보자 영입 능력, (4) 인센티브, (5) 내부 형평성, (6) 외부 경쟁력, (7) 건전한 행정을 위한 지원, (8) 명확성, (9) 법적 준수. 이 기준 목록은 더 포괄적이지만, 밀코비치와 뉴먼(Milkovich and Newman 1999)의 기준은 이 장과 관련된 주요 보상 효과성 기준을 제시한다.

2. 세 가지 임금 수준 지표 중 또 다른 하나는 "비교 대상이 되는 민간 부문 임금 대비 정부 평균 임금의 비율"(Clements et al. 2010, 2)이다. 이 지표는 이 장 앞부분의 기본 급여에 대한 논의에서 암시된 옵션 중 하나다. 세 번째 임금 수준 지표인 "1인당 GDP 대비 정부 평균 임금의 비율"(Clements et al. 2010, 2) 역시 임금 수준을 평가하는 공공 관할 구역에 유용하다.

3. 미국 연방 정부에서는 1978년 공무원 제도 개혁법 제6조에 따라 1970년대 후반에 대체 직위 분류 제도에 대한 실험을 시작했다. 이후 대체 시스템에 대한 평가는 설계 및 실행의 제한으로 인해 그 효과에 대해 확실한 결론에 도달하지 못했다. 이러한 평가의 한계 때문에 여기서는 그에 대해 자세히 다루지 않는다. 초기 미국 연방 정부의 경험, 평가 및 그 영향에 대한 낙관적인 전망에 관해 자세한 내용은 리셔와 셰이(Risher and Schay 1994)를 참조하라.

제7장

공공봉사동기
Managing Organizations to Sustain Passion
for Public Service

신입 직원에게 공공봉사 가치를 배울 기회 제공하기

    3장에서는 공공봉사동기가 높은 인재를 모집하고 영입하는 것이 중요하다는 점을 강조했다. 공공봉사동기가 높은 사람들을 목표로 하는 명백한 이유 중 하나는 그들이 공공 기관의 임무와 가치에 부합할 가능성이 높기 때문이다. 그러나 이러한 사람들을 신중하게 모집한다고 하더라도, 공공 기관에 들어오는 모든 사람이 조직의 임무와 그 안에서 자신의 역할과 관련된 가치에 깊이 몰입하리라고 기대하기 어렵다. 이러한 이유에서 공공 조직은 공공봉사 가치나 사회 환경에 대한 추가적인 오리엔테이션이 필요한 직원을 통합하고 참여시키는 프로그램이 필요하다.

    조직의 외부인이나 마찬가지인 신입 직원을 공공 기관의 핵심 가치에 정통하고 헌신적인 사람으로 변화시키는 작업은 힘들지만 가능한 일이다. 선행 연구로부터 우리는 공공봉사동기가 동적이며, 조직적 및 개인적 자극에 대응해 시간에 따라 변화한다는 것을 알고 있다(Perry 2000; Moynihan and Pandey 2007; Bellé 2013; Oberfield 2014; Pedersen 2015; Vogel and Kroll 2016). 또한 우리는 사회화 과정과 조직 구성원이 그들의 환경, 역사, 그리고 가치에 대해 어떻게 배우는지에 대해 많은 부분을 알고 있다. 따라서 공공 관리자는 장기적으로 통합된 문화를 확립할 수 있다는 희망을 가질 수 있다.

직원을 공공봉사라는 가치에 몰입하도록 사회화시키면 공공 조직에 여러 긍정적 결과를 가져올 가능성이 크다:

- 직원과 조직의 공공봉사 가치를 좀 더 강력하게 통합하는 것은 구성원과 조직 간의 적합도를 높임으로써 이에 따라 조직에 대한 몰입과 업무 노력을 증가시키고 이직을 방지할 수 있다.
- 사회화는 구성원이 조직 행동과 그 가치를 수용함에 따라 이를 기반으로 행동할 가능성을 확장하며, 구성원 행동의 자율성을 증가시킨다.
- 좀 더 강력한 통합은 직원의 임무에 대한 몰입도를 높이고 궁극적으로 직원의 업무 노력을 증가시킨다.

이 장에서는 이러한 긍정적 결과를 이끌어 내는 다이내믹스(dynamics)를 더 자세히 탐구하고 공공 조직이 이를 달성하기 위해 할 수 있는 일에 대해 설명한다. 우선 직원들을 사회화하는 논리에 대한 간략한 검토로 시작할 것이다. 사회화 다이내믹스의 논의에 이어, 풍부하고 일관된 사회적 환경을 개발하기 위한 두 가지 전략을 논의한다. 첫 번째 전략은 온보딩(onboarding)으로, 이는 신입 직원의 재직 초기에 조직에 통합하기 위한 활동을 의미한다. 두 번째 전략은 멘토링(mentoring)으로, 새로운 구성원을 기존 구성원과 연결해 그들을 통합하고 조직에 대한 학습을 촉진하는 것이다.

7.1 직원 사회화의 근거

직원이 직책을 받은 후 자신의 조직에 적응하고 학습하는 과정에 대한 논의는 조직행동론과 공공봉사동기 이론 및 실증 연구에 깊이 뿌리를 두고 있다(Brief and Motowidlo 1986; Chatman 1991). 2장에서 제시된 이론과 실증 연구는 이를 뒷받침하고 있다. 주로 공직에 고용되기 이전 시기에 초점을 맞추기 때문에 성향-기회 이론(predisposition-opportunity theory)의 "매칭(matching)" 논리는 사회화에 대해 언급하지 않지만, 사회화는 매력-선택-이탈(attraction-selection-attrition: ASA) 이론의 핵심이다. 조직은 조직 목표, 구조 및 문화와 일치하는 성향을 가진 구성원을 영입하기 위해 최선을 다한다. 부적합(mismatches)은 구성원이 자신들의 상황에 적응하거나 혹은 조직을 떠나는 것으로 마무리된다. 사회화에 대한 의존도는 높지 않지만 뚜렷하게 나타난다. 개인-적합성 이론(person fit theory)과 연구는 사회화를 통해 매칭을 개선하는 논의에 대해 더욱 열려 있다.

7.1.1 사회화와 조직 성과

직원과 조직의 매칭을 확립하는 데 사회화의 역할은 일반적인 조직 행동 문헌에서도 두드러지게 나타난다. 제니퍼 채트먼(Jennifer A. Chatman)의 연구는 미국의 여덟 개 대형 공인 회계법인에서 회계사들의 초기 경력을 조사한 것으로, 직원의 가치가 조직의 가치와 어떻게 일치하게 되는지 분석한 최초의 연구 중 하나다(Chatman 1991). 채트먼은 개인-조직 적합성(person-organization fit)이 여러 메커니즘에서 비롯됐다는 것을 발견했다. 그중 하나는 선택, 즉 개인이 조직에 합류하기 전에 이뤄진 선택이었다. 또 다른 하나는 사회화로, 개인이 조직의 구성원이 된 후에 일어나는 일이다. 연구 결과, 채트먼은 사회화를 통해 조직 가치와 구성원의 적합성이라는 긍정적인 결과를 얻을 수 있다는 결론을 도출했다. 이 연구는 또한 조직의 가치를 자신의 가치와 더 일치시키는 직원일수록 더 빨리 적응하고 더 만족하며, 조직에 더 오래 남는다는 것을 발견했다.

채트먼의 발견은 조직 몰입에 대한 연구와 일치한다. 데이비드 콜드웰(David Caldwell), 제니퍼 채트먼(Jennifer A. Chatman)과 찰스 오라일리(Charles O'Reilly)가 45개 기업을 연구한 결과, 내면화(internalization)와 동일시(identification)에 기반한 규범적 몰입(normative commitment)은 엄격한 채용 및 선발 절차와 명확하고 강력한 조직 가치 체계에 의해 촉진된다는 점을 발견했다(Caldwell, Chatman, and O'Reilly 1990). 이전 연구에서, 브루스 뷰캐넌(Bruce Buchanan)은 다섯 개의 공공관료제와 세 개의 민간 기업을 연구해, 동료 및 상사와의 사회적 상호 작용이 동료 집단의 결속력과 조직에 대한 집단의 태도를 강화했다는 점을 발견했다(Buchanan 1974).

7.1.2 사회화와 공공봉사동기 연구

사회화에 대한 논의는 제임스 페리(James L. Perry)가 공공봉사동기 연구에 도입했다(Perry 2000). 페리의 과정 이론(process theory)은 동기 부여 이론에 거시적 맥락을 통합하려는 의도였다. 이 이론의 핵심적인 초점은 공공봉사동기의 사회역사적 맥락을 조명함으로써 개인의 선호와 동기를 형성하는 환경적 변수에 대한 이해를 높이는 것이었다. 사회화의 초기 원천 중 하나는 가족, 교회, 학교(Bandura 1977, 1986; Colby and Damon 1992)와 같은 기관으로, 이들의 영향은 공공봉사동기와 상관 관계가 있다(Perry 1997). 재직 전의 사회적 영향은 재직 이후 단계에서의 사회화를 통해 결합된다.

페리의 이론은 공공봉사동기에 대한 후속 연구에서도 입증된다. 바우터 반데나빌레(Wouter Vandenabeele)는 벨기에 플랑드르 지역의 3,500명 이상의 국가 공무원을 대상으로 조직이 공공봉사동기의 발달에 어떤 역할을 하는지 조사했다(Vandenabeele 2011). 페리(Perry 2000)가 제시한 논리를 따라, 반데나빌레는 주요한 선행 요인들 – 근무하는 조직, 가족, 정치적 소속 – 의 역할을 평가했다. 그는 "직장 동료와 상사에 의해 공공 가치에 노출되는 것이 개인에게 공공 가치를 내면화하도록 사회화시키며, 이로 인해 공공봉사동기를 더욱 강화한다. 상사와 동료 모두 공공봉사동기의 내면화에 영향을 미치는 것으로 보인다"(Vandenabeele 2011, 100–101)고 주장했다. 안네 메테 셸슨(Anne Mette Kjeldsen)과 크리스티안 뵈처 야콥센(Christian Bøtcher Jacobsen) 그리고 셸슨(Kjeldsen 2014)은 덴마크 근로자들을 대상으로 한 연구에서 공무원들의 입사 후 공공봉사동기 프로필의 변화가 업무 과제와 부서 간의 상호 작용 때문에 영향을 받는다는 것을 발견했다(Kjeldsen and Jacobsen 2013). 그들은 사회화 효과가 존재하지만, 입사 후 변화는 신입 직원들이 업무와 부서 모두의 복잡한 상호 작용에 의해 영향을 받기 때문이라는 결론을 내렸다.

브래들리 라이트(Bradley E. Wright)와 산제이 판데이(Sanjay K. Pandey)는 2005년 관리직 및 전문직을 대상으로 한 설문 조사 데이터를 사용해 미국 북동부에 인접한 두 개 주의 공공 조직 일곱 곳을 연구했다(Wright and Pandey 2008). 표본에는 네 개의 지방 정부 조직과 세 개의 주 정부 조직의 응답자들이 포함돼 있었다. 연구 결과, 라이트와 판데이는 학자들과 실무자들이 공공봉사동기의 효과에 대한 주장을 할 때 신중해야 한다고 결론지었다. 왜냐하면 공공 조직에 근무한다고 해서 직원 만족도나 몰입이 자동적으로 높아지지 않기 때문이다. 그들의 연구는 직원의 욕구와 가치, 즉 사회화에 대한 지속적인 관심이 필요하다는 것을 시사한다. 저자들이 주장하는 리더와 관리자들에게 제공하는 지침에는 다음과 같은 것이 있다:

- 조직의 가치와 목표가 직원들에게 어떻게 수렴되는지 소통한다;
- 직원의 업무가 조직과 사회에 어떻게 기여하는지 소통한다;
- 직원들이 업무에서 직면하는 가치의 충돌이 공공봉사에서의 상충되는 책임성을 반영한다는 것을 이해하도록 돕는다;
- 정책에 대한 합리적인 근거를 제공함으로써 직원들이 그들의 직무에서의 성과 기대와 어떻게 공존할 수 있는지 이해하도록 한다(Wright and Pandey 2008, 515).

MPA 프로그램 학생들을 대상으로 한 레너드 브라이트(Leonard Bright)의 연구는 고등 교육에서의 사회화와 공공봉사동기 간의 관계를 지지한다. 미국 내 26개 석사 학위 프로그램의 약 500명의 학생을 대상으로 한 표본을 기반으로, 브라이트는 학위 프로그램에서 예컨대 학생들의 서비스 학습 참여와 학생들이 참여한 조직의 특성같은 면이 공공봉사동기와 유의하게 관련돼 있다는 결론을 내렸다. 이것은 학생을 대상으로 한 횡단면 연구이지만, 사회화가 공공봉사동기와 가치에 미치는 일반적 논리를 확인할 수 있다. 제니퍼 워터하우스(Jennifer Waterhouse), 에리카 프렌치(Erica French)와 나오미 퍼찰라(Naomi Puchala)는 호주 퀸즐랜드의 대학원 프로그램에 등록된 소규모 학생 샘플을 분석해, 공무원으로 재직하게 되는 과정을 조사했다(Waterhouse, French, and Puchala 2014). 그들의 연구는 설문 조사와 인터뷰를 포함했고 종단적 혼합 방법 설계를 사용했다. 연구 결과, 사회화가 공공봉사동기에 미치는 영향은 긍정적, 부정적 영향 모두 도출됨으로써 다소 모호한 것으로 나타났다.

실증 연구는 시간이 지남에 따라 사회화 경험이 공공봉사동기를 감소시킬 수 있다는 잠재적인 부정적 관계를 주장하기도 한다. 도널드 모이니한(Donald P. Moynihan)과 산제이 판데이(Sanjay K. Pandey)가 50개 주의 보건 및 인적 서비스 관리자들을 대상으로 조사한 것이 그 예다(Moynihan and Pandey 2007). 연구의 목표는 페리의 사회역사적 모델에 기반한 예측을 검증하는 것이었다. 가장 놀라운 발견은 조직 구성원들의 재직 기간이 장기적일수록 공공봉사동기와 부정적 관계가 있다는 것이었다. 레드테이프(red tape) 또한 공공봉사동기와 부정적인 관련이 있었으나, 이러한 발견은 예측 가능한 것이었다. 모이니한과 판데이는 레드 테이프와 재직 기간 간의 부정적 관계를, 계층적 권위(hierarchical authority)와 개혁 노력 간의 긍정적 관계와 함께, 조직 제도의 영향이 중요하다는 점을 강력하게 지지한다고 해석했다. 그들의 발견은 전반적으로 사회역사적 모델을 지지한다. 공공봉사동기는 또한 교육 수준과 전문 조직 멤버십과 긍정적으로 관련돼 있었다. 모이니한과 판데이는 공공 조직이 직원들에게 스스로 공공의 이익에 기여하고 있다고 느끼도록 분위기를 조성할 기회와 책임이 있다고 결론지었다.

사회화와 공공봉사동기에 관한 초기 연구는 경험적으로 상관 관계를 밝히는 데 초점을 뒀으나, 최근의 연구는 더 적극적으로 접근하고 있다. 다음과 같은 질문을 제기한다: 조직적 사회화가 신입 직원들을 어떻게 온보딩(onboarding)하면 그들이 업무를 더 잘 수행하고, 조직에 통합되며, 기관의 사명과 가치에 몰입하게 할 수 있는가? 데닌 햇메이커(Deneen M. Hatmaker)는 사례를 통해 다음을 주장하고 있다: "조직과 기관이 공공봉사동기에 영향을 미칠 수 있다면,… 조직적 사회화 전략은 신입사원에게 공공봉사동기를 심어 주거나 강화하기 위한 특히 시의적절하고 효과적인 메커니즘이 될 수 있다"(Hatmaker 2015, 1147).

공공 조직이 직원들에게 스스로 공공의 이익에 기여하고 있다고 느끼도록 분위기를 조성하기 위한 가장 효과적인 방법은 무엇인가? 이 책을 통해 제안된 많은 아이디어가 분명히 그 해답을 찾는 데 도움이 될 것이다. 또 다른 아이디어들은 조직적 사회화에 관한 연구로부터 직접 도출할 수 있다(Hatmaker and Park 2014; Hatmaker 2015). 데닌 햇메이커(Deneen M. Hatmaker)와 박현희(Park Hyun Hee)의 뉴욕주 정부 기관을 대상으로 한 연구는 공공 조직이 직원들을 공공 가치와 공공봉사로 사회화하기 위해 추구할 수 있는 전략에 대한 정보를 제공한다. 그들의 연구는 조직적 사회화와 사회적 네트워크(social network)에 대한 각각의 논의들을 연결하고 있다. 그들은 조직이 신입 직원이 환경에 적응하도록 돕기 위해 명시적으로 개입하며, 이는 보통 오리엔테이션과 멘토링과 같은 메커니즘을 통해 이뤄진다고 주장한다. 그러나 이러한 조직 수준의 관점은 구성원의 사회화를 이해할 수 있는 하나의 렌즈에 불과하다. 햇메이커와 박현희는 "동시에, 신입 직원들은 정보를 탐색하고 가치 있는 자원에 접근할 수 있도록 경험이 풍부한 조직 구성원들과 관계를 맺기 위해 적극적인 노력을 기울인다"(Hatmaker and Park 2014, 718)고 쓰고 있다. 그들은 직원들의 네트워크를 중심으로 시간이 지남에 따라 그러한 네트워크가 어떻게 변하는지에 대해 여러 결론에 도달했으며, 이는 조직이 신입 직원을 사회화하기 위해 무엇을 할 수 있는지에 관해 의미 있는 시사점을 제공한다.

햇메이커와 박현희의 사회적 네트워크 연구에서의 발견점은 여기서 모두 요약하기에는 너무 세세하고 복잡하지만, 그들이 도출한 함의는 분명하다. 가장 주목할 만한 것은 공공 조직은 공식적 그리고 비공식적인 멘토링 프로그램을 모두 개발해야 한다는 점이다. 그들의 사회적 네트워크 분석은 전통적인 일대일의 멘토-멘티 관계가 신입 직원의 통합에 충분하지 않을 수 있음을 시사한다. 그들은 대신 멘토가 많은 경우, 일부는 비공식적일 수 있으며, 다양한 유형의 자원에의 접근을 가능하게 하는 발전적 네트워크(Higgins and Kram 2001)로써 공식 멘토링을 보완해야 한다고 주장한다. 알코아(Alcoa)의 최고경영자(CEO)이자 재무 장관이었던 폴 오닐(Paul H. O'Neill)은 햇메이커와 박현희(Hatmaker and Park 2014)가 상상한 비공식 멘토링의 유형으로서 감동적인 사례를 제시한다: "내가 아주 어렸을 때 알래스카에서 건설 엔지니어로 일하고 있었는데, 나와 같은 현장에서 일을 하고 있던 노동자가 있었다. 그는 나에게 삽질하는 법을 가르쳐 줬다. 그는 멘토였다. 전통적인 의미에서는 아마도 아니겠지만, 그는 멘토였다. 그는 나에게 지금까지의 60년 동안 정말 중요했던 것을 가르쳐 줬다"(Perry 2017, 132).

햇메이커와 박현희(Hatmaker and Park 2014)의 연구는 또한 비공식적이고 발전적인 네트워크의 확장, 즉 공공 조직이 신입 직원들과 경험 많은 조직 구성원 간의 상호 작용을 촉진할 것을 제안한다. 햇메이커와 박현희는 비공식적인 사회적 네트워크를 촉진하기 위한 메커니즘을 창출하는 아이디어의 기원은 모이니한과 판데이(Moynihan and Pandey 2007)의 연구라고 말하고 있다. 햇메이커와 박현희는 비공식적인 사회적 네트워크를 촉진하기 위한 메커니즘으로 특별한 이벤트(예: 점심 시간 세미나, 그룹 또는 개인의 성공을 축하하는 행사), 비공식적인 사회적 모임, 상호 작용을 촉진하는 사무실 설계 등을 들고 있다. 이들 연구가 제공하는 세 번째 함의는 다른 두 가지보다 더 추론에 의한 것이지만, 신입 직원의 핵심 조언자(core advisor)에 대한 보상이란 점을 놓쳐서는 안 된다. 핵심 조언자는 직원의 사회적 네트워크에서 가까이 있으면서 경험이 많은 조직 구성원으로서, 자원의 출처로서 역할을 하며 아마 서로를 잘 알고 있는 관계일 것이다. 핵심 조언자는 직원이 새로운 직무의 문화적·사회적 측면을 학습하는 데 중심적인 역할을 할 수 있다. 햇메이커와 박현희는 직원의 통합에서 핵심 조언자들의 역할이 중요하며, 그들의 "유기적" 역할이 공식 멘토와 달리 조직에서 간과되고 인정받지 못할 수 있기 때문에 그들에 대한 보상 문제를 제기한다. 햇메이커와 박현희의 추론이 맞다면, 핵심 조언자를 좋은 조직 시민(good organizational citizens)으로 분명히 주목하는 것이 조직에 유용할 것이다.

7.2 직원을 공공봉사에 사회화하기 위한 전략

조직 사회화는 "직원들이 새로운 직무, 역할 및 직장 문화에 대해 배우고 적응하는 과정의 총합"이다(Klein and Weaver 2000, 47). 신입 직원의 사회화 과정은 일반적으로 그들의 고용 시점에서 시작되는데, 이때 직원들은 적절한 행동을 배우게 되고 "적응(fit-in)"하기를 가장 열망하며, 또 불안해할 수 있다(Cooper-Thomas and Anderson 2002; Cooper-Thomas, Van Vianen, and Anderson 2004; Parkyn 2006). 일반적인 조직 사회화 연구는 다양하고 방대하지만, 공공 부문의 환경과 현상보다는 민간 부문에 더 주목한다. 그럼에도 불구하고, 그 이론적 내용(Van Maanen and Schein 1979; Fisher 1986; Ostroff and Kozlowski 1992; Wanous 1992; Saks and Ashforth 1997)은 풍부하며, 여러 경험적 연구가 공공 부문에서 중요한 현상을 조명하고 있다(예: Buchanan 1974; Van Maanen 1975; Maynard-Moody and Musheno 2009 참조).

조직 사회화 전략 중 두 가지, 즉 앞서 검토한 연구에서 나타난 온보딩(onboarding)과 멘토링(mentoring) 프로그램은 공공봉사동기를 구축하고 강화하기 위한 후보자들이다. 전략적으로 설계된 온보딩과 멘토링 프로그램은 신입 직원을 공공 조직이 정의

하는 공공봉사 가치와 통합하는 데 크게 기여할 수 있다.

7.2.1 조직과 직원의 공공봉사 가치를 일치시키기 위한 온보딩 설계

어떤 개인이 조직에서 겪는 초기의 경험은 그 개인에게 조직의 정체성(Dutton, Dukerich, and Harquail 1994)을 전달하고, 개인과 고용주를 결속하는 심리적 계약을 형성하고 강화하는 중요한 시기다. 개인의 초기 경험을 형성하기 위해 점점 더 많이 사용하는 수단은 신입 직원 교육(onboarding)이다. 팔버그와 라비냐(Paarlberg and

원칙			
임무와 비전을 일치시키기	문화, 전략적 목표 및 우선순위와 연결하기	프로세스 소유자 전반에 통합 적용하기	모든 직원에게 적용하기

↓↓↓

역할		
+ 프로세스 소유자	+ 프로세스 챔피언	+ 직원

↓↓

프로세스 단계 및 주요 활동

첫 출근 이전 ▶	첫날/오리엔테이션 ▶	첫 주 ▶	첫 90일 ▶	첫 해 ▶
• 직원에게 개인적인 환영 인사를 전달하기 • 직원에게 로지스틱(logistics) 정보 제공하기 • 사전에 서류를 보내거나 온라인 포털 접속 방법을 제공하기 • 직원 맞이할 준비하기	• 임무와 가치 공유에 중점 두기 • 고위 리더십을 포함시키기 • 직원에게 조직의 규범을 알리기 • 직원 스폰서 소개하기 • 채용을 위한 즉각적인 요구사항 충족하기	• 직접적인 관리 참여 보장하기 • 성과 기대치 및 업무 범위 설정하기 • 의미 있는 업무 할당하기 • 업무에 필요한 자원이나 네트워크 소통하기	• 필수적인 교육훈련 제공하기 • 성과 모니터링 및 피드백 제공하기 • 신입 직원 설문조사 및 기타 수단을 통해 피드백 수집하기	• 직원의 긍정적인 기여 인정하기 • 성과에 대한 공식적 및 비공식적 피드백 제공하기 • 직원 역량 개발 계획 수립하기

↓

결과

직원들의 높은 직업 만족도	역량이 높은 직원들의 이직 방지	지속적인 직원 참여 및 조직 몰입	생산성 도달까지의 시간 단축

출처: Booz Allen Hamilton(2008), https://ourpublicservice.org/wp-content/uploads/2008/05/c04bbbb3d5c41dfdb39f779dbc8003da-1403634756.pdf, p.6.

[그림 7.1] 온보딩 모델

Lavigna 2010)는 이러한 교육이 직원의 가치, 기술, 목표와 조직의 목표, 가치, 문화를 일치시키는 데 도움을 줌으로써 개인-조직 적합성(person-organization fit) 형성에 중요한 역할을 수행하다고 주장한다.

신입 직원 교육(온보딩)의 특정한 사례를 제시하기에 앞서, 온보딩이 무엇인지 정의하는 것이 도움이 될 것이다. "온보딩은 신입 직원을 조직에 통합하고 문화에 적응시키며, 성공적이고 생산적인 구성원이 될 수 있도록 필요한 도구, 자원 및 지식을 제공하는 과정이다"(Booz Allen Hamilton 2008, 2). 온보딩은 오리엔테이션과 구별된다. 전통적으로 오리엔테이션은 직원이 업무 첫날이나 첫 주에 노출되는 활동과 관련돼 있으며, 새로운 상사와 동료를 만나고, 서류 작성 방식과 복리후생에 대해 배우는 등의 활동을 포함한다. 반면, 온보딩은 전략적이고 장기적이며, 직원을 그들의 새로운 사회 시스템에 통합하고 높은 수준의 업무를 수행할 수 있도록 역량을 향상시키는 데 초점을 맞춘다.

지난 십 년간 온보딩은 상당한 주목을 받았다. 공공봉사 파트너십(Partnership for Public Service)(Booz Allen Hamilton 2008), 인적자원관리협회(Society for Human Resource Management)(Bauer 2010), 그리고 고브루프(Govloop 2017)와 같은 조직으로부터의 보고서가 이를 증명하고 있다. 다행히도 모형의 구조와 처방은 매우 일관적이다. 공공 조직을 위한 공공봉사 파트너십 모델은 부즈 앨런 해밀턴(Booz Allen Hamilton)이 개발했으며, 2008년 이후 광범위하게 확산됐다(Lavigna 2009). 앞의 [그림 7.1]에서 모델을 요약해 보여 준다.

7.2.1.1 첫 출근 이전

대부분은 새로운 직장에서의 첫날에 어떤 영감도 얻지 못한 경험을 한 번쯤은 했을 것이다. 새 직장에 도착한다. 사람들을 만나기 위해 미리 가서 주변을 맴돌며 기다린다. 우리는 일상적인 서류 작업을 수행하려고 사무실에서 사무실로 다닌다. 큰 기대를 가지고 도착했었다면, 이러한 경험은 우리의 기대 수준을 빠르게 낮추게 되고, 우리가 들떠 있던 것이 뭔가 잘못된 일이 아니었는지 의심하게 만들 수 있다.

현대 기술은 이러한 전통적인 패턴을 바꿀 수 있다. 서류를 사전에 보내게 하거나 신입 직원에게 온라인 포털에 접속하도록 하는 것은 영감을 주지 않는 첫날의 일상성

(routineness)과 고단함을 없애는 데 큰 도움이 될 수 있다.

기술이 신입 직원을 통합할 수 있는 또 다른 방법은 임무, 비전, 가치에 대한 명확한 메시지를 전달하고 직원이 직장에서 첫날을 시작하기 전에 접근할 수 있는 유용한 자원을 제공하는 것이다. 미국 국립보건원(National Institutes of Health: NIH)은 기술로 무엇을 달성할 수 있는지에 대한 유용한 사례를 제공한다. NIH 온보딩 웹페이지 (https://hr.nih.gov/working-nih/onboarding)는 직원의 목소리와 이미지를 사용한 비디오와 슬라이드를 제공함으로써 NIH가 수행하는 다양한 작업뿐만 아니라 대표하는 임무, 비전, 가치를 신입 직원에게 전달한다. 비디오와 슬라이드 외에도 웹사이트에는 다양한 혜택, 커뮤니티 자원, NIH 자원, 신입 직원의 첫 60일 동안의 활동과 관련된 온보딩 체크리스트, 각종 양식을 위한 포털, 그리고 오리엔테이션에 대한 포괄적인 링크 세트가 포함돼 있다.

첫날 이전의 효과적인 온보딩은 신입 직원들과의 의사소통에서 높은 수준의 기준 설정에도 도움이 될 수 있다. 첫날 이전에 양질의 의사소통을 통해 조직이 "일을 잘 준비하고 있다"는 인식을 신입 직원들에게 심어 줄 수 있고, 직원들은 각종 서류 양식의 홍수 속에서도 첫날 업무 일정과 동선에 대해 안심할 수 있다.

7.2.1.2 첫날/오리엔테이션

온보딩 과정의 이 단계는 전통적인 오리엔테이션과 가장 유사해 보인다. 동시에, 이는 신입 직원을 통합하기 위한 또 다른 모델을 확립하려는 시도이기도 하다. 온보딩과 오리엔테이션 구별의 핵심은 공공 조직의 사명과 가치 공유에 있다. 기존의 오리엔테이션은 거래적으로 진행됐다. 부즈 앨런 해밀턴의 보고서에 따르면, "기관이 사용하는 가장 일반적이거나 일관된 온보딩 활동은 신입 직원 서류 처리, 직원 복지 설명, 그리고 주요 행정 및 보안 정책"이다(Booz Allen Hamilton 2008, 2). 온보딩은 전략적으로 임무, 가치 및 조직 문화에 주목한다. 사명과 가치에 주목하는 것은 이 책의 다른 곳, 특히 3장, 7장, 그리고 8장에서 논의를 뒷받침한다.

첫날이나 오리엔테이션이 끝날 때까지, 직원들은 여러 중요한 단계를 거치게 된다. 신입 직원에게 중요한 한 가지 단계는 그들이 일단 고용에 대한 즉각적인 요구 사항을 충족했다는 것이다. 두 번째 단계는 그들이 조직과 사회적으로 연결돼 후원자나 조직 내의 동료를 통해 조직에 통합되고 조직의 문화를 이해하고 탐색하는 데 도움을 받게 된다는 것이다. 세 번째 단계는 고위급 리더십(senior leadership)에 노출되는 것으로, 조직 사회 시스템의 또 다른 중요한 구성 요소다. 고위 리더들의 참여는 적어도 두 가지 이유에서 중요하다: "고위 리더십의 참여는 조직이 신입 직원에게 투자하고 있다는 명확한 메시지를 보낸다. 고위 리더들은 조직의 임무와 가치를 소통하고 강화하는 방법을 찾음으로써 온보딩 과정을 지원할 수 있다…"(Booz Allen Hamilton 2008, 8). 네 번째이자 아마도 가장 중요한 단계는 신입 직원들이 조직의 임무, 가치, 그리고 문화에 대한 대화에 노출되고, 그 안에 함께 섞여 들어가는 것이다.

7.2.1.3 첫 주

온보딩의 첫 주가 진행됨에 따라, 적응 과정은 상호 관계 중심의 오리엔테이션에서 "실제 업무"로 전환된다. 오리엔테이션 활동 후 첫 주의 가장 중요한 초점은 신입 직원을 의미 있는 업무에 참여시키는 것인데, 이는 4장에서 자세히 다룬 주제다. 의미 있는 업무의 할당은 또한 신입 직원과 그들의 상사 간에 업무 범위와 성과 기대에 관한 직접적인 상호 작용을 요구할 것이다.

첫 주에 의미 있는 업무를 할당하는 데 중점을 둠으로써 신입 직원들에게는 중요한 기회가 만들어진다. 애덤 그랜트(Adam M. Grant)는 공공 조직이 온보딩 과정 초기(첫 주나 첫 월)에 직원의 임무와 공공봉사 가치와 관련해 직원을 참여시키기 위해 기획할 수 있는 이벤트에 대해 다음과 같이 설명한다:

> …나는 몇몇 학생과 함께 경찰관들이 지역 사회에 기여한 이야기를 소개하는 파일럿 프로그램을 개발했다. 뉴스 미디어와 개인 네트워크를 통해, 우리는 경찰관들에게 감사하는 시민들을 여러 지역에서 찾아냈다. 우리는 시민들에게 그 경찰 부서의 노력이 그들의 삶에 어떤 차이를 만들었는지에 대한 이야기를 쓰도록 부탁했다. 그런 다음 우리는 이 이야기들을 경찰관들과 공유했고, 그들에게 그들의 반응을 설명하도록 했다. 한 형사는 "이 경험은 이 직업에서 긍정적인 피드백이 얼마나 드문지 깨닫게 해 줬다. 우리는 우리가 하는 일에 감사하는 시민들의 목소리를 절대 듣지 못한다. 이것은 경찰관들의 사기와 정신 건강에 좋을 것 같다"(Grant

2008b, 59).

그랜트가 설명한 종류의 이벤트는 신입 직원들이 그들의 업무가 지역 사회에 가져오는 긍정적인 역할을 듣는 기회를 제공할 뿐만 아니라, 신입 직원들이 장기간 근무한 경력 직원들과 함께 할 수 있는 환경을 조성한다.

7.2.1.4 첫 90일

이 기간에는 직원과 그들의 상사가 일상 업무를 개발하기 시작하므로, 신입 직원과 조직 간에 긍정적인 교류 패턴을 확립하는 것이 중요하다. 신입 직원들이 효과적으로 조직에 기여할 수 있는 구성원이 되려면 훈련과 자원을 받아야 한다. 상사는 동시에 신입 직원의 업무가 너무 어렵지 않은지, 직무 요구가 한계에 도달하고 있지는 않은지 모니터링해야 한다. 빈번한 피드백과 코칭이 신입 직원의 성과에 대한 모니터링과 함께 이뤄져야 한다. 따라서 직무 도전(job challenge), 역량 계발, 코칭, 그리고 피드백은 신입 직원을 통합해 그들이 새로운 사회 공동체에서 생산적이고 헌신적인 구성원이 되도록 하는 중요한 요소다.

7.2.1.5 첫 해

어떤 면에서, 신입 직원의 첫 90일부터 고용 첫 해까지의 기간은 앞선 기간에 설정된 일상성과 패턴의 확장이다. 대부분의 직원은 아직 수습 기간 중에 있을 것이므로, 성과를 평가하고, 역량을 쌓으며, 기술 격차를 메우고, 직원들이 조직 경력의 다음 단계에 대한 준비가 됐는지 평가하는 중요한 시기다. 6개월과 1년 시점에 있을 공식적인 성과 리뷰는 이 과정의 일부여야 한다. 공식적인 성과 리뷰의 필수 요소는 지속적인 학습을 지원하는 직원들의 역량 계발 계획을 만드는 것으로, 이는 5장에서 제시된 아이디어와 일맥상통한다.

목표 설정, 모니터링, 그리고 직원의 역량 계발은 온보딩의 초기 단계에서 중요하지만, 관리자는 신입 직원의 기여가 발전하고 증가함에 따라 그에 합당하게 인정해 줘야 한다는 것을 명심해야 한다. 직원의 긍정적인 기여는 다양한 이유로 인정받아야 하는데, 그중 가장 중요한 이유는 인정이 기대 행동을 강화하기 때문이다. 조직의 인정에는 신입 직원의 기념일에 고위 경영진이 축하 메시지를 보내는 것이 예가 될 수 있다. 조직 내 신입 직원의 수에 따라 달라지겠지만, 그들의 성공과 경력의 새로운 단계로의 이행을 축하하는 그룹 행사는 그들의 조직에 대한 헌신에 보답하는 효과적인 방법일 수 있다.

7.2.1.6 역할과 책임

앞에서의 논의와 [그림 7.1]에서의 설명과 같이, 효과적인 온보딩을 위해서는 조직이 역할과 책임을 식별해 부여함으로써 사회화 과정이 설계대로 작동하도록 해야 한다. 여러 조직 단위가 과정의 주인이겠지만, 인적 자원(human resources) 또는 인적 자본(human capital) 부서가 시작부터 끝까지 가장 큰 책임을 진다. 인적 자원 관리는 온보딩을 개념화하고, 계획하고, 조정해야 하는 책임이 있다. 정보기술 부서는 특화된 온보딩 소프트웨어와 웹사이트를 개발하는 것뿐만 아니라, 신입 직원의 기술적 필요를 지원하는 책임이 있다. 물리적 설비나 시설을 맡은 다른 부서도 유사하게 전문적인 역할을 할 수 있다. 다양한 역할의 조정과 책임은 인적 자원 부서에 있다.

조직의 사회화 전략 중 두 번째 핵심 역할 그룹은 프로세스 챔피언(process champions)이다. 이들은 신입 직원을 동기 부여하고 그들의 업무가 기관의 임무를 달성하는 데 어떻게 기여하는지 이해하도록 돕는 역할을 담당한다. 조직 혁신에 앞장서는 프로세스 챔피언들 – 특히 고위 리더십, 관리자, 그리고 감독자들 – 은 신입 직원과의 상호 작용과 의사소통을 통해 온보딩 과정을 활성화한다. 신입 직원의 관리자나 감독자는 인적 자원 부서가 개념화하고 조정한 온보딩 과정 내에서 활동하지만 프로세스 챔피언들은 가장 중요한 역할을 하게 된다. 그들은 신입 직원을 환영하고, 직무 책임을 전달하며, 의미 있는 업무를 배정하고, 성과를 모니터링하며 피드백을 제공하는 등 첫 해 동안의 많은 활동에서 중심적인 역할을 하기 때문이다.

온보딩 과정과 그 안에 포함된 역할과 책임은 조직을 위한 양질의 결과물을 달성하기 위한 것이다. 예컨대 높은 직업 만족도, 우수한 직원의 이직(離職) 방지, 직원의 참여와 몰입, 그리고 생산성에 도달하기까지의 시간 단축과 같은 것이다. 이러한 결과 달성을 매개하는 요인으로 온보딩 과정과 조직의 공공봉사동기 강화와 관련 있는 여러 과정이 동시에 필수적인 요소다. 직원을 조직의 임무와 비전에 맞추고, 그들을 조직 문화와 전략적 우선순위에 연결하며, 조직의 공공봉사 윤리와 완전히 통합하는 것은 온보딩 과정의 핵심 부분이며 공공봉사동기를 촉진하는 데 필수 요건이다.

7.2.2 공공봉사 가치를 공유하고 강화하기 위한 멘토링 파트너십 구축

이 장의 앞부분에서, 햇메이커와 박현희(Hatmaker and Park 2014)의 사회적 네트워크(social network)에 대한 연구 결과를 언급했는데, 이는 조직에 대한 구성원의 사회화를 증진시키는 메커니즘으로 멘토링을 지지하는 것이었다. 일반적으로 그리고 공공조직에서 멘토링의 효과성에 대해 우리는 어떤 경험적 증거를 가지고 있는가? 공공봉사 가치를 강화하기 위해 멘토링을 채택하는 것을 지지하는 증거는 무엇인가? 멘토링의 효과에 대해서는 광범위한 증거가 있으며, 멘토링의 효과를 지지하는 여러 메타분석 결과도 있다. 메타분석에서 제기한 질문 중 하나는 멘토링 효과의 크기다. 메타분석은 그 효과가 유의미하다는 결론을 일관되게 도출하고 있지만, 효과의 크기는 작은 것부터 큰 것까지 다양하다고 분석된다. 두 건의 메타분석 연구(Allen et al. 2004; Eby et al. 2008)는 일반적으로 멘토링의 효과 크기가 작았으나, 직장 내 멘토링이 청소년 멘토링보다 더 큰 효과를 가져왔다고 결론지었다. 세 번째 메타분석(Underhill 2006)은 전반적인 평균 효과 크기가 유의미하다는 결론을 내렸다. 따라서 세 건의 메타분석 결과는 멘토링의 일반적인 효과에 관한 것과 일치한다.

상자글 7.1 온보딩을 위한 최선의 실천 방안

- 첫 출근 전에 기본 사항을 실행하라.
- 직장에서의 첫날을 특별하게 만들라.
- 공식적인 오리엔테이션 프로그램을 사용하라.
- 서면 온보딩 계획을 개발하라.
- 온보딩을 참여적으로 기획하라.
- 프로그램이 일관되게 시행되도록 하라.
- 프로그램이 시간에 따라 모니터링되는지 확인하라.
- 프로세스를 용이하게 하는 기술을 사용하라.

- 직장에서의 30일, 60일, 90일, 120일 및 입사 후 1년까지의 이정표를 사용해 직원의 발전 상황을 점검하라.
- 이해관계자를 계획에 참여시켜라.
- 프로그램의 일부로 주요 이해관계자 회의를 포함하라.
- 신입 직원에게 다음 사항을 명확하게 전달하라:
  • 목표
  • 일정
  • 역할
  • 책임

출처: Tayla N. Bauer(2010).

멘토링의 효과는 행동, 태도, 관계, 동기 부여, 그리고 경력 성과(보상, 경력 만족도)를 포함한 다양한 결과와 관련해 연구됐다. 위에서 언급된 일반적인 효과의 크기에 관한 논의는 이러한 연구 결과 전반에 걸쳐 유사하게 나타난다. 햇메이커와 박현희(Hatmaker and Park 2014)와 마찬가지로, 크리스티나 언더힐(Christina M. Underhill)의 메타분석도 경력 성과(career outcomes)에 대해 비공식 멘토링이 공식 멘토링보다 더 크고 유의미한 효과를 낳았다는 결론을 내린다(Underhill 2006). 이는 조직이 인적 자원 정책에 공식적 및 비공식적 네트워크 요소를 고려할 필요성이 있음을 강조한다. 메타분석을 통해 도출된 또 다른 흥미로운 발견은 멘토들도 멘토링에서 혜택을 얻는다는 것이다. 라자시 고시(Rajashi Ghosh)와 토머스 레이오(Thomas G. Reio, Jr.)는 멘토에 대한 다섯 가지 유형의 주관적 경력 결과를 조사하는 메타분석을 수행했다(Ghosh and Reio 2013): 직무 만족도, 조직에 대한 헌신, 이직 의도, 직무 성과, 그리고 경력 성공. 멘토들은 멘토가 아닌 사람들보다 그들의 직무에 더 만족하고 그들의 조직에 더 헌신적이었다. 따라서 멘토링은 상호 이익을 제공하며 단순히 멘티에게만 도움이 되는 것은 아니다.

공공 부문에서의 멘토링 연구는 민간 부문에 비해 드물지만(Bozeman and Feeney 2009a, 2009b), 일관된 결과가 나타나고 있는데, 여러 연구에서 멘토링과 공공봉사동기 간의 관계를 다루고 있다. 리사 에리히(Lisa C. Ehrich)와 브라이언 한스퍼드(Brian C. Hansford)는 1991년부터 2006년 사이에 발표된, 공공 부문 근로자를 위한 공식화된 멘토링 프로그램의 결과에 대한 연구 논문 25편을 분석했다(Ehrich and Hansford 2008). 이 25편의 논문을 검토한 바에 따르면, 에리히와 한스퍼드는 대부분의 프로그램이 리더들에 대한 결과를 보고했다고 전했다. 부정적 결과보다는 긍정적 결과가 훨씬 많이 보고됐다. 가장 빈번하게 보고된 긍정적 결과는 문화와 의사소통의 개선이었다. 가장 일반적인 부정적 결과는 모두 멘토링 프로그램 자체를 유지하는 것과 관련돼 있었는데, 멘토 유지 및 유치의 문제와 비용을 확보하는 문제였다.

관련된 두 개의 논문에서, 배리 보즈먼(Barry Bozeman)과 마크 피니(Mark K. Feeney 2009a, 2009b)는 공공 조직에서 멘토링 결과에 영향을 미치는 일반 모델을 제시했다. 그들 모델의 중심에는 사회적 자본이 있는데, 이를 "고도로 제도화된 네트워크와 덜 공식적인 관계 및 지인의 집합"으로 정의한다(Bozeman and Feeney 2009b, 429). 그들의 논리는 멘토링을 통한 사회적 자본의 발전이 개인들의 투자와 인간 관계에 대한 참여의 결과라는 것이다. 멘티들은 그들의 멘토가 사회적 자본이 풍부한 내부 및 외부 네트워크에 소개함으로써 사회적 자본을 얻는다. 후속 논문에서, 보즈먼과 피니는 멘토링을 위한 사회적 자본 논리(Bozeman and Feeney 2009b)를 공공봉사동기가 중심 역할을 하는 3단계 모델(2009a)과 통합하는 작업을 한다. 첫 번째 단계는 절차적 복잡성을 가진 정부 서비스를 관리하는 직원의 능력을 향상시키기 위한 멘토링의 중요성을 강조한다. 이는 사실상 조직의 사회 체계를 통해 인적 자본을 개선하기 위한 개입이다. 첫 번째 단계는 인적 자본을 강화하고 동시에 개인의 기본적인 심리적 욕구인 역량을 충족시키는 데 도움이 된다(Deci and Ryan 2000). 두 번째 단계는 정부 서비스에서 소외된 그룹에게 기회를 제공하는 것이다. 모델의 두 번째 단계는 멘토링이 여성과 소수인종의 발전을 돕는다는 점을 인식하는 것이다. 멘토링 모델의 세 번째 단계는 공공봉사동기를 강화하는 것인데, 이는 대부분 앞선 단계의 결과로 나타난다. 멘토링의 결과로서의 공공봉사동기는 차례로 개인 및 조직 결과 - 직무 만족도, 조직에 대한 몰입, 높은 성과, 그리고 신뢰할 수 있는 역할 행동 - 를 산출하는 매개 변수가 된다. 보즈먼과 피니의 첫 번째 연구는 "공공 부문의 다양한 몰입(commitment) 변수들이 멘토링에 대한 만족도, 경력 발전, 그리고 멘티가 멘토가 되려는 경향성과 같은 멘토링 결과 변수들과 긍정적으로 관련돼 있다"는 증거를 제시했다(Bozeman and Feeney 2009a, 151). 문헌 검토, 이론, 그리고 분석을 통해 보즈먼과 피니는 다음과 같이 결론

내렸다: "멘토링이 업무 환경의 중요한 요소일 때, 멘토링 과정이 공공봉사동기(PSM) 를 촉진하고 강화하는 효과를 가질 수 있다(또는 비효율적인 멘토링의 경우 그것을 억제할 수도 있다)"(Bozeman and Feeney 2009a, 151).

한국에서 이뤄진 멘토링과 공공봉사동기를 연결한 연구 결과는 다소 역설적이다. 이건과 최도림(Lee Geon and Choi Do Lim)은 그들의 가설과 달리 공공봉사동기나 이타적 동기가 공공 부문 선택과는 관련이 없다는 점을 발견했다(Lee and Choi 2016). 그들은 예상치 못한 결과에 대해 다음 두 가지 타당한 설명을 제시했다. 하나는 공무원 시험, 즉 고시(考試)에서의 높은 성적이 사회적으로 매우 명예롭게 여겨지므로 시험을 잘 보는 것 자체가 정부에서 일하도록 동기 부여하기에 충분하며, 그들의 성향이 정부에서 일하는 것과 얼마나 잘 일치하는지와 상관없이 이들이 공무원직을 받아들이도록 한다는 것이다. 다른 설명은 1997년 아시아 금융 위기로 거슬러 올라가는데, 경제적 안정성에 대한 우려가 널리 퍼져 있던 당시 사회가 위험 회피를 초래했다는 것이다. 다시 말해, 그들의 공공성 또는 이타적 동기와 상관없이 많은 대학생들이 고시를 치르고 정부에 들어가서 경력을 쌓으려 한다는 것이다. 이건과 최도림(Lee and Choi 2016) 이 제안하는 신입 공무원들 사이에서 나타난, 기대보다 낮은 공공봉사동기를 극복하기 위한 해결책은 멘토링이다. 그들은 직원들이 조직의 근본적인 가치를 체득하는 데 멘토링이 도움이 될 것이라고 주장한다.

7.2.2.1 공공봉사동기를 강화하기 위한 효과적인 멘토링 프로그램

이 섹션을 시작하기에 앞서 주의를 기울일 필요가 있다. 보즈먼과 피니는 멘토링 프로그램의 설계와 실행이 중요하다는 점을 강조한다. "단순히 '멘토링은 좋은 것이다'라고 가정하고 구체적인 차원에서 충분히 고민하지 않는 경향은 개선이 필요하다" (Bozeman and Feeney 2009b, 444)는 것이다. 멘토링이 자동적으로 성공을 보장한다고 "가정"하는 것이 아니라, 조직과 그 리더들은 잘 알려진 최선의 실천 방안 열 가지에 주의를 기울여야 한다(Chronus 2019)는 것인데, 상자글 7.2에서 요약한 바와 같다.

1. **멘토링 프로그램의 목표를 정의하고 리더십의 지원을 확보하라.** 멘토링 프로그램이 성공하려면 조직 리더들의 관심과 헌신이 필요하다. 이러한 노력을 위한 기초 요소가 준비돼 있어

야 하며, 명확한 목표와 리더십 지원으로 시작하는 것은 지속 가능한 프로그램을 위한 필수적인 기반이다.

2. **강력하고 열정적인 멘토링 프로그램 관리자를 찾아라.** 프로그램 관리자는 멘토링 프로그램을 성공시키기 위한 접착제이자 에너지다. 그들은 멘토와 멘티 사이의 생산적인 관계를 중개하는 데 도움을 준다. 그들은 기회를 구별하고 문제를 해결할 수 있다. 그들의 역할은 바쁜 참여자들과 관리자들이 효과적인 멘토링에서 얻을 수 있는 가치에 지속적으로 주목하도록 하는 것이다.

상자글 7.2 최선의 멘토링 프로그램 실천 방안

1. 멘토링 프로그램 목표를 정의하고 리더십의 지원을 확보하라
2. 강력하고 열정적인 멘토링 프로그램 관리자를 찾아라
3. 프로그램에 유연성을 부여하라
4. 마케팅 모자(Marketing Hat)를 써라
5. 윈-윈(Win-Win)을 생각하라
6. 멘토와 멘티가 성공할 수 있도록 최선의 멘토링 프로그램의 실천 방안을 활용하라
7. 멘토링 매치메이커(Matchmaker)의 역할을 받아들여라
8. 추적, 측정, 경청 및 조율하라
9. 개별 멘토링 연결을 마무리하라
10. 멘토링 성공 사례를 널리 알려라

출처: Chronus(2019).

---

3. **프로그램에 유연성을 부여하라.** 유연성은 다양한 이유로 중요하다. 가장 중요한 이유 중 하나는 참가자들 사이의 목표와 학습 스타일의 다양성 때문이다. 참가자의 다양성을 수용할 수 있는 유연성 외에도 참가자들에게 다양한 역할을 하는 여러 멘토가 필요하다는 측면이 있다. 공식적인 계획이 멘토링 프로그램의 핵심일 수 있지만, 조직 전반에 걸친 많은 비공식적 기여자들로부터 혜택을 받는다면 강력한 프로그램이 될 것이다(Higgins and Kram 2001; Hatmaker and Park 2014). 따라서 프로그램에 유연성을 부여하는 것이 중요하다.

4. **마케팅 모자를 써라.** 고위 경영진과 프로그램 리더들의 참여가 조직 전체가 일관되게 노력한다는 점을 보장하지는 않는다. 이해관계자들은 프로그램의 혜택, 조직에 대한 전략적 가치, 그리고 다양한 조직 구성원이 어떻게 기여할 수 있는지 이해할 필요가 있다.

5. **윈-윈(Win-Win)을 생각하라.** 이 장에서 앞서 언급했듯이, 멘토링은 상호 이익을 제공하며 단순히 멘티에게만 유익한 것이 아니다(Ghosh and Reio 2013). 리더십은 멘토와 멘티 모두에게 혜택을 제공하도록 프로그램을 설계하는 방법을 모색해야 한다. 멘토에 대한 인정은 멘토에게 제공되는 혜택 중 하나여야 한다.

6. **멘토와 멘티가 성공할 수 있도록 최선의 멘토링 프로그램 실천 방안을 활용하라.** 이에 대한 최선의 실천 방안은 프로그램이 좋다고 해서 그 성공을 보장한다고 "가정"하지 말라는 위의 경고로 돌아가게 한다. 멘토와 멘티는 조직의 임무에 비춰 프로그램의 목표와 그들의 역할에 대한 교육을 받아야 한다. 서로에 대한 학습과 공공봉사 가치를 중심으로 전문적인 커뮤니티를 개발하는 것은 교육의 부산물이다. 최선의 실천 방안에 대한 정기적인 커뮤니케이션은 참가자들이 올바른 궤도를 유지하고 프로그램의 가치를 극대화하는 데 도움이 될 것이다.

7. **멘토링 매치메이커의 역할을 받아들여라.** 멘토와 멘티 간의 관계의 질이 프로그램 성공에 중요하다. 양질의 관계를 얻으려면 멘티와 예비 멘토 모두 그들의 필요를 충족시키기 위해 개입해야 한다. 이는 멘티와 멘토 모두가 매칭을 위한 선택권을 가져야 함을 의미한다. 멘티는 또한 그들의 발전과 학습 계획과 관련한 특정 필요를 위해 추가적인 멘토를 지정할 기회를 가져야 한다. 멘토링 프로그램 관리자는 매칭을 용이하게 하고 추적하기 위해 적절한 기술 지원을 확보하는 역할을 주도해야 한다.

8. **추적, 측정, 경청 및 조율하라.** 프로그램의 기반이 되는 목표는 정기적으로 프로그램의 결과를 추적하는 데 활용해야 한다. 이 과정은 시작 단계에서부터 프로그램 결과와 성공 간의 인과 관계를 명시하는 논리 모델을 만듦으로써 발전될 수 있다. 참가자들에 대한 정기적인 설문 조사와 모니터링 및 입력을 간소화하는 기술을 통해 결과의 추적 및 측정을 용이하게 할 수 있다.

9. **개별 멘토링 연결을 마무리하라.** 멘토링 관계는 영구적이지 않도록 설계된다(그러나 멘토링 파트너십 외부에서 경력 전반에 걸쳐 이어지거나 평생 이어지는 관계를 촉진할 수 있다). 그러나 언제 마무리를 짓는지는 명확하지 않을 수 있다. 특정 멘토-멘티 짝을 둘러싼 상황 - 예를

들어, 은퇴나 승진 —을 통해 이것을 종료시킬 수 있다. 그러나 다른 단계나 구체적인 결과의 달성은 마무리를 위한 결정적인 시점일 수 있다. 멘티가 개인적인 역량 계발 계획이나 성과 평가 과정과 연계된 계획에 진전을 보인다면 이는 마무리할 시기를 나타내는 다른 지표가 될 수 있다. 멘토와 멘티 모두가 의견을 제시해야 한다.

10. 멘토링 성공 사례를 널리 알려라. 성공을 축하하는 것은 프로그램의 가치를 알리고 조직의 여러 구성원이 참여하도록 초대하는 데 유용하다. 참가자들의 기여를 인정하고 성공을 축하함으로써 프로그램을 지속시키고 참여를 확대하며 지원을 증가시킬 수 있다.

이 열 가지 최선의 실천 방안은 조직에서 멘토링의 역할에 대해 중요한 메시지를 가지고 있다. 그 메시지는 멘토링이 조직 전반에 걸쳐 공유된 책임이며, 잘 관리해야 하고 많은 행위자 – 리더, 멘토, 멘티, 멘토링 프로그램 관리자 등 – 의 주의가 필요하다는 것이다.

특히 개발도상국이나 선진국의 빈곤한 도시 공동체와 같은 일부 환경에서는 멘토링이 원래 조직보다 더 큰 역할을 할 수 있다. 예를 들어, 인도는 엄청난 청년 인구를 가지고 있으며, 이는 잠재적으로 큰 경제적 자원이지만, 사회적 연결망 부족으로 인해 청년 인구가 자산이 아닌 미래의 부담이 될 수 있다. 빈곤한 도시 청년들이 자신에게 적합한 경력 경로로 나아가기 전에 그들의 관심사와 적성을 찾아내는 데 도움이 필요하다. 그렇지 않으면 그들이 기술을 습득할 때 실행 가능하지 않은 경력을 준비할 위험에 처할 수 있다. 칼린 카(Carlin Carr)는 인도에서 몇 년 전에 호황을 누렸던 정보기술 노동 시장을 바라보고 경력을 준비했던 28~32세 청년들이 현재 대규모 실업과 소외를 경험하고 있는 상황을 설명한다(Carr 2013). 그는 청소년 멘토링 프로그램을 활용해 자신의 관심사와 적성에 접근하고 하급 경찰관이 되는 데 필요한 능력 계발에 도움을 받은 슈라다(Shraddha)의 이야기를 제시한다(상자글 7.3 참조). 유럽에서도 최근 난민의 유입으로 유사한 청소년 멘토링 프로그램이 확대되고 있다(Rhodes, Prieto-Flores, and Preston 2017).

상자글 7.3 인도의 인구 배당(demographic dividend)을 실현하기 위한 도시 청소년 멘토링

프라미스재단(The Promise Foundation)은 개인이 자신의 관심사와 적성을 구별하고 그에 맞는 적합한 경력 경로를 고려할 수 있도록 돕는 좀 더 "인간 중심적" 접근에 초점을 맞춘다. 아룰마니(Arulmani)는 적절한 진로 전망과 옵션에 대한 안내 없이 기술 훈련만 제공하는 것은 단기적 해결책에 불과하다고 말한다. 인도의 청소년 대부분은 가난한 배경을 갖고 있으며, 종종 미래에 대해 단기적인 시야를 가지고 있다. 그들은 대부분 즉각적인 수입이 필요해 어떤 선택을 하지만, 만성적인 실업이나 고용 불안정의 길로 가고 있다. 그들의 막다른 상황에 대한 불안은 청년 정신과 잠재력에 의존하는 국가에게 심각한 위험이 된다.

인도의 불우한 청소년들의 선택을 바꾸기 위해서는 그들의 사회적 네트워크의 확장이 필요하다. 그들의 커뮤니티에는 다음 세대에게 전문적인 조언을 줄 수 있는 롤모델이 거의 없다. 멘토십은 거의 한 세기 동안 전 세계 도시 청소년 커뮤니티 프로그램의 일부였지만, 인도의 어린이와 청소년에게는 상대적으로 새로운 정책 개입이다. 아룬후티 굽타(Arundhuti Gupta)가 2009년 "멘토와 함께하기(Mentor Together)"를 시작했을 때, 인도에는 이와 유사한 프로그램이 몇 개 되지 않았다.

멘토는 훈련을 받은 후, 1년 동안 멘티와의 정기적인 만남을 하겠다는 약속을 해야 한다. 더욱이, 멘토의 초점은 양육하는 존재가 되는 것이다. 굽타에 따르면, "단단한 기술과 인지적 성장만이 삶의 질과 성과의 유일하고 중요한 결정 요인"이라는 전통적인 생각과는 극명한 대조를 이룬다. 그들의 공식은 10학년인 슈라다(Shraddha)와 같은 학생들에게 유익하다는 것을 증명했다. 그녀는 자신의 미래에 대해 거의 방향을 잡지 못한 채 "멘토와 함께하기"에 왔다. 슈라다는 아버지를 잃었고, 어머니는 그녀로부터 멀리 떨어진 곳에서 농사일을 하며 살아가기 때문에, 이 소녀는 푸네(Pune) 근처의 보호소에서 살고 있었다. 이 소녀는 가르치는 일과 아이들을 사랑하는 마음에서 멘토가 되기로 자원한 스와티(Swati)와 매치됐다. 슈라다는 애정을 담아 "didi"라고 부르는 멘토와 함께 다양한 진로에 대해 논의했지만, 결국 경찰관이 되기로 결정했다고 말한다. 두 사람은 함께 계획을 세웠고, 슈라다는 대학에 입학하고 경력 목표에 도달하기 위해 적절한 과학과 영어 수업에 등록했다. 슈라다는 멘토 프로그램의 세 목표 도시였던 벵갈로르(Bangalore), 마이소르(Mysore), 푸네(Pune)에서 일대일 멘토와 매칭된 350명 이상의 멘티 중 한 명이다.

출처: Carlin Carr(2013).

7.3 결론

공공 조직은 신입 직원 및 현 직원들이 지속적으로 조직의 이념, 문화와 가치, 그리고 임무에 대해 배우게 할 필요가 있다. 모든 구성원이 조직의 역사, 정신, 가치 제안에 대해 충분히 이해하고 깊이 습득하는 것이 바람직하겠지만, 모든 직원이 조직과 완벽히 맞는 상태로 있기를 기대하는 것은 비현실적이다. 대신 조직은 구성원들이 새로운 환경에 대해 더 배울 필요가 있거나 또는 환경 자체가 변화함으로써 구성원들이 적응해야 하는 경우에 구성원들을 사회화하는 작업에 참여해야 한다. 신입이든 베테랑이든 사회화해야 할 이유에 상관없이, 많은 직원이 그들이 속한 사회 체계에 대해 더 많이 배울수록 더 효과적일 것이다.

이 장은 직원 학습을 촉진하기 위해 조직이 사용하는 두 가지 주요 전략에 초점을 맞췄다. 4장의 경력 상담과 5장의 성과관리와 같이 다른 장에서 논의된 전략들은 직원 학습에 중요한 영향을 미친다. 이 장은 직원 학습을 촉진하는 방법에 두 가지 전략을 추가했다. 두 전략은 온보딩과 멘토링으로, 공공 조직이 직원들의 사회화를 진행하는 데 핵심적인 수단이다.

온보딩은 신입 직원을 전략적으로 조직에 통합하고 성공적으로 업무를 수행할 수 있는 능력을 부여하는 과정이다. 이 장에서 제시된 바와 같이, 온보딩은 신입 직원의 첫 출근 이전부터 조직 구성원으로서 첫 해가 끝나는 시점까지 이어지는 일 년간의 과정이다. 온보딩은 공공 조직의 프로세스 소유자와 챔피언들(process owners and champions)이 직원의 첫 해 동안 이 책에서 논의된 많은 전략에 초점을 맞추는 포괄적인 과정이다. 온보딩 과정에서는 신입 직원에게 의미 있는 업무를 부여하고 성과관리를 공공봉사와 연결시키는 전략이 특징적이다. 따라서 온보딩은 신입들이 공공봉사 가치에 대해 배우고 공공봉사동기를 강화하는 데 중대한 역할을 한다.

멘토링은 경험이 많은 조직 구성원과 경험이 적은 구성원 간의 하나 이상의 관계를 통해 조직과 그 가치에 대한 학습을 하게 한다. 멘토링 관계는 공식적이거나 비공식적일 수 있다. 이러한 관계를 통해 신입 직원들은 동료와 감독자를 관찰하고,

기존 조직 구성원으로부터 조언을 받으며, 조직 가치와 기대에 대한 중요한 신호를 받을 수 있는 기회를 확보하게 된다(Ostroff and Kozlowski 1992; Saks and Ashforth 1997).

제8장

공공봉사동기
Managing Organizations to Sustain Passion
for Public Service

미션, 영감 및 커뮤니케이션을 통한 리더십

7장에서 설명한 바와 같이 온보딩, 멘토링, 성과관리 등 여러 공식적인 메커니즘이 공공봉사동기를 이끌어 내는 방식으로 직원들을 사회화하는 데 사용될 수 있다. 이 장에서는 공공 조직에서 특별한 의무를 가진 한 집단의 직원, 즉 공공봉사동기를 최적화하기 위해 직원들을 충원하고 양성하며 사회화하는 역할을 수행하는 조직의 리더들에 초점을 맞춰 살펴보고자 한다.

공공봉사 가치를 전달하고 모범을 보이는 리더를 양성하는 것은 공공 조직에 다음과 같은 여러 긍정적인 결과를 가져올 것으로 예상된다:

- 리더가 조직의 미션에 대한 인식과 수용을 자극하면 자율적 동기 부여 수준이 증가하며, 특히 동일시와 통합이 더욱 강력하고 지속적으로 작용하게 한다.
- 직원들이 자기 개인의 이해관계를 넘어서 목표를 추구할 때, 그 목표는 더 어렵게 인식될 가능성이 높다.
- 직원들은 공적인 임무와 가치와 관련된 목표에 더 몰입할 가능성이 높다.

이 장에서 다룰 몇 가지 아이디어를 설명하기 위해 공공 부문 리더 중 한 명인 폴 오닐(Paul H. O'Neill)의 사례로 시작해 보겠다. 오닐의 출발은 평범했다. 그는 군인의 아들이다. 프레즈노(Fresno) 주립대학에서 경제학 학위를 받은 후 처음으로 가진 직업은 1961년부터 1966년까지 재향군인청의 컴퓨터 시스템 분석가였다. 이후 그는 공공행정학 석사 학위를 받고 1967년 연방 예산국(the Federal Bureau of the Budget)으로 돌아왔으며, 이곳은 곧 예산관리국(Office of Management and Budget: OMB)이 됐다. OMB에서는 조지 슐츠(George P. Shultz)가 멘토였는데, 1974년부터 1977년까지 부국장으로 일했다. 그리고 포드 행정부 말에 정부를 떠나 사기업으로 옮겼다. 1977년부터 1987년까지 인터내셔널 페이퍼(International Paper)의 부사장 및 사장, 1987년부터 1999년 은퇴할 때까지 알코아(Alcoa)의 회장 겸 CEO로 일했다. 그후 2001년부터 2002년까지 조지 부시(George W. Bush) 대통령하에서 재무부 장관을 역임했다. 1997년에 피츠버그 지역 보건 이니셔티브(the Pittsburgh Regional Health Initiative)를 공동 창립한 이래, 그는 환자 안전과 의료 품질에 대한 문제에 상당한 관심을 기울여 왔다. 2019년에는 뛰어난 공공봉사에 대한 제럴드 포드(Gerald R. Ford) 상을 수상했다.

오닐(O'Neill 2012)의 리더십 철학은 단순하며, 처음 접할 때는 독특해 보인다. 그의 철학은 리더에게는 조직이 위대해질 수 있는 조건을 만들어야 할 책임이 있다는 것이다. 그는 이 조건을 세 가지 질문의 형태로 설명한다.[1] "리더가 자기 조직이 진정으로 위대해질 수 있는 가능성을 만들어 낸다면, 조직 내의 사람들은 매일 다음 세 가지 질문에 '예'라고 답할 수 있다"(O'Neill 2012, 11). 이때 보통의 리더가 아닌 그가 "진짜 리더(real leaders)"라고 부르는 '이들을 따르는 사람들'의 관점에서 질문을 만들어야 한다는 점에 유의해야 한다. 이것은 오닐 철학의 한 특징이지만, 이 장 후반부에서 설명하는 변혁적 리더십(transformational leadership)과 서번트 리더십(servant leadership)의 범위에서 그가 어디에 있는지를 명확히 알 수 있다.

오닐의 첫 번째 질문은 "나는 매일 내가 만나는 모든 사람에게 존엄과 존중을 받고 있는가?"(O'Neill 2012, 11)다. 이 질문은 조직 내 모든 사람 간의 관계의 양상에 대해 함축적으로 말해 준다. 이것은 중요한 인간적 소망 – 존엄과 존중(dignity and respect) – 을 다루며, 훌륭한 조직은 리더가 조직 내 모든 사람에게 이러한 소망이 충족되도록 노력하는 조직이라고 제안한다. 존엄과 존중을 추구하는 것은 높은 기준이지만, 이 장에서 자주 다뤄진다. 오닐은 흔히 조직이 이 기준을 충족시키지 못한다고 평가한다. 그는 "내가 요즘 많은 시간을 보내는 병원을 보면, 병실을 청소하는 사람들이 칼을 쓰는 외과 의사만큼이나 중요하지만 외과 의사와 같은 존엄성과 존중을 받는 곳을 찾을 수 있다고 생각하지 않는다"고 적고 있다(O'Neill 2012, 11).

오닐은 같은 맥락에서 중요한 두 번째 질문을 제기한다: "나는 내 삶에 의미를 부여하는 조직에 기여할 수 있도록 필요한 것들 – 교육, 훈련, 격려, 도구, 재정 자원 – 을 제공받는가?" 오닐은 이 질문을 통해 직무 자원을 둘러싼 거래라기보다는 업무 자체의 의미에 주의를 환기시키고자 한다. "꽤 많은 곳이 조직에 기여하는 데 필요한 모든 도구, 장비, 격려를 제공하지만, 사람들이 주저 없이 '내가 여기서 하는 일이 내 삶에 의미를 준다'고 말할 수 있는 조건을 체계적으로 만들어 내는 조직은 많지 않다"고 오닐은 쓴다. 4장에서는 일의 유의미성의 중요함을 소개했다. 그의 질문은 우리를 그 개념으로 되돌려 보내는데, 그는 이를 리더들의 근본적인 책임으로 여긴다.

세 번째 질문은 "내가 하는 일에 대해 인정받는가?"(O'Neill 2012, 11)다. 이 질문은 세 가지 중에서 가장 간단해 보이지만, 여전히 직원들로부터 "그렇다"는 대답을 받을 수 있도록 해야 한다.

오닐은 리더의 역할을 그가 제기하는 질문들에 대해 긍정적인 대답을 가능하게 하는 조건을 만들고, 이에 대한 변명의 여지를 없애는 것이라고 본다. 알코아(Alcoa)에 재직하는 동안, 오닐은 조직 전반에 걸쳐 사람이 조직의 가장 중요한 자산이라는 점을 보여 주려고 다치는 사람이 없는(injury-free) 직장을 지향했다. 이 지향점은 상징적인 것이 아니라 실제적인 것이었다. 부상 없이 안전한 작업장이라는 목표는 직원들에게 그들이 정말로 이 조직의 가장 중요한 자원이라는 것을 실감하게 하는 오닐의 방식이었다. 그는 이 목표를 달성하기 위해 말뿐이 아닌 행동으로 실천했다(Perry 2017):

> 나는 정말로 좋은 조직이라면 조직 내 일하는 사람들이 업무 중 절대로 다치지 않도록 조직을 설계하고 운영해야 한다고 믿었다. 응원(cheerleading)이 실제로 무언가를 성취하기에 효과적인 방법이 아님을 알고 인정하기 때문에, 나는 여러 가지 중요한 방법으로 이를 실질적으로 달성하기 위해 노력했다. 나는 첫날부터 가치 문화를 창출하고 조직의 가치 구조가 모두에게 진실되도록 만들기 위한 작업을

조심스럽게 진행했다. 이것은 무엇보다도 사람들이 여기서 다치지 않아야 한다는 생각으로 시작했고, "우리는 안전을 위해 예산을 책정하지 않을 것"과 같은 조치를 취하는 것으로 이어졌다(O'Neill 2012, 133).

오닐의 리더로서의 기록은 그가 남이 가지 않은 길을 개척하고 기회를 포착한 여러 사례를 보여 준다. 그가 걸어온 길은 사명과 가치에 집중하는 리더가 어떤 도구를 사용하는가에 대한 예를 보여 주는데, 팔로워(followers)를 중시하고, 궁극적인 목표에 집중하며, 핵심 가치에 주의를 기울이고, 일의 의미를 고양시키는 것 등이다. 이제 리더가 혁신을 하기 위해 사용할 수 있는 체계적인 전략과 전술, 그리고 왜 그것들이 효과적인지 설명하는 이론을 살펴본다.

8.1 리더가 혁신을 가져오는 방법: 이론적 기초

리더십 이론과 연구는 사회 및 행동 과학에서 가장 연구가 활발히 진행돼 온 분야 중 하나다(Fernandez, Cho, and Perry 2010). 따라서 여기에서는 그 내용 중 공공봉사동기 관련 연구에서 주목을 받았거나 공공봉사동기 이론과 타당한 관계가 있는 리더십 이론에 집중해서 살펴보고자 한다.

8.1.1 비전을 가진 변혁적 리더들

공공봉사동기를 지지하는 리더십 이론 중 가장 주목받는 것은 변혁적 리더십(transformational leadership)이다. 변혁적 리더십은 역사가 제임스 맥그리거 번스(James MacGregor Burns)의 연구에 기반을 두고 있으며, 그는 미국 대통령들에 대한 연구를 통해 어떤 대통령들이 어떻게 행동을 자극하는지에 대한 중요한 차이를 밝혀냈다(Burns 1978). 어떤 대통령들은 그들의 직원과 지지자들과의 거래적 관계를 발전시켰다. 이 거래에는 입법 전투에서 승리하는 능력, 야심찬 직원을 동기 부여하기 위한 임명, 그리고 이해관계자들에게 특혜를 부여하는 것이 포함돼 있었다. 예를 들어,

린든 존슨(Lyndon B. Johnson)은 입법부와 행정부 모두에서 승리하기 위해 거래적 수단을 사용한 것으로 알려져 있다. 프랭클린 루스벨트(Franklin D. Roosevelt)와 존 케네디(John F. Kennedy)가 포함되는 또 다른 대통령 그룹은 팔로워들에게 가치와 열망을 부여하는 다른 도구들을 사용했다. 이 접근법이 변혁적 리더십이 됐다.

버나드 배스(Bernard M. Bass)는 구성 개념(construct)을 설명하면서 변혁적 리더십의 역학을 공공봉사동기의 일반적인 이해와 명확하게 연결하고 있다:

> 우수한 리더십 성과 – 변혁적 리더십 – 는 리더들이 직원들의 관심을 확장시키고 강화할 때, 리더들이 조직의 목적과 사명에 대한 인식과 수용을 생성할 때, 직원들이 자기 중심적 사고를 넘어서 소속 집단의 이익을 바라보도록 할 때 발생한다 (Bass 1990, 21).

직원들을 "자기 중심적 사고를 넘어서도록" 자극한다는 아이디어는 공공봉사동기와 관련된 타인 지향적 사고와 일치한다. 공익과 공공선(公共善)이 제도적으로 존재하는 공공 부문의 맥락에서, "목적과 임무에 대한 인식과 수용" 역시 공공봉사동기와 직접적으로 연결된다. 따라서 변혁적 리더십은 그 기원과 결과 모두에서 공공 부문의 동기 부여적 필수 요소와 공명한다.

리더십 연구자들은 리더들이 어떻게 팔로워들을 자극하고, 즉 변화시키는지에 관한 여러 가지 방식을 규명한다. 변혁적 리더십의 네 가지 특징적인 방식은 다음과 같다:

- 이상적인 영향력(idealized influence)은 리더가 자신의 원칙을 준수하고 윤리적이며 성실하게 행동하게 하는, 일종의 롤모델로 바라보게 하는 능력이다.
- 영감을 주는 동기 부여(inspirational motivation)는 리더가 팔로워들에게 자신감과 목적 의식을 불어넣을 수 있는 능력이다. 명확한 비전을 제시하고, 몰입, 낙관주의, 긍정성을 표현하는 행동은 자신감과 목적 의식을 심어 주는 데 도움이 된다.
- 지적 자극(intellectual stimulation)은 팔로워들이 높은 성과를 추구하면서 혁신적이고 창의적이며 그들의 지적 능력을 사용하도록 도전하게 하는 데 중점을 둔다.
- 개별적 배려(individualized consideration)는 리더가 팔로워들과 팀의 구성원으로서뿐만 아니

라 각자의 고유한 재능을 가진 개인으로서 상호 작용하며, 그 재능을 격려하고 계발해야 한다는 것을 의미한다. 리더들은 각 팔로워의 필요, 욕구, 발전 기회를 고려해서 개인적으로 차별화된 배려를 한다.

8.1.2 건축가로서의 변혁적 리더들

앤드류 카튼(Andrew M. Carton)은 최근 리더들이 변혁적 비전을 가진 사람이 아닌 건축가로서 행동함으로써 그들의 팔로워들에게 변화를 줄 수 있다는 이론의 확장을 제안했다. 카튼이 말하는 건축가란 "리더들이 일상 업무와 조직의 궁극적인 지향점 사이의 작고 간결한 연결 고리로 구성된 인지적 청사진(cognitive blueprint)을 만들고, 그런 다음 직원들이 그 핵심 구조를 중심으로 정신적으로 더욱 정교한 연결을 만들 수 있도록 할 때" 직원들을 동기 부여하는 것이라고 보고 있다(Carton 2018, 352).

카튼이 동기 부여 과정의 초점을 영감에서 구조적 수사(修辭)로 옮긴 이유는 그가 발견한 다음과 같은 모순에 있다:

> … 궁극적인 지향점을 의미 있게 만드는 바로 그 특성들이 직원들에게는 자신의 일상적인 책임이 그것들과 어떻게 연관돼 있는지 느끼지 못하게 한다. 직원들은 하루하루 시간 제약이 있는 업무 목표보다 조직의 궁극적인 지향점을 더 중요하게 인식할 가능성이 높지만 – 그 목표들로부터 심각하게 분리돼 있다고도 느낀다 (Carton 2018, 325).

카튼의 연구는 4장에서 소개한, 케이프 캐너버럴(Cape Canaveral)에서 존 케네디 대통령과 청소부가 나눴던 대화에 근거하고 있다. 그는 리더를 건축가에 비유하기 위해, 1961년 5월 25일 케네디 대통령이 의회 연설에서 1960년대 말까지의 달 착륙을 명령한 후 국립항공우주국(NASA)이 인간을 달에 착륙시키고자 기울였던 노력을 충실하게 기록한 자료를 활용해 분석했다. 카튼은 리더의 네 가지 의미 부여(sensegiving) 행동의 관점에서 변혁(transformation)을 설명하는데, "리더들이 일상 업무와 NASA의 중간 목표, 목적, 궁극적인 지향점 사이의 관계를 개념화하는 담론적 전술"로 정의하고

있다(Carton 2018, 335). 그는 네 가지 의미 부여 행동을 케네디 대통령과 연관지었다:

1. "케네디는 NASA의 궁극적인 지향점의 수를 하나로 줄였다"(Carton 2018, 335).
2. "케네디는 NASA의 궁극적인 지향점에서 구체적인 조직 목표로 관심을 전환했다"(Carton 2018, 336).
3. "케네디는 직원들의 일상 업무와 구체적인 목표를 연결하는 이정표를 전달했다"(Carton 2018, 337).
4. "케네디는 구체화된 개념을 사용해 NASA의 궁극적인 지향점을 구체적인 목표에 접합시켰다"(Carton 2018, 338).

카튼의 건축가 비유는 번스가 변혁적 리더십을 표현한 것보다 더 일에 초점을 맞추고 있으며, 일의 의미 있는 측면과 의미 있는 바를 어떻게 자극할지에 대해 다룬다. 카튼은 그의 의미 부여 행동의 시작을 연방 행정부의 정점에 있는 사람에게 귀결시킨다. 영감으로서의 변혁적 리더십을 이해하는 배스 외 연구자들은 친사회적 차이를 만들어 내는 영감을 얻기 위해 계층 구조의 정상에 있는 사람만이 아니라 계층 구조 내의 다른 사람들을 동기 부여의 맥락으로 바라본다. 변혁적 리더십 모델이 영감을 강조하든 건축을 강조하든 상관없이, 궁극적으로 중요한 것은 팔로워가 사회를 위해 만들어 낼 수 있는 차이다. 카튼은 직원 스스로 동기 부여 방정식(motivational equation)을 완성하는 자연스러운 과정을 확대하거나 보완할 수 있도록 리더가 잠재적으로 기여하는 것을 강조하고 있다.

8.1.3 변혁적 리더십과 공공봉사 및 친사회적 동기에 대한 실증 연구

변혁적 리더십 이론은 공공봉사와 친사회적 동기와 관련된 역학에 대한 타당성을 평가하는 연구로부터 강력한 지지를 받는다. 정부 및 대학을 표본으로 하는 다섯 가지 다른 선행 연구를 종합해 다루는 애덤 그랜트(Adam M. Grant)와 데이비드 호프먼(David A. Hofmann)(Grant and Hofmann 2011) 및 그랜트(Grant 2012)의 두 개 연구는 변혁적 리더십, 수혜자 접촉, 친사회적 영향, 그리고 성과 간의 관계를 조사한 바 있다. 이 연구의 목적 중 하나는 영감을 주는 메시지의 출처가 팔로워에게 어떤 차이를 만드는지 테스트하는 것이었다. 리더의 이념적 메시지는 팔로워의 성과에 어떤 영감을 주려는 의도이지만, 그랜트와 호프먼은 이것이 항상 성공적인 것은 아니며, 직원의 성과에 영감을 주지 못하는 것은 리더의 동기를 둘러싼 의심 때문일 수 있다고 주장했다. 이 연구는 수혜자와의 접촉이 리더의 이념적 메시지를 대체할 수 있는지 여부를 테스트했다. 또 다른 목적은 4장에서 다룬 바 있는 수혜자 접촉의 영향을 테스트하는 것이었다. 모든 연구에서 일반적인 논지는 수혜자 접촉이 친사회적 영향력을 강화하기 때문에 수혜자와 함께 일하는 팔로워들에게 변혁적 리더십이 더 큰 영향을 미친다는 것이다.

니콜라 벨레(Nicola Bellé)는 이탈리아의 한 공공병원에서 138명의 간호사를 대상으로 그랜트(Grant 2012)의 연구를 재현했다(Bellé 2014). 그는 수혜자 접촉과 자기 설득 개입이 변혁적 리더십의 영향을 강화하는지 평가하기 위해 무작위 실험 연구를 설계했다. 변혁적 리더십 변수에만 노출된 실험 집단이 비교 집단보다 약간 더 나은 성과를 보였지만, 수혜자 접촉과 자기 설득 개입은 변혁적 리더십의 성과를 유의하게 높이는 것으로 나타났다. 팔로워의 친사회적 영향 인식이 이 인과 관계를 부분적으로 매개했다. 변혁적 리더십의 효과는 상대적으로 공공봉사동기가 높다고 응답한 참가자들에게 더 크게 나타났다.

비실험적 연구들은 변혁적 리더십과 공공봉사동기의 다양한 측면에 대해 조명해 왔다. 라스 터머스(Lars G. Tummers)와 에바 크니스(Eva Knies)는 4장에서 처음 다뤘던 아이디어, 즉 리더십과 업무의 유의미성 사이의 관계를 연구했다(Tummers and Knies 2013). 터머스와 크니스는 네덜란드의 세 가지 다른 서비스 부문, 교육, 의료(조산사), 그리고 지방 정부의 공무원을 대상으로 설문 조사를 실시했다. 표본 크기는 지방 정부 공무원 229명, 교육 부문 직원 313명, 조산사 790명이었다. 그들이 사용한 이론적 렌즈는 리더-구성원 교환(leader-member exchange) 이론이었는데, 터머스와 크니스는 이를 사회적 상호 작용을 강조하는 관계 기반 리더십 모델로 설계한다. 이 모델은 리더 중심으로 분류하는 거래적 및 변혁적 리더십 모델과 대조적이다. 그들이 리더십 이론들을 구분하긴 하지만, 리더-구성원 교환이 직원의 업무 유의미성에 영향을 미치는 경로는 다른 리더십 이론들과 유사하다. 여기에는 직원들의 심리적 권한 부여(empowerment), 직무 특성에 대한 인식, 그리고 그들의 업무 참여라는 변수가 포함됐다. 터머스와 크니스는 리더-구성원 교환이 조직에 대한 몰입, 업무 노력, 그리고 일-가정 양립에 대한 업무 유의미성의 영향을 매개한다는 점을 발견했다. 이 관계는 교육과 의료 부문에서 더 강하게 나타났지만, 리더십, 일의 유의미성, 그리고 업무 결과 사이의 일반적인 관계성은 유사했다.

바우터 반데나빌레(Wouter Vandenabeele)는 벨기에의 대규모 국가 공무원 표본을 대상으로, 특히 공공 가치를 촉진하는 특정 유형의 변혁적 리더십을 조사했다(Vandenabeele 2014). 이 공공 가치 촉진에 대한 연구는 조직 이데올로기에 대한 연구와 직접적으로 관련돼 있다. 반데나빌레는 리더가 팔로워에게 영감을 주려는 시도가 실제로 팔로워의 공공봉사동기를 증가시킨다는 결론을 내렸다. 리더의 공공 가치 촉진과 팔로워의 공공봉사동기 사이의 관계는 팔로워의 기본적인 심리적 욕구에 대한 만족도, 특히 자율성과 역량에 따라 조절됐다(자기 결정 이론과 공공봉사동기를 위한 지원적인 작업 환경의 역할에 대한 5장의 논의 참조).

공공 가치의 영향에 대한 관련 연구에서 줄리 크록스가드(Julie Alsøe Krogsgaard), 퍼닐 톰슨(Pernille Thomsen)과 로테 안데르센(Lotte Bøgh Andersen)은 가치 충돌이 변혁적 리더십과 공공봉사동기 사이의 긍정적인 연관성을 조절하는지 여부를 연구했다(Krogsgaard, Thomsen, and Andersen 2014). 혼합 방법 연구 설계를 통해, 그들은 교사, 간호사, 사회복지사로서 공공봉사 지향적인 경력을 준비하는 학생들을 교육하는 덴마크 대학의 직원 표본을 분석했다. 968명의 직원에 대한 설문 조사와 질적 인터뷰를 결합한 결과, 직접 관리자의 변혁적 리더십 수준과 직원들의 공공봉사동기 사이의 관계는 가치 충돌이 낮을 때 더 긍정적이었다. 그들은 변혁적 리더십이 팔로워의 공공봉사동기를 강화할 수 있지만, 심각한 가치 충돌이 없는 조건에서만 그렇다는 결론을 내렸다.

이어진 덴마크에서의 질적 연구에서 안데르센 외(Andersen et al. 2018)는 변혁적 리더십의 전반적인 동기 부여 논리와 그것이 공공봉사동기의 다양한 유형에 미치는 영향을 조사했다. 이들은 리더가 조직의 비전을 명확히 하고, 그것을 팔로워들과 공유하며, 시간이 지나도 그것을 유지할 때 사회와 타인에 대한 직원들의 공공봉사 동기가 강화된다는 것을 발견했다. 그들의 인터뷰는 또한 변혁적 리더십의 영향을 받은 팔로워들이 덜 가부장적이라는 것, 즉 그들이 정의한 것이 아니라 정치인과 수혜자들이 명시한 "선(善)"에 더 많이 순응함을 발견했다(LeGrand 2010; Andersen, Pallesen, and Salomonsen 2013; Jensen and Andersen 2015).

바베테 브롱호스트(Babette Bronkhorst), 브램 스텐(Bram Steijn)과 브렌다 페르미렌(Brenda Vermeeren)은 네덜란드의 한 지방자치단체에서 근무하는 직원들을 대상으로 변혁적 리더십과 업무 동기 부여 간의 일반적인 관계를 평가했다(Bronkhorst, Steijn, and Vermeeren 2015). 그들은 업무 노력과 그 지속성으로 업무 동기 부여를 정의했다. 연구 결과, 그들은 변혁적 리더십의 직접적 및 간접적 효과를 발견했다. 간접적인 효과는 목표 설정과 절차적 제약과 관련이 있었다. 변혁적 리더들은 더 도전적이고 구체적인 목표를 설정했는데, 이는 업무 수행에 큰 동기를 유발했다. 변혁적 리더십은 또한 팔로워들 사이에서 인지된 절차적 제약을 감소시켰다. 따라서 변혁적 리더십은 직접적으로 또 간접적으로 동기 부여 결과를 향상시킨다.

브롱호스트 외의 연구는 2장에서 확인된 조직 효과성에 중요한 세 가지 동기 부여 결과 중 두 가지에 초점을 맞췄다. 동기 부여 결과 중 세 번째인 멤버십(membership)은 박성민(Park Sung Min)과 할 레이니(Hal G. Rainey)(Park and Rainey 2008) 및 임도빈(Im Tobin), 제시 캠벨(Jesse W. Campbell)과 정지수(Jeong Jisu)에 의한 연구(Im, Campbell, and Jeong 2016)의 대상이었다. 박성민과 레이니(Park and Rainey 2008)는 2000년 메리트 프린시플 서베이(Merit Principles Survey)에서 6,900명의 미국 연방 공무원의 응답을 분석했다. 그들은 변혁 지향적 리더십, 공공봉사 지향적 동기, 거래 지향적 리더십, 외재적 동기의 네 가지 독립 변수를 개발하기 위해 확인적 요인 분석을 수행했다. 구조방정식 모형 결과에서는 변혁 지향적 리더십을 격려적이고 지지적이며, 정보를 제공하고 높은 수준을 강조하는 리더십으로 정의했고, 임파워먼트, 목표 명확화, 공공봉사 지향적 동기에 영향을 주어 이직 의도를 포함한 여러 결과 변수와 관련이 있는 것으로 나타났다. 거래 지향적 리더십은 어떤 조직 결과와도 관련이 없었다. 한국 지방 정부의 대표적인 표본을 사용한 임도빈, 캠벨과 정지수(Im, Campbell, and Jeong 2016)는 박성민과 레이니(Park and Rainey 2008)와 유사한 결론에 도달했다: 변혁적 리더십은 공공봉사동기와 몰입 사이의 관계를 유의미하게 조절한다. 그들의 견해에 따르면, 두 가지 역학 관계가 작용한다. 변혁적 리더십의 사회화 효과는 조직 가치에 대한 관심 덕분이다. 두 번째는 자기 이해를 넘어서는 개인의 자아 개념을 자극하는 변혁적 리더십이다. 이는 공공봉사동기가 높은 직원들과 잘 부합된다(Bottomley et al. 2016 참조).

변혁적 리더십과 공공봉사동기에 관한 또 다른 연구 그룹(Wright and Pandey 2011; Wright, Moynihan, and Pandey 2012; Caillier 2015)은 임무(mission)와 사명 의식(mission valence)에 초점을 맞춘다. 이 연구는 다음 절에서 논의한다.

8.2 공공봉사의 힘을 발휘하기 위한 리더십 전략과 전술

리더십 연구를 종합적으로 검토해 보면 리더 행동에 대해 요구하는 수없이 많은 지침 때문에 리더가 되고 싶어 하는 사람들을 낙담시킬 수 있다. 앞서 요약한 이론들은 공무원에 대한 맥락과 기대 적합성 때문에 의도적으로 일부러 제한적으로 논의했다. 앞서 언급된 변혁적 리더십과 의미 부여 리더십 전략을 추구하는 리더들은 세 가지 필수 요소, 즉 미션, 영감, 그리고 커뮤니케이션에 대해 생각해야 한다. 세 가지 필수 요소 간의 경계는 중첩되지만, 그들의 집합적 결과는 공공봉사동기를 높이는 것이다.

8.2.1 임무와 비전을 명시할 것

20세기 초 미국 전화전신회사(American Telephone and Telegraph: AT&T)에서의 경험을 통해 조직에 대해 얻은 지혜에 기반해 체스터 버나드(Chester I. Barnard)는 "예지력, 장기적인 목적, 높은 이상이 협력의 지속성을 위한 기반"이라고 썼다(Barnard 1938, 282). 버나드는 개인의 가치가 조직의 이념과 일치할 때 개인과 조직에 이익을 가져다준다는 교훈을 얻었다. 팔버그, 페리와 혼데헴은 그 이익과 근거를 다음과 같이 요약한다: "개인은 조직의 임무, 비전 및 리더십 실천을 통해 나타난 조직의 이념과 개인의 가치관이 일치한다고 인식할 때, 조직에 몰입하고 조직의 목표를 달성하기 위해 열심히 노력할 것이다. 개인의 공익적 가치를 분명하게 반영하는 조직의 임무를 명확히 밝히고 그러한 가치를 효과적으로 소통하고 모델링할 수 있는 리더십을 함양

함으로써 그러한 일치를 만들어 내는 것이다"(Paarlberg, Perry, and Hondeghem 2008, 280). 조직의 임무는 리더와 독립적으로 존재하지만, 리더는 임무와 비전을 명시하고 조정하며 활성화하는 데 핵심적인 역할을 한다. 연구에 따르면, 조직적인 임무의 힘을 실현하는 데 특히 도움이 되는 두 가지 리더십 전술이 있다: 직원이 갖는 사명 의식을 강화하고 궁극적인 지향점에 대한 비전을 개발해야 한다.

8.2.1.1 직원의 사명 의식을 강화할 것

사명 의식은 "직원이 조직의 목적이나 사회적 기여의 매력 또는 중요성에 대해 인식하는 것"(Wright, Moynihan, and Pandey 2012, 206)을 의미한다. 일련의 연구들은 사명 의식이 직원 성과, 신뢰할 수 있는 역할 행동, 그리고 이직 방지에 핵심적인 수단임을 보여 준다. 라이트와 판데이(Wright and Pandey 2011)는 미국 북동부의 주 정부 인사청(state personnel agency)에서 사명 의식을 실증적으로 다룬 최초의 연구를 수행했다. 그들은 사명 의식에 영향을 미치는 세 가지 선행 요인을 밝혔다: 조직 목표의 명확성, 공공봉사동기, 그리고 직원의 업무가 미치는 영향에 대한 인식이다. 그들은 또한 사명 의식이 직업 만족도와 결근과 같은 중요한 인적 자원 성과와 연결돼 있음을 밝혔다.

이어진 연구(Wright, Moynihan, and Pandey 2012)는 50,000명 이상의 인구를 가진 지역에서 미국의 지방 정부 고위관리자 표본을 사용해 사명 의식의 선행 요인에 대한 연구를 다시 진행했다. 그들은 직원의 공공봉사동기와 목표 명확성이 사명 의식에 직접적인 영향을 미친다는 점을 발견했다. 더 중요한 것으로는, 변혁적 리더십과 관련된 수단 - 비전 제시, 긍정적인 예시 설정, 혁신 장려, 조직 자긍심 증진 - 를 사용하는 리더들이 공공봉사동기에 영향을 미칠 수 있으며, 이는 직접적으로 사명 의식을 높일 수 있음을 발견했다.

제임스 제라드 카이예(James Gerard Caillier)는 서베이몽키(SurveyMonkey)의 공공기관 직원 웹 기반 표본을 사용해 사명 의식에 대한 세 번째 연구를 수행했다(Caillier 2015). 응답률은 27퍼센트였으며, 778명의 유효한 응답자를 대상으로 했다. 카이예는 라이트와 판데이(Wright and Pandey 2011) 및 라이트, 모이니한과 판데이(Bradley Wright, Donald Moynihan, and Sanjay Pandey 2012)가 연구한 변수들과 다른 변수들의 조합을 통해 연구를 수행했다. 그의 모델에는 변혁적 리더십, 공공봉사동기, 사명 의식, 그리고 직원 평가(자가 보고된 성과 측정)가 포함됐다. 그는 변혁적 리더십과 공공봉사동기가 직원 평가에 직접적이고 긍정적인 효과를 미친다는 점을 발견했다. 또한 그는 변혁적 리더십과 성과 사이의 긍정적인 관계를 사명 의식이 조절한다는 것을 발견했지만, 변혁적 리더십과 성과 사이에서 공공봉사동기의 동일한 조절 효과는 발견하지 못했다. 그의 분석에는 목표 명확성이 포함되지 않았다.

사명 의식에 대한 일련의 연구들을 보면 분명한 교훈을 얻을 수 있다. 하나는 리더가 조직 및 업무 목표를 명확히 하고 강화하는 방법을 찾는 것이다. 팔로워들에게 명확한 비전을 설정하는 리더는 목표의 명확성과 중요성을 높일 가능성이 높고, 아울러 사명 의식을 높인다. 조직 자부심을 높이는 리더 또한 사명 의식을 높인다. 정책 대상자(수혜자)를 접촉하는 것과 같이 직원들이 자신의 업무 영향을 더 밀접하게 경험하게 하는 방법을 찾는 것도 사명 의식을 증가시킬 수 있다.

8.2.1.2 궁극적인 지향점에 대한 명확한 연관성을 개발할 것

카튼(Carton 2018)의 미국 항공우주국(NASA) 달 미션에 대한 분석은 영감을 주는 변혁자(transformers)만큼이나 설계자가 도전적인 목표를 향한 직원의 노력을 촉진할 수 있음을 보여 준다. 카튼(Carton 2018, 351)은 리더의 의미 부여가 직원 간의 연결을 구축할 수 있게 하는 비교적 추상적인 과정을 설명한다. 로리 팔버그(Laurie E. Paarlberg)와 제임스 페리(James L. Perry)의 국방부 시설에서의 5년간의 민간 직원 및 관리자를 대상으로 한 연구는 직원들의 기존 가치 영역을 반영하는 한도 내에서 전략적 가치가 직원들에게 동기를 부여한다고 제안한다(Paarlberg and Perry 2007). 팔버그와 페리의 연구는 또한 직원들이 자신의 가치와 전략적 가치를 연결짓는 데 중요한 역할을 하는 사람들로서 중간관리자를 주목한다. 그들은 조직의 전략적 방향과 직원들의 경험에서 나온 가치를 통합하는 중추적인 역할을 한다.

토머스 베이트먼(Thomas S. Bateman)과 배리 브루스(Barry Bruce)는 수십 년 또는 여러 세대에 걸쳐 목표를 추구하는 25명의 개인을 유의 추출(purposive sampling)해 인터뷰했다(Bateman and Bruce 2012). 이 그룹은 주요 경제 또는 도시 재개발, 농촌 보건 이니셔티브, 또는 화성에 인간을 착륙시키는 일과 같은 이니셔티브를 추구하는 공공 직원들과 유사하다. 베이트먼과 브루스의 목표는 단기 목표에 대한 연구와 대조적으로 장기 목표를 추구하는 개인의 업무 동기를 이해하는 것이었다. 그들의 질적 연구는 장기 목표를 추구하는 개인의 업무 동기를 이해하기 위해 다차원적인 활동과 의미를 추출했다. 그들은 장기 목표를 동기 부여하기 위한 두 가지 원거리 및 근접 자극을 구분했다. 원거리 자극은 미래의 가능성과 자아의 가능성이란 요소로 구성된다. 미래의 가능성은 목표를 달성했을 때 개인적 차원의 성과를 초월한 사회적 성과를 의미한다. 두 번째 원거리 영향 요인인 자아의 가능성은 "목표를 추구한 결과로서 개인적 또는 전문성이란 관점에서 새로운 존재로서 달성 가능한 상태"(Bateman and Bruce 2012, 992)를 의미한다. 근접한 영향 요인인 과업에 대한 관심도와 단기적 만족감은 과업 행동과 단기 성과를 장기 목표와 연결하는 데 도움이 되는 더 친숙한 자극을 의미한다. 베이트먼과 브루스의 질적 연구는 카튼(Carton 2018)이 연구한 NASA 달 미션과 마찬가지로 장기적으로 직무 수행 동기를 얻어 내기 위한 설득력 있는 설명을 해 준다.

조직이 직원들의 전략적 성과와 연결하는 방법에 대한 선행 연구로서 웬디 보스웰(Wendy R. Boswell)과 존 부드로(John W. Boudreau)는 카튼(Carton 2018)의 명확한 연관성(line of sight)이라는 아이디어를 도입했다. 보스웰과 부드로는 명확한 연관성을 "직원이 조직의 목표를 이해하고 그 목표에 기여하는 방법"으로 정의한다(Boswell and Boudreau 2001, 851). 그들은 직원들이 명확한 연관성을 인식하는 능력을 함양할 수 있는 다양한 메커니즘을 찾아냈다. 이 메커니즘에는 다음과 같은 것이 있다:

- **조직의 임무와 목표에 대한 정기적인 커뮤니케이션.** 조직의 임무를 광범위하게 공유하는 것은 직원들이 궁극적인 지향점에 대한 시선을 설정하기 위한 좋은 출발점이다. 프로그램 및 조직 수준에서의 목표와 그 예상 결과에 대한 커뮤니케이션 또한 도움이 된다. 목표와 결과에 대한 커뮤니케이션은 매월 또는 분기별로 공유되고 웹사이트에 게시하는 것을 생각할 수 있다.
- **인적 자원 관리 관행.** 과제와 조직 목표에 대한 의미 있는 의사소통을 포함한 성과관리 및 평가 시스템은 직원의 명확한 연관성을 위한 튼튼한 기초가 된다. 조직 성취에 얼마나 기여했는가를 반영하는 시스템은 조직 전체 차원에서, 조직 목표를 이해하고 그 목표에 기여하는 방법을 이해하며 기여에 대한 자부심을 이끌어 내는 데 도움이 될 수 있다. 탄탄한 온보

딩 및 멘토링 프로그램은 직원들이 기대를 사회화하고 경험 많은 직원으로부터 학습하는 것을 유도할 수 있다.
- **직원 참여.** 목표와 그 목표를 달성하는 방법에 대한 대화에 직원들을 참여시키는 것은 직원들이 무슨 일이 일어나고 있는지 인식하고 주인 의식(ownership)을 가지게 하는 데 유용하다.
- **노사 파트너십:** 노동조합이 있는 환경에서 협력적인 노사 관계를 개발하는 것은 모두가 같은 방향으로 나아가도록 노력하게 할 수 있다.

궁극적인 지향점에 대한 명확한 연관성 개발에 관한 특히 흥미롭고 혁신적인 예는 로키 플랫 핵무기 공장(Rocky Flats Neuclear Weapons Plant)에 관한 연구다. 1995년 프로젝트가 시작될 때, 에너지부(Department of Energy)는 오염 수준이 해결되기까지 70년이 걸릴 것으로 예상했다. 정화 작업의 규모는 전례 없는 것이었을 뿐만 아니라 - 세계에서 처음으로 폐쇄된 핵무기 생산 시설이었지만 - 로키 플랫은 다른 여러 가지 어려운 도전에 직면해 있었다. 킴 캐머런(Kim Cameron)은 그중 몇 가지를 다음과 같이 요약한다:

- 시설에서 근무하는 노동자들은 세 개의 노조에 의해 대표됐으며, "불만이 많았고 대부분 평생 고용에 대한 기대를 품고 있었으며 숙련된 작업을 수행하는 노동자들은 자부심이 높았다"(Cameron 2008, 2).
- 385에이커 규모의 핵무기 생산 시설은 임무의 특수성 때문에 보안이 매우 철저했다.
- 현장은 심각하게 오염돼 있었다.
- 이 시설은 계약자, 시민, 연방 및 지방 기관 간의 관할권 분쟁의 대상이었다. 1989년에는 미 연방수사국(FBI)이 급습했고 그 즉시 폐쇄됐다.

많은 어려운 문제에도 불구하고, 이 시설은 단 10년 만에 60억 달러의 비용으로 정화된 후 폐쇄됐는데, 이는 원래 예상보다 300억 달러가 적게 든 것이었다.

이렇듯 놀랄 만한 성과를 가능하게 한 이유는 무엇인가? 킴 캐머런(Kim Cameron)과 마크 라빈(Marc Lavine)(Cameron and Lavine 2006) 및 캐머런(Cameron 2008)은 카

튼(Carton 2018)이 미 항공우주국(NASA)과 아폴로 달 착륙에 대한 연구에서 도출한 것과 유사한 여러 가지 기법과 관행에 주목했다. 정화 작업의 리더들은 공장의 전후 상태 묘사와 시설 폐쇄 임무를 상상하는 것을 도와주는 상징적 행위를 공유함으로써 궁극적인 지향점에 대한 명확한 연관성을 만들 수 있었다(Cameron and Lavine 2006). 로키 플랫 이니셔티브를 이끌어간 리더십 원칙 중에는 장기적으로 인간에게 이익이 되는 조직 활동에 대한 심오한 목적을 확인하고, 조직의 지향점에 상징성을 집중하는 것이 있었다(Cameron 2008).

8.2.2 직원들에게 영감을 주는 리더십 스타일 개발

리더에게 중요한 문제 중 하나는 진정성 있는 리더십 스타일을 선택하고 그것을 실행하기 위한 개인적 능력을 개발하는 것이다. 공공 관리자는 그들이 달성하기 원하는 것, 예컨대 조직 전체에 영감을 주는 비전을 전달해야 함을 알고 있을 수 있지만, 구체적으로 다른 사람들이 어떤 비전에서 영감을 얻도록 하기 위해 무엇을 해야 하는지 모를 수도 있다. 이는 공공 관리자가 자신의 목표를 위해 봉사할 리더십 스타일을 선택하고 그 스타일을 자신의 것으로 만들어 자신의 목적에 도움이 되도록 해야 함을 의미한다. 직원들에게 영감을 주기 위해 특히 효과적일 수 있는 두 가지 스타일은 카리스마적 리더십(charismatic leadership)과 서번트 리더십(servant leadership)이다.

8.2.2.1 직원들에게 영감을 주기 위해 카리스마를 개발하고 적용하기

변혁적 리더십의 한 측면으로 학문적 연구와 실천 면에서 오랜 역사를 가진 것은 카리스마적 리더십이다. 카리스마적 리더들은 소통 능력 및 수사적(修辭的) 기술(예: 마틴 루터 킹[Martin Luther King]의 커뮤니케이션 기술을 흔히 모범적인 것으로 여긴다)로 두드러진다. 또한 그들은 팔로워들에 대한 개인적 애착, 개인적 비전, 그리고 그들의 도덕적 신념에 대한 개인적 헌신과 같은 그들의 성격적 특성으로 인해 구분된다. 카리스마적 리더는 주로 변혁적 모델의 이상화된 영향과 영감을 주는 동기 부여 차원과 연관돼 있다.

카리스마적 리더의 행동은 팔로워의 자아정체성 개념을 통해 공공봉사동기에 영향을 미친다(Shamir, House, and Arthur 1993; Perry and Vandenabeele 2008). 보아스 샤미르(Boas Shamir), 로버트 하우스(Robert J. House)와 마이클 아서(Michael B. Arthur)는 리더 행동, 팔로워에 대한 영향, 그리고 동기 부여 효과 간의 관계에 대한 구체적 모델을 제시한다. 그들은 카리스마적 리더의 여섯 가지 행동을 도출한다(Shamir, House, and Arthur 1993): 이데올로기적 설명 제공, 집단 정체성 강조, 역사 참조, 팔로워의 가치와 효능감, 집단 효능감, 팔로워에 대한 신뢰 표현. 샤미르 외는 이러한 행동에 의해 촉발된 동기 부여 과정의 결과가 공공봉사동기, 리더 및 임무에 대한 개인적 몰입, 자기 희생적 행동, 조직시민행동, 과제의 유의미성과 관련된 팔로워 행동 및 성향이라고 주장한다.

카리스마적 리더십에 대한 설명과 함께 자주 언급되는 예 – 존 케네디, 마틴 루터 킹, 윈스턴 처칠 – 는 카리스마적 리더십을 활용하려는 사람에게 부담감을 줄 수도 있다. 그러나 선도적인 학자들은 카리스마가 선천적이지 않고 학습할 수 있다고 확신한다. 존 안토나키스(John Antonakis), 마리카 펜리(Marika Fenley)와 수 리히티(Sue Liechti)는 실험 및 현장 연구에 기반해 예비 리더들이 카리스마를 배우고 개발할 수 있다고 설득력 있게 주장한다. 그들은 누구든지 훈련받으면 "다른 사람들의 눈에 더 영향력 있고, 신뢰할 수 있으며, '리더 같은' 이미지를 만들 수 있는" 아홉 가지의 언어적 전략과 세 가지 비언어적 카리스마적 리더십 전략을 구별했다(Antonakis, Fenley, and Liechti 2012, 127). 아홉 가지의 언어적 전략은 은유, 직유, 유추; 이야기와 일화; 대조; 수사적 질문; 세 부분 목록; 도덕적 신념의 표현; 집단의 정서 반영; 높은 목표 설정; 그리고 그 목표들을 달성할 수 있다는 자신감 전달이다(Antonakis, Fenley, and Liechti 2012, 128). 비언어적 전략은 활기찬 목소리, 얼굴 표정, 그리고 제스처다(Antonakis, Fenley, and Liechti 2012, 128). 이러한 열두 가지 전략이 리더의 전체 레퍼토리를 소진시키는 것은 아니지만, 안토나키스 외는 그들의 연구를 바탕으로 이러한 전술이 가장 효과적이라고 일관되게 주장한다.

안토나키스, 펜리와 리히티(Antonakis, Fenley, and Liechti 2012)는 열두 가지 전략을 설명하면서, 그들은 이를 확장된 "세 부분 목록"으로 요약한다:

1. **연결하고 비교하고 대조하기** – '은유', '직유', '유추', '이야기' 및 '일화(anecdotes)', '대조(constrasts)'와 같은 전략은 청취자를 참여시키고, 메시지와 연관시켜 이를 기억하는 데 도

움이 된다.
2. **참여시키고 정제하기(distill)** – '수사적 질문(rhetorical questions)'을 사용해 팔로워를 참여시키고, '세 부분 목록(three-part lists)'으로 그룹이나 개인적인 만남에서 쉽게 가져갈 수 있는 메시지를 제공한다.
3. **정직, 권위, 열정을 보여 주기** – '도덕적 신념의 표현', '높은 목표 설정', 그리고 '그것들을 달성할 수 있다는 자신감을 전달하는 것'은 리더의 성격을 보여 주고 리더와 팔로워 사이의 동일감을 강화한다.

애덤 그랜트(Adam M. Grant)와 존 수만스(John J. Sumanth)의 실험 연구는 리더의 신뢰성이 팔로워의 친사회적 동기와 성과 간의 관계를 강화한다는 안토나키스 외의 카리스마적 리더십에 대한 주장의 배경 중 하나를 확인한다(Grant and Sumanth 2009). 그랜트와 수만스는 관리자로부터 신뢰받고 있다는 신호가 직원들이 인식하는 과제의 중요성을 증폭시킨다고 주장한다. 이는 4장에서 논의된 바와 같이 일의 유의미성에 영향을 미치는 핵심 차원이다. 그들은 학생과 전문 기금 모금가들의 샘플을 대상으로 세 가지 연구를 수행했다. 그 결과 친사회적 동기와 성과 사이의 관계 모형을 확인했는데, 양자 간의 관계는 신뢰 신호로써 조절되고 과제 중요성에 의해 매개됐다. 그들의 결과는 세 가지 연구에 걸친 세 가지 다른 성과 측정치에서 일관되게 나타났다.

8.2.2.2 직원에게 권한을 부여하고 영감을 주기 위해 서번트 리더십을 받아들이기

카리스마적 리더십은 팔로워들에게 영감을 주는 리더십 스타일이지만, 서번트 리더십 또한 그러하다. AT&T의 경영진이었던 로버트 그린리프(Robert K. Greenleaf)는 1970년 논문에서 처음으로 서번트 리더십이라는 용어를 사용했으며(Greenleaf 1970), 이는 팔로워들을 우선시하는 리더십 스타일을 설명하기 위한 것이었다. 학자가 아닌 사람이 용어를 처음 소개하고 대중화했기 때문에 많은 다른 리더십 구성 개념과 달리 전형적인 실증적 검증을 거쳐 발전하지 않았고, 따라서 이후 개념에 대한 혼란이 빚어졌다(van Dierendonck 2011). 그러나 서번트 리더십의 진화 과정이 공공 부문에서의 구성 개념 적절성과 공공봉사동기 강화에의 적합성을 약화시키지 않는다. 서번트 리더십이 공공 기관에 적합한 핵심적인 측면은 리더–팔로워 관계의 중심에 봉사의 이상

(ideal)을 둔다는 것이다. 이것은 우리가 리더의 권력에 대해 생각하는 방식을 근본적으로 바꾸지만, 민주주의 체제에서 궁극적으로 권력이 시민들에게 있다는 공공 기관의 헌법적 구성에 부합하는 사고다. 서번트 리더십의 또 다른 측면은 팔로워의 개인적 성장에 대한 강조다. 그린리프의 서번트 우선주의(servant-first) 철학은 타인의 필요를 우선시하고 사람들이 최대한 높은 수준의 역량을 발휘하도록 돕는 리더의 역할을 강조한다. 더크 반 디렌돈크(Dirk van Dierendonck)는 서번트 우선주의 철학에 대해 다른 방식으로 생각하는 것을 강조한다: "그린리프는 '자신의 이해관계를 넘어서는 것'을 서번트 리더십의 핵심 특성으로 본다"(Dierendonck 2011, 1230). 따라서, 서번트 리더십의 철학과 서번트 지향성은 개별화된 배려와 지적 자극과 같은 변혁적 리더십 전략과도 호환성이 높다.

서번트 리더십의 개념적 기반은 많은 다른 리더십 모델만큼 잘 확립되지 않았지만, 이 스타일을 채택하려는 개인에게 어느 정도의 지침을 제공하는 여섯 가지 성향과 행동이 일반적으로 이 구성 개념과 관련돼 있다(Van Dierendonck 2011). 이러한 성향과 행동은 다음과 같다:

1. **사람들에게 권한을 부여하고 개발하기** – 사람들이 적극적으로 행동할 수 있도록 하고, 자율적인 권한을 가지고 있다는 느낌을 주며 개인적 발전을 가치 있게 여기는 것
2. **겸손** – 타인의 기여로부터 혜택을 받았음을 인정하는 자세와 무언가를 성취한 후에 공을 나누거나 물러서려는 의지
3. **진정성** – 직업적 역할에 관계없이 개인의 정체성과 일치하는 방식으로 정직하게 행동함
4. **대인 관계 수용** – 타인을 이해하고 공감할 수 있는 능력과 동시에 타인이 수용된다는 신뢰 분위기를 조성할 수 있는 능력
5. **방향 제시** – 사람들에게 그들에게 기대되는 것이 무엇이며 그들이 무엇에 대해 책임져야 하는지 알려 주기
6. **관리자적 책임** – 기관의 관리자로서 책임을 지고 행동할 의지를 가지며, 봉사의 이상을 구현하고 이를 통해 롤 모델이 되기

8.2.2.3 요약

카리스마적 리더십과 서번트 리더십 스타일은 공공 조직에서 팔로워들에게 영감을 주기에 특히 적합하다. 두 스타일 모두 팔로워들의 긍정적인 자아 개념을 강화하기 때문이다. 어느 정도 수준에서, 각 리더십 스타일은 리더-팔로워 관계의 중심에 공공봉사를 두는 행동을 설계한다. 카리스마적 리더들은 도덕적 신념과 열정의 표현을 통해 리더와 미션에 대한 개인적 몰입, 팔로워들의 자기 희생, 그리고 업무의 유의미성을 증진시킨다. 서번트 리더들은 리더-팔로워 관계의 중심에 봉사의 이상을 두고 팔로워들의 발전을 강조함으로써 팔로워들에게 영감을 준다. 카리스마적 리더와 서번트 리더 모두 친사회적인 롤 모델이기도 하다. 그들은 주변 사람들과 조직 및 그 구성원의 성공에 중요한 가치에 대한 지속적인 헌신을 통해 차이를 만든다(Avolio and Gardner 2005).

8.2.3 영감을 주고 목적 – 수단 인식을 구축하기 위한 커뮤니케이션

커뮤니케이션은 앞서 논의된 모든 이론, 전략, 전술적 측면에서 필수적인 요소다. 그것의 중요성과 보편성은 이 장에서 논의한 세 번째이자 마지막 전략으로 다시 돌아가야 하는 이유다. 커뮤니케이션에 주목하는 이유 중 하나는 리더들이 커뮤니케이션에 주의를 기울이고 그것을 사용해 조직 내 직원들의 동기를 강화해야 함을 강조하고 재확인하기 위함이다(Jensen, Moynihan, and Salomonsen 2018). 또 다른 이유는 이 장에서 이전에 논의되지 않은 특정 커뮤니케이션 전술을 조명하기 위해서다.

8.2.3.1 팔로워의 가치와 집단 효능을 인정하기

직원에 대한 인정은 다양한 유형으로 나타날 수 있다. 공공 또는 집단 재화의 생산과 관련된 상황에서 직원에 대한 최선의 인정 유형은 비금전적일 수 있다(인센티브에 대한 더 많은 논의는 6장을 참조). 카리스마적 리더십에 대한 연구에서 샤미르, 하우스와 아서(Shamir, House, and Arthur 1993)는 팔로워의 가치와 효능을 인정하는 여러 가지 리더의 행동을 식별한다: 팔로워의 가치와 효능에 대한 언급, 집단 효능에 대한 언급, 그리고 팔로워에 대한 신뢰 표현.

리더가 표현하는 리더십 스타일에 관계없이 특히 대면 의사소통에서(Jensen, Moynihan, and Salomonsen 2018), 직원들의 가치와 효능에 대한 메시지는 동기 부여를 높일 수 있다. 직원들에게 그들의 효능에 대해 커뮤니케이션하는 것은 타인을 돕는 것에서 오는 "따뜻한 빛(warm glow)" 또는 만족감을 가져올 수 있다(Andreoni 1990). 타인을 돕는 행위가 주는 만족감을 이용하는 것은 심지어 공공봉사동기가 높은 사람들조차도 업무 수행에 이타적·이기적 동기가 혼합해 영향을 미칠 수 있다는 사실과 관련이 있다.

따뜻한 빛 이타주의에 대한 연구가 많지 않고, 그것이 조직보다는 기부 행동과 자선과 같은 맥락에서 연구됐지만, 일부 연구는 조직 내의 동기에 초점을 맞춘다. 미르코 토닌(Mirco Tonin)과 마이클 블라소포울로스(Michael Vlassopoulos)는 따뜻한 빛과 순수 이타주의의 상대적 영향을 구분하기 위해 현장 실험을 수행했다(Tonin and Vlassopoulos 2010). 학생들을 대상으로 한 연구였는데, 친사회적 동기가 순수 이타주의가 아닌 전적으로 따뜻한 빛 이타주의에 의해 주도됐다는 점을 발견했다. 이 실험의 또 다른 흥미로운 결과는 따뜻한 빛 이타주의가 여성에게 영향을 미쳤지만, 남성에게는 영향을 미치지 않았다는 점이다. 그들은 사회적 선호에 대한 성별 차이를 규명한 다른 유사한 실험 연구를 지적하며, 그들의 연구 결과가 이례적이지 않음을 설명하고 있다. 성별 차이는 추가 연구가 필요하다.

애덤 그랜트(Adam M. Grant)와 프란체스카 지노(Francesca Gino)의 실험 연구는 감사의 표현이 구성원들의 친사회적 행동 참여 의지에 영향을 미치는 메커니즘에 대해 통찰력 있게 설명해 준다(Grant and Gino 2010). 학부생과 대학원생(실험 1과 2), 기금모금가, 미국 다른 지역의 학부생을 포함한 표본을 대상으로 한 네 번의 실험에서, 그랜트와 지노는 감사의 표현과 친사회적 행동 사이의 관계에 대한 대리적이고 공동체적인 개입의 매개 효과를 실험했다. 대리적 메커니즘은 개인의 자기 효능감, 즉 "효과적으로 행동해 결과를 조정할 수 있다는 느낌"을 높인다(Grant and Gino 2010, 947). 공동체적 메커니즘은 감사의 표현에 의해 자극되는 사회적 가치감에 의존한다. "개인이 사회적 가치감을 경험할 때, 그들은 다른 사람들이 자신을 필요로 하고, 다른 사람들에 의해 돌봄을 받으며 가치 있게 여겨진다고 느끼며, 이는 대인 관계적 유대나 긍정적인 관계를 의미한다"(Grant and Gino 2010, 947). 네 가지 실험에서 얻은 결과를 바탕으로 그랜트와 지노는 수혜자에 의한 감사의 표현으로 친사회적 행동이 증가된 것은 공동체적 메커니즘보다 대리적 메커니즘이었다는 결론을 내렸다. 그들은 "이러한 발견은 도움을 베푼 사람들이 그 노력에 대해 감사 인사를 받을 때, 그들이 느끼는 유능하다는 감정보다 사회적으로 가치 있게 여겨진다는 감정이 앞으로 더 많은 도움을 제공하도록 장려하는 데 중요한 역할을 한다는 것을 의미한다"(Grant and Gino 2010, 953)고 쓰고 있다.

8.2.3.2 스토리텔링

스토리텔링(storytelling)은 정보를 공유하고 상황을 이해하기 위해 사용되는 서사(敍事, narratives)다. 책의 앞부분에서 다뤘던 두 개의 이야기는 커뮤니케이션 및 사회적 과정으로서의 스토리텔링의 중요성을 전달했다. 존 디울리오(John J. DiIulio 1994)의 미국 연방 교정국(U.S. Federal Bureau of Prisons: BOP, 3장)에 대한 연구는 그 조직에서 오랜 기간 동안 수천 명의 직원들이 BOP의 미션을 위해 열심히 그리고 합심해 일하는 데 상당한 영향을 미친 조직의 전설 형성에 관한 스토리를 언급하고 있다. 같은 장에서, NASA의 청소부와 존 케네디 대통령의 만남에 관한 이야기를 다뤘고, 이는 앞서 인용한 앤드류 카튼(Andrew M. Carton)의 연구를 가져왔다. 이 이야기는 보고된 지 50년이 넘도록 연구되고 있을 뿐만 아니라 연방 정부 전체의 조직에서 공유되고 있다.

이야기는 흥미로울 수 있지만, 스토리텔링의 과정은 그 흥미로운 이야기를 리더들에게 중요한 도구로 만드는 역동적(dynamic)인 것이다. 디울리오(DiIulio 1994)와 카튼(Carton 2018)이 기억하는 이야기들의 영향력은 왜 이야기들이 리더들에게 커뮤니케이션 도구로서 중요한지를 나타낸다. 이야기는 리더십이 단지 리더에 관한 것이 아니라 집단적 과정임을 알게 한다. 조직과 그 리더들은 공식적인 미션 선언문을 통해 공공봉사 가치를 교환할 기회를 가져야 하지만, 조직의 이야기와 신화와 같은 비공식적 수단은 공공 가치를 공유하기 위한 중요한 수단이다. 로리 팔버그(Laurie E. Paarlberg), 제임스 페리(James L. Perry)와 애니 혼데헴(Annie Hondeghem)의 연구는 이야기가 어떻게 사용되는지를 보여 주는 사례다(Paarlberg, Perry, and Hondeghem 2008):

리더가 일상적인 행동에 의미와 목적을 불어넣는 방법을 설명하면서, 필립 셀즈닉(Philip Selznick)은 조직의 "목표와 방법(aims and methods)"이 무엇이 독특한지 설명하기 위해 "고양과 이상주의(uplift and idealism)"의 언어를 사용해 "사회적 통합 신화의 전개"(Selznick 1957, 151)를 설명했다. 메이너드 무디와 무셰노(Maynard-Moody and Musheno 2003)는 직원 회의에서의 사례 검토가 사회복지사와 감독관들이 스토리텔링을 사용해 딜레마와 경험을 논의하는 맥락을 제공하고 이를 통해 "책임 있는 행동"의 가능성을 높이는 방법을 설명했다.

행정학자들과 실무자들은 이야기와 스토리텔링의 중요성을 인식하면서 내러티브에 대한 더 깊은 이해를 발전시키고 있다. 뉴욕대학교의 소냐 오스피나(Sonia M. Ospina)와 그녀의 동료들은 공공 관리자들이 무엇을 하는지 더 잘 이해하기 위한 방법으로 내러티브 탐구를 오랫동안 주장해 왔다. 마크 베비어(Mark Bevir)는 이야기가 행동, 신념 및 가치에 대한 정보를 그 맥락과 역사 속에 위치시키는 "의미의 전체론(meaning holism)"을 구성하는 데 도움이 된다고 주장한다. 이러한 유형의 설명에 강한 영향을 받아, 베비어는 "공공 행정은 공식적인 연결을 찾는 것이 아니라 신념, 행동, 관행 및 그 맥락에 대한 이야기를 들려 주는 것"(Bevir 2011, 190)이라고 결론지었다.

소냐 오스피나(Sonia M. Ospina)와 에리카 폴디(Erica G. Foldy)(Ospina and Foldy)(2010, 2015) 및 케빈 오르(Kevin Orr)와 마이크 베넷(Mike Bennett)의 연구(Orr and Bennett 2017)는 공공 조직에서 집단 리더십을 촉진하는 커뮤니케이션 도구로서 스토리텔링이 어떻게 기능하는지 밝히는 데 유용하다. 오스피나와 폴디는 2001년부터 5년 동안 38개의 사회 변화를 추구하는 조직에서 광범위하게 실시한 인터뷰를 통해 이를 일반화했다. 일부 조직은 국가적 단위였지만 대부분은 광역 지역 단위 또는 기초 지역 단위였다. 여기에는 메릴랜드의 CASA 조직(CASA of Maryland), 새크라멘토 밸리 조직 커뮤니티(Sacramento Valley Organizing Community), 오하이오 밸리 환경연합(Ohio Valley Environmental Coalition), 그리고 약물 남용 문제 해결을 위한 트라이앵글 연구 조직(Triangle Research Options)이 포함된다. 오르와 베넷의 표본은 2008년부터 2015년까지 영국의 네 나라에 걸쳐 위치한 다양한 지방 의회의 수석 집행관들(chief executives)과의 인터뷰를 포함한 것이다.

오스피나와 폴디 그리고 오르와 베넷과의 인터뷰에서 공유된 내러티브와 이야기는 리더의 영향력에 대한 여러 추론을 제공한다. 이 추론은 오르와 베넷이 사용한 용어로 다음과 같이 요약할 수 있다:

- 이야기는 직업적 또는 부서의 경계를 넘어 공통된 맥락과 목적 의식으로 사람들을 참여시킬 수 있는 능력을 가지고 있다(Orr and Bennett, 2017, 515). 이야기가 경계를 허물 수 있다는 것은 이야기가 인식의 전환을 유도하고 정체성의 명명과 형성에 영향을 미칠 수 있는 이야기의 능력을 말한다(Ospina and Foldy 2010, 2015).
- 이야기는 공공봉사에 대한 정서적 연결과 몰입을 촉진해 직원들을 동기 부여하고 영향을 미치는 데 도움이 된다(Orr and Bennett 2017, 520).
- 이야기는 관행과 가정에 도전해 이를 재구성하는 데 도움을 줄 수 있다(Orr and Bennett 2017, 522). 관행과 가정의 재구성은 이야기가 인식의 전환을 유도하고 차이에 대한 대화에 참여시키며 대인 관계를 통해 여러 세계를 함께 엮는 능력에서 시작된다(Ospina and Foldy 2010, 2015).
- 이야기는 조직의 공공 임무에 대해 이야기하는 데 적합하다(Orr and Bennett 2017, 515). 차이에 대한 대화에 참여시키는 것은 임무의 고유성과 공공성에 대한 대화를 위한 무대를 마련하는 것과 같다(Ospina and Foldy 2010, 2015).

8.3 결론

학자들은 조직 성과를 향상시키는 데 리더십이 얼마나 중요한지에 대해 논쟁을 벌여 왔다(Fernandez, Cho, and Perry 2010). 공공 부문에서는 리더십의 효과가 클 수 있지만, 다른 부문과 같이 가치에 대한 이견과 다른 고려 사항들이 리더십의 영향력에 한계가 될 수 있다는 증거도 있다. 리더십이 조직 성과에 미치는 영향이 미미하거나 20퍼센트 수준이라 할지라도, 리더십이 만들 수 있는 점진적 차이를 위해 노력할 가치가 있다.

리더십이 성과에 미치는 영향력의 크기와 관계없이, 리더가 차이를 만들 수 있는 여러 수단에 대해 우리는 충분한 증거를 가지고 있다. 변혁적 리더십과 의미 부여 리더십 전략은 세 가지 필수 요소, 즉 미션, 영감, 커뮤니케이션에 주목해야 한다. 공공 조직의 미션은 팔로워들을 처음 끌어들인 것이며 친사회적 영향이 본질적으로 존재하는 곳이기 때문에 리더에게 가장 강력한 수단일 수 있다. 리더는 사명의 동기 부여력을 확대하는 영향력 있는 대리인이 될 수 있다. 그들은 직원의 사명 의식을 강화할 수 있다. 즉, 조직의 사회적 기여가 가져오는 매력에 대한 그들의 인식을 강화할 수 있다. 리더는 최종 목표에 대한 명확한 연관성을 키워 줄 수도 있다.

리더는 진정성 있는 리더십 스타일을 선택하고 이를 실천하기 위한 개인적 역량을 개발함으로써 팔로워들에게 영감을 주는 역할을 할 수 있다. 팔로워에게 영감을 주는 수단은 다양하지만, 리더는 연구와 공공 기관의 성격에 기반해 카리스마적 리더십과 서번트 리더십 스타일에 적합한 자신의 역량을 어떻게 개발해야 할지 고민해야 한다. 카리스마적 리더십 스타일은 변혁적 리더십의 핵심 차원인 역할 모델링과 영감을 통해 팔로워들을 동기 부여하는 데 효과적이다. 서번트 리더십은 팔로워들을 최우선으로 두며, 마찬가지로 팔로워들에게 권한을 부여하고 영감을 주는 데 적합하다.

리더가 미션과 영감을 영향력의 지렛대로 사용해 팔로워들을 동기 부여하려고 할 때, 그들은 커뮤니케이션 담당자로서의 역할에 깊은 주의를 기울인다. 그러나 효과적인 커뮤니케이션 자체도 변혁적 리더십을 위한 지렛대가 될 수 있다. 팔로워의 가치와 집단적 효능감을 인정하는 커뮤니케이션은 사회적 선(善)을 위해 일하는 팔로워들을 추가적으로 동기 부여할 수 있다. 조직과 그 직원들이 만드는 차이에 대한 이야기를 전달하고 육성하는 것 또한 조직 효과성에 기여하는 멤버십, 역할 및 성과 행동을 동기 부여하는 효과적인 커뮤니케이션 도구가 될 수 있다.

주(註)

1. 오닐(Paul H. O'Neill)의 세 가지 질문은 안토나키스, 펜리와 리히티(Antonakis, Fenley, and Liechti 2012)가 그들의 연구에서 발견한 것처럼, 카리스마적 리더십과 긍정적으로 관련된 언어적 전술인 일반적인 수사적 장치를 나타낸다.

제9장

공공봉사동기
Managing Organizations to Sustain Passion
for Public Service

공공의 열정을
불러일으키는 공직 설계

이 책은 단순한 관찰로부터 시작됐다: 최근 사회 과학 및 행동 과학 분야에서 행정 그리고 공공봉사(public service)에 관한 연구가 상당히 축적됐고, 이 연구들은 공직 제도 개혁에 이론적 뒷받침이 됐다. 이 연구들은 공공봉사동기, 이타주의 그리고 친사회적 동기와 같이 다양한 개념에 관해 수행했다. 엄청난 양의 지적 자본이 축적됐다. 이러한 지적 자본을 통해 우리는 세계 각국의 공직 제도를 변화시키기 위한 제도 설계, 정책 및 관리 실무에 대해 다시 생각해 보게 됐다.

최근 수행된 공공봉사동기와 친사회적 동기에 대한 연구를 보면 수십 년 동안 천 건 이상의 연구를 수행했음을 알 수 있다. 이 책은 이 연구와 관련해 두 가지 면에서 최초다. 먼저 공공봉사동기, 이타주의 그리고 친사회적 행동에 대한 다양한 연구 흐름을 체계적으로 살펴본 첫 번째 책이다. 또한 공공 조직과 그 리더 및 관리자들이 직면하는 다양한 질문을 통해 연구를 종합한 첫 번째 책이다. 구체적으로 다음과 같은 것이 있다:

- 윤리적으로, 유능하게, 그리고 지속적으로 행정과 공공봉사를 추구할 직원을 모집하고 선발하기

- 공공봉사의 유의미함을 이끌어 낼 수 있도록 공공 업무를 설계하기
- 내재적으로 동기 부여되고, 친사회적 행동을 육성하는 근무 환경 만들기
- 공공봉사를 활성화하고 지속하기 위해 직원들에게 보상해 주고 포상하기
- 공공봉사 임무와 가치를 중심으로 직원들을 사회화하기
- 자아를 초월해 더 큰 대의를 추구하기 위해 직원을 이끌기

이 새로운 지적 자본은 공공 조직과 그 리더 및 관리자들이 공공봉사에 대한 열망과 공공 조직의 속성에 더 적합하게 조직을 설계하고, 정책을 추구하도록 하게 해 준다. 이렇듯 발전해 온 지식 기반은 보통 민간 기업의 가정에 근거한 동기 부여 관행을 대체할 수 있는 잠재력이 있다. 공공봉사를 위한 동기 부여에의 긍정적인 열망을 추구하면서 동시에 최근 발전된 지적 자본을 활용해 미래를 전망하는 것은 공공 조직에서의 동기 부여 실제의 장기적인 진화와 동일 선상에서 볼 수 있다. 1장에서 언급한 바와 같이, 19세기 말부터 현재까지 공공 부문에서 동기 부여 현실의 진화 과정을 보면 흥미로운 이야기가 있다. 많은 사람이 신공공관리론(NPM)을 강하게 인식했음에도 불구하고, NPM과 관련된 동기 부여 모형을 정의하는 결과의 논리(logic of consequence)(March and Olsen 1995)가 새로운 동기 부여 모델로 대체되고 있음을 발견할 수 있었다. NPM이 학자들과 실무자들 사이의 담론을 지배했던 1970년대 말부터 20세기 말까지 우세했던 동기 부여 모델은 계약, 높은 수준의 인센티브, 그리고 대리기관화(agentification)와 같은 개혁으로 전환됐다(Boruvka and Perry 2020). 새로 등장하는 동기 부여 철학과 실행은 어떤 특색을 가지는가? 후기 신공공관리론(post-NPM)이라는 단순한 명칭이 새로운 시대를 정의하기에 충분한가? 새로 등장한 동기 부여 방식에서도 오랜 관료제 시대의 유산이 보이므로 신흥 시대를 신베버주의(neo-Weberian)라고 부르는 것이 적절할까? 이 책은 미래 잠재적 공무원과 현재의 공무원을 동기 부여하기 위한 수단으로서 공공봉사에 대해 제공하는 행동 과학적 증거와 행정 윤리에 관한 규범적 시각을 함께 고려함으로써, 이 시대를 "새로운 공공봉사(new public service)"로 명명하고자 한다(Boruvka and Perry 2020; Denhardt and Denhardt 2015).

9.1 공직 제도 변화를 위한 포트폴리오

비록 나는 앞서 사회 과학 및 행동 과학 연구가 최근 몇 년 동안 우리에게 미래 공직 제도의 기반을 만들기 위한 증거를 풍부히 제공했다고 주장했지만, 이 책 전반에서 제시한 제안들은 새로운 것에서부터 전통적인 것까지 다양하다. 이들은 〈표 9.1〉에 요약돼 있다. 표에서 왼쪽 열은 책에서 논의된 주요 정책 영역(예: 채용 및 선발, 직무 설계, 근무 환경, 보상 및 인센티브, 직원 사회화, 리더십)에 대한 정보를 나타낸다. 두 번째와 세 번째 열은 구체적인 정책 및 관리 전략을 구분하고 간략하게 설명한다. 〈표 9.1〉의 오른쪽 열은 정책 집행을 담당하는 주요 그룹 또는 역할을 나타낸다. 잠재적 정책 집행자는 공무원 법규를 제정하는 사람으로부터 인적 자원 관리 부서, 기관 및 프로그램의 임원 및 리더, 그리고 마지막으로 관리자 및 직원에 이르기까지 다양하다. 일반적으로 각 유형별 정책 집행자는 상대적으로 동등하게 대표되며, 정책이나 전략에 따라 정책 집행자의 조합이 다양하다.

〈표 9-1〉 공직 제도, 관리 및 리더십 실무의 개혁을 위한 제안 요약

장(章) 주제 (Chapter theme)	공무원 정책/ 관리 실무	설명	실행 주체
높은 공공봉사동기 선발이 우선 과제	공공봉사동기가 높은 지원자를 영입하기 위해 조직 이미지를 투사	사회가 가치 있게 여기는 결과를 발전시키는 방법과 그들의 임무에 대해 명확한 이미지를 투사하는 조직들은 조직에 대한 강한 동일시를 유발한다.	관리자
	임무와 공공 가치를 강조하기 위해 채용 공고를 구성	채용 공고는 조직의 이미지를 지원자에게 투사하는 수단으로서, 임무와 가치와 같은 특정 공공 특성을 포함해야 한다.	인사관리팀 관리자
	높은 공공봉사동기를 가진 지원자를 선별	공공봉사동기와 친사회적 동기를 예측하는 채용 절차를 사용하라. 여기에는 생애사 자료, 행동 면접, 그리고 암묵적 사회 인지 검사를 포함해야 한다.	인사관리팀 관리자 직원/지원자
	내재적 또는 친사회적 성향을 구축(crowd out)할 가능성이 있는 동기를 가진 지원자 제외	정직성과 부패를 검증하라. 현실적인 직무 미리 보기(preview)를 사용하라. 채용 결정을 검증하기 위해 수습 기간과 대체 선택 과정을 사용하라.	인사관리팀 관리자 직원/지원자

공공 업무의 유의미함을 활용하기	직원과 서비스 수혜자 간의 직접적인 접촉을 허용하도록 업무 설계	직원들이 업무의 사회적 중요성을 이해할 수 있도록 직접적인 서비스 수혜자와 연결하라.	인사관리팀 관리자
	직원들을 수혜자와 연결하기 위해 자기 설득 또는 기타 자체 시행 조치를 사용	자기 설득은 직원들이 자신의 업무의 친사회적 가치를 스스로 확신하는 것이다. 이는 수혜자와의 직접적인 연결이 어렵거나 불가능한 직무에 사용될 수 있다.	관리자 직원
	의미를 증진하기 위해 직무 개편(job crafting)을 통합	직무 개편은 직원들이 자발적으로 자신의 업무에 의미를 더하도록 하는 것을 기반으로 한다. 직무 개편은 직원에게 육체적·사회적·인지적으로 업무를 구성할 재량권을 부여한다.	직원 관리자
	직원 경력 상담	경력 상담은 업무의 본질적 특성에서 직접적으로 접근하는 것이 아니라 외부적으로 매개된다. 경력 상담 개입을 통합하는 것은 직원들의 소명 추구 강화에 도움이 될 수 있다.	인사관리팀 관리자 직원
지원적인 업무 환경 조성	공유재를 창출하고 기본적인 심리적 욕구를 촉진하는 공직 제도 확립	실적, 헌신과 정직을 바탕으로 한 행동 규칙을 준수, 정치적 및 규범적 질서에 따른 행동 및 헌법 원칙, 법치, 전문적 기준의 청지기로서의 역할 수행에 근거해 보직자를 선발하는 제도적 장치	공무원 법규
	탄탄한 학습 및 성장 기회 확립	경력 전반에 걸쳐 학습 및 역량 계발 기회를 설계하고, 계층 내에서 리더 개발을 촉진하며, 주관적 경력 성공을 촉진	인사관리팀 관리자 직원
	고용 안정성과 성과를 균형 있게 조정하는 규범 개발	직무 성과 및 재산권 보호를 균형 있게 조정하기 위해 고용 안정성 제도를 설계하고 관리하라. 역량 계발 및 성과 향상을 위한 성과관리 시스템을 관리하라. 공공봉사를 성과관리 및 평가 시스템에 통합하고, 감원 시 중요한 기준으로 성과를 설정하라.	공무원 법규 인사관리팀 관리자 직원
	조직과 직원 간의 유대를 강화하기 위해 공공봉사동기 육성	질 높은 의사소통과 성과 피드백 환경을 조성하고, 직원들의 유능성, 자율성, 관계성에 대한 기본적인 심리적 욕구를 충족시키는 데 주의	경영진/리더 관리자 직원
공공봉사를 강화하기 위해 보상 체계 조정	총 보상을 비교의 기준으로 사용	총 보상을 직원 지출의 기준으로 사용해 외재적 보상과 내재적 보상의 비율을 조절한다. 외재적 보상이 공공봉사동기를 압도하는 행동 유인이 되지 않도록 하는 것이 목표이며, 이를 통해 공공봉사를 정부 기관의 핵심 가치로 유지한다.	공무원 법규
	보상 전략은 대체가능성, 효율성 및 공공봉사동기 조정 임금을 평가해 기본급을 설정해야 함.	기본급을 업무의 가치와 연결하기 위해 대체 방법을 사용하는 것이 도움이 된다.	공무원 법규 인사관리팀
	급여 비교 평가는 급여 서베이를 사용하고 다양한 추가 지표로 보완해야 함.	급여 서베이를 다른 지표와 보완함으로써 정부는 외부 경쟁력 있는 임금을 삼각 측량할 수 있다. 지원자 대기 상황 및 거절률과 같은 지표도 공공봉사동기에 따른 급여율 조정에 대한 통찰력을 제공한다.	공무원 법규 인사관리팀

공공봉사를 강화하기 위해 보상 체계 조정	보상 전략으로서 경쟁 모델은 공공 조직에 가장 적합하며, 후원 및 토너먼트 이동성 모델은 선택적 사용이 고려될 수 있음.	경쟁 이동성은 기회에 중점을 두고 있으며, 어떠한 정책도 엘리트 지위에 도달하거나, 반대로 하향 이동하는 것을 차단하지 않는 것이 특징이다. 경쟁 이동성 모델은 재능을 유지하기 위한 규칙과 환경을 조성한다는 점에서 다른 모델들보다 이점이 있다. 경쟁 모델은 더 효율적이므로 예산 제약 하에서 더 지속 가능하다. 또한 공공봉사동기를 유지하고 양성하는 환경을 조성한다	공무원 법규 인사관리팀
	보상 전략으로서 공공 조직은 고숙련 직종과 경영진 사이에서 더 뚜렷한 임금 분산을 추구해야 함.	공공 부문에서 임금 분산 문제는 임금 압축(salary compression)이다. 상대적 임금 압축의 결과로 공공 부문은 고급 기술 인력을 영입하고 유지하는 데 점점 더 어려움을 겪고 있다. 상대적 임금 압축은 공공 부문 급여 범위의 최상단에서 두드러진다. 이 논의의 핵심은 공공 급여가 희생적일 수 있지만, 극단적인 경우 역량이 높은 직원을 영입하고 유지하는 것을 방해한다.	공무원 법규 인사관리팀 관리자
	능력, 기술 및 성과는 입사 및 승진 평가를 위한 전략적 기준	성과를 인정하는 한 가지 방법은 승진 및 경력 개발 과정을 더욱 강화하는 것이다. 승진과 관련된 평가는 더 비정기적이고, 철저하며, 종합적이기 때문에 역량 계발과 행정적 기능을 모두 수행하는 연간 성과 평가보다 더 타당할 수 있다.	공무원 법규 인사관리팀 관리자
	인센티브를 설계할 때, 정부 기관은 고강도 인센티브보다 저강도 인센티브를 강조해야 함.	저강도 인센티브는 고강도 인센티브보다 우수하다. 저강도 인센티브가 있는 경우 내재적 동기는 지속될 수 있다. 저강도 인센티브는 예산 제약 환경에서 더 쉽게 유지될 수 있으며, 이는 전 세계 대부분의 공공 부문에서 그러하다.	공무원 법규 인사관리팀 관리자
	정부 기관은 공공봉사동기를 저해하는 인센티브를 피해야 함. 반대로 친사회적이고 내재적이며 자율적인 동기를 증진시킬 기회를 모색해야 함.	이 전략은 저강도 대 고강도 인센티브 전략의 당연한 귀결이지만, 직원에게 제공되는 인센티브의 유형을 다룬다. 이 전략은 통제된 측면의 인센티브에 비해 자율적인 측면의 동기 스펙트럼에서 조직의 인센티브를 규범적으로 선호한다.	공무원 법규 인사관리팀 관리자
공공봉사 가치를 배울 기회 제공	조직과 직원의 공공봉사 가치를 조화시키기 위한 온보딩 설계	온보딩은 신입 직원을 조직에 통합하는 과정이다. 온보딩은 전략적이며 장기적인 관점에서 직원들을 새로운 사회 시스템에 통합하고 높은 수준의 역량을 발휘할 수 있도록 능력을 향상시키는 데 중점을 둔다.	인사관리팀 경영진/리더 관리자 직원
	공공봉사 가치를 공유하고 강화하기 위한 멘토링 파트너십 형성	멘토링은 신입 및 기존 구성원을 경험 많은 구성원과 연결해 신입 구성원의 통합과 조직에 대한 학습을 촉진한다.	인사관리팀 경영진/리더 관리자 직원

공공봉사 가치를 전달하고 모델링하는 리더 개발	명확하게 임무와 비전을 전달	개인이 자신의 가치관이 조직의 임무와 비전과 일치한다고 인식할 때 개인의 애착과 노력이 향상된다. 개인의 가치와 조직의 임무를 조화시키는 것은 조직의 신호와 가치를 전달하고 모델링하는 변혁적 리더십에 의존한다. 리더는 임무와 비전을 명확히 표현하고 활성화하는 데 중요한 역할을 한다.	경영진/리더 관리자
	직원의 사명 의식 강화	직원들을 위한 조직의 목적이나 사회적 기여의 특징인 사명 의식은 직원의 성과 동기 부여, 신뢰할 수 있는 역할 행동 및 이직 방지를 위한 핵심 요소. 명확한 비전을 제시하는 리더는 목표의 명확성과 중요성을 높이고, 그 결과 사명 의식도 강화된다. 조직에 대한 자긍심을 조성하는 리더는 사명 의식을 증진시키는 데도 기여한다.	경영진/리더 관리자 직원
	최종 목표에 대한 명확한 연관성(lines of sight) 개발	직원이 조직 목표에 기여하는 방법을 이해하는 것은 업무 노력에 중요한 역할을 한다. 명확한 연관성을 식별할 수 있는 직원의 능력을 향상시키는 메커니즘에는 조직의 임무와 목표에 대한 정기적인 커뮤니케이션, 직원 참여, 노사 파트너십이 포함된다.	경영진/리더 관리자 직원
	팔로워에게 영감을 주는 리더십 스타일 개발	리더는 진정성 있는 리더십 스타일을 선택하고 이를 실행할 개인적 능력을 계발해야 한다.	경영진/리더 관리자
	팔로워에게 영감을 주기 위한 카리스마 개발 및 적용	카리스마 있는 리더는 그들의 커뮤니케이션 및 수사학적 기술이 특징적이다. 이러한 기술은 팔로워에게 미치는 성격의 영향, 그들에 대한 개인적 애착, 개인적 비전 및 도덕적 신념에 대한 개인적 헌신으로 구별된다.	경영진/리더 관리자
	팔로워에게 권한을 부여하고 영감을 주기 위한 서번트 리더십 수용	서번트 리더십은 봉사의 이상을 리더와 팔로워 관계의 중심에 둔다. 이는 공공 기관의 헌법적 구성에 적합한 방식으로 우리가 리더의 권력에 대해 생각하는 방식을 변화시킨다. 서번트 리더십은 또한 팔로워의 개인적 성장을 강조한다.	경영진/리더 관리자 직원
	목적과 수단의 인식을 고취하고 구축하기 위한 커뮤니케이션	리더는 커뮤니케이션에 주의를 기울여야 하고 커뮤니케이션을 통해 조직 내 직원의 동기 부여를 높여야 한다.	경영진/리더 관리자
	팔로워의 가치와 집단 효능감의 인정	리더가 팔로워의 가치와 효능에 대해 전하는 메시지는 직원 동기 부여에 큰 이익을 가져올 수 있다. 팔로워의 효능감에 대해 소통하는 것은 다른 사람을 돕는 데서 오는 "따뜻한 빛"이나 만족감을 낳을 수 있다.	경영진/리더 관리자 직원
	스토리텔링에 참여	이야기는 정보를 공유하고 상황을 이해하기 위해 사용되는 내러티브다. 이야기는 리더십이 리더에 관한 것이 아니라 집단적 과정임을 이해하도록 돕는다.	경영진/리더 관리자 직원

이 책에서 좀 더 새로운 제안들은 공공봉사동기를 명확히 선택하는 것, 자기 설득을 활용해 업무의 의미를 높이는 것, 보상의 기준으로 총 보상을 적용하는 것, 그리고 높은 수준의 인센티브보다 낮은 수준의 인센티브를 활용하는 것을 포함한다. 공공봉사동기를 선택하는 정책은 이 책의 다른 제안들과 공유되는 근본적인 관점의 변화를 담고 있다: 즉, 직무가 아닌 조직을 위한 채용이다(Bowen, Ledford, and Nathan 1991). 직무를 위해 채용하는 것은 단순 사무직 자리로 조직된 정부에 잘 맞았지만, 대부분 정부가 교육을 많이 받은 전문 인력으로 구성되는 오늘날에는 적합하지 않다(Partnership for Public Service, and The Volcker Alliance 2018). 개인-조직 적합성을 높이는 것은 2장에서 검토한 이론, 특히 성향-기회, 매력-선택-이탈, 개인-적합성 이론과 일맥상통한다. 개인-조직 적합성 관점은 전 세계 대부분의 정부에서 과거 관행으로부터 중대한 전환이다. 이러한 관점 변화는 직무 중심의 공직 제도와 관련된 역기능으로부터 벗어나는 것(Savas and Ginsburg 1973)과 공공봉사에 동기를 부여하고 헌신적인 사람들에 의존하는 문화를 만든다는 이중의 이점이 있다.

이 책에서의 몇몇 제안은 새로운 것으로 보일 수 있지만, 다른 제안들은 매우 친숙하고 전통적인 것이다. 전통적인 법률과 규칙 기반의 공직 제도, 직무 설계, 온보딩, 멘토링, 카리스마적 및 서번트 리더십은 문헌에서 두드러지게 나타난다. 이러한 친숙하고 전통적인 제안들은 미래를 위한 동기 부여 모델의 일부로 받아들여야 할 필요가 있는 이해 당사자들의 지지라는 도전 과제로 이어진다. 전통적인 실적주의 제도에 관한 법률과 규칙은 20세기 말 상당한 압박을 받았다. 전통 시스템에 대한 비판은 그에 대한 재검토로 이어졌다(Olsen 2006). 예를 들어, 실적주의 제도에 대한 최근 연구(Dahlström, Lapuente, and Teorell 2012; Dahlström and Lapuente 2017)는 그러한 법규가 공무원들이 그들의 정치적 주인에게 권력에 대한 진실을 말할 수 있게 하는 제도적 장치임을 보여 준다. 실적제의 특징, 예를 들어 과도한 고용 안정성과 연금액이 충분하고 확정적이라는 것이 비판받지만 동시에 공직 제도의 일부 과도함을 축소시키는 많은 조절을 가능하게 했다.

이 책에서 제시한 전통적인 제안 중 일부는 또 다른 문제점을 가지고 있다: 그것들은 정부 부문에서 널리 사용되지 않는다는 점이다. 예를 들어, 전략적이고 장기적인 과정으로 온보딩을 사용하는 것은 정부에서 널리 사용되지 않았지만, 10여 년 전에 발행된 「공공봉사를 위한 파트너십(Partnership for Public Service)」 보고서(Booz Allen Hamilton 2008)가 계기가 됐을 것이다. 직무 설계 및 재설계, 멘토링, 그리고 앞서 언급한 카리스마적 및 서번트 리더십 개발과 같은 다른 제안들의 적용에도 유사한 차이점이 있을 수 있다. 우리가 이러한 전통적인 관행이 오늘날 얼마나 확산되는지에 대한 정보를 거의 가지고 있지 않지만, 과거 가시적인 개혁을 통해 가치 있는 관행이 확산 가능하다는 것을 알고 있다(Lah and Perry 2008). 따라서 온보딩과 같은 과정은 정부 부문에서 널리 활용될 것으로 충분히 예상된다.

이 책에서 제시한 제안 중 세 번째이자 마지막 유형은, 앞서 언급한 많은 아이디어들과 마찬가지로, 공공 행정 분야 외부에서 유래한 것으로 정부에서 널리 사용되지 않는 것들이다. 이 제안들 중에는 관계적 직무 설계, 직무 개편, 그리고 경력 상담 등이 있다. 이 제안들은 공공 행정에서 유래한 새로운 제안과 전통적인 제안 모두와의 관련성으로 구분할 수 있다. 관계적 직무 설계는 공공봉사동기와 관련 있는 개념인 친사회적 동기과 깊이 연결돼 있다(Grant 2007). 경력 상담은 소명(calling)이 가진 동기 부여 역할을 발휘하도록 할 수 있는 가능성 때문에 중요하다. 이것 또한 공공봉사동기와 강하게 연결되는 개념이다(Thompson and Christensen 2018).

1장에서 나는 이 책에서 제시된 아이디어들에 공통되는 세 가지의 일관성에 대해 논의했다. 그중 하나인 제도적 일관성은 서비스, 기여, 의무와 같이 제도적 가치와 개인의 동기 모형 간의 조화를 의미한다. 두 번째 유형은 이론적 일관성인데, 이론과 실증 연구가 논리적이고 일관되며 통합적으로 나타남을 의미한다. 여러 학문 분야에서 수행된 이론 연구와 그에 기반을 둔 실증 연구들은 설득력 있고 일관성 있는 증거 체계를 구축했다. 세 번째 형태의 일관성, 시너지는 실제 사례 간의 일관성을 의미한다. 이러한 실무 사례는 집단적으로 이뤄질 때 자기 강화 효과를 가져온다.

9.2 개혁 과제를 진전시키기 위한 변화 과정

여기서 제시된 증거에 기반해, 공직 제도와 관리 관행에 대한 아이디어들은 전 세계적으로 공직 제도를 재설계하고 재창조하기 위한 설득력 있는 지적 자본이다(Perry

2020). 변화를 위한 증거 기반 아이디어는 공직 제도 개혁 퍼즐을 해결할 수 있는 일부분이며 이는 1990년대 수행했던 공무원에 대한 비교 연구 프로젝트가 내린 결론과 같다(Bekke, Perry, and Toonen 1996). 공직 제도를 개혁하는 어려움은 집행 가능한 아이디어를 필요로 하는 개혁가들이 직면하는 유일한 어려움은 아니다. 개혁을 추진하는 사람들은 동일한 비교 연구 프로젝트 – 공직 제도는 다양한 외부 영향의 산물이며, 그것들이 내재된 시스템에 의해 유지된다 – 에서 도출된 또 다른 결론에 주목해야 한다. 이는 개혁가들이 공공 조직에서 변화를 추진하는 일에도 주의를 기울여야 함을 의미한다.

조직 변화 연구들은 변화 과정을 촉진하는 방법에 대해 우리가 알고 있는 지식을 유용하게 요약하고 있다(Fernandez and Rainey 2006; Kuipers et al. 2014). 이 장에서는 공직 제도 개혁을 위한 두 가지 일반적인 전략을 논의한다.

9.2.1 작은 성공을 활용해 점진적 변화를 추진하기

장기간에 걸쳐 확립된 공직 제도를 가진 정부 중 일부는 정당 간 극단적 대립(hyperpartisanship)(Ornstein 2020)과 소외(estrangement)(Ventriss et al. 2019)의 시대인 오늘날 새로운 도전에 직면해 있다. 이러한 상황은 현재 미국의 현실을 말해 주는 것이다. 연방 수준에서 의회의 통제는 공화당과 민주당 사이에 나뉘어 있고, 행정부에 대한 신뢰는 최저점에 있으며, 정치 스펙트럼을 넘나드는 이해관계자들은 경계가 과도하며 지나치게 적극적이다. 포괄적이며 중요한 개혁이 전반적으로 이뤄질 것이라는 전망은 거의 기대하기 어렵다.

개혁의 어두운 전망을 둘러싼 상황에서 변화를 추진하는 두 기관, 공공봉사를 위한 파트너십과 볼커 얼라이언스(Partnership for Public Service and The Volcker Alliance, 2018)는 더 중요한 변화를 위한 힘을 쌓을 수 있는 작은 성공들에 근거한 점진적 변화 전략을 추구했다. 파트너십과 얼라이언스는 연방 인적 자원 관리를 개선하기 위한 구체적인 정책, 규제 및 법령 변경에 대한 일련의 권고 사항을 마련했다. 그들의 공동 보고서 「미국의 공직 제도 재구성(Partnership for Public Service, and The Volcker Alliance 2018)」은 점진적 변화를 위한 로드맵을 제시한다:

연방 공무원 집단을 진정으로 변화시키기 위해서는, 특히 채용과 보상 분야에서 의회가 법률을 일부 변경해야 한다. 그러나 입법 없이도 인사 절차를 더 유연하게 만들기 위해 많은 일을 할 수 있다. 인사관리국(OPM)과 예산관리국(OMB)은 시범 프로젝트를 위한 기존 권한을 포함해, 기관들이 유연하게 혁신할 수 있도록 허용하는 권한을 충분히 가지고 있다. 우리는 또한 OPM이 기존 법규 및 정책에 대해 광범위하게 검토함으로써 더 이상 필요하지 않은 규칙을 제거하고 모든 개혁이 시민에 대한 정부의 서비스 품질을 최우선으로 유지하도록 보장할 것을 권장한다. 그리고 의회는 감독 기능을 통해 부족한 부분과 좋은 해결책을 모두 조명함으로써 현대화에 대한 가능성을 제시할 수 있다.

이 보고서는 개혁을 가능하게 하는 명시적 전략을 밝힌다: 필요한 경우에만 법률을 개정할 것(예: 보상), 기존 권한하에 개혁을 추진할 책임을 분산시킬 것, 주요 성과 차이와 성공 사례를 공개할 것. 본문에서 앞서 설명된 변화 전략은 과거, 특히 미국의 제도적 맥락에서 효과적이었다. 이 전략은 공공행정 및 경영 문헌(Lindblom 1959, 1979; Quinn 1978)에서도 강력한 이론적 지지를 받고 있다.

9.2.2 포괄적 변화로서의 개혁

포괄적 변화는 변화 스펙트럼에서 점진적 변화의 반대편에 위치한다. 선진국보다는 신생 국가나 체제 전환기 국가에서 포괄적 변화가 추진될 가능성이 더 높을 수 있다. 개발도상국에서는 전통적 거버넌스 제도를 근대적 경제, 사회정치적, 그리고 기술적 도전을 탐색할 수 있는 제도로 대체할 필요성이 높기 때문이다.

21세기에 국가들이 직면하고 있는 여러 도전에도 불구하고, 제임스 마치(James G. March)는 계획된 조직 변화에 대한 기대에 대해 다시 생각해 볼 가치가 있는 현실적 통찰을 제공했다. 마치의 통찰에서 얻은 관련 핵심 사항은 다음과 같다:

- 조직은 지속적이면서 일상적으로 변하지만, 변화는 일반적으로 임의적으로 통제될 수 없으며 지시받은 대로 전개되는 경우는 드물다.

- "조직 변화는 규칙 따르기, 문제 해결, 학습, 갈등, 재생과 같은 몇 가지 안정적인 과정에 따른다"(March, 1981, 563).
- "대부분의 조직 변화는 인구 통계적, 경제적, 사회적, 정치적 힘에 대해 단순히 반응하는 것이다"(March, 1981, 563).
- 매일의 일상적인 과정은 그것들이 발생하는 혼란스러운 맥락 때문에 예상치 못한 결과를 낳을 수 있다.

마치의 통찰은 변화의 속도와 그것이 합리적인 계획 과정에 종속될 수 있는지, 변화를 형성하기 위해 개입할 기회가 있는지에 대한 실질적인 기대 수준을 정하는 데 도움이 된다.

포괄적 변화를 향해 진전을 이룬 국가들, 예를 들어 구 소비에트공화국인 조지아와 남아프리카공화국 등은 행정 및 거버넌스 시스템을 개편하기 위해 점진적 변화 과정을 밟는 데 성공했다. 연구에 따르면, 장기적 변화에 성공하는 국가들은 마치가 언급한 안정적인 과정에 영향을 미치는 개혁 논리를 참고해 이를 도입할 수 있다. 성공적인 변화를 겪는 국가들에서 공통적으로 두드러지는 특성 두 가지는 자율성(autonomy)과 전문성(performance)이다.

9.2.2.1 자율성

이미 관료제 내 행위자와 관련해 공공관료제에서 개인 및 조직 성과에 미치는 다양한 긍정적 영향의 측면에서 여러 차례 자율성을 언급한 바 있다. 이 개념은 카를 달스트룀(Carl Dahlström)과 빅터 라푸엔테(Victor Lapuente)의 논문(Dahlström and Lapuente 2017)에서 제시되는데, 그들은 공무원과 정치인들에게 별도의 인센티브 구조를 제공함으로써 관료들이 정치인들과의 상호 작용에서 권력에 대한 진실을 말하게 할 수 있다고 주장한다. 머릴리 그린들(Merilee S. Grindle)의 연구(Grindle 1997)는 앞서 4장에서 처음으로 자율성을 강조했던 바와 같이, 개발도상국에서의 높은 성과를 설명하는 데 자율성의 역할에 대한 초기 증거를 제공했다. 인사 제도와 관련된 자율성은 공무원 리더들에게 특히 관료적 성과를 향상시키기 위한 기준과 규범을 개발할 수 있는 가능성을 제공한다.

6개국의 고성과 및 저성과 조직 단위를 대상으로 수행한 그린들 연구의 결론은, 브라질이라는 단일 국가에서 이뤄진 기존 연구와 일치하는 흥미로운 것이다. 주디스 텐들러(Judith Tendler)와 사라 프리드하임(Sara Freedheim)은 그린들이 찾아낸 자율성과 고성과 사이에 놓여 있는 다이내믹스에 대한 증거를 제공한다. 텐들러와 프리드하임의 사례는 브라질의 세아라(Ceará)주가 저성과에서 고성과로 전환된 것이다. 그들의 주요 연구 질문은 "그토록 오랫동안 지속적으로 평범한 성과 지역이었던 곳에서 '갑자기' 어떻게 그렇게 잘 될 수 있었는가?"(Tendler and Freedheim 1994, 1772)였다. 이 질문에 답하기 위해 농촌 예방 보건 프로그램(rural preventive health program)이라는 고성과 프로그램에 초점을 맞췄고 그 중심에 있는 세 가지 요인을 발견했다. 첫 번째는 주 정부가 7,300명의 보건 요원과 235명의 간호 감독관으로 구성된 지방 인적 자원에 대한 채용이 공정하게 이뤄지도록 통제했다는 것이다. 두 번째 요인은 직원과 그들의 감독관이 자신의 임무를 명예롭게 높은 지위의 일로 인식하도록 근무 환경을 조성한 것이었다. 세아라주 정부는 "선발이 매우 공정한 이 특정 직업에 관해 훈련 과정, 끊임없는 홍보, 그리고 좋은 성과 이미지의 반복적 공개를 통해 '소명(calling)'감을 창출했다"(Tendler and Freedheim 1994, 1773). 세 번째 요인은 노동자들의 조직 몰입이 그들을 "스스로" 일을 확대하도록 이끌었다는 것이다. 이는 근로자들이 소속돼 있는 커뮤니티에 의해 모니터링되고 그들의 고객과 신뢰 관계에 놓여 있었기 때문에 공공의 이익을 위한 도구가 됐다. 농촌 예방 보건 프로그램의 노동자들은 상당한 자율성을 누렸지만, 그들의 일을 둘러싼 사회적 관계로 인해 책임감도 가졌다.

  에린 맥도넬(Erin Metz McDonnell) 역시 자율성의 중요성에 초점을 맞추고 중간 관료제(interstitial bureaucracy) 모델의 맥락에서 자율성의 역할을 공식화한다(McDonnell 2017). 맥도넬의 자율성에 대한 생각은 다음과 같다: "조직이 어느 곳에서나 이미 철저하게 관료화돼 있다는 잘못된 가정과는 달리, 많은 비서구적 맥락에서는 **관료적 윤리는 예외적인 제도**(deviant institution)'다. 그리고, 후원주의 행정 환경(patronage-based administrative milieu)이라는 관습으로부터 관료적 윤리를 보호하려면 자율성이 필요하다"(McDonnell 2017, 497, 원문 강조).

  미래에 자율성에 의해 가능해진 현상, 즉 중간 관료제가 미래에 더 중요한 제도적 개혁을 위한 길을 열 수 있다는 것은 흥미로운 사실이다. 이것은 후속 연구가 필요한 주제다.

관료제적 간극(interstice)은 '**탈관료적 인간 유형, 인지 및 물질적 자원을 형성**'함으로써 사회적으로 혁신적이거나 예외적인 가치, 실제 및 문화적 도구를 만든다. 관료제적 간극이란 효과적인 관료제 내 하위 문화 – 지배적인 다수 – 가운데에서 느슨하게 경계가 지어진 소수 집단으로서, "상대적으로 독특한 사회 하위 체계(인간 관계 네트워크와 기관의 집합)와 관련된 일련의 주된 신념, 가치, 규범 및 관습으로 특징지어지며, 이는 더 큰 사회 체계 및 문화 내에 존재한다"(Fischer 1975, 1323 및 494, 원문 강조).

관료제적 간극이 예외적에서 지배적으로, 소수에서 다수로, 사회 하위 체계에서 사회 전체 체계로 변할 수 있는지 여부는 미지수다. 이 주제는 맥도넬(McDonnell 2020)의 책에서 다루고 있는데, 이 책은 2017년 발표한 『미국 사회학 리뷰(American Sociological Review)』의 논문을 바탕으로 내용을 확장해 씌어졌다. 기존 연구를 확장하는 방법 중 하나는 근대 가나에서 근대 나이지리아, 20세기 중반 케냐와 브라질, 그리고 20세기 초 중국으로 대상 국가의 범위를 확장하는 것이다. 맥도넬(McDonnell 2020)은 간극의 확장 가능성을 연구할 필요성을 의미하는 향후 연구 질문을 몇 가지 제시한다. 이 책의 독자들이 공감할 연구 질문 중 하나는 "독특한 클러스터링(clustering)을 시작하기 위해 초기의 클러스터가 얼마나 커야 하는가? … 클러스터가 확대될 수 있는가? 그렇다면 어떻게 해야 하는가? 이러한 관행이 동일한 국가 내의 다른 곳으로 어떻게 확산될 수 있는가? … 이러한 메커니즘이 초기 유럽 국가 건설 과정에서 관료적 윤리의 출현을 설명하는가?"(결론, 원고 McDonnell 2020, 323).

자율성이 독자적으로 또는 관료적 간극과 같은 매개 조직을 통해 조직 변화를 가져오는 안정적인 과정에 영향을 미칠 수 있다고 상상하는 것은 큰 비약은 아니다. 관료제 하위 문화나 문화의 일부로서 자율성을 부여받은 직원들은 그렇지 않았다면 복종했어야 할 신가산제(新家産制, neopatrimonial) 규칙을 따르기보다는 합리적이고 성과 지향적인 규칙을 더 잘 받아들일 수 있는 위치에 있다. 자율성의 맥락에서 관리자들 또한 자신의 부하 직원 전체에 규칙을 집행할 권한을 더 많이 가질 가능성이 높다. 직원이나 관료제 하위 문화가 자신의 인지적 자원을 적용할 자율성을 가지면 가질수록 그들은 보스 후원자를 섬기기보다는 문제를 해결하는 데 더 적극적으로 참여할 가능성이 높다. 자율성은 또한 학습과 건설적인 갈등의 기회를 증진시킬 것이다.

9.2.2.2 전문성

전문 직업의 개념은 일반적으로 최소한 널리 알려지지 않은 지식에 대해 전문 훈련을 받은 직업, 그리고 아마도 공식적인 교육과 자격을 가짐을 의미한다(Perry 2018). 여기서 사용하는 전문성은 더 포괄적인 개념이다. 전문성은 공무원에게 일상적으로 기대되는 능력과 도덕성 정도로 여겨지는데, 중유럽 및 동유럽의 개혁에서처럼 널리 받아들여져 온 개념이다(Neshkova and Kostadinova 2012).

전문성과 관련해 구별되는 일련의 실제 관행들이 종종 있는데, 그중에는 직무 역량, 정치적 중립성, 실적 승진, 명시적인 행동 규범 등이 있다. 하지만, 이 모든 것이 국가 제도에 내포돼 있는 것은 아니고, 시간이 지남에 따라 점차 생겨날 수 있다. 예를 들어, 미국 연방 공무원 제도와 관련된 정치적 중립 역량은 수년에 걸쳐 점진적으로 발전했다. 1883년 펜들턴법(Pendleton Act)이 통과됐을 때, 매우 적은 비율의 공무원 직위만이 이에 해당됐다(Van Riper 1958).

전문성의 진화, 특히 앞서 언급한 관행들의 집합(cluster)에 대한 총체적인 연구는 수행되지 않았지만, 전문적 관행의 확산이 다양한 제도적 과정에 의해 영향을 받는다는 것을 시사하는 일부 연구가 있다. 1880년부터 1935년까지 공직 제도 개혁의 확산을 살펴본 파멜라 톨버트(Pamela Tolbert)와 린 주커(Lynne Zucker)의 연구(Tolbert and Zucker 1983)는 변화의 제도화에 선구적인 것이다. 그 연구는 미국 도시 정부를 대상으로 했다. 그들은 공직 제도 개혁의 절차를 주 정부가 요구하면 빠르고 직접적으로 확산된다는 점을 발견했다. 이 연구는 도시가 주(州)에 소속되는 행정 단위이고 주 정부의 법률과 지시에 종속되는 분야가 많다면 그리 놀라운 것이 아니다. 그러나 공직 제도 개혁의 절차가 주 법률로 법제화되지 않았을 때에도 점진적으로 확산됐다. 개혁이 주 법률로 법제화되지 않았을 초기에 개혁을 시도한 도시들은 행정 역량을 스스로 업그레이드할 필요성에 의해 동기 부여됐는데, 다른 도시들이 광범위하게 추진해 구조적 특성이 정당성을 가진 것으로 인식된 후에야 비로소 합류한 도시들도 있었다. 톨버트와 주커의 논문은 폴 디마지오(Paul J. DiMaggio)와 월터 파월(Walter W. Powell)이 조직이 왜 그렇게 유사한가에 대한 질문을 다룬 논문과 같은 해에 출판됐으며, 이후 디마지오와 파월(DiMaggio and Powell 1983)이 세 가지 동형화 과정 – 강제적(coercive), 모방적(mimetic), 규범적(normative) –을 개념화해 널리 알려졌다.

위와 같이 1983년에 영향력 있는 두 가지 연구가 발표된 뒤 25년이 지난 후, 라(T. J. Lah)와 저자는 경제협력개발기구(OECD) 30개국 사이에 1978년 공무원 제도 개혁법(CSRA)의 확산을 조사했다. 이 법은 지미 카터(Jimmy Carter) 행정부 시절 미국에서 시작된 입법이다. 법안은 여러 측면을 다루고 있는데, 95년 만에 처음으로 미국 연방정부 차원의 공직 제도에 포괄적 개혁을 도입했다. 개혁 내용 중에는 성과급, 고위 공무원을 위한 개인별 등급의 고위공무원단 신설, 노동 관계 대통령 행정명령을 법제화하는 것 등이 포함됐다. 라와 페리(Lah and Perry 2008)는 CSRA 조항들이 미국 내에서 효과를 거두리라는 기대와 달리 국제적으로 널리 확산됐음을 발견했다. 이 확산은 다른 국가들을 모방하거나, 적절한 전문적인 판단을 중시하는 현실에 순응하고자 채택한 것으로 모방적 및 규범적 동형화로 설명될 수 있다.

앞서 논의된 두 연구는 조직과 국가에서의 일상적이고 지속적인 변화 과정에 대해 통찰력을 제공하는데, 이는 제임스 마치(James G. March)의 조직 변화에 대한 설명에서 유추할 수 있는 것이기도 하다. 이들을 강조하는 또 다른 이유는 안정적인 변화 과정을 주도하는 점진적인 변화 과정의 유형을 더 투명하게 만들기 때문이다. 동형화(同型化) 과정은 주(州) 행정의 내부 메커니즘을 재생산할 수 있는 새로운 관행을 도입하기 위한 다양한 채널을 설명한다. 새로운 관행은 학습의 한 형태이기도 하며, 강제적 동형설(coercive isomorphism)이 잠재적으로 가장 덜 강력하고 덜 파괴적일 수 있으며, 모방은 중간 정도의 결과를 가져오고, 규범적 동형설(normative isomorphism)은 내면화된 변화와 일치할 가능성이 높기 때문에 가장 강력하다.

밀레나 네시코바(Milena I. Neshkova)와 타티아나 코스타디노바(Tatiana Kostadinova)의 중유럽 및 동유럽에서의 공무원 제도 개혁의 효과 분석(Neshkova and Kostadinova 2012)은 달스트룀과 라푸엔테(Dahlström and Lapuente 2017)의 공무원과 정치인을 위한 별도의 경력 시스템과 인센티브의 혜택에 대한 논문과 일맥상통하는 결론을 제시했다. 그들은 이 국가들에서 공직 제도 개혁이 공공 부문 부패 감소와 관련이 있으며,

이러한 변화가 무책임한 행동에 대한 제약을 강화하고, 실적주의 원칙 강화에 기인한다고 밝혔다. 네시코바와 코스타디노바의 연구는 전문성이 총체적 변화를 위한 원동력이라는 확실한 증거는 아니지만, 공무원 역량과 도덕성을 둘러싼 개혁의 가치에 대한 시사점과 일맥상통한다.

9.2.2.3 요약

자율성과 전문성이 마치(March 1981)가 변화의 근거로 구별한 안정적인 과정을 위한 중요한 동인(動因)일 수 있지만, 변화 과정에 영향을 미치는 구조적 결정 요인으로는 이것만 있는 것이 아니다. 그러나 개혁과 변화에 대한 통찰을 제공하는 연구에서 자율성과 전문성을 중요하게 다루기 때문에 여기에서 강조하는 것이다. 자율성과 전문성은 또한 이 책의 다른 부분에서도 공공봉사동기가 발전하고 번성할 수 있는 조건을 이해하는 데 중요하게 다뤄졌다. 자율성과 유능성은 자기 결정 이론의 핵심 개념으로, 구성원의 정체성 및 통합과 같은 자율적 동기의 기반을 제공하고 기본적인 심리적 욕구를 만족시킨다. 맥도넬(McDonnell 2017)이 가나의 중간 관료제의 속성에 대해 설명한 것은 이 책의 다른 곳에서 다루고 있는 직원 영입, 직무 설계 및 인센티브에 대한 강력한 시사점을 제공한다. 그녀는 "이러한 관료적 특성의 적응은 니치(niche)가 차별화된 사회 공간을 만들어 내고, 낮은 급여에도 불구하고 자격을 갖춘 개인을 영입하고 동기를 부여하며, 더 큰 환경과 얽히면서 빚어지는 방해를 방어함으로써 그들의 업무를 더 예측 가능하게 만드는 데 도움을 줬다(McDonnell 2017, 487).… 따라서 희소한 고급 인력 자원을 영입하기 위해서는 급여 이상의 유인책을 제공해야 한다. 거의 모든 중간 관료제의 내부자들이 낮은 급여에도 불구하고 그곳에서 일한다고 보고했다"(McDonnell 2017, 488)라고 쓰고 있다.

9.2.3 포괄적 변화 탐색: 조지아와 남아프리카

의미 있고 효과적으로 포괄적 개혁을 이룬 두 국가는 구 소비에트공화국 조지아와 남아프리카다. 비교적 빠른 시간 내에 이뤄진 이들의 성과는 개혁의 가능성 측면에서 주목해야 한다. 개혁이란 어렵고 종종 비선형적임을 보여 주며, 이론 기반 연구와 동시에 국가 간 다양성에 주의를 기울이는 후속 연구가 필요하다.

9.2.3.1 조지아

최근 『이코노미스트(The Economist)』(2017)지에서는 1990년 소비에트 연방의 해체와 2003년 장미 혁명 이후 조지아의 발전을 조망했다. 조지아(Georgia)는 2000년대 초반에 두 자릿수 경제 성장을 누렸지만, 현재 경제 성장률은 약 3퍼센트에 머물러 있다. 부패는 현저히 감소해 다른 구 소비에트 국가들과 구별된다. 부패 감소는 눈에 띄는 성과다. "조지아는 국제투명성기구(Transparency International: TI)의 부패 인식 지수에서 이탈리아보다 더 나은 평가를 받았고 스페인과 비슷한 수준이다." 『이코노미스트』지는 또한 조지아의 시민 사회가 강하다고 언급한다. 다른 출처(de Waal 2011)는 조지아 국가 서비스의 효율성을 칭찬하며, "아파트 구입이나 운전 면허증 발급을 신속하게 뇌물 없이 할 수 있다는 것은, 국가의 전통과 그 지역의 전통을 감안할 때, 결코 평범한 성과가 아니다"라고 높이 평가했다"(de Waal 2011, 39).

조지아의 지속적인 변화에는 여러 원인이 있다. 여기서 관심은 행정 개혁과 공직 제도 개혁을 직접적으로 뒷받침하고 있는 가장 관련성 높은 근원에 초점을 맞추는 것이다(Baimenov and Liverakos 2019; Baimenov and Janenova 2019). 아래의 이러한 논리는 점진적으로 많아지고 있는 연구 문헌에서 파생된 이차 자료에 전적으로 의존한다. 세 가지 요인이 공직 제도 및 행정 개혁의 속도와 결과에 영향을 미친 것으로 보인다: (1) 결과 간의 차이를 설명하고 리더십의 영향력을 확대하는 부처의 자율성, (2) 제도의 형식화, 그리고 (3) 경찰 개혁과 관련된 전략적 신호 전달.

데이비드 리너트(David Rinnert)는 대부분 전직 장관이나 핵심 부처 직원 및 학자들인 고위 공무원 10인과의 반구조화된 질적 인터뷰와 기존 연구 결과를 종합해 조지아의 공직 제도 및 행정 개혁을 연구했다(Rinnert 2015). 그는 개혁과 그 집행에서의 분권화된 성격이 양날의 검이었음을 발견했다. 조지아 중앙 행정부가 각 부처에 부여한 자율성은 일부 부처에서는 시간이 지남에 따라 높은 행정의 질을 실현하는 반면 다른 부처에서는 낮은 행정의 질을 보이는 등 결과에서 큰 차이를 가져왔다. 분권화된 개혁 환경에서 리너트는 리더십의 영향이 결과를 매개했음을 발견했다. 유능하고 많은 지식이 있는 리더를 가진 부처는 높은 행정의 질을 달성했고, 리더십이 부족한 단위는 그렇지 못했다. 리너트는 대안적인 행동 과정을 제시하지 않아서, 예를 들어 더 중앙 집중적인 통제가 정부 전반에 걸쳐 더 높거나 더 균일한 행정 품질을 가져왔을지는 평가할 수 없다. 알려진 것은, 자율성이 훌륭한 리더십과 함께 행정 품질을 높이기 위해 재량권을 충분히 가질 수 있도록 했다는 것이다.

조지아의 행정 개혁에 차이를 만든 또 다른 요인는 비공식성에서 벗어나 더 공식적 큰 제도를 갖추는 점진적인 전환이다. 후세인 알리예브(Huseyn Aliyev)는 비공식성을 비공식 네트워크와 비공식 관행이 정치, 경제, 사회 상호 작용의 구조를 제약하는 정도로 정의했으며(Aliyev 2014), 이는 더글러스 노스(Douglass North)의 제도 및 비공식성 정의(North 1991)에 크게 의존한 것이다. 조지아에서 제도의 공식화 과정은 미하일 사카쉬빌리(Mikheil Saakashivili)의 의도적 노력이었는데, 그는 맥도넬(McDonnell 2017)이 가나에서 연구한 바 있는, 중간 관료제에 포함되는 유형의 국가 자원을 만들어 내기 위해 노력했다. 알리예브(Aliyev 2014)는 조지아에서 비공식 문화에 강하게 의존하는 것이 공식적인 국가 기관을 약화시켰을 뿐만 아니라 비공식 네트워크와 연결 및 호의(好意) 교환에 기반한 부패를 조장했다고 본다. 설문 조사와 인터뷰를 바탕으로 알리예브는 조지아의 제도 구축 개혁이 공식적인 기관을 강화하는 데 실제로 성공했다고 결론지었다. 알리예브는 비록 비공식 문화가 감소했지만 비공식성이 완전히 사라지지 않았고 보조적인 역할을 계속하고 있다고 주장한다.

리너트는 조지아의 공직 제도 및 행정 개혁 분석에서, 조지아의 거버넌스 개혁이 결국 주목을 받는 몇몇 부처에 자원을 집중시키는 데 초점을 맞췄다는 점을 지적한다. 이 전략의 단점은 개혁을 광범위하게 집행하지 못한다는 점이다. 리너트는 이 전략이 긍정적인 면이 있으며, 그 긍정적인 면이 다른 영향 요인들보다도 더 큰 영향력이 있었을 수 있다고 본다. 선택과 집중 전략은 대통령의 우선순위 신호로 작용했다. 조지아 전역의 경찰 개혁이 이 신호 전략의 영향력을 보여 주는 예다(Light 2014). 경찰 개혁은 관계성을 통제하는 비공식성에 대한 의존도를 줄이고, 규범적으로 부패를 용납할 수 없는 것으로 여기게 하는 등 여러 핵심적 메시지를 사회 전반에 전략적으로 전달한 것으로 보인다(Light 2014).

9.2.3.2 남아프리카

남아프리카의 개혁 뿌리는 인종차별(apartheid)의 역사와 불가분의 관계에 있다 (Miller 2005). 존 바딜(John E. Bardill)은 인종차별에서 민주적 체제로 전환하는 핵심 요소는 공공 부문을 "차별, 통제 및 지배의 도구에서 모든 국민을 위해 서비스를 제공하고 권한을 부여하는 기관으로 변화시켜 책임성과 투명성이 확보되는 방식으로 운영하는 것"(Bardill, 2000, 103)이라고 지적한다. 구 소비에트공화국 조지아와 마찬가지로, 남아프리카의 제도적 개혁 또한 하향식 과정으로 출발했다. 1995년 공공봉사 개혁에 관한 백서에 의해 촉발됐고 이 백서는 대통령 검토위원회(Presidential Review Commission) 설치를 권고했다. 넬슨 만델라(Nelson R. Mandela) 대통령이 1996년 3월에 창설한 위원회는 1998년 3월에 그 보고서를 발행했다.

카렌 밀러(Karan Miller)는 1998년 대통령 검토위원회 보고서에서 비롯된 공공 부문 개혁의 두 가지 주요 의제를 명확히 설명한다. 인종차별뿐만 아니라 1998년 이전의 분열되고 분산된 거버넌스 구조로 인해 개혁 과제는 더 커졌다. 밀러는 다음과 같이 서술한다: "열악한 거버넌스, 인사 갈등, 부패, 시스템의 불일치 및 질 높은 서비스 제공 능력 부족은 행정의 통합 과정에서 정부가 직면했던 했던 문제들이었다. 두 번째 목표는 고위 관리층의 재구조화였다"(Miller 2005, 72).

남아프리카의 지도자들이 채택한 개혁의 한 경로는 1장에서 처음 언급한 NPM, 즉 신공공관리 개혁 운동이다. 로버트 캐머런(Robert Cameron)이 1998년 대통령 검토위원회 보고서 이후의 10년을 분석한 바(Cameron 2009)에 따르면, 남아프리카는 NPM의 주요 원칙인 법인화(agentification)와 계약(contracting) 등을 도입했지만(Boruvka and Perry 2020), 일관성 있게 추구하거나 NPM 지지자들이 구상한 대로 제도화하지는 못했다.[1] 예를 들어, 분권화에 대한 틀은 채택했지만, 특히 재무부를 포함한 중앙정부의 핵심 부분은 강화됐다.[2] 캐머런이 설명하는 상황은 분권적인 구조라기보다는 앞서 설명한 브라질 세아라주의 중앙-지방 관계와 더 유사해 보인다. 캐머런은 또한 1990년대 직원 감축이 숙련된 직원 이탈을 가속화한 이후, 남아프리카가 고위직을 위한 중간 관리자 집단을 만들고 공공봉사의 전문 직업을 강화하기 위해 전략적으로 인력을 증가시켰다고 보고한다. 그는 전략적 인력 증가가 "최소한 NPM 관점에서 벗어나는 움직임"(Cameron 2009, 922)이라고 지적한다.

1994년 이후 남아프리카의 발전 경로가 일관성 있게 공공봉사의 전문성 강화로 나아간 것은 아니지만, 『공공행정 백서(White Paper on the Transformation of the Public Service)』(Department of Public Service and Administration 1995)의 여덟 가지 원칙 중 하나인 전문 행정 윤리의 증진은 특히 2000년 이후 진전됐다(Levin 2009). 세르지오 페르난데스(Sergio Fernandez)는 1994년 이후의 행정 개혁 과정을 "규모와 야망 면에서 인상적"이라고 평가한다(Fernandez 2019, 121). 동시에 그는 "주목할 만한 성과가 달성됐음에도 불구하고, 아프리카민족회의정부(ANC government)는 여전히 유능하고 효과적인 행정을 확립하는 데 어려움을 겪고 있다"고 관찰한다(Fernandes 2019, 121). 인종차별 시대에 많은 변화 과제에 대한 그의 논의는 변화에 대한 현실적인 기대가 수십 년간 여러 세대에 걸쳐 이뤄질 가능성이 높다는 점을 상기시키는 엄숙한 경고다. 좋은 예로, 1994년 새로운 남아프리카 공공봉사에 합류한 인적 자원의 상당 부분은 인종차별 시대 체제에서 온 것이다(Fernandez 2019, 131-132). 페르난데스가 지적한 바와 같이, 잔존 능력에는 과거의 비공식 구조가 포함된다. "1994년 이후 새로운 조직 체제, 정책 및 절차의 형태로 공식 구조에 변화가 있었지만, 관료제의 비공식 구조, 규범, 가치 및 관행은 지속됐다"(Fernandez 2019, 132).

　남아프리카가 1994년 이후 공공 서비스 품질과 부패에 관한 지표에서 어떤 발전이 있었는지 명확하게 밝히는 것은 쉽지 않다. 그러나 페르난데스(Fernandez 2019)의 분석은 비교 평가다. 예를 들어, 남아프리카의 부패 인식 순위는 하락했지만, 지난 10년간 그 점수는 상대적으로 안정적이었으며 "다른 모든 브릭스(BRICS) 국가들과 심지어 아르헨티나, 인도네시아, 멕시코와 같은 G20 회원국들보다도 낮은 순위에 있다"(Fernandez 2019, 131). 남아프리카는 또한 대표성이 매우 낮은 관료제를 오늘날 사회를 대표하는 관료제로 성공적으로 변모시켰다.

　중요 지표의 향상에 근본적인 원인을 증명하는 것은 쉽지 않겠지만, 페르난데스(Fernandez 2019)의 분석은 지금까지의 변화에 관한 다이내믹스의 훌륭한 종합이다. 리처드 크룩(Richard C. Crook)은 그가 "효과성의 섬(island of effetiveness)"이라고 부르는 것, 즉 효과적인 조직 문화의 지역적 주머니를 조성하는 것을 잠재적 발전의 원천으로 지적한다(Crook 2010). 이 개념은 맥도넬(McDonnell 2017)의 관료제적 간극과 매우 유사하다. 크룩의 초점은 아프리카 전체이며, 그는 남아프리카를 긍정적으로 언급하긴 하지만, 그의 "효과성의 섬" 개념의 출처로 남아프리카를 지목하지는 않는다. 크룩은 또한 자율성과 전문성에 대한 이전의 논의와 일치하는 공공봉사 윤리의 속성을 언급한다:

- 직원들이 가치 있고 유용한 일을 하고 있다는 믿음과 관련된 사명에 대한 몰입감 – 따라서 그들의 직업에 대한 자부심.
- 팀의 일원이라는 느낌, 동료들 사이의 연대를 즐김.
- 좋은 업무 성과를 요구하고 인정하며 보상하는 관리자, 개방적인 스타일.
- 직원들이 자신이 특별하며 역량을 갖추고 선발됐다는 느낌.
- 운영상의 문제에 대한 상대적인 조직 자율성(Crook 2010, 496).

남아프리카의 공공 서비스가 이러한 공공봉사 윤리의 지표와 관련해 어디에 서 있는지는 불확실하지만, 1994년 이후 상당한 진전이 이뤄졌을 가능성이 높다.

9.2.2.3 요약

조지아와 남아프리카는 지난 25년 동안 그들의 공공 서비스에서 포괄적 변화를 이룬 두 국가다. 그들의 발전은 다른 국가가 모방할 수 있는 모델이 아니라 할지라도 가능한 변화가 무엇인지를 보여 준다. 이 두 국가의 경험은 발전이 선형적이거나 빠르지 않다는 사실을 증명한다. 더 중요한 것은, 조지아와 남아프리카는 변화가 가능하며 공공봉사 윤리가 몇 세기가 아닌 몇 세대 내에 발전할 수 있음을 증명한다는 것이다.

9.3 공공봉사동기와 공직 제도 개혁의 통합을 위한 연구

앞서 논의한 변화 과정과 공공봉사동기를 지원하는 제도 설계와 성과를 위해 조직과 공직 제도를 이끌어 가는 방법을 연구하는 것은 향후 연구에서 우선적으로 이뤄져야 한다. 이 연구 목표는 몇 가지 구체적인 연구 프로그램으로 접근할 수 있다. 광범위한 개혁을 위한 블록을 형성할 수 있는, 우선순위가 높은 세 가지 연구 의제를 이하에

서 논의한다: 체계적 현장 실험 프로그램, 국가 성과 변화에 대한 거시 연구, 그리고 공공봉사동기의 어두운 면.

9.3.1 체계적 현장 실험 프로그램

1장에서는 공직 제도 개혁을 주도하는 지적 자본의 변화하는 실제에 주목했다. 공공봉사동기와 관련된 개념에 관한 연구는 임계점을 넘어 기하급수적으로 늘었다. 이 책 전반에 걸쳐 보여 줬기를 바라지만, 학자들과 실무자들은 이제 21세기의 도전에 맞서 공직 제도를 재설계하기 위한 증거를 마련했다고 할 수 있다. 이것은 증거가 너무 풍부해서 우리가 더 이상 연구를 수행할 필요가 없다는 의미는 아니지만, 우리가 성공적인 처방을 낙관할 수 있고, 제도적 장치를 재설계하기 위한 증거를 기반으로 하는 지침을 가지고 있다는 것을 의미한다.

다양한 연구 결과로서 증거들 간의 간극을 메우기 위해 우리가 할 수 있는 것은 무엇인가? 활용 가능한 증거를 신속하고 효율적으로 생산하기 위해 어떤 조치를 할 수 있는가? 이러한 질문에 대한 대답은 정부의 다양한 수준(예: 국가, 주/성, 군/시)과 국가 간에 이니셔티브를 개시하는 집중적 현장 실험이 활용 가능한 증거를 만드는 데 큰 도움이 될 수 있다는 것이다. 집중적인 실험 프로그램의 유형은 증거를 개발하는 데 관심이 있고 능력이 있는 정부 단위가 주도할 수 있다. 정부, 전문협회, 대학 또는 대학 컨소시엄 간의 파트너십도 연구 증거의 간극을 메우기 위한 자원을 모으는 또 다른 방법이다. 이러한 실험 결과를 공유하는 것은 점진적이지만 신속하고 광범위하게 활용하기 위해 중요하다.

증거기반 정책결정위원회(Commission on Evidence-Based Policymaking 2017)의 보고서는 증거 능력을 확장하는 방법에 대한 일반적인 지침을 제공하지만, 초점은 주로 미국 연방 정부에 국한된다. 우리는 집중적이고 실험적인 이니셔티브에 의한 잠재적 모델을 사용하는 경험을 축적하고 있다. 1장에서, 성과를 거둔 것으로 평가되는 두 가지 증거 기반 이니셔티브를 언급했다: 2010년에 설립된 영국의 행동 통찰력 팀(Behavioral Sciences Team)과 2015년 행정 명령에 따라 창설된 미국의 사회 및 행동과학 팀(Social and Behavioral Sciences Team). 영국의 행동 통찰력 팀은 설립 이후 민영화돼 현재는 정부 조직에 서비스를 유료로 제공한다. 사회 및 행동과학 팀은 오바마 대통령에서 트럼프 대통령으로 정권이 이양된 2017년 1월 21일에 해체됐다. 사회 및 행동과학 팀의 책임이 공식적으로 이양되지는 않았지만, 미국 일반행정 서비스관리국(U.S. General Services Administration: GSA)의 평가과학사무소로 많이 이양됐다. 평가과학사무소는 경제학, 심리학, 통계학을 포함한 다양한 과학 분야의 직원과 파트너로 구성되며, GSA의 전반적인 정책 사무소의 임무를 지원한다: "정책, 증거 및 분석을 사용해 기관이 효율성, 절감 효과 및 임무 성과 개선을 추진하도록 돕는다"(GSA 2019).

앞서 언급된 단위의 많은 작업은 정책 개선을 위한 수정 작업에 초점을 두고 있다(예: 세금 납부를 늘리기 위한 사회적 규범의 활용, 문자 메시지를 통한 벌금 납부율 증가, 저소득 학생들에게 개인화된 문자 메시지 전송을 통한 대학 등록률 증가). 적어도 하나의 이니셔티브는 군인들을 연방 직원을 위한 직장 저축 계획인 정기적립예금계획(Thrift Savings Plan)에 참여하도록 장려하는 것에 초점을 맞췄다.[3] 이니셔티브가 정책 중심적이었지만, 행동 통찰력 팀과 사회 및 행동과학 팀에 의해 개척된 실험 정신은 개발도상국과 선진국 모두에서 공직 제도가 직면한 문제에 적용할 수 있다.

비록 현장 실험을 확대하자고 주장하지만, 많은 학자가 이미 여러 실험 연구를 통해 기초를 마련했다는 점을 기억할 필요가 있다. 예를 들어, 4장에서 공공 업무의 의미를 활용하는 많은 아이디어가 현장 실험에 기반한 증거를 기반으로 한다. 리더십과 관련된 제안 또한 상당한 양의 실험 연구에 기반을 두고 있다. 따라서 이 책에서 다룬 많은 부문에 이미 견고한 실험 증거가 존재한다.

집중적 현장 실험 프로그램의 초기 단계에서 어떤 실험을 추가로 수행해야 하는가?[4] 몇 가지 영역을 목록의 우선순위에 놓을 수 있다. 그중 하나는 3장에서 제안한 바 있는 직원 채용에 관련된 실험 연구다. 공공봉사동기에 대한 연구에서 등장하는 여러 선택 테스트(주사위 게임, 암묵적 연합 검사)는 직원 채용에서 더 널리 사용된다. 이러한 테스트는 기준 타당성에 대한 폭넓은 연구로부터 도움을 받을 수 있을 것이다.

3장에서 선발 과정을 강화하기 위해 수습 기간을 활용하는 방안도 현장 실험을 통해 검증할 가치가 있다. 이 제안의 여러 측면이 현장 실험을 통해 밝혀질 수 있다. 하나는 수습 기간 동안 감독관과 관리자가 신입 직원에게 더 많은 관심을 기울이도록 장려하려면 어떠한 메시지를 전달할 것인지다. 수습 기간의 또 다른 측면은 이 채용 과정 단계에서 더 나은 결과를 낳는 감독관 개입의 성격이다. "더 나은 결과"의 의미는 당연히 중요하다. 여기서 말하는 결과의 예시로 한 가지가 바로 떠오른다. 능력이 좋지 않고 공공봉사동기가 높지 않은 직원들의 이탈을 살펴보면 수습 기간 동안 관찰과 적극적 개입의 효율성을 검증할 수 있다.

또 다른 중요한 분야는 낮은 강도의 보상을 더 잘 이해하는 것이다. 연구 문헌에서는 저강도 보상과 고강도 보상에 대해 다뤘지만, 현장 실험을 통해 직원들이 다양한 유형의 저강도 보상을 어떻게 받아들이는지와 이러한 보상이 행동에 어떤 영향을 미치는지 알아내는 데 도움이 될 것이다. 이러한 저강도 보상 중 하나는 감독관과 관리자로부터 받는 "따뜻한 빛" 메시지다. 타인을 돕는 직원의 노력에 대한 다양한 메시지의 영향을 알아보기 위해 실험 설계할 수 있다.

세 번째로 현장 실험이 큰 효과를 볼 수 있는 분야는 성과관리다. 구조, 프로세스, 개선 평가를 강화하는 것과 관련된 메시지를 중심으로 고성과 실험(high payoff experiments)을 수행할 수 있다. 개선 평가의 강화는 일반적인 성과관리 및 특화된 성과 업무 평가 면에서 특히 유용할 수 있다. 한 가지 실험 방법은 법적 업무 수행 기간 내 서로 다른 시점에 직원들을 개선 전용 평가를 받도록 무작위로 배정하는 것일 수 있다. 이러한 실험은 많은 중요한 질문에 대한 답을 얻는 데 도움이 될 수 있다: 개선 전용 평가가 가져오는 태도와 행동 면의 결과는 무엇인가? 개선 전용 평가의 사용 빈도에 따라 결과가 민감하게 달라질까? 개선 전용 평가의 결과는 관리 목적을 위한 등급 부여 평가에 의해 얼마나 영향을 받을까? 선행 연구는 방대하지만(Harris and Schaubroeck 1988; Jawahar and Williams 1997; Cawley, Keeping, and Levy 1998; Boswell and Boudreau 2002; Pichler 2012), 개선 평가와 관련된 핵심 질문에 명확한 답을 제공하지는 않는다. 공공 부문 설계에서의 집중적 실험 프로그램은 이러한 질문에 상당한 통찰력을 줄 수 있다.

9.3.2 국가 성과 변화에 대한 거시 연구

체계적인 현장 실험 프로그램은 새로운 공무원 정책 및 관리 실제를 빠르게 발전시킬 수 있다. 동시에 거시적 구조와 제도 분석에 주목하는 것은 정부의 효과성, 효율성, 청렴성, 부패로부터의 자유, 그리고 법치주의와 같이 사회에 의해 가치 있는 결과를 초래하는 제도적 장치에 대한 이해를 발전시킬 수 있다. 1장에서 유엔개발계획(UNDP)의 "새로운 공공 열정" 프로그램을 언급했는데, 이는 전 세계적으로 행정 윤리를 복원함을 전제로 한다. 새로운 공공 열정 프로그램의 근거는 유엔의 2030 지속가능발전목표(Sustainable Development Goals: SDGs)의 구현에 대한 우려에서 비롯됐다. 헬렌 클라크(Helen Clark)와 다른 UNDP 리더 및 이해관계자들은 지속가능발전목표의 성공을 위해 효과적인 행정이 중요하다고 봤지만, 선진국과 개발도상국의 많은 국가에서 행정, 특히 사기와 동기 부여 면에서 위기에 처해 있다고 봤다. 동기 부여를 높이기 위해 고려된 많은 요소 – 공공 행정에 대한 자부심과 인정을 강화하기, 공직 기반의 전문 공무원 제도 확립, 성과 관련 급여 사용에 주의하기, 가치 기반의 공공봉사 촉진, 직원 참여 – 는 이 책에서 제안한 것들과 통합돼 있다. 거시 제도적 분석은 이전에 언급된 요소들을 넓게 도입하면 실제 개선을 가져오는지, 그리고 다양한 요소와 함께 도입하면 기하급수적으로 개선될 수 있는지 여부를 밝혀낼 수 있을 것이다.

거시 연구의 한 가지 모형으로 예테보리(Gothenburg)대학교의 정부의 질 연구소(Quality of Government Institute)에서 나온 경험적 연구가 있다. 달스트룀과 라푸엔테(Dahlström and Lapuente 2017)의 연구는 이를 잘 보여 준다. 그들의 광범위한 국가 간 연구는 정치 및 관료 경력의 분리와 정부의 효율성, 효과성, 부패와의 관계를 탐구하며, 새로운 공공봉사동기 모델에 대한 거시 연구의 방향을 제시한다(Boruvka and Perry 2020). 달스트룀과 라푸엔테의 연구는 정치인과 관료를 위한 별도의 인센티브 시스템을 제공하는 제도적 장치가 가져오는 영향에 대한 이해를 넓혀 줬다. 동기 부여 모델과 관련된 변인들을 집중적으로 연구하는 것도 유사한 효과를 가져올 수 있다.

거시 연구의 또 다른 사례는 1980년대로 거슬러 올라가는 고성과 업무 수행에 대한 연구다. 제임스 콤(James Combs) 외는 고성과 업무 수행 방식에 관한 메타분석을 수행했다(Combs et al. 2006). 메타분석에서 제기한 질문 중 하나는 조직 차원의 고성과를 내기 위한 관리와 개인 차원의 고성과 업무관리 중 어느 쪽이 효과 크기(effect size)가 큰지 보는 것이었다. 조직 차원의 고성과 업무 수행이 개인 차원보다 상관 관계가 강하게 나타났다. 공공봉사동기의 경우에도 마찬가지일 수 있다. 새로운 공공봉사동기 모델을 체계적으로 연구할 경우 더 큰 효과 크기, 즉 더 큰 상관 관계를 나타내는 결과를 도출해 낼 수 있을 것이다.

9.3.3 공공봉사동기의 "어두운 면"

공공봉사동기에 대한 리뷰 논문(Ritz, Brewer, and Neumann 2016)에서는 대부분의 연구가 그 개념과 관련된 긍정적인 결과에 초점을 맞췄고, 부정적인 결과, 즉 공공봉사동기의 "어두운 면"을 연구한 것은 소수였다고 결론지었다. 어두운 면이란 높은 공공봉사동기를 가진 개인에게 줄 수 있는 부정적인 결과(Davis 2018)를 의미한다. 제임스 페리(James L. Perry)와 로이스 와이즈(Lois R. Wise)는 한 에세이(Perry and Wise 1990)에서 이 문제를 제기했고, 로리 팔버그(Laurie E. Paarlberg), 제임스 페리(James L. Perry)와 애니 혼데헴(Annie Hondeghem)은 거의 20년 후 다시 공공봉사동기의 어두운 면에 주목했다. 그들은 부정적인 결과의 여러 가지 잠재적인 징후들을 지적했는데, 그 구체적인 내용은 다음과 같다:

- 조직 내에서 공공봉사동기 가치를 추구하고 강화하는 노력이 조직 내 다양성을 감소시키고 "개인이 집단 속에서 길을 잃게 만드는 환경을 조성할 수 있다"고 지적한다(Paarlberg, Perry, and Hondeghem 2008, 285).[5]
- 직원의 핵심 가치를 활용하려는 노력은 그들이 조작당하는 것처럼 느끼게 할 수 있다.
- 공공봉사동기에 따라 행동하라는 압력이 "과부하, 직무 스트레스 증가 및 직장과 가정 생활 간의 긴장을 초래할 수 있다"(Paalberg, Perry, and Hondeghem 2008, 285).

공공봉사동기와 관련된 개념, 예를 들어 이타주의(Oakley et al. 2012; Furnham et al. 2016), 친사회적 행동(Bolino and Grant 2016), 소명(Yaden, McCall, and Ellens 2015) 등에 대한 연구에서도 잠재적인 부정적 결과가 발견됐다.

카리나 숏(Carina Schott)과 이드리안 리츠(Adrian Ritz)는 공공봉사동기에 대한 연구가 시작된 초기에 잠재적인 부정적 결과에 대한 관심에도 불구하고, 부정적 결과에 초점을 맞춘 실증 연구는 거의 없다고 지적했다(Schott and Ritz 2018). 부정적 결과에 대한 대부분의 연구는 직원의 건강과 웰빙, 스트레스를 포함해 수행했다. 연구는 역설적이게도, 공공봉사동기가 긍정적인 결과와 부정적인 결과를 동시에 초래할 수 있다는 점에서 양날의 검이라고 지적한다. 류방쳉(Liu Bangcheng), 양카이펑(Yang Kaifeng)과 유웨이(Yu Wei)는 중국 동부의 한 대도시에서 경찰관들을 연구했다(Liu, Yang, and Yu 2015). 공공봉사동기가 높은 경찰관은 공공봉사동기가 낮은 경찰관보다 정신적 웰빙이 더 높지만, 신체적 웰빙은 더 나쁜 것으로 나타났다. 이는 정신적 작용에 대한 공공봉사동기의 이점과 신체적 웰빙 비용 간의 양립 불가능성을 시사한다. 네덜란드 공무원을 대상으로 한 연구에서 니나 마리 반 룬(Nina Mari van Loon), 바우터 반데나빌레(Wouter Vandenabeele), 피터 레이싱크(Peter Leisink)는 공공봉사동기와 직원 웰빙 간의 관계가 직원의 작업이 가지는 잠재적인 사회적 영향력에 따라 달라진다는 결론을 내렸다(Loon, Vandenabeele, and Leisink 2015). 직원들이 일을 위해 자신을 희생하는 인간행동 변화조직*에서 공공봉사동기는 높은 무기력증(burnout)과 낮은 직업 만족도와 연관이 있었으며, 반대로 인간 변화 과정 조직에서는 사회적 영향 가능성이 낮은 경우 무기력증이 높고 직무만족도가 낮았다.

공공봉사동기와 웰빙 간의 관계를 다룬 후속 연구가 있었는데, 전술한 2015년의 두 연구보다 발전된 3단계 패널(three-wave panel)을 사용했다. 울리히 젠센(Ulrich Jensen), 로테 안데르센(Lotte Bøgh Andersen)과 앤 루이즈 홀텐(Ann-Louise Holten)은 공공봉사동기, 병가 없이 출근(현재주의), 결근 간의 잠재적 연결 고리를 발견했다(Jensen, Andersen, and Holten 2019). 그들은 공공봉사동기와 현재주의(presentism) 사이의 강한 상관 관계가 결근을 증가시켜, 병가 없이 출근할 때 나타나는 성과의 장점도 상쇄할 수 있다고 봤다.

직원 웰빙과 관련된 잠재적인 부정적 결과에 대한 소수 연구와 더불어, "체념된 만족(resigned satisfaction)"(Giauque et al. 2012; Quratulain and Khan, 2015)에 대한 두

---

* 인간행동 변화조직(people-changing organization)은 사람의 인생을 변화시키는 것이 주목적이다. 병원, 교도소, 학교 등이 인간행동 변화조직의 예시다. 인간 변화과정 조직(people processing organiation)은 사람의 행동을 변화시키는 것이 주요 목적이 아니고 과정을 중시하며 사회적 지위를 부여하는 일을 주로 한다. 대학 입학처, 신용 조사기관, 가정법원 소년부 등이 예이고 인간행동 변화조직으로 가기 전 단계에서 중요한 역할을 한다. Hasenfeld, Y. (1972). People Processing Organizations: An Exchange Approach. *American Sociological Review*, 37(3), 256-263. https://doi.org/10.2307/2093466(역자 주).

연구는 부정적 영향에 관한 가능성을 열어줬다. 데이비드 지오크(David Giauque) 외는 체념된 만족을 "자신의 업무 상황과 개인적 열망 사이에 차이를 느끼고, 이러한 부정적 상황을 상쇄하기 위해 열망 수준을 낮추려고 시도하는 상황"으로 정의한다 (Giauque et al. 2012, 177). 이는 직원과 고용주 사이의 상호 교환 계약의 조건이 충족되지 않았기 때문에 발생하는 계약 위반의 결과다(Giauque et al. 2012, 189). 스위스 공무원 표본을 사용한 연구와 파키스탄 표본을 사용한 연구는 레드 테이프, 공공봉사동기, 체념된 만족 및 기타 부정적인 업무 결과 간의 관계를 연구했다. 두 연구의 결론은 공공봉사동기가 레드 테이프와 체념된 만족 간의 관계를 매개(Giauque et al. 2012)하거나 조절(Quratulain and Khan, 2015)한다는 것이었다. 두 가지 모두 공공봉사동기와 관련된 부정적 결과 또는 어두운 면을 논의했지만, 두 연구의 연구 설계 문제 때문에 공공봉사동기와 부정적 결과 간의 상관성에 대해 자신 있는 결론을 내리는 것은 불가능하다.

학자들이 공공봉사동기와 관련된 일부 "어두운 면"을 지적했지만, 많은 경우에 부정적 결과는 이를 관리자와 직원이 잘 인식하면 만족스럽게 관리될 수 있다. 예를 들어, 4장에서 아놀드 바커(Arnold B. Bakker)의 직무 요구-자원 모델에 대한 연구를 언급한 바 있다. 그는 공공봉사동기가 높은 직원들에게 실제 문제가 될 수 있는 일상적인 무기력증으로부터 오는 직원의 웰빙 위험과 장기적 위협을 완화하기 위한 방안을 제안한 바 있다(Bakker, 2015). 그것은 관리자가 일상적인 직무 요구와 자원 수준에 주의를 더 기울이는 것이다. 바커는 직무 요구가 과도하거나 대처 자원이 제한된 경우 발생할 수 있는 무기력증을 완화하기 위해 직원과 주의 깊은 관리자를 위한 여러 방법을 제시하고 있다(Bakker, 2015). 타인 지향적 동기의 "밝은 면"은 리더, 관리자 및 직원에게 어두운 면과 밝은 면을 함께 받아들일 수밖에 없게 할 수 있다. 이것이 합리적인 행동 방침이라면, 부정적 결과를 더 잘 이해하고 이를 완화하고 관리하는 방법에 대한 연구는 이러한 어두운 면을 다루는 이해관계자를 도와주는 데 상당히 유용할 수 있을 것이다.

공공봉사동기의 어두운 면에 대한 연구를 종합하면서 숏과 리츠(Schott and Ritz 2018)는 부정적 결과를 구분하고 이에 대한 연구를 안내하는 방안을 구체적으로 제시했다. 그들의 제안에서 주목하고 싶은 것은 다음의 두 가지 일반적인 결과다. 이는 향후 연구에서 우선적으로 수행할 필요가 있다. 하나의 결과는 직원 웰빙이라는 일반적인 딱지(label)로 포착되는데, 이는 이미 공공봉사동기 연구에서 주목을 받았다(Liu, Yang, and Yu 2015; van Loon, Vandenabeele, and Leisink 2015; Jensen, Andersen, and Holten 2019). 직원 웰빙과 관련된 부정적인 측면에는 탈진, 스트레스, 과잉 참여 등이 있다. 이러한 심리적 및 행동적 결과의 변인은 복잡할 수 있지만, 기존 연구가 제안하는 바와 같이 조직과 직원에게 긍정적일 수 있다. 공공봉사동기와 친사회적 동기에 대한 연구(Bolino and Grant 2016)에 따르면, 인과 과정은 분명히 다원적일 수 있다. 예를 들어, 열정 피로(compassion fatigue)는 너무 신경을 많이 쓰기 때문이라고 보일 수 있지만, 그보다는 직무가 요구하는 것과 동원 자원 간의 불일치 때문일 수 있다(Klimecki and Singer 2012). 작업 상황의 부정적인 효과를 완화하는 것은 궁극적으로 그들 병인(病因)의 뉘앙스를 이해하는 것을 필요로 할 수도 있다.

공공 조직의 성격과 역할이란 측면에서 볼 때, 향후 연구에서 우선순위가 높아야 할 또 다른 부정적 결과는 비윤리적 행동과 잠재적으로 연결돼 있느냐다. 숏과 리츠(Schott and Ritz 2018)는 여러 비윤리적 행동 유형을 식별한다:

- 공무원의 헌신이 그/그녀의 중립성이나 공정성 및 법의 원칙과 충돌할 수 있다.
- 가치에 대한 강한 애착은 공무원이 조직적으로 승인된 목표를 위해 불법 수단을 사용하도록 부추길 수 있다.
- 공무원이 어떤 정권에 대한 맹목적 충성이나 행정적 악을 정당화하는 도덕적 근거 위에 행동할 수 있다(Adams and Balfour 2014).

대니얼 뱃슨(C. Daniel Batson) 외는 비윤리적 행동의 또 다른 유형과 이를 유발할 수 있는 메커니즘을 발견했다(Batson et al. 1995). 그들은 사람들의 복지 선택에 대한 두 가지 의사결정 원칙이 가져오는 영향을 평가하기 위해 두 가지 실험을 수행했다. 하나는 정치와 윤리 철학에 대한 존 롤스(John Rawls)의 저작(1971)에서 유도된 간단한 공정성과 관련된 정의의 원칙이다. 두 번째 원칙은 공감에 의해 유발된 이타주의다. 실험에서 뱃슨 외(Batson et al. 1995)는 공감을 느끼도록 유도된 개인이 정의의 원칙을 무시하고 공감을 느낀 사람들에게 우선적으로 자원을 할당할 가능성이 더 높다는 것을 발견했다. 연구자들은 두 의사결정 원칙이 때때로 일치하지만, 다른 시기에는 상충할 수 있는 독립적인 친사회적 동기라고 결론 내렸다. 이 실험에서 얻은 결론은 공공봉사동기와 공공 서비스와 관련해 중요한 의미가 있다: "공감에 의해 유발된 이타주의는 이기적인 자기 이익과 매우 비슷한 방식으로 근시안을 유발할 수 있다. 이기적인 자기 이익의 궁극적 목표는 자신의 복지를 증가시키는 것이며, 이타주의의 궁극적 목표는 타인의 복지를 증가시키는 것이다. 이 두 동기는 특정 개인의 복지에 초점을 맞추고 있으므로, 정의 실현과 같은 보편적 도덕 원칙에 대한 요건과는 잠재적으로 부합되지 않는다"(Batson et al. 1995, 1053).

조직이 공공봉사동기가 높은 구성원으로 채워지는 것이 얼마나 바람직할지에 상관없이, 개인의 공공봉사 정체성에 대한 순응을 넘어서 공공 기관의 윤리성(integrity)과 일치되는 것이 중요하다. 따라서 행위자가 직면하는 윤리적 딜레마와 비윤리적 행동의 잠재적 상황을 이해하는 데 도움이 되는 연구는 공공 기관의 윤리성을 지키는 데 기여할 수 있다.

9.4 결론

지난 30년간 공공봉사동기, 이타주의 및 친사회적 행동에 관한 연구는 우리가 전 세계 공직 제도를 변화시키기 위한 공직 제도 설계, 정책 및 관리의 실제를 재고할 수 있는 지적 자본을 산출했다. 이 책은 공공 리더와 관리자들이 매일 직면하는 다양한 질문들에 대한 연구를 체계적으로 종합했다. 이러한 종합적인 접근은 직원을 모집하고 선발하며, 업무를 의미 있게 설계하고, 지원적인 근무 환경을 조성하며, 직원들에게 보상하고, 직원을 사회화하고 이끌기 위한 정책과 관리 실무에 대한 지침을 제공한다.

이 책에서 제안된 정책과 실천 방안들은 주로 공공봉사 윤리를 지원하는 거버넌스 문화를 발전시키기 위한 것으로 판단됐기 때문에 신뢰됐으며, 이는 점점 더 전 세계 공직 개혁의 목표가 되고 있다(Crook 2010; United Nations Development Program 2015b). 여기서 제안한 정책과 실천 방안들에 대한 궁극적인 판단 기준은 공공 서비스에서 건설적인 성과를 증진하는 데 미치는 효과성이다. 경험적 판단은 실무 전문가 및 학문 공동체 모두의 연구 결과일 수 있다. 이제 우리는 실제 세계에서의 실험과 학술적 검토가 모두 적절하고 중요한 시점에 도달한 것이다.

주(註)

1. 세르지오 페르난데스(Sergio Fernandez)는 NPM이 많은 사람이 생각한 대로 확산되지 않은 주된 근본적 이유를 명확히 밝혔다(Fernandez 2019). 그는 1994년 이후 두 가지 상반되는 힘이 행정 개혁의 형태를 결정짓기 위해 경쟁해 왔다고 지적한다. 하나는 강력한 행정 체제를 필요로 하는 발전 국가를 만드는 것이며, 다른 하나는 최소 국가를 지향한다.

2. 로버트 캐머런(Robert Cameron)은 분권화 실패 원인에 대한 조직 역학을 탐구하지는 않지만(Cameron 2009), 공공 행정부의 전임 국장, 파세카 콜로(Paseka Ncholo)가 맥락을 설명한다(Ncholo 2000). 콜로는 지방 정부 운영에 대한 부서 조사를 담당했다. 그는 조사를 통해 행정 부정 행위와 낮은 업무 위임 및 열악한 조정이 광범위하게 퍼져 있다는 증거를 발견했다. 이는 능력이 검증되지 않은 새롭게 개편된 행정 체계에서 놀랍지 않은 결과다. 자세한 내용은 콜로(Ncholo 2000)를 참조. 페르난데스(Fernandez 2019)도 시간이 지남에 따라 남아프리카 개혁의 원동력을 이해하는 데 매우 유용한 맥락을 제공한다. 특히 2장 및 4장을 참조.

3. 사회 및 행동과학 팀에 소속된 연방 기관에는 적어도 10개의 내각 부서와 예산관리국을 포함한 대통령 집행부 5개의 사무실이 포함돼 있다. 목록에서 누락된 것은 연방 정부의 주요 인사 기관인 인사관리국이다. 팀의 연례 보고서에서는 해당 팀이 "사회 및 행동과학 연구를 조정해 정책 및 프로그램 목표를 달성하고 국가를 더 잘 봉사하는 데 기여한다"라고 명시하고 있으며, 팀의 우선순위가 연방 정부 내에서의 관리 문제에서 크게 벗어나 있음을 보여 준다(Social and Behavioral Sciences Team 2015, VIII).

4. 여기서 제시한 실험 연구 유형 외에도, 다른 이들은 저자가 제안한 것을 상당히 확장하는 좋은 실험 기회를 제안했다. 예를 들어 맥도넬(McDonnell 2020) 책의 마지막 장에서 개발 맥락에서의 실험에 대한 제안을 참조. 프레데리코 피난(Frederico Finan), 벤저민 올켄(Benjamin A. Olken)과 로히니 판데(Rohini Pande)는 여기서 논의된 의제를 더 발전시키는 추가적인 제안을 제공한다(Finan, Olken and Pande 2017).

5. 이 부정적 결과는 매력-선택-이탈(ASA) 이론과 관련된 다이내믹스에 대한 유사한 우려와 맞닿아 있다(Schneider 1987). 이는 민간 조직의 창립자가 주장하는 가치를 중심으로 조직 내 가치가 수렴하는 경향을 예측하는 것이다. 2장에서의 ASA 이론에 대한 논의를 참조.

참고 문헌

Managing Organizations to Sustain Passion for Public Service

Abner, Gordon B., Sun Young Kim, and James L. Perry. 2017. "Building Evidence for Public Human Resource Management: Using Middle Range Theory to Link Theory and Data." *Review of Public Personnel Administration* 37(2): 139–159.

Abner, Gordon, Jenny Knowles Morrison, James L. Perry, and Bill Valdez. 2019. *Preparing the Next Generation of Federal Leaders: Agency-Based Leadership Development Programs*. Washington, D.C.: IBM Center for the Business of Government.

Adams, Guy B., and Danny L. Balfour. 2014. *Unmasking Administrative Evil*. 3rd ed. Armonk, NY: M.E. Sharpe.

Aguinis, Herman, and Kurt Kraiger. 2009. "Benefits of Training and Development for Individuals and Teams, Organizations, and Society." *Annual Review of Psychology* 60: 451–474.

Alderfer, Clayton P. 1972. *Existence, Relatedness, and Growth: Human Needs in Organizational Settings*. New York, NY: Free Press.

Aliyev, Huseyn. 2014. "The Effects of the Saakashvili Era Reforms on Informal Practices in the Republic of Georgia." *Studies of Transition States and Societies* 6(1): 19–33.

Allen, Tammy D., Lillian T. Eby, Mark L. Poteet, Elizabeth Lentz, and Lizzette Lima. 2004. "Career Benefits Associated with Mentoring for Protégés: A Meta-analysis." *Journal of Applied Psychology* 89(1): 127–136.

Anderfuhren-Biget, Simon, Frédéric Varone, and David Giauque. 2014. "Policy Environment and Public Service Motivation." *Public Administration* 92(4): 807–825.

Andersen, Lotte Bøgh, Bente Bjørnholt, Louise Ladegaard Bro, and Christina Holm-Petersen. 2018. "Leadership and Motivation: A Qualitative Study of Transformational Leadership and Public Service Motivation." *International Review of Administrative Sciences* 84(4): 675–691.

Andersen, Lotte Bøgh, Tor Eriksson, Nicolai Kristensen, and Lene Holm Pedersen. 2012. "Attracting Public Service Motivated Employees: How to Design Compensation Packages." *International Review of Administrative Sciences* 78(4): 615–641.

Andersen, Lotte Bøgh, Eskil Heinesen, and Lene Holm Pedersen. 2014. "How Does Public Service Motivation among Teachers Affect Student Performance in Schools?" *Journal of Public Administration Research and Theory* 24(3): 651–671.

Andersen, Lotte Bøgh, Thomas Pallesen, and Heidi Houlberg Salomonsen. 2013. "Doing Good for Others and/or for Society? The Relationships between Public Service Motivation, User Orientation and University Grading." *Scandinavian Journal of Public Administration* 17(3): 23–44.

Anderson, Jon Lee. 2018. "The Diplomat Who Quit the Trump Administration." *The New Yorker*, May 28. www.newyorker.com/magazine/2018/05/28/the-diplomat-who-quit-the-trump-administration

Andreoni, James. 1990. "Impure Altruism and Donations to Public Goods: A Theory of Warm-Glow Giving." *Economic Journal* 100(401): 464–477.

Andrews, Rhys. 2010. "Organizational Social Capital, Structure and Performance." *Human Relations* 63: 583–608.

Antonakis, John, Marika Fenley, and Sue Liechti. 2012. "Learning Charisma: Transform Yourself into the Person Others Want to Follow." *Harvard Business Review* 90(6): 127–130, 147.

Arieli, Sharon, Adam M. Grant, and Lilach Sagiv. 2014. "Convincing Yourself to Care about Others: An Intervention for Enhancing Benevolence Values." *Journal of Personality* 82(1): 15–24.

Arnold, Edwin W., and Clyde J. Scott. 2002. "Does Broad Banding Improve Pay System Effectiveness?" *Southern Business Review* 27(2): 1–8.

Aronson, Elliot. 1999. "The Power of Self-persuasion." *American Psychologist* 54(11): 875–884.

Arrington, Karen Quinnelly. 2008. "What Social Workers Make." Alabama State Board of Social Work *Examiners Semi-Annual Newsletter*, January.

Ashforth, Blake E., and Kreiner, Glen E. 1999. "'How Can You Do It?': Dirty Work and the Challenge of Constructing a Positive Identity." *Academy of Management Review* 24(3): 413–434.

Ashraf, Nava, Oriana Bandiera, and Kelsey B. Jack. 2014. "No Margin, No Mission? A Field Experiment on Incentives for Public Service Delivery." *Journal of Public Economics* 120(C): 1–17.

Ashraf, Nava, Oriana Bandiera, and Scott S. Lee. 2014. "Awards Unbundled: Evidence from a Natural Field Experiment." *Journal of Economic Behavior & Organization* 100(C): 44–63.

Asseburg, Julia. 2018. "Work-Family Conflict in the Public Sector: The Impact of Public Service Motivation and Job Crafting." Kiel, Hamburg: ZBW – Leibniz Information Centre for Economics. http://hdl.handle.net/10419/183185

Asseburg, Julia, Judith Hattke, David Hensel, Fabian Homberg, and Rick Vogel. 2020. "The Tacit Dimension of Public Sector Attraction in Multi-Incentive Settings." *Journal of Public Administration Research and Theory* 30(1): 41–59.

Asseburg, Julia, Fabian Homberg, and Rick Vogel. 2018. "Recruitment Messaging, Environmental Fit and Public Service Motivation: Experimental Evidence on Intentions to Apply for Public Sector Jobs." *International Journal of Public Sector Management* 31(6): 689–709.

Avolio, Bruce J., and William L. Gardner. 2005. "Authentic Leadership Development: Getting to the Root of Positive Forms of Leadership." *The Leadership Quarterly* 16(3): 315–338.

Baimenov, Alikhan, and Saltanat Janenova. 2019. "The Emergence of a New Model? Trajectories of Civil Service Development in the Former Soviet Union Countries." In *Public Service Excellence in the 21st Century*, edited by Alikhan Baimenov and Panos Liverakos, 105–143. Singapore:

Palgrave Macmillan.

Baimenov, Alikhan, and Panos Liverakos, eds. 2019. *Public Service Excellence in the 21st Century*. Singapore: Palgrave Macmillan.

Bakker, Arnold B. 2015. "A Job Demands-Resources Approach to Public Service Motivation." *Public Administration Review* 75(5): 723-732.

Bandura, Albert. 1977. Social Learning Theory. Englewood Cliffs, NJ: Prentice-Hall.

Bandura, Albert. 1986. *Social Foundations of Thought and Action: A Social Cognitive Theory*. Englewood Cliffs, NJ: Prentice-Hall.

Banerjee, Ritwik, Tushi Baul, and Tanya Rosenblat. 2015. "On Self-selection of the Corrupt into the Public Sector." *Economics Letters* 127: 43-46.

Banerjee, Abhijit V., Raghabendra Chattopadhyay, Esther Duflo, Daniel Keniston, and Nina Singh. 2014. "Can Institutions Be Reformed from within? Evidence from a Randomized Experiment with the Rajasthan Police." NBER Working Paper 17912. Cambridge, MA: National Bureau of Economic Research.

Banuri, Sheheryar, and Philip Keefer. 2015. "Was Weber Right? The Effects of Pay for Ability and Pay for Performance on Pro-Social Motivation, Ability and Effort in the Public Sector." Policy Research Working Paper 7261. Washington, D.C.: The World Bank. https://openknowledge.worldbank.org/handle/10986/21993. 2016. "Pro-social Motivation, Effort and the Call to Public Service." *European Economic Review* 83: 139-164.

Bardill, John E. 2000. "Towards a Culture of Good Governance: The Presidential Review Commission and Public Service Reform in South Africa." *Public Administration and Development* 20: 103-117.

Barfort, Sebastian, Nikolaj A. Harmon, Frederik G. Hjorth, and Asmus Leth Olsen. 2015. "Sustaining Honesty in Public Service: The Role of Selection." Midwest Political Association Meeting, Chicago, IL, April.

Barley, Stephen R., and Gideon Kunda. 1992. "Design and Devotion: Surges of Rational and Normative Ideologies of Control in Managerial Discourse." *Administrative Science Quarterly* 37(3): 363-399.

Barnard, Chester I. 1938. *The Functions of the Executive*. Cambridge, MA: Harvard University Press.

Bartol, Kathryn M., Wei Liu, Xiangquan Zeng, and Kelu Wu. 2009. "Social Exchange and Knowledge Sharing among Knowledge Workers: The Moderating Role of Perceived Job Security." *Management and Organization Review* 5(2): 223-240.

Bass, Bernard M. 1990. "From Transactional to Transformational Leadership: Learning to Share the Vision." *Organizational Dynamics* 18(3): 19-31.

Bateman, Thomas S., and Bruce Barry. 2012. "Masters of the Long Haul: Pursuing Long-Term Work Goals." *Journal of Organizational Behavior* 33: 984-1006.

Batson, C. Daniel. 1994. "Why Act for the Public Good? Four Answers." *Personality and Social Psychology Bulletin* 20(5): 603-610.

Batson, C. Daniel, and Laura L. Shaw. 1991. "Evidence for Altruism: Toward a Pluralism of Prosocial Motives." *Psychological Inquiry* 2(2): 107-122.

Batson, C. Daniel, Tricia Klein, Lori Highberger and Laura Shaw. 1995. "Immorality from Empathy-induced Altruism: When Compassion and Justice Conflict." *Journal of Personality and Social Psychology* 68(6): 1042–1054.

Bauer, Talya N. 2010. *Onboarding New Employees: Maximizing Success*. Washington, D.C.: Society for Human Resource Management Foundation. www.shrm.org/hr-today/trends-and-forecasting/special-reports-and-expert-views/Documents/Onboarding-New-Employees.pdf

Bekke, Hans A. G. M., James L. Perry, and Theo A. J. Toonen. 1996. "Conclusion: Assessment of Progress and a Research Agenda." In *Civil Service Systems in Comparative Perspective*, edited by Hans A. G. M. Bekke, James L. Perry, and Theo A. J. Toonen, 318–332. Bloomington, IN: Indiana University Press.

Bellé, Nicola. 2013. "Experimental Evidence on the Relationship between Public Service Motivation and Job Performance." *Public Administration Review* 73(1): 143–153.

_____. 2014. "Leading to Make a Difference: A Field Experiment on the Performance Effects of Transformational Leadership, Perceived Social Impact, and Public Service Motivation." *Journal of Public Administration Research and Theory* 24(1): 109–136.

Bellé, Nicola, and Paola Cantarelli. 2015. "Monetary Incentives, Motivation, and Job Effort in the Public Sector: An Experimental Study with Italian Government Executives." *Review of Public Personnel Administration* 35(2): 99–123.

Berg, Justin M., Jane E. Dutton, and Amy Wrzesniewski. 2008. "What Is Job Crafting and Why Does It Matter?" In Theory-to-Practice Briefing. Ann Arbor, MI: Ross School of Business, University of Michigan. http://positiveorgs.bus.umich.edu/wp-content/uploads/ What-is-Job-Crafting-and-Why-Does-it-Matter1.pdf

Berg, Justin M., Jane E. Dutton, and Amy Wrzesniewski. 2013. "Job Crafting and Meaningful Work." In *Purpose and Meaning in the Workplace*, edited by Bryan J. Dik, Zinta S. Byrne, and Michael F. Steger, 81–104. Washington, D.C.: American Psychological Association.

Berinato, Scott. 2010. "You Have to Lead from Everywhere." *Harvard Business Review* 11: 76–79.

Bertelli, Anthony M. 2006. "Motivation Crowding and the Federal Civil Servant: Evidence from the U.S. Internal Revenue Service." *International Public Management Journal* 9(1): 3–23.

Bevir, Mark. 2011. "Public Administration as Storytelling." *Public Administration* 89(1): 183–195.

Bierhoff, Hans Werner. 2002. *Prosocial Behaviour*. London: Psychology Press.

Biggs, Andrew G., and Jason Richwine. 2012. "Finding Answers to the Public Compensation Question." *Public Administration Review* 72(5): 780–781.

Biggs, Andrew G., and Jason Richwine. 2014. *Overpaid or Underpaid? A State-by-State Ranking of Public-Employee Compensation*. AEI Economic Policy Working Paper 2014-04. Washington, D.C.: American Enterprise Institute.

Block, Stephen R., and Steven Rosenberg. 2002. "Toward an Understanding of Founder's Syndrome: An Assessment of Power and Privilege among Founders of Nonprofit Organizations." *Nonprofit Management and Leadership* 12: 353–368.

Bolino, Mark C., and Adam M. Grant. 2016. "The Bright Side of Being Prosocial at Work, and the Dark Side, Too: A Review and Agenda for Research on Other-Oriented Motives, Behavior, and Impact in Organizations." *The Academy of Management Annals* 10: 599–670.

Bolino, Mark C., William H. Turnley, and Todd Averett. 2003. "Going the Extra Mile: Cultivating and Managing Employee Citizenship Behavior." *Academy of Management Executive* 17(3): 60–71.

Booz Allen Hamilton. 2008. Getting On Board: *A Model for Integrating and Engaging New Employees*. Washington, D.C.: Partnership for Public Service. https://ourpublicservice.org/wp-content/uploads/2008/05/c04bbbb3d5c41dfdb39f779dbc8003da-1403634756.pdf

Borjas, George J. 2003. "Wage Structures and the Sorting of Workers into the Public Sector." In *For the People, Can We Fix Public Service?*, edited by John D. Donahue and Joseph S. Nye, Jr., 29–54. Washington,:D.C.: The Brookings Institution.

Boruvka, Elise and James L. Perry. 2020. "Understanding Evolving Public Motivational Practices: An Institutional Analysis." *Governance* 33(3): 565–584.

Boswell, Wendy R., and John W. Boudreau. 2001. "How Leading Companies Create, Measure and Achieve Strategic Results through 'Line of Sight'." *Management Decision* 39(10): 851–860.

2002. "Separating the Developmental and Evaluative Performance Appraisal Uses." *Journal of Business and Psychology* 16(3): 391–412.

Bottomley, Paul, Ahmed Mohammed Sayed Mostafa, Julian Seymour Gould-Williams, and Filadelfo León-Cázares. 2016. "The Impact of Transformational Leadership on Organizational Citizenship Behaviours: The Contingent Role of Public Service Motivation." *British Journal of Management* 27(2): 390–405.

Bowen, David E., Gerald E. Ledford, and Barry R. Nathan. 1991. "Hiring for the Organization, Not the Job." *Academy of Management Executive* 5(4): 35–51.

Boyte, Harry C., and Nancy N. Kari. 1996. *Building America: The Democratic Promise of Public Work*. Philadelphia, PA: Temple University Press.

Bozeman, Barry, and Mary K. Feeney. 2009a. "Public Management Mentoring: A Three-Tier Model." *Review of Public Personnel Administration* 29(2): 134–157.

Bozeman, Barry, and Mary K. Feeney. 2009b. "Public Management Mentoring: What Affects Outcomes?" *Journal of Public Administration Research and Theory* 19(2): 427–452.

Bozeman, Barry and Xuhong Su. 2015. "Public Service Motivation Concepts and Theory: A Critique." *Public Administration Review* 75(5): 700–710.

Brans, Marleen, and Annie Hondeghem. 2005. "Competency Frameworks in the Belgian Governments: Causes, Construction and Contents." *Public Administration* 83(4): 823–837.

Breaugh, James A. 2009. "The Use of Biodata for Employee Selection: Past Research and Future Directions." *Human Resources Management Review* 19(3): 219–231.

Breaugh, Jessica, Adrian Ritz, and Kerstin Alfes. 2018. "Work Motivation and Public Service Motivation: Disentangling Varieties of Motivation and Job Satisfaction." *Public Management Review*, 20(10): 1423–1443.

Breaugh, Jessica, Kerstin Alfes, and Adrian Ritz. 2019. "Strength in Numbers? Understanding the Effect of Collective PSM in Team Level Performance." Working paper. Berlin: Hertie School of Government.

Brehm, John O., and Scott Gates. 1997. *Working, Shirking, and Sabotage: Bureaucratic Response to a Democratic Public.* Ann Arbor, MI: University of Michigan Press.

Brewer, Gene A. 2003. "Building Social Capital: Civic Attitudes and Behavior of Public Servants." *Journal of Public Administration Research and Theory* 13(1): 5–25.

Brewer, Gene A., and Gene A. Brewer, Jr. 2011. "Parsing Public/Private Differences in Work Motivation and Performance: An Experimental Study." *Journal of Public Administration Research and Theory* 21(suppl 3): i347–i362.

Brewer, Gene A., and J. Edward Kellough. 2016. "Administrative Values and Public Personnel Management: Reflections on Civil Service Reform." *Public Personnel Management* 45(2): 171–189.

Brewer, Gene A., and Sally Coleman Selden. 1998. "Whistle Blowers in the Federal Civil Service: New Evidence of the Public Service Ethic." *Journal of Public Administration Research and Theory* 8(3): 413–439.

Brief, Arthur P., and Stephan J. Motowidlo. 1986. "Prosocial Organizational Behaviors." *Academy of Management Review* 11(4): 710–725.

Bright, Leonard. 2007. "Does Person-Organization Fit Mediate the Relationship between Public Service Motivation and the Job Performance of Public Employees?" *Review of Public Personnel Administration* 27(4): 361–379.

_____. 2008. "Does Public Service Motivation Really Make a Difference on the Job Satisfaction and Turnover Intentions of Public Employees?" *American Review of Public Administration* 38(2): 149–166.

_____. 2016. "Public Service Motivation and Socialization in Graduate Education." *Teaching Public Administration* 34(3): 284–306.

Bromberg, Daniel E. and Étienne Charbonneau. 2020. "Public Service Motivation, Personality, and the Hiring Decisions of Public Managers: An Experimental Study." *Public Personnel Management* 49(2): 193–217.

Bronkhorst, Babette, Bram Steijn, and Brenda Vermeeren. 2015. "Transformational Leadership, Goal Setting, and Work Motivation: The Case of a Dutch Municipality." *Review of Public Personnel Administration* 35(2): 124–145.

Bryce, Andrew. 2018. "Finding Meaning through Work: Eudaimonic Well-Being and Job Type in the US and UK." Working Papers 2018004. Department of Economics, The University of Sheffield.

Buchanan, Bruce, II. 1974. "Building Organizational Commitment: The Socialization of Managers in Work Organizations." *Administrative Science Quarterly* 19(4): 533–546.

_____. 1975. "Red-Tape and the Service Ethic: Some Unexpected Differences Between Public and Private Managers." *Administration & Society* 6(4): 423–444.

Bunderson, J. Stuart, and Jeffery A. Thompson. 2009. "The Call of the Wild: Zookeepers, Callings, and the Double-Edged Sword of Deeply Meaningful Work." *Administrative Science Quarterly* 54(1):

32–57.
Burbano, Vanessa C. 2016. "Social Responsibility Messages and Worker Wage Requirements: Field Experimental Evidence from Online Labor Marketplaces." *Organization Science* 27(4): 1010–1028.
Burgess, Simon, and Marisa Ratto. 2003. "The Role of Incentives in the Public Sector: Issues and Evidence." *Oxford Review of Economic Policy* 19(2): 285–300.
Burns, James MacGregor. 1978. Leadership. New York, NY: Harper Collins. Cable, Daniel M., and Timothy A. Judge. 1996. "Person–Organization Fit, Job Choice Decisions, and Organizational Entry." *Organizational Behavior and Human Decision Processes* 67(3): 294–311.
Caillier, James Gerard. 2015. "Towards a Better Understanding of Public Service Motivation and Mission Valence in Public Agencies." *Public Management Review* 17(9): 1217–1236.
_____. 2017. "The Impact of High-Quality Workplace Relationships in Public Organizations." *Public Administration* 95: 638–653.
Caldwell, David F., Jennifer A. Chatman, and Charles O'Reilly. 1990. "Building Organizational Commitment: A Multifirm Study." *Journal of Occupational Psychology* 63: 245–261.
Callen, Michael, Saad Gulzar, Ali Hasannain, Yasir Khan, and Arman Rezaee. 2015. "Personalities and Public Sector Performance: Evidence from a Health Experiment in Pakistan." National Bureau of Economic Research Working Paper 21180. Cambridge, MA: National Bureau of Economic Research.
Cameron, Kim S. 2008. "Positively Deviant Organizational Performance and the Role of Leadership Values." *The Journal of Values-Based Leadership* 1(1): 1–17. http://scholar.valpo.edu/jvbl/vol1/iss1/8
Cameron, Kim S., and Marc Lavine. 2006. *Making the Impossible Possible*. San Francisco, CA: Berrett Koehler.
Cameron, Robert. 2009. "New Public Management Reforms in the South African Public Service: 1999–2009." *Journal of Public Administration* 1(Special Issue): 910–942.
Carpenter, Daniel P. 2010. *Reputation and Power: Organizational Image and Pharmaceutical Regulation in the FDA*. Princeton, NJ: Princeton University Press.
Carpenter, Jacqueline, Dennis Doverspike, and Rosanna F. Miguel. 2012. "Public Service Motivation as a Predictor of Attraction to the Public Sector." *Journal of Vocational Behavior* 80(2): 509–523.
Carr, Carlin. 2013. "Mentoring: The Key to Unlocking India's Demographic Dividend?" *The Guardian*. Friday, December 27, 2013. www.theguardian.com/global-development-professionals-network/2013/dec/27/india-youth-unemployment-mentoring
Carton, Andrew M. 2018. "'I'm Not Mopping the Floors, I'm Putting a Man on the Moon': How NASA Leaders Enhanced the Meaningfulness of Work by Changing the Meaning of Work." *Administrative Science Quarterly* 63(2): 323–369.
Cassar, Lea, and Stephan Meier. 2018. "Nonmonetary Incentives and the Implications of Work as a Source of Meaning." *Journal of Economic Perspectives* 32(3): 215–238.
Cawley, Brian D., Lisa M. Keeping, and Paul E. Levy. (1998). "Participation in the Performance Appraisal

Process and Employee Reactions: A Meta-Analytic Review of Field Investigations." *Journal of Applied Psychology* 83(4): 615–633.

Celani, Anthony, and Parbydyal Singh. 2011. "Signaling Theory and Applicant Attraction Outcomes." *Personnel Review* 40(2): 222–238.

Cerasoli, Christopher P., Jessica M. Nicklin, and Michael T. Ford. 2014. "Intrinsic Motivation and Extrinsic Incentives Jointly Predict Performance: A 40-Year Meta-Analysis." *Psychological Bulletin* 140(4): 980–1008.

Chatman, Jennifer A. 1991. "Matching People and Organizations, Selection and Socialization in Public Accounting Firms." *Administrative Science Quarterly* 36(3): 459–484.

Chen, Chung-An and Barry Bozeman. 2013. "Understanding Public and Nonprofit Managers' Motivation Through the Lens of Self-Determination Theory." *Public Management Review* 15(4): 584–607.

Chen, Chung-An, Don-Yun Chen, Zhou-Peng Liao, and Ming-Feng Kuo. 2019. "Winnowing Out High-psm Candidates: The Adverse Selection Effect of Competitive Public Service Exams." *International Public Management Journal*.

Choi, Do Lim. 2004. "Public Service Motivation and Ethical Conduct." *International Review of Public Administration* 8(2): 99–106.

Choi, Yujin, and Il Hwan Chung. 2017. "Attraction-Selection and Socialization of Work Values: Evidence from Longitudinal Survey." *Public Personnel Management* 46(1): 66–88.

Christensen, Robert K., Laurie Paarlberg, and James L. Perry. 2017. "Public Service Motivation Research: Lessons for Practice." *Public Administration Review* 77(4): 529–542.

Christensen, Robert K., Steven W. Whiting, Tobin Im, Eunju Rho, Justin M. Stritch, and Jungho Park. 2013. "Public Service Motivation, Task, and Non-Task Behavior: A Performance Appraisal Experiment with Korean MPA and MBA Students." *International Public Management Journal* 16(1): 28–52.

Christensen, Robert K., and Bradley Wright. 2011. "The Effects of Public Service Motivation on Job Choice Decisions: Disentangling the Contributions of Person–Organizational Fit and Person–Job Fit." *Journal of Public Administration Research and Theory* 21(4): 723–743.

Chronus. 2019. "Top 10 Mentoring Program Best Practices." https://chronus.com/blog/top-10-mentoring-program-best-practices.

Clements, Benedict, Sanjeev Gupta, Shamsuddin Tareq, and Izabela Karpowicz. 2010. "Evaluating Government Employment and Compensation." IMF Technical Notes and Manuals 10/15. Washington, D.C.: International Monetary Fund.

Clerkin, Richard M., and Jerrell D. Coggburn. 2012. "The Dimensions of Public Service Motivation and Sector Work Preferences." *Review of Public Personnel Administration* 32(3): 209–235.

Cohen, David K., and Richard J. Murnane. 1985. *The Merits of Merit Pay*. Washington,D.C.: National Institute of Education.

Colby, Ann, and William Damon. 1992. *Some Do Care: Contemporary Lives of Moral Commitment*. New York, NY: Free Press.

Combs, James, Younmei Liu, Angela Hall, and David Ketchen. 2006. "How Much Do High-Performance

Work Practices Matter? A Meta-Analysis of Their Effects on Organizational Performance." *Personnel Psychology* 59: 501-528.

Commission on Evidence-Based Policymaking. 2017. *The Promise of Evidence- based Policymaking.* Washington, D.C.: Commission on Evidence-Based Policymaking. https://www.cep.gov/report/cep-final-report.pdf.

Condrey, Steve E., Rex L. Facer, and Jared J. Llorens. 2012. "Getting It Right: How and Why We Should Compare Federal and Private Sector Compensation." *Public Administration Review* 72(5): 784-785.

Connelly, Brian L., S. Trevis Certo, R. Duane Ireland, and Christopher R. Reutzel. 2011. "Signaling Theory: A Review and Assessment." *Journal of Management* 37(1): 39-67.

Cooper-Thomas, Helen D., and Neil Anderson. 2002. "Newcomer Adjustment: The Relationship Between Organizational Socialization Tactics, Information Acquisition and Attitudes." *Journal of Occupational and Organizational Psychology* 75, 423-437.

Cooper-Thomas, Helena D., Annalies Van Vianen, and Neil Anderson. 2004. "Changes in Person-Organization Fit: The Impact of Socialization Tactics on Perceived and Actual P-O Fit." *European Journal of Work and Organizational Psychology* 13(1): 52-78.

Crook, Richard C. 2010. "Rethinking Civil Service Reform in Africa: 'Islands of Effectiveness' and Organisational Commitment." *Commonwealth & Comparative Politics* 48(4): 479-504.

Dahlström, Carl, and Victor Lapuente. 2017. *Organizing Leviathan: Politicians, Bureaucrats, and the Making of Good Government.* Cambridge, UK: Cambridge University Press.

Dahlström, Carl, Victor Lapuente, and Jan Teorell. 2012. "The Merit of Meritocratization: Politics, Bureaucracy, and the Institutional Deterrents of Corruption." *Political Research Quarterly* 65(3): 656-668.

Dal Bó, Ernesto, Frederico Finan, and Martín A. Rossi. 2013. "Strengthening State Capabilities: The Role of Financial Incentives in the Call to Public Service." *The Quarterly Journal of Economics* 128(3): 1169-1218.

Danzer, Alexander M., and Peter J. Dolton. 2011. "Total Reward in the UK in the Public and Private Sectors." Discussion Paper No 5656. Bonn: Forschungsinstitut zur Zukunft der Arbeit (Institute for the Study of Labour).

Davis, Randall S. 2018. "The 'Dark Side' of the Public Workplace: Counterproductive Workplace Behavior and Environmental Negativity in Public Administration Research." In *Handbook of American Public Administration*, edited by Edmund C. Stazyk and H. George Frederickson, 205-220. Cheltenham, UK: Edward Elgar.

Davis, Trenton J., and Gerald T. Gabris. 2008. "Strategic Compensation Utilizing Efficiency Wages in the Public Sector to Achieve Desirable Organizational Outcomes." *Review of Public Personnel Administration* 28: 327-348.

Deci, Edward L. 1971. "Effects of Externally Mediated Rewards on Intrinsic Motivation." *Journal of Personality and Social Psychology* 18(1): 105-115.

Deci, Edward L., Richard Koestner, and Richard M. Ryan. 1999. "A Meta-Analytic Review of Experiments Examining the Effects of Extrinsic Rewards on Intrinsic Motivation." *Psychological Bulletin* 125(6): 627-668.

Deci, Edward L., and Richard M. Ryan. 1985. *Intrinsic Motivation and Self-determination in Human Behavior*. New York, NY: Plenum.

Deci, Edward L., and Richard M. Ryan. 2000. "*Intrinsic and Extrinsic Motivations: Classic Definitions and New Directions.*" *Contemporary Educational Psychology* 25: 54-67.

Deckop, John R., Robert Mangel, and Carol C. Cirka. 1999. "Getting More Than What You Pay For: Organizational Citizenship Behavior and Pay-for- Performance Plans." *Academy of Management Journal* 42(4): 420-428.

De Dreü, Carsten K. W. 2006. "Rational Self-interest and Other Orientation in Organizational Behavior: A Critical Appraisal and Extension of Meglino and Korsgaard (2004)." *Journal of Applied Psychology* 91(6): 1245-1252.

Denhardt, Robert B. 1993. *The Pursuit of Significance: Strategies for Managerial Success in Public Organizations*. Belmont, CA: Wadsworth.

Denhardt, Janet V., and Robert B. Denhardt. 2015. "The New Public Service Revisited." *Public Administration Review* 75(5): 664-672.

Department of Public Service and Administration. 1995. "White Paper on the Transformation of the Public Service, Notice 1227 of 1995." South African Government Gazette No. 16838, Pretoria. www.dpsa.gov.za/dpsa2g/documents/acts&regulations/frameworks/white-papers/wpstoc.pdf

Deserranno, Erika. 2019. "Financial Incentives as Signals: Experimental Evidence from the Recruitment of Village Promoters in Uganda." *American Economic Journal: Applied Economics* 11(1): 277-317.

Desimone, Laura M., Andrew C. Porter, Michael S. Garet, Kwang Suk Yoon, and Beatrice F. Birman. 2002. "Effects of Professional Development on Teacher's Instruction: Results from a Three-Year Longitudinal Study." *Education Evaluation and Policy Analysis* 24: 81-112.

De Waal, Thomas. 2011. *Georgia's Choices for Charting a Future in Uncertain Times*. Washington,:D.C.: Carnegie Endowment for International Peace.

Dickson, Matt, Fabien Postel-Vinay, and Hélène Turon. 2014. "The Lifetime Earnings Premium in the Public Sector: The View from Europe." *Labour Economics* 31: 141-161.

Dilulio, John J. Jr. 1994. "Principled Agents: The Cultural Bases of Behavior in a Federal Government Bureaucracy." *Journal of Public Administration Research and Theory* 4(3): 277-318.

Dik, Bryan J., and Ryan D. Duffy. 2009. "Calling and Vocation at Work: Definitions and Prospects for Research and Practice." *The Counseling Psychologist* 37(3): 424-450.

Dik, Bryan J., Ryan D. Duffy, and Brandy M. Eldridge. 2009. "Calling and Vocation in Career Counseling: Recommendations for Promoting Meaningful Work." *Professional Psychology: Research and Practice* 40(6): 625-632.

DiMaggio, Paul J., and Walter W. Powell. 1983. "The Iron Cage Revisited: Institutional Isomorphism and Collective Rationality in Organizational Fields." *American Sociological Review* 48(2): 147-160.

Dur, Robert A. J., and Max van Lent. 2019. "Socially Useless Jobs." *Industrial Relations* 58: 3–16.

Dutton, Jane E., Janet M. Dukerich, and Celia V. Harquail. 1994. "Organizational Images and Member Identification." *Administrative Science Quarterly* 39(2): 239–263.

Earnest, David R., David G. Allen, and Ronald S. Landis. 2011. "Mechanisms Linking Realistic Job Previews with Turnover: A Meta-Analytic Path Analysis." *Personnel Psychology* 64(4): 865–897.

Eby, Lillian T., Tammy D. Allen, Sarah C. Evans, Thomas Ng, and David L. DuBois. 2008. "Does Mentoring Matter? A Multidisciplinary Meta-Analysis Comparing Mentored and Non-mentored Individuals." *Journal of Vocational Behavior* 72(2): 254–267.

Ehrich, Lisa C., and Brian C. Hansford. 2008. "Mentoring in the Public Sector." *Practical Experiences in Professional Education* 11(1): 1–16.

Elliott, Robert H., and Allen L. Peaton. 1994. "The Probationary Period in the Selection Process: A Survey of Its Use at the State Level." *Public Personnel Management* 23(1): 47–59.

Esteve, Marc, and Christian Schuster. 2019. *Motivating Public Employees*. Cambridge, UK: Cambridge University Press.

Esteve, Marc, Diemo Urbig, Arjen van Witteloostuijn, and George Boyne. 2016. "Prosocial Behavior and Public Service Motivation." *Public Administration Review* 76(1): 177–187.

Esteve, Marc, Arjen Van Witteloostuijn, and George Boyne. 2015. "The Effects of Public Service Motivation on Collaborative Behavior: Evidence from Three Experimental Games." *International Public Management Journal* 8(2): 171–189.

Etzioni, Amitai. 1988. *The Moral Dimension: Toward a New Economics*. New York, NY: Free Press.

Feeley, John D. 2018. "Why I Can No Longer Serve This President." *The Washington Post*, March 9. www.washingtonpost.com/opinions/why-i-could-no-longer-serve-this-president/2018/03/08/f444f086-225c-11e8-86f6-54bfff693d2b_story.html

Fehrler, Sebastian, and Michael Kosfeld. 2014. "Pro-social Missions and Worker Motivation: An Experimental Study." *Journal of Economic Behavior and Organization* 100(April): 99–110.

Feintzeig, Rachel. 2014. "U.S. Struggles to Draw Young, Savvy Staff." *Wall Street Journal*, June 10.

Fernandez, Sergio. 2019. *Representative Bureaucracy and Performance: Public Service Transformation in South Africa*. Cham, Switzerland: Palgrave Macmillan.

Fernandez, Sergio, Yoon Jik Cho, and James L. Perry. 2010. "Exploring the Link between Integrated Leadership and Public Sector Performance." *The Leadership Quarterly* 21(2): 308–323.

Fernandez, Sergio, and Hal G. Rainey. 2006. "Managing Successful Organizational Change in the Public Sector." *Public Administration Review* 66(2): 168–176.

Ferraro, Fabrizio, Jeffrey Pfeffer, and Robert I. Sutton. 2005. "Economics Language and Assumptions: How Theories Can Become Self-fulfilling." *Academy of Management Review* 30(1): 8–24.

Finan, Frederico, Benjamin A. Olken, and Rohini Pande. 2017. "The Personnel Economics of the Developing State." *Handbook of Economic Field Experiments* 2: 467–514.

Fine, Saul. 2010. "Cross-cultural Integrity Testing as a Marker of Regional Corruption Rates." *International Journal of Selection and Assessment* 18(3): 251–259.

Finer, Herman. 1941. "Administrative Responsibility in Democratic Government." *Public Administration Review* 1(4): 335–350.

Fischer, Claude S. 1975. "Toward a Subcultural Theory of Urbanism." *American Journal of Sociology* 80(6): 1319–1341.

Fisher, Cynthia D. 1986. "Organizational Socialization: An Integrative Review." *Research in Personnel and Human Resource Management* 4: 101–145.

Forde, Chris. 2001. "Temporary Arrangements: The Activities of Employment Agencies in the UK." *Work, Employment and Society* 15(3): 631–644.

Francois, Patrick. 2000. "'Public Service Motivation' as an Argument for Government Provision." *Journal of Public Economics* 78(3): 275–299.

Frank, Robert H. 1996. "What Price the Moral High Ground?" *Southern Economic Journal* 63(1): 1–17.

Frey, Bruno S. 1997. *Not Just for the Money: An Economic Theory of Personal Motivation*. Cheltenham, UK: Edward Elgar.

Frey, Bruno S., and Reto Jegen. 2001. "Motivation Crowding Theory." *Journal of Economic Surveys* 15(5): 589–611.

Frey, Bruno S., and Margit Osterloh. 2005. "Yes, Managers Should Be Paid Like Bureaucrats." *Journal of Management Inquiry* 14(1): 96–111.

Friedrich, Carl J. 1935. Responsible Government Service under the American Constitution. In *Problems of the American Public Service*, by Carl J. Friedrich et al., Monograph no. 7. New York: McGraw-Hill.

Friel, Brian. 2008. "Intelligent Design: How Your Workplace Is Designed Can Have a Big Impact on How Things Get Done." *Government Executive*, May 7. www.govexec.com/management/2008/05/intelligent-designk/26843/

Furnham, Adrian, Luke Treglown, Gillian Hyde, and Geoff Trickey. 2016. "The Bright and Dark Side of Altruism: Demographic, Personality Traits, and Disorders Associated with Altruism." *Journal of Business Ethics* 134(3): 359–368.

Gailmard, Sean, and John W. Patty. 2007. "Slackers and Zealots: Civil Service, Policy Discretion, and Bureaucratic Expertise." *American Journal of Political Science* 51(4): 873–889.

Gans-Morse, Jordan, Alexander Kalgin, Andrei Klimenko, Dmitriy Vorobyev, and Andrei Yakovlev. 2019. "A Tough Test of Generalizability: Does Public Service Motivation Predict Sectoral Career Preferences in Russia?" Paper presented at the Elevating Public Service Motivation Conference, Aspen Grove, UT, September 26–28.

Gans-Morse, Jordan, Alexander Kalgin, Andrei Klimenko, Dmitriy Vorobyev, and Andrei Yakovlev. 2020. "Public Service Motivation as a Predictor of Corruption, Dishonesty, and Altruism." Unpublished paper supported by the Equality Development and Globalization Studies (EDGS) program at Northwestern University and the Russian Academic Excellence Project '5–100'. Evanston, IL: Northwestern University.

Georgellis, Yannis, Elisabetta Iossa, and Vurain Tabvuma. 2011. "Crowding Out Intrinsic Motivation in the

Public Sector." *Journal of Public Administration Research and Theory* 21(3): 473–493.

Gerhart, Barry, and Sara L. Rynes. 2003. *Compensation: Theory, Evidence and Strategic Implications*. Thousand Oaks, CA: Sage.

Ghosal, Sumantra. 2005. "Bad Management Theories Are Destroying Good Management Practices." *Academy of Management Learning and Education* 4(1): 75–91.

Ghosh, Rajashi, and Thomas G. Reio, Jr. 2013. "Career Benefits Associated with Mentoring for Mentors: A Meta-Analysis." *Journal of Vocational Behavior* 83(1): 106–116.

Giauque, David, Simon Anderfuhren-Biget, and Frédéric Varone. 2013. "HRM Practices, Intrinsic Motivators, and Organizational Performance in the Public Sector." *Public Personnel Management* 42(2): 123–150.

Giauque, David, Adrian Ritz, Frédéric Varone, and Simon Anderfuhren-Biget. 2012. "Resigned but Satisfied: The Negative Impact of Public Service Motivation and Red Tape on Work Satisfaction." *Public Administration* 90(1): 175–193.

Goodsell, Charles T. 2004. *The Case for Bureaucracy*. 4th ed.. Washington, D.C.: CQ Press.

_____. 2011. Mission Mystique: Belief Systems in Public Agencies. Washington, D.C.: CQ Press.

Gould-Williams, Julian S., Ahmed Mohammed Sayed Mostafa, and Paul Bottomley. 2015. "Public Service Motivation and Employee Outcomes in the Egyptian Public Sector: Testing the Mediating Effect of Person- Organization Fit." *Journal of Public Administration Research and Theory* 25(2): 597–622.

Govloop. 2017. *Your Guide to Effective Onboarding in Government*. www.govloop.com/resources/guide-effective-onboarding-government/

Graeber, David. 2013. "On the Phenomenon of Bullshit Jobs: A Work Rant." *Strike! Magazine* 3: 1–6.

Grant, Adam M. 2007. "Relational Job Design and the Motivation to Make a Prosocial Difference." *Academy of Management Review* 32(2): 393–417.

_____. 2008a. "Does Intrinsic Motivation Fuel the Prosocial Fire? Motivational Synergy in Predicting Persistence, Performance, and Productivity." *Journal of Applied Psychology* 93(1): 48–58.

_____. 2008b. "Employees without a Cause: The Motivational Effects of Prosocial Impact in Public Service." *International Public Management Journal* 11(1): 48–66.

_____. 2012. "Leading with Meaning: Beneficiary Contact, Prosocial Impact, and the Performance Effects of Transformational Leadership." *Academy of Management Journal* 55(2): 458–476.

Grant, Adam M., and Justin M. Berg. 2011. "Prosocial Motivation at Work: When, Why, and How Making a Difference Makes a Difference." In *The Oxford Handbook of Positive Organizational Scholarship*, edited by Gretchen M. Spreitzer and Kim S. Cameron, 28–44. New York: Oxford University Press.

Grant, Adam M. and Sharon K. Parker. 2009. "Redesigning Work Design Theories: The Rise of Relational and Proactive Perspectives." *Academy of Management Annals* 3(1): 317–375.

Grant, Adam M., Elizabeth M. Campbell, Grace Chen, Keenan Cottone, David Lapedis, and Karen Lee. 2007. "Impact and the Art of Motivation Maintenance: The Effects of Contact with

Beneficiaries on Persistence Behavior." *Organizational Behavior and Human Decision Processes* 103(1): 53–67.

Grant, Adam M., and Francesca Gino. 2010. "A Little Thanks Goes a Long Way: Explaining Why Gratitude Expressions Motivate Prosocial Behavior." *Journal of Personality and Social Psychology* 98(6): 946–955.

Grant, Adam M., and David A. Hofmann. 2011. "Outsourcing Inspiration: The Performance Effects of Ideological Messages from Leaders an Beneficiaries." *Organizational Behavior and Human Decision Processes* 116(2): 173–187.

Grant, Adam M., and John J. Sumanth. 2009. "Mission Possible? The Performance of Prosocially Motivated Employees Depends on Manager Trustworthiness." *Journal of Applied Psychology* 94(4): 927–944.

Greenleaf, Robert K. [1970] 2003. "The Servant as Leader." In *The Servant- Leader within: A Transformative Path*, edited by Hamilton Beazley, Julie Beggs, and Larry C. Spears, 31–74. Mahwah, NJ: Paulist Press.

Greenwald, Anthony G., and Calvin K. Lai. 2020. "Implicit Social Cognition." *Annual Review of Psychology* 71: 419–445.

Gregg, Paul, Paul A. Grout, Anita Ratcliffe, Sarah Smith, and Frank Windmeijer. 2011. "How Important Is Pro-social Behaviour in the Delivery of Public Services?" *Journal of Public Economics* 95(7–8): 758–766.

Grindle, Merilee S. 1997. "Divergent Cultures? When Public Organizations Perform Well in Developing Countries." *World Development* 25(4): 481–495.

Gross, Hellen P., Julia Thaler, and Vera Winter. 2019. "Integrating Public Service Motivation in the Job-Demands-Resources Model: An Empirical Analysis to Explain Employees' Performance, Absenteeism, and Presenteeism." *International Public Management Journal* 22(1): 176–206.

Hackman, J. Richard, and Greg R. Oldham. 1976. "Motivation through the Design of Work: Test of a Theory." *Organizational Behavior and Human Performance* 16(2): 250–279.

_____. 1980. Work Redesign. Reading, MA: Addison-Wesley.

Hackman, J. Richard, Greg R. Oldham, Robert Janson, and Kenneth Purdy. "A New Strategy for Job Enrichment." *California Management Review* 17(4): 57–71.

Hall, Douglas T., and Dawn E. Chandler. 2005. "Psychological Success: When the Career Is a Calling." *Journal of Organizational Behavior: The International Journal of Industrial, Occupational and Organizational Psychology and Behavior* 26(2): 155–176.

Hamidullah, Madinah F., Gregg G. Van Ryzin and Huafang Li. 2016. "The Agreeable Bureaucrat: Personality and PSM." *International Journal of Public Sector Management* 29(6): 582–595.

Hanna, Rema, and Shing-Yi Wang. 2017. "Dishonesty and Selection into Public Service: Evidence from India." *American Economic Journal: Economic Policy* 9(3): 262–290.

Harris, Michael M., and John Schaubroeck. 1988. "A Meta-Analysis of Self-supervisor, Self-peer, and Peer-Supervisor Ratings." *Personnel Psychology* 41(1): 43–62.

Hasnain, Zahid, Nick Manning, and Jan Henryk Pierskalla. 2014. "The Promise of Performance Pay? Reasons for Caution in Policy Prescriptions in the Core Civil Service." *The World Bank Research Observer* 29(2): 235–264.

Hatmaker, Deneen M. 2015. "Bringing Networks in: A Model of Organizational Socialization in the Public Sector." *Public Management Review* 17(8): 1146–1164.

Hatmaker, Deneen M., and Hyun Hee Park. 2014. "Who Are All These People? Longitudinal Changes in New Employee Social Networks within a State Agency." *The American Review of Public Administration* 44(6): 718–739.

Hawley, Willis D. 1985. "Designing and Implementing Performance-based Career Ladder Plans." *Educational Leadership* 43(3): 57–61.

Herzberg, Frederick. I. 1968. "One More Time: How Do You MotivateEmployees?" *Harvard Business Review* 46(1): 53–62.

Heslin, Peter A., Gary P. Latham, and Don Van de Walle. 2005. "The Effect of Implicit Person Theory on Performance Appraisals." *Journal of Applied Psychology* 90(5): 842–856.

Higgins, Monica C., and Kathy E. Kram. 2001. "Reconceptualizing Mentoring at Work: A Developmental Network Perspective." *Academy of Management Review* 26: 264–288.

Hirschman, Albert O. 1970. *Exit, Voice, and Loyalty: Responses to Decline in Firms, Organizations, and States*. Cambridge, MA: Harvard University Press.

Holmstrom, Bengt, and Paul Milgrom. 1987. "Aggregation and Linearity inthe Provision of Intertemporal Incentives." *Econometrica* 55(2): 303–328.

Holt, Stephen B. 2018. "For Those Who Care: The Effect of Public Service Motivation on Sector Selection." *Public Administration Review* 78(3): 457–471.

Horton, Sylvia. 2008. "History and Persistence of an Idea and an Ideal." In *Motivation in Public Management: The Call of Public Service*, edited by James L. Perry and Annie Hongeghem, 17–32. Oxford, UK: Oxford University Press.

Houston, David J. 2006. "'Walking the Walk' of Public Service Motivation: Public Employees and Charitable Gifts of Time, Blood, and Money." *Journal of Public Administration Research and Theory* 16(1): 67–86.

Hu, Jing, and Jacob B. Hirsh. 2017. "Accepting Lower Salaries for Meaningful Work." *Frontiers in Psychology* 8: Article 1649, 1–10.

Hur, Hyunkang. 2019. "Job Security Matters: A Systematic Review and Meta- Analysis of the Relationship between Job Security and Work Attitudes." *Journal of Management & Organization* 1–31.

Hur, Hyunkang, and James L. Perry. 2016. "Evidence-based Change in Public Job Security Policy: A Research Synthesis and Its Practical Implications." *Public Personnel Management* 5(3): 264–283.

_____. 2019. "Job Security Rule Changes and Employee Organizational Commitment." *Review of Public Personnel Administration*.

Im, Tobin, Jesse W. Campbell, and Jisu Jeong. 2016. "Commitment Intensity in Public Organizations: Performance, Innovation, Leadership and PSM." *Review of Public Personnel Administration* 36(3):

219–239.

Ingraham, Patricia Wallace. 2006. "Building Bridges over Troubled Waters: Merit as a Guide." *Public Administration Review* 66: 486–495.

Irvine, Renwick, Robert Chambers, and Rosalind Eyben. 2004. "Learning from Poor People's Experience: Immersions." Lessons for Change in Policy & Organisations No. 13. Brighton: Institute of Development Studies. www.researchgate.net/profile/Rosalind_Eyben/publication/265679047_Learning_from_poor_people%27s_experience_immersions/links/54fa16f80cf23e66f03115a3/Learning-from-poor-peoples-experience-immersions.pdf

Jacobsen, Christian B., Johan Hvitved, and Lotte B. Andersen. 2014. "Command and Motivation: How the Perception of External Interventions Relates to Intrinsic Motivation and Public Service Motivation." *Public Administration* 92: 790–806.

Jang, Chyi-Lu. 2012. "The Effect of Personality Traits on Public Service Motivation: Evidence from Taiwan." *Social Behavior and Personality*, 40(5): 725–734.

Jans, Nicholas, and Judy Frazer-Jans. 2004. "Career Development, Job Rotation, and Professional Performance." *Armed Forces & Society* 30(2): 255–277.

Jawahar, I. M., and Charles R. Williams. 1997. "Where All the Children Are Above Average: The Performance Appraisal Purpose Effect." *Personnel Psychology* 50(4): 905–925.

Jensen, Ulrich T. 2018. "Does Perceived Societal Impact Moderate the Effect of Transformational Leadership on Value Congruence? Evidence from a Field Experiment." *Public Administration Review* 78(1): 48–57.

Jensen, Ulrich T., and Lotte Bøgh Andersen. 2015. "Public Service Motivation, User Orientation, and Prescription Behaviour: Doing Good for Society or for the Individual User?" *Public Administration* 93(3): 753–768.

Jensen, Ulrich T., Lotte Bøgh Andersen and Ann-Louise Holten. 2019. "Explaining a Dark Side: Public Service Motivation, Presenteeism, and Absenteeism." *Review of Public Personnel Administration* 39(4): 487–510.

Jensen, Ulrich T., Lotte Bøgh Andersen, and Christian Bøtcher Jacobsen. 2019. "Only When We Agree! How Value Congruence Moderates the Impact of Goal-Oriented Leadership on Public Service Motivation." *Public Administration Review* 79(1): 12–24.

Jensen, Ulrich T., Donald P. Moynihan, and Heidi H. Salomonsen. 2018. "Communicating the Vision: How Face-to-Face Dialogue Facilitates Transformational Leadership." *Public Administration Review* 78(3): 350–361.

Jin, Myung, Bruce McDonald, and Jaehee Park. 2016. "Followership and Job Satisfaction in the Public Sector: The Moderating Role of Perceived Supervisor Support and Performance-oriented Culture." *International Journal of Public Sector Management* 29(3): 218–237.

Jin, Myung H., Bruce McDonald, Jaehee Park, and Kang Yang Trevor Yu. 2019. "Making Public Service Motivation Count for Increasing Organizational Fit: The Role of Followership Behavior and Leader Support as a Causal Mechanism." *International Review of Administrative Sciences* 85(1): 98–115.

Jordan, Todd, and R. Paul Battaglio, Jr. 2014. "Are We There Yet? The State of Public Human Resource Management Research." *Public Personnel Management* 43(1): 25–57.

Jorgensen, Torben Beck, and Mark R. Rutgers. 2014. "Tracing Public Values Change: A Historical Study of Civil Service Job Advertisements." *Contemporary Readings in Law and Social Justice* 6(2): 59–80.

Jose, Jinoy. 2019. "Resignations in the IAS. What Is Troubling India's Elite Officers?" *The Hindu Business Line*, September 27. www.thehindubusinessline.com/blink/know/resignations-in-the-ias-what-is-troubling-indias-elite-officers/article29528239.ece

Kaiser, Lutz. 2014. "Job Satisfaction and Public Service Motivation." IZA Discussion Paper No. 7935. http://ftp.iza.org/dp7935.pdf.

Karl, Katherine A., and Barbara Peat. 2004. "A Match Made in Heaven or a Square Peg in a Round Hole? How Public Service Educators Can Help Students Assess Person–Environment Fit." *Journal of Public Affairs Education* 10(4): 265–277.

Katz, Daniel. 1964. "The Motivational Basis of Organizational Behavior." *Behavioral Science* 9(2): 131–146.

Katz, Eric. 2018a. "Leaked Memo: Trump Admin to Boost Use of Private Prisons While Slashing Federal Staff." *Government Executive*, January 25. www.govexec.com/management/2018/01/trump-administration-looks-boost-use-private-prisons-while-slashing-federal-staff/145496/

_____. 2018b. "OPM Calls on Agencies to Implement Coaching Programs for Employees." *Government Executive*, October 3. www.govexec.com/management/2018/10/opm- calls-agencies-implement-coaching-programs-employees/151767/

Katz, Lawrence F., and Alan B. Krueger. 1991. "Changes in the Structure of Wages in the Public and Private Sectors." No. w3667. Cambridge, MA: National Bureau of Economic Research.

Kaufman, Herbert. 1969. "Administrative Decentralization and Political Power." *Public Administration Review* 29(1): 3–15.

Kelley, Caroline. 1999. "The Motivational Effect of School-Based Performance Awards." *Journal of Personnel Evaluation in Education* 12(4): 309–326.

Kelman, Steve. 2015. "How Do We Get Public Servants to Want to Serve the Public?" FCW. http://fcw.com/blogs/lectern/2015/04/kelman-psm.aspx?m=1

Kelman, Steven. 1988. "Why Public Ideas Matter." In *The Power of Public Ideas*, edited by Robert Reich, 31–53. Cambridge, MA: Harvard University Press.

Kerckhoff, Alan C. 1995. "Institutional Arrangements and Stratification Processes in Industrial Societies." *Annual Review of Sociology* 21(1): 323–347.

Kettl, Donald F. 2016. Managing Risk, Improving Results: Lessons for *Improving Government Management from GAO's High-Risk List*. Washington, D.C.: IBM Center for the Business of Government. www.businessofgovernment.org/report/managing-risk-improving- results-lessons-improving-government-management-gao%E2%80%99s-high-risk-list

Kim, Sangmook. 2012. "Does Person–Organization Fit Matter in the Public Sector? Testing the Mediating Effect of Person–Organization Fit in the Relationship between Public Service Motivation and

Work Attitudes." *Public Administration Review* 72(6): 830–840.

Kim, Sangmook, Wouter Vandenabeele, Bradley E. Wright, Lotte Bøgh Andersen, Francesco Pablo Cerase, Robert K. Christensen, Celine Desmarais et al., 2013. "Investigating the Structure and Meaning of Public Service Motivation across Populations: Developing an International Instrument and Addressing Issues of Measurement Invariance." *Journal of Public Administration Research and Theory* 23(1): 79–102.

Kiser, Larry, and Elinor Ostrom. 1982. "The Three Worlds of Political Action." In *Strategies of Political Inquiry*, edited by Elinor Ostrom, 179–222. Beverley Hills, CA: Sage Publications.

Kjeldsen, Anne Mette. 2014. "Dynamics of Public Service Motivation: Attraction-Selection and Socialization in the Production and Regulation of Social Services." *Public Administration Review* 74(1): 101–112.

Kjeldsen, Anne Mette, and Christian Bøtcher Jacobsen. 2013. "Public Service Motivation and Employment Sector: Attraction or Socialization." *Journal of Public Administration Research and Theory* 23(4): 899–926.

Klein, Howard J., and Natasha A. Weaver. 2000. "The Effectiveness of an Organizational-Level Orientation Training Program in the Socialization of New Hires." *Personnel Psychology* 53(1): 47–66.

Klimecki, Olga, and Tania Singer. 2012. "Empathic Distress Fatigue Rather Than Compassion Fatigue? Integrating Findings from Empathy Research in Psychology and Neuroscience." In *Pathological Altruism*, edited by Barbara Oakley, Ariel Knafo, Guruprasad Madhavan, and David Sloan Wilson, 368–384. New York, NY: Springer.

Klitgaard, Robert. 1988. *Controlling Corruption*. Berkeley, CA: University of California Press.

Knoke, David, and Christine Wright-Isak. 1982. "Individual Motives and Organizational Incentive Systems." *Research in the Sociology of Organizations* 1(2): 209–254.

Kosfeld, Michael, and Susanne Neckermann. 2011. "Getting More Work for Nothing? Symbolic Awards and Worker Performance." *American Economic Journal: Microeconomics* 3(3): 86–99.

Kraimer, Maria L., Sandy J. Wayne, Robert C. Liden, and Raymond T. Sparrowe. 2005. "The Role of Job Security in Understanding the Relationship between Employees' Perceptions of Temporary Workers and Employees' Performance." *Journal of Applied Psychology* 90(2): 389–398.

Kristof-Brown, Amy L., Ryan D. Zimmerman, and Erin C. Johnson. 2005. "Consequences of Individuals' Fit at Work: A Meta-Analysis of Person-Job, Person-Organization, Person-Group, and Person-Supervisor Fit." *Personnel Psychology* 58: 281–342.

Krogsgaard, Julie Alsøe, Pernille Thomsen, and Lotte Bøgh Andersen. 2014. "Only If We Agree? How Value Conflicts Moderate the Relationship between Transformational Leadership and Public Service Motivation." *International Journal of Public Administration* 37(12): 895–907.

Kroll, Alexander, Leisha DeHart-Davis, and Dominick Vogel. 2019. "Mechanisms of Social Capital in Organizations: How Team Cognition Influences Employee Commitment and Engagement." *The American Review of Public Administration* 49(7): 777–791.

Krueger, Alan B. 1988a. "Are Public Sector Workers Paid More Than Their Alternative Wage? Evidence from Longitudinal Data and Job Queues." In *When Public Sector Workers Unionize*, edited by Richard Freeman and B. Casey Ichniowski, 217–240. Chicago, IL: University of Chicago Press.

Krueger, Alan B. 1988b. "The Determinants of Queues for Federal Jobs." *Industrial and Labor Relations Review* 41(4): 567–581.

Krueger, Alan B., and Lawrence H. Summers. 1988. "Efficiency Wages and the Inter-Industry Wage Structure." *Econometrica* 56: 259–293.

Kuipers, Ben S., Malcolm Higgs, Walter Kickert, Lars Tummers, Jolien Grandia, and Joris Van der Voet. 2014. "The Management of Change in Public Organizations: A Literature Review." *Public Administration* 92(1): 1–20.

Lachance, Janice R. 2017. "Commentary: Public Service Motivation: Lessons from NASA's Janitor." *Public Administration Review* 77(4): 542–543.

Lah, T. J., and James L. Perry. 2008. "The Diffusion of the Civil Service Reform Act of 1978 in OECD Countries: A Tale of Two Paths to Reform." *Review of Public Personnel Administration* 28(3): 282–299.

Lambright, W. Henry. 2016. "Reflections on Leadership: Jean-Jacques Dordain of the European Space Agency." *Public Administration Review* 76(3): 507–511.

Latham, Gary P., and Edwin A. Locke. 1991. "Self-regulation through Goal Setting." *Organizational Behavior and Human Decision Processes* 50(2): 212–247.

Lavigna, Bob. 2009. "Getting Onboard: Integrating and Engaging New Employees." *Government Finance Review* 25(3): 65–70.

Lawler, Edward E. 1994. "From Job-based to Competency-based Organizations." *Journal of Organizational Behavior* 5: 3–15.

Lazear, Edward P. 1999. "Personnel Economics: Past Lessons and Future Directions." *Journal of Labor Economics* 17(2): 199–236.

Lazear, Edward P., and Sherwin Rosen. 1981. "Rank-Order Tournaments as Optimum Labor Contracts." *Journal of Political Economy* 89(5): 841–864.

Lazear, Edward P., and Kathryn L. Shaw. 2007. "Personnel Economics: The Economist's View of Human Resources." *The Journal of Economic Perspectives* 21(4): 91–114.

Leana, Carrie, Eileen Appelbaum, and Iryna Shevchuk. 2009. "Work Process and Quality of Care in Early Childhood Education: The Role of Job Crafting." *Academy of Management Journal* 52(6): 1169–1192.

Lee, Geon, and Do Lim Choi. 2016. "Does Public Service Motivation Influence the Intention to Work in the Public Sector? Evidence from Korea." *Review of Public Personnel Administration* 36(2): 145–163.

LeGrand, Julian. 2003. *Motivation, Agency and Public Policy: Of Knights and Knaves, Pawns and Queens*. Oxford, UK: Oxford University Press.

_____. 2010. "Knights and Knaves Return: Public Service Motivation and the Delivery of Public Services." *International Public Management Journal* 13(1): 56–71.

Leisink, Peter. 2004. "Do Public Personnel Policies Nourish Public Service Motivation?" Paper presented at the EGPA Annual Conference: Study Group 3: Public Personnel Policies, Llubljana, Slovenia, September 1-4.

Leisink, Peter, and Bram Steijn. 2008. "Recruitment, Attraction, and Selection." In *Motivation in Public Management: The Call of Public Service*, edited by James L. Perry and Annie Hondeghem, 118-135. Oxford, UK: Oxford University Press.

Levin, Richard. 2009. "Transforming the Public Service to Support the Developmental State." *Journal of Public Administration* 1(Special Issue): 943-968.

Light, Matthew. 2014. "Police Reforms in the Republic of Georgia: The Convergence of Domestic and Foreign Policy in an Anti-corruption Drive." *Policing and Society* 24(3): 318-345.

Light, Paul C. 2008. *A Government Ill Executed: The Decline of the Federal Service and How to Reverse It*. Cambridge, MA: Harvard University Press.

_____. 2020. "Catch-22 Government: Federal Performance in Peril." In *Public Service and Good Governance for the 21st Century*, edited by James L. Perry, 14-42. Philadelphia, PA: University of Pennsylvania Press.

Lindblom, Charles E. 1959. "The Science of Muddling Through." *Public Administration Review* 19(2): 79-88.

_____. 1979. "Still Muddling, Not Yet Through." *Public Administration Review* 39: 517-526.

Linos, Elizabeth. 2018. "More Than Public Service: A Field Experiment on Job Advertisements and Diversity in the Police." *Journal of Public Administration Research and Theory* 28(1): 67-85.

Lipsky, Michael. 2010. *Street-Level Bureaucracy: Dilemmas of the Individual in Public Service*. 30th Anniversary Expanded Edition. New York, NY: Russell Sage Foundation.

Liu, Bangcheng, Thomas Li-Ping Tang and Kaifeng Yang. 2015. "When Does Public Service Motivation Fuel the Job Satisfaction Fire? The Joint Moderation of Person-Organization Fit and Needs-Supplies Fit." *Public Management Review* 17(6): 876-900.

Locke, Edwin A. 1991. "The Motivation Sequence, the Motivation Hub, and the Motivation Core." *Organizational Behaviors and Human Decision Processes* 50: 288-299.

Locke, Edwin A., and Gary P. Latham. 1990. "Work Motivation and Satisfaction: Light at the End of the Tunnel." *Psychological Science* 1(4): 240-246.

Lu, Chang-qin, Dan-yang Du, Xiao-min Xu, and Rui-fang Zhang. 2017. "Revisiting the Relationship between Job Demands and Job Performance: The Effects of Job Security and Traditionality." *Journal of Occupational and Organizational Psychology* 90: 28-50.

Lunney, Kellie. 2016. "Longer Probationary Periods for New Defense Hires." *Government Executive*. www.govexec.com/management/2016/10/longer-probationary-periods-new-defense-hires/132088/

March, James G. 1981. "Footnotes to Organizational Change." *Administrative Science Quarterly* 26(4): 563-577.

March, James G., and Herbert A. Simon. 1958. *Organizations*. New York, NY: John Wiley and Sons.

March, James G., and Johan P. Olsen. 1989. *Rediscovering Institutions*. New York, NY: Free Press.

1995. Democratic Governance. New York, NY: Free Press.

Marvel, John D., and William D. Resh. 2019. "An Unconscious Drive to Help Others? Using the Implicit Association Test to Measure Prosocial Motivation." *International Public Management Journal* 22(1): 29–70.

Maslow, A. H. 1943. "A Theory of Human Motivation." *Psychological Review* 50: 370–396.

Maynard-Moody, Steven, and Michael Musheno. 2000. "State Agent or Citizen Agent: Two Narratives of Discretion." *Journal of Public Administration Research and Theory* 10(2): 329–358.

_____. 2009. *Cops, Teachers, Counselors: Stories from the Front Lines of Public Service*. Ann Arbor, MI: University of Michigan Press.

Maynard-Moody, Steven, and Michael Musheno. 2003. *Cops, Teachers, Counselors: Stories from the Front Lines of Public Service*. Ann Arbor, MI: University of Michigan Press.

McDonnell, Erin Metz. 2017. "Patchwork Leviathan: How Pockets of Bureaucratic Governance Flourish within Institutionally Diverse Developing States." *American Sociological Review* 82(3): 476–510.

_____. 2020. *Patchwork Leviathan: Pockets of Bureaucratic Effectiveness in Developing States*. Princeton, NJ: Princeton University Press.

McKissen, Dustin. 2019. "Want to Attract Talented Workers? Find a Better Way to Tell Your City's Story." *Governing*, February 19. www.governing.com/gov-institute/voices/col-attracting-talented-workforce-city-marketing.html

Meglino, Bruce M., and Audrey Korsgaard. 2004. "Considering Rational Self-interest as a Disposition: Organizational Implications of Other Orientation." *Journal of Applied Psychology* 89(6): 946–959.

Meyer, Herbert H., Emanuel Kay, and John R. P. French, Jr. 1965. "Split Roles in Performance Appraisal." *Harvard Business Review* 43(1): 123–129.

Meyer, John W., and Brian Rowan. 1977. "Institutional Organizations: Formal Structure as Myth and Ceremony." *American Journal of Sociology* 83: 340–363.

Meyer-Sahling, Jan-Hinrik, Kim Sass Mikkelsen, and Christian Schuster. 2019. "The Causal Effect of Public Service Motivation on Ethical Behavior in the Public Sector: Evidence from a Large-Scale Survey Experiment." *Journal of Public Administration Research and Theory* 29(3): 445–459.

Meyer-Sahling, Jan-Hinrik, Christian Schuster, and Kim Sass Mikkelsen. 2018. *Civil Service Management in Developing Countries: What Works? Evidence from a Survey with 23,000 Civil Servants in Africa, Asia, Eastern Europe and Latin America*. Report for the UK Department for International Development (DFID). London: University of Nottingham and University College London.

Miao, Qing, Nathan Eva, Alexander Newman, and Gary Schwarz. 2019. "Public Service Motivation and Performance: The Role of Organizational Identification." *Public Money & Management* 39(2): 77–85.

Miao, Qing, Alexander Newman, Gary Schwarz, and Brian Cooper. 2018. "How Leadership and Public Service Motivation Enhance Innovative Behavior." *Public Administration Review* 78(1): 71–81.

Milkovich, George M. and John W. Boudreau. 1997. *Human Resource Management*. 8th ed.. Chicago, IL: Irwin.

Milkovich, George T., and Jerry M. Newman. 1999. *Compensation*. 6th ed.. Boston, MA: Irwin/

McGraw-Hill.

Miller, Gary J., and Andrew B. Whitford. 2007. "The Principal's Moral Hazard: Constraints on the Use of Incentives in Hierarchy." *Journal of Public Administration and Theory* 17: 213–233.

Miller, Karen. 2005. *Public Sector Reform: Governance in South Africa*. Aldershot, England: Ashgate.

Mintzberg, Henry. 1979. *The Structuring of Organizations*. Englewood Cliffs, NJ: Prentice-Hall.

Mostafa, Ahmed Mohammed Sayed, and Filadelfo Leon-Cazares. 2016. "Public Service Motivation and Organizational Performance in Mexico: Testing the Mediating Effects of Organizational Citizenship Behaviors." *International Journal of Public Administration* 39(1): 40–48.

Moynihan, Donald P. 2008. "The Normative Model in Decline? Public Service Motivation in the Age of Governance." In *Motivation in Public Management: The Call of Public Service*, edited by James L. Perry and Annie Hondeghem, 247–267. Oxford, UK: Oxford University Press.

_____. 2013. "Does Public Service Motivation Lead to Budget Maximization? Evidence from an Experiment." *International Public Management Journal* 16(2): 179–196.

Moynihan, Donald P., and Sanjay K. Pandey. 2007. "The Role of Organizations in Fostering Public Service Motivation." *Public Administration Review* 67(1): 40–53.

Mulgan, Richard. 2007. "Truth in Government and the Politicization of Public Service Advice." *Public Administration* 85(3): 569–586.

Munsi, Pallabi. 2019. "Government Staffers Follow Lead of American Diplomats Who Are Stepping Down in Protest, Putting Pressure on India's PM." *The Daily Dose*, October 13. www.ozy.com/the-new-and-the-next/indias-bureaucrats-are-following-americas-diplomats-by-quitting-in-protest/96926/

Muralidharan, Karthik, and Venkatesh Sundararaman. 2011. "Teacher Performance Pay: Experimental Evidence from India." *Journal of Political Economy* 119(1): 39–77.

Murnane, Richard, and David Cohen. 1986. "Merit Pay and the Evaluation Problem: Why Most Merit Pay Plans Fail and a Few Survive." *Harvard Educational Review* 56(1): 1–18.

Naff, Katherine C., and John Crum. 1999. "Working for America: Does Public Service Motivation Make a Difference?" *Review of Public Personnel Administration* 19(4): 5–16.

National Academy of Public Administration. 1991. *Modernizing Federal Classification: An Opportunity for Excellence*. Washington, D.C.: National Academy of Public Administration.

_____. 2017. *No Time to Wait: Building a Public Service for the 21st Century*. Washington, D.C.: National Academy of Public Administration. www.napawash.org/uploads/Academy_Studies/No-Time-to-Wait_Building-a-Public-Service-for-the-21st-Century.pdf

_____. 2018. *No Time to Wait, Part 2: Building a Public Service for the 21st Century*. Washington, D.C.: National Academy of Public Administration. www.napawash.org/uploads/Academy_Studies/NTTW2_09192018_WebVersion.pdf

National Research Council. 1991. *Pay for Performance: Evaluating Performance Appraisal and Merit Pay*. Washington, D.C.: National Academy Press.

Ncholo, Paseka. 2000. "Reforming the Public Service in South Africa: A Policy Framework." *Public

Administration and Development 20: 87–102.

Neshkova, Milena I., and Tatiana Kostadinova. 2012. "The Effectiveness of Administrative Reform in New Democracies." *Public Administration Review* 72(3): 324–333.

Neumann, Oliver. 2016. "Does Misfit Loom Larger than Fit? Experimental Evidence on Motivational Person-Job Fit, Public Service Motivation, and Prospect Theory." *International Journal of Manpower* 37(5): 822–839.

North, Douglass. 1991. "Institutions." *The Journal of Economic Perspectives* 5(1): 97–112.

Oakley, Barbara, Ariel Knafo, Guruprasad Madhavan, and David Sloan Wilson, eds. 2012. *Pathological Altruism*. New York, NY: Springer.

Oberfield, Zachary. 2014. *Becoming Bureaucrats: Socialization at the Front Lines of Government Service*. Philadelphia, PA: University of Pennsylvania Press.

Ogrysko, Nicole. 2019. "Absent Civil Service Reform, Agencies Scoring Small Wins on Workforce Challenges." *Federal News Network*. https://federalnewsnetwork.com/workforce/2019/10/absent-civil-service-reform-agencies-scoring-small-wins-on-workforce-challenges/

O'Leary, Rosemary. 2020. *The Ethics of Dissent: Managing Guerilla Government*. 3rd ed., Thousand Oaks, CA: Congressional Quarterly.

Olsen, Asmus Leth, Frederik Hjorth, Nikolaj Harmon, and Sebastian Barfort. 2019. "Behavioral Dishonesty in the Public Sector." *Journal of Public Administration Research and Theory*.

Olsen, Johan P. 2006. "Maybe It Is Time to Rediscover Bureaucracy." *Journal of Public Administration Research and Theory* 16(1): 1–24.

O'Neill, Paul H. 2012. "Truth, Transparency, and Leadership." *Public Administration Review* 72(1): 11–12.

Organ, Dennis W., and Katherine Ryan. 1995. "A Meta-Analytic Review of Attitudinal and Dispositional Predictors of Organizational Citizenship Behavior." *Personnel Psychology* 48(4): 775–802.

Ornstein, Norman. 2020. "Political Disruption: Is America Headed toward Uncontrollable Extremism or Partisan Goodwill." In *Public Service and Good Governance for the 21st Century*, edited by James L. Perry, 87–101. Philadelphia, PA: University of Pennsylvania Press.

Orr, Kevin, and Mike Bennett. 2017. "Relational Leadership, Storytelling, and Narratives: Practices of Local Government Chief Executives." *Public Administration Review* 77(4): 515–527.

Ospina, Sonia M., and Erica Gabrielle Foldy. 2010. "Building Bridges from the Margins: The Work of Leadership in Social Change Organizations." *Leadership Quarterly* 21(2): 292–307.

_____. 2015. "Enacting Collective Leadership in a Shared-Power World." In *Handbook of Public Administration*. 3rd ed., edited by James L. Perry and Robert K. Christensen, 489–507. San Francisco, CA: Jossey-Bass.

Ostroff, Cheri, and Steve W. J. Kozlowksi. 1992. "Organizational Socialization as a Learning Process: The Role of Information Acquisition." *Personnel Psychology* 45(4): 849–874.

Paarlberg, Laurie E. 2007. "The Impact of Customer Orientation on Government Employee Performance." *International Public Management Journal* 10(2): 201–231.

Paarlberg, Laurie E., and Bob Lavigna. 2010. "Transformational Leadership and Public Service Motivation:

Driving Individual and Organizational Performance." *Public Administration Review* 70(5): 710–718.

Paarlberg, Laurie E., and James L. Perry. 2007. "Values Management, Aligning Individual Values and Organization Goals." *American Review of Public Administration* 37(4): 387–408.

Paarlberg, Laurie E., James L. Perry, and Annie Hondeghem. 2008. "From Theory to Practice: Strategies for Applying Public Service Motivation." In *Motivation in Public Management: The Call of Public Service*, edited by James L. Perry and Annie Hondeghem, 268–293. Oxford, UK: Oxford University Press.

Park, Sung Min, and Hal G. Rainey. 2008. "Leadership and Public Service Motivation in U.S. Federal Agencies." *International Public Management Journal* 11(1): 109–142.

Parkyn, Michael B. 2006. "Making More Mike Stranks—Teaching Values in the United States Marine Corps." In *Leading with Values*, edited by Edward D. Hess and Kim S. Cameron, 213–233. New York, NY: Cambridge University Press.

Partnership for Public Service. 2019. *Public Service Leadership Model*. https://ourpublicservice.org/our-work/public-service-leadership-model/

Partnership for Public Service and Grant Thornton. 2010. *Closing the Gap: Seven Obstacles to a First-Class Federal Workforce*. https://ourpublicservice.org/wp-content/uploads/2010/08/9eed0aa3e456c80ff2508b783def0951-1402951808.pdf

Partnership for Public Service, and The Volcker Alliance. 2018. *Renewing America's Civil Service*. www.volckeralliance.org/recommendations-renewing-americas-civil-service

PDRI. 2010. *The Weakest Link: How Strengthening Assessment Leads to Better Federal Hiring*. Washington, D.C.: Partnership for Public Service.

Peach, Eric K., and T. D. Stanley. 2009. "Efficiency Wages, Productivity and Simultaneity: A Meta-Regression Analysis." *Journal of Labor Research* 30(3): 262–268.

Pedersen, Mogens Jin. 2013. "Public Service Motivation and Attraction to Public versus Private Sector Employment: Academic Field of Study as Moderator?" *International Public Management Journal* 16(3): 357–385.

Pedersen, Mogens Jin. 2015. "Activating the Forces of Public Service Motivation: Evidence from a Low-intensity Randomized Survey Experiment." *Public Administration Review* 75(5): 734–746.

Penner, Louis A., John F. Dovidio, Jane A. Piliavin, and David A. Schroeder. 2005. "Prosocial Behavior: Multilevel Perspectives." *Annual Review of Psychology* 56(1): 365–392.

Perry, James L. 1986. "Merit Pay in the Public Sector: The Case for a Failure of Theory." *Review of Public Personnel Administration* 7(1): 57–69.

_____. 1996. "Measuring Public Service Motivation: An Assessment of Construct Reliability and Validity." *Journal of Public Administration Research and Theory* 6: 5–22.

_____. 1997. "Antecedents of Public Service Motivation." *Journal of Public Administration Research and Theory* 7(2): 181–197.

_____. 2000. "Bringing Society In: Toward a Theory of Public-Service Motivation." *Journal of Public Administration Research and Theory* 10: 471–448.

_____. 2014. "The Motivational Bases of Public Service: Foundations for a Third Wave of Research." *Asia Pacific Journal of Public Administration* 36(1): 34–47.

_____. 2017. "Know Your Values and Be Prepared: An Interview with Paul H. O'Neill." *Public Administration Review* 77(1): 131–134.

_____. 2018. "The 2017 John Gaus Award Lecture: What If We TookProfessionalism Seriously?" *PS: Political Science & Politics* 51(1): 93–102.

_____. 2019. "Public Service Motivation: Research Bibliography." https://psm.indiana.edu/

_____. 2020. "Introduction." In *Public Service and Governance for the 21s tCentury*, edited by James L. Perry. Philadelphia, PA: University of Pennsylvania Press.

Perry, James L., and Neal D. Buckwalter. 2010. "The Public Service of the Future." *Public Administration Review* 70(S1): S238–S245.

Perry, James L., Trent Engbers, and So Yun Jun. 2009. "Back to the Future? Performance-Related Pay, Empirical Research, and the Perils of Persistence." *Public Administration Review* 69(1): 39–51.

Perry, James L., Debra Mesch, and Laurie E. Paarlberg. 2006. "Motivating Employees in a New Governance Era: The Performance Paradigm Revisited." *Public Administration Review* 66(4): 505–514.

Perry, James L., and Lyman W. Porter. 1982. "Factors Affecting the Context for Motivation in Public Organizations." *Academy of Management Review* 7(1): 89–98.

Perry, James L., and Hal G. Rainey. 1988. "The Public-Private Distinction in Organization Theory: A Critique and Research Strategy." *Academy of Management Review* 13(2): 182–201.

Perry, James L., and Wouter Vandenabeele. 2008. "Behavioral Dynamics: Institutions, Identities, and Self-Regulation." In *Motivation in Public Management: The Call of Public Service*, edited by James L. Perry and Annie Hondeghem, 56–79. Oxford, UK: Oxford University Press.

Perry, James L., and Lois R. Wise. 1990. "The Motivational Bases of Public Service." *Public Administration Review* 50(3): 367–373.

Phillips, Jean M. 1998. "Effects of Realistic Job Previews on Multiple Organizational Outcomes: A Meta-Analysis." *Academy of Management Journal* 41(6): 673–690.

Pichler, Shaun. 2012. "The Social Context of Performance Appraisal and Appraisal Reactions: A Meta-Analysis." *Human Resource Management* 51(5): 709–732.

Pierson, Paul. 2000. "Increasing Returns, Path Dependence, and the Study of Politics." *American Political Science Review* 94(2): 251–267.

Piliavin, Jane Allyn, and Hong-Wen Charng. 1990. "Altruism: A Review of Recent Theory and Research." *Annual Review of Sociology* 16(1): 27–65.

Piotrowski, Suzanne J., and David H. Rosenbloom. 2002. "Nonmission-Based Values in Results-Oriented Public Management: The Case ofFreedom of Information." *Public Administration Review* 62(6): 643–657.

Podgursky, Michael J., and Matthew G. Springer. 2007. "Teacher Performance Pay: A Review." *Journal of Policy Analysis and Management* 26(4): 909–950.

Podsakoff, Philip M., Scott B. MacKenzie, Julie Beth Paine, and Daniel G. Bachrach. 2000. "Organizational Citizenship Behaviors: A Critical Review of the Theoretical and Empirical Literature and Suggestions for Future Research." *Journal of Management* 26(3): 513–563.

Pounian, Charles A. and Jeffrey J. Fuller. 1996. "Compensating Public Employees." In *Handbook of Public Administration*, 2nd ed., edited by James L. Perry, 405–423. San Francisco, CA: Jossey-Bass.

Pratkanis, Anthony and Elliot Aronson. 2001. *Age of Propaganda: The Everyday Use and Abuse of Persuasion*. New York: Freeman.

Premack, Steven L., and John P. Wanous. 1985. "A Meta-Analysis of Realistic Job Preview Experiments." *Journal of Applied Psychology* 70(4): 706–719.

Quinn, James Brian. 1978. "Strategic Change: 'Logical Incrementalism'." *Sloan Management Review* 20(1): 7–21.

Quratulain, Samina, and Abdul Karim Khan. 2015. "How Does Employees' Public Service Motivation Get Affected? A Conditional Process Analysis of the Effects of Person–Job Fit and Work Pressure." *Public Personnel Management* 44(2): 266–289.

Rainey, Hal G. 1982. "Reward Preferences Among Public and Private Managers: In Search of the Service Ethic." *American Review of Public Administration* 16(4): 288–302.

_____. 1983. "Public Agencies and Private Firms: Incentives, Goals and Individual Roles." *Administration and Society* 15(2): 207–242.

Rainey, Hal G., and Paula Steinbauer. 1999. "Galloping Elephants: Developing Elements of a Theory of Effective Government Organizations." *Journal of Public Administration Research and Theory* 9(1): 1–32.

Rasul, Imran, and Daniel Rogger. 2015. "The Impact of Ethnic Diversity in Bureaucracies: Evidence from the Nigerian Civil Service." *American Economic Review* 105(5): 457–461.

Rawls, John. 1971. *A Theory of Justice*. Cambridge, MA: Harvard University Press.

Reilly, Thom. 2012. *Rethinking Public Sector Compensation: What Ever Happened to the Public Interest?* Armonk, NY: M.E. Sharpe.

Resh, William G., John D. Marvel, and Bo Wen. 2018. "The Persistence of Prosocial Work Effort as a Function of Mission Match." *Public Administration Review* 78(1): 116–125.

Rhodes, Rod A. W. 1996. "The New Governance: Governing without Government." *Political Studies*, 44 (4): 652–667.

Rhodes, Jean, Òscar Prieto-Flores, and Justin Preston. 2017. "Youth Mentoring Is Rapidly Expanding across Europe: Here's One Reason." *The Chronicle of Evidence-based Mentoring*, September 21. www.evidencebasedmentoring.org/youth-mentoring-expanding-across-europe-heres/.

Richwine, Jason. 2012. "Government Employees Work Less than Private-Sector Employees." Backgrounder 2724. September 11. http://thf_media.s3.amazonaws.com/2012/pdf/b2724.pdf

Riccucci, Norma. 2005. *Management Matters: Street-Level Bureaucrats and Welfare Reform*. Washington, D.C.: Georgetown University Press.

Rinnert, David. 2015. "The Politics of Civil Service and Administrative Reforms in Development—

Explaining within-Country Variation of Reform Outcomes in Georgia after the Rose Revolution." *Public Admininstration and Development* 35: 19–33.

Risher, Howard, and Adam J. Reese. 2016. *Primer on Total Compensation in Government*. Alexandria, VA: International Public Management Association for Human Resources. www.ipma-hr.org/stay-informed/bookstore/bookstore-product/primer-on-total-compensation-in-government

Risher, Howard H., and Brigitte W. Schay. 1994. "Grade Banding: The Model for Future Salary Programs?" *Public Personnel Management* 23(2): 187–199.

Ritz, Adrian, Gene Brewer, and Oliver Neumann. 2016. "Public Service Motivation: A Systematic Literature Review and Outlook." *Public Administration Review* 76(3): 414–426.

Ritz, Adrian, and Christian Waldner. 2011. "Competing for Future Leaders: A Study of Attractiveness of Public Sector Organizations to Potential Job Applicants." *Review of Public Personnel Administration* 31(3): 291–316.

Roediger, Ant, Jason LaBresh, Victoria Lee, Rainer Strack, and Jenny Huang. 2019. *Building the Government Workforce of the Future*, May 23. www.bcg.com/publications/2019/building-government-workforce-of-the-future.aspx

Rosenbaum, James E. 1979. "Tournament Mobility: Career Patterns in a Corporation." *Administrative Science Quarterly* 24: 220–241.

Rosenbaum, James E. 1984. *Career Mobility in a Corporate Hierarchy*. New York, NY: Academic Press.

Rousseau, Denise M. 2012. "Envisioning Evidence-based Management." In *The Oxford Handbook of Evidence-Based Management*, edited by Denise M. Rousseau, 3–24. Oxford, UK: Oxford University Press.

Rousseau, Denise M., and Miguel R. Olivas-Luján. 2015. "Evidence-based Management." In *Wiley Encyclopedia of Management*, edited by Cary L. Cooper, 1–3. Hoboken, NJ: Wiley.

Rushton, J. Philippe, Roland D. Chrisjohn, and G. Cynthia Fekken. 1981. "The Altruistic Personality and the Self-Report Altruism Scale." *Personality and Individual Differences* 2(4): 293–302.

Ryan, Richard M., and James P. Connell. 1989. "Perceived Locus of Causality and Internalization: Examining Reasons for Acting in Two Domains." *Journal of Personality and Social Psychology* 57(5): 749–761.

Ryan, Richard. M., and Edward L. Deci. 2000. "Self-determination Theory and the Facilitation of Intrinsic Motivation, Social Development, and Well-Being." *American Psychologist* 55(1): 68–78.

Ryu, Geunpil. 2017. "Rethinking Public Service Motivation from the Perspective of Person–Environment Fit: Complementary or Supplementary Relationship?" *Review of Public Personnel Administration* 37(3): 351–368.

Saks, Alan M., and Blake E. Ashforth. 1997. "Socialization Tactics and Newcomer Information Acquisition." *International Journal of Selection and Assessment* 5(1): 48–61.

Salajegheh, Sanjar, Morteza Mouseli, and Ali Moradpour Jaghdari. 2016. "Assessment of the Relationship between Public Service Motivation and Job Performance of Imam Khomeini Relief Foundation (IKRF) Staff Considering Mediating Role of Person-Organization Fit (a Case Study of Hormozgan,

Kerman and Bushehr Provinces)." *International Journal of Humanities and Cultural Studies* 2350 – 2361. Special Issue, May 2016.

Sanabria-Pulido, Pablo. 2018. "Public Service Motivation and Job Sector Choice: Evidence from a Developing Country." *International Journal of Public Administration* 41(13): 1107 – 1118.

Savas, Emanuel S., and Sigmund G. Ginsburg. 1973. "The Civil Service: A Meritless System?" *The Public Interest* 32: 70 – 85.

Schneider, Benjamin. 1987. "The People Make the Place." *Personnel Psychology*, 40(3): 437 – 453.

Schneider, Benjamin. 2001. "Fits about Fit." *Applied Psychology* 50(1): 141 – 152.

Schneider, Benjamin, Harold W. Goldstein, and D. Brent Smith. 1995. "The ASA Framework: An Update." *Personnel Psychology* 48: 747 – 773.

Schott, Carina, and Adrian Ritz. 2018. "The Dark Sides of Public Service Motivation: A Multi-Level Theoretical Framework." *Perspectives on Public Management and Governance* 1(1): 29 – 42.

Schuster, Jay R., and Patricia K. Zingheim. 1992. *The New Pay: Linking Employee and Organizational Performance*. San Francisco, CA: Jossey-Bass.

Scott, William R. 1987. "The Adolescence of Institutional Theory." *Administrative Science Quarterly* 32(4): 493 – 511.

Seligman, Martin E. P., Tayyab Rashid, and Acacia C. Parks. 2006. "Positive Psychotherapy." *American Psychologist* 61(8): 774.

Selznick, Philip. 1957. *Leadership in Administration*. Berkeley, CA: University of California Press.

Shamir, Boas. 1991. "Meaning, Self and Motivation in Organizations." *Organization Studies* 12(3): 405 – 424.

Shamir, Boas, Robert J. House, and Michael B. Arthur. 1993. "The Motivational Effects of Charismatic Leadership: A Self-Concept Based Theory." *Organization Science* 4(4): 577 – 594.

Shim, Dong Chul, Hyun Hee Park, and Tae Ho Eom. 2015. "Street-Level Bureaucrats' Turnover Intention: Does Public Service Motivation Matter?" *International Review of Administrative Sciences* 83(3): 563 – 582.

Smith, Jason. 2016. "The Motivational Effects of Mission Matching: A Lab-Experimental Test of a Moderated Mediation Model." *Public Administration Review* 76: 626 – 637.

Social and Behavioral Sciences Team. 2015. *Annual Report*. Washington, D.C.: Executive Office of the President National Science and Technology Council.

Solow, Robert. 1979. "Another Possible Source of Wage Stickiness." *Journal of Macroeconomics* 1(1): 79 – 82.

Spence, Michael. 1973. "Job Market Signaling." *The Quarterly Journal of Economics* 87(3): 355 – 374.

Staats, Elmer B. 1982. "Governmental Performance in Perspective: Achievements and Challenges." In *Improving the Accountability and Performance of Government*. Washington D.C.: The Brookings Institution.

Stazyk, Edmund C. 2013. "Crowding Out Public Service Motivation? Comparing Theoretical Expectations with Empirical Findings on the Influence of Performance-Related Pay." *Review of Public Personnel Administration* 33(3): 252 – 274.

Stazyk, Edmund C., and Randall S. Davis. 2015. "Taking the 'High-Road': Does Public Service Motivation Alter Ethical Decision Making Process?" *Public Administration* 93(3): 627–645.

Steger, Michael F., Bryan J. Dik, and Ryan D. Duffy. 2012. "Measuring Meaningful Work: The Work and Meaning Inventory (WAMI)." *Journal of Career Assessment* 20(3): 322–337.

Steger, Michael. F., Bryan J. Dik, and Y. Shim. 2019. "Assessing Meaning and Satisfaction at Work." In *The Oxford Handbook of Positive Psychology Assessment*. 2nd ed., edited by Shane J. Lopez, 373–388. Oxford, UK. Oxford University Press

Steijn, Bram. 2008. "Person–Environment Fit and Public Service Motivation." *International Public Management Journal* 11(1): 13–27.

Stier, Max. 2011. Written Testimony Prepared for The House Committee on Oversight and Government Reform Subcommittee on Federal Workforce, U.S. Postal Service and Labor Policy Hearing, "Are Federal Workers Underpaid?" Washington, D.C.: Partnership for Public Service, March 9.

Stiglitz, Joseph E. 2002. "Information and the Change in the Paradigm in Economics." *American Economic Review* 92: 460–501.

Sun, Rusi, Shuyang Peng, and Sanjay K. Pandey. 2014. "Testing the Effect of Person–Environment Fit on Employee Perceptions of Organizational Goal Ambiguity." *Public Performance & Management Review* 37(3): 465–495.

Tang, Shu-Hua, and Vernon C. Hall. 1995. "The Overjustification Effect: A Meta-Analysis." *Applied Cognitive Psychology* 9: 365–404.

Taylor, Jeannette. 2014. "Public Service Motivation, Relational Job Design, and Job Satisfaction in Local Government." *Public Administration* 92(4): 902–918.

Taylor, Jeannette, and Ranald Taylor. 2009. "Do Governments Pay Efficiency Wages? Evidence from a Selection of Countries." Paper presented at the 2009 International Public Service Motivation Research Conference, Bloomington, IN, June 7–9.

_____. 2010. "Working Hard for More Money or Working Hard To Make a Difference? Efficiency Wages, Public Service Motivation, and Effort." *Review of Public Personnel Administration* 31(1): 67–86.

Tendler, Judith, and Sara Freedheim. 1994. "Trust in a Rent-Seeking World: Health and Government Transformed in Northeast Brazil." *World Development* 22(12): 1771–1791.

Teo, Stephen T. T., David Pick, Matthew Xerri, and Cameron Newton. 2016. "Person–Organization Fit and Public Service Motivation in the Context of Change." *Public Management Review* 18(5): 740–762.

Tepe, Markus. 2016. "In Public Servants We Trust? A Behavioural Experiment on Public Service Motivation and Trust among Students of Public Administration, Business Sciences and Law." *Public Management Review* 18(4): 508–538.

The Economist. 2017. "Georgia, a Model of Reform, Is Struggling to Stay Clean." The Economist, June 29. www.economist.com/europe/2017/06/29/georgia-a-model-of-reform-is-struggling-to-stay-clean

Thelen, Kathleen. 1999. "Historical Institutionalism in Comparative Politics." *Annual Review of Political*

Science 2: 369–404.

Thompson, James R., and Rob Seidner. 2009. "A New Look at Paybanding and Pay for Performance." In *Innovations in Human Resource Management: Getting the Public's Work Done in the 21st Century*, edited by Hannah S. Sistare, Myra Howze Shiplett, and Terry E. Buss, 147–169. Armonk, NY: M.E. Sharpe.

Thompson, Jeffrey A., and Robert K. Christensen. 2018. "Bridging the Public Service Motivation and Calling Literatures." *Public Administration Review* 78(3): 444–456.

Tims, Maria, Daantje Derks, and Arnold B. Bakker. 2016. "Job Crafting and Its Relationships with Person-Job Fit and Meaningfulness: A Three-Wave Study." *Journal of Vocational Behavior* 92: 44–53.

Tolbert, Pamela S., and Lynne G. Zucker. 1983. "Institutional Sources of Change in the Formal Structure of Organizations: The Diffusion of Civil Service Reform, 1880–1935." *Administrative Science Quarterly* 28: 22–39.

Tonin, Mirco, and Michael Vlassopoulos. 2010. "Disentangling the Sources of Pro-socially Motivated Effort: A Field Experiment." *Journal of Public Economics* 94(11–12): 1086–1092.

Tonon, Joseph M. 2008. "The Costs of Speaking Truth to Power: How Professionalism Facilitates Credible Communication." *Journal of Public Administration Research and Theory* 18(2): 275–295.

Tummers, Lare G., and Eva Knies. 2013. "Leadership and Meaningful Work in the Public Sector." *Public Administration Review* 73(6): 859–868.

Turner, Ralph H. 1960. "Sponsored and Contest Mobility and the School System." *American Sociological Review* 25(6): 855–867.

Underhill, Christina M. 2006. "The Effectiveness of Mentoring Programs in Corporate Settings: A Meta-Analytical Review of the Literature." *Journal of Vocational Behavior* 68: 292–307.

United Nations Development Program. 2015a. *Public Service Motivation and the SDGs: An Unacknowledged Crisis?* Singapore: UNDP Global Centre for Public Service Excellence.

United Nations Development Program. 2015b. *The SDGs and New Public Passion: What Really Motivates the Civil Service?* Singapore: UNDP Global Centre for Public Service Excellence.

U.S. Department of Justice. 2014. "Federal Prison System: FY 2014 Congressional Budget Buildings and Facilities." www.justice.gov/sites/default/files/jmd/legacy/2013/12/26/bop-bf-justification.docx

U.S. General Services Administration. 2019. "Office of Evaluation Services." www.gsa.gov/about-us/organization/office-of-governmentwide-policy/office-of-evaluation-sciences

U.S. Government Accountability Office. 2014. *Management of New Prison Activations Can Be Improved*. Washington, D.C.: U.S. Government Accountability Office. GAO-14-709. www.gao.gov/assets/670/665417.pdf.

_____. 2017. *High-Risk Series: Progress on Many High-Risk Areas, While Substantial Efforts Needed on Others*. Washington, D.C.: U.S. Government Accountability Office. GAO-17-317. www.gao.gov/assets/690/682765.pdf

U.S. Merit Systems Protection Board. 2005. *The Probationary Period: A Critical Assessment Opportunity*. Washington, D.C.: U.S. Merit Systems Protection Board.

_____. 2018. *The Roles of Feedback, Autonomy, and Meaningfulness in Employee Performance Behaviors*. Washington, D.C.: U.S. Merit Systems Protection Board, Office of Policy and Evaluation.

U.S. Office of Personnel Management. 2019a. *Assessment & Selection: Realistic Job Previews*. Washington, D.C.: U.S. Office of Personnel Management. www.opm.gov/policy- data- oversight/assessment- and- selection /other-assessment-methods/realistic-job-previews/

_____. 2019b. *Training and Development*. www.opm.gov/policy- data- oversight/training- and- development/career-development/#url=Individual-Learning-Accounts

Vandenabeele, Wouter. 2007. "Toward a Public Administration Theory of Public Service Motivation." *Public Management Review* 9(4): 545–556.

_____. 2008. "Government Calling: Public Service Motivation as an Element inSelecting Government as an Employer of Choice." *Public Administration* 86(4): 1089–1105.

_____. 2011. "Who Wants to Deliver Public Service? Do Institutional Antecedents of Public Service Motivation Provide an Answer?" *Review of Public Personnel Administration* 31(1): 87–107.

_____. 2014. "Explaining Public Service Motivation: The Role of Leadership and Basic Needs Satisfaction." *Review of Public Personnel Administration* 34(2): 153–173.

Van de Walle, Steven, Bram Steijn, and Sebastian Jilke. 2015. "Extrinsic Motivation, PSM and Labour Market Characteristics: A Multilevel Model of Public Sector Employment Preference in 26 Countries." *International Review of Administrative Sciences* 81(4): 833–855.

Van Dierendonck, Dirk. 2011. "Servant Leadership: A Review and Synthesis." *Journal of Management* 37(4): 1228–1261.

Van Loon, Nina, Anne Mette Kjeldsen, Lotte Bøgh Andersen, Wouter Vandenabeele, and Peter Leisink. 2018. "Only When the Societal Impact Potential Is High? A Panel Study of the Relationship between Public Service Motivation and Perceived Performance." *Review of Public Personnel Administration* 38(2): 139–166.

Van Loon, Nina Mari, Wouter Vandenabeele, and Peter Leisink. 2015. "On the Bright and Dark Side of Public Service Motivation: The Relationship between PSM and Employee Wellbeing." *Public Money & Management* 35(5): 349–356.

Van Maanen, John. 1975. "Police Socialization: A Longitudinal Examination of Job Attitudes in an Urban Police Department." *Administrative Science Quarterly* 20(2): 207–228.

Van Maanen, John, and Edgard H. Schein. 1979. "Toward a Theory of Organizational Socialization." *Research in Organizational Behavior* 1: 209–264.

Van Riper, Paul P. 1958. *History of the United States Civil Service*. Evanston, IL: Row, Peterson and Company.

Van Witteloostuijn, Arjen, Marc Esteve, and George Boyne. 2017. "Public Sector Motivation ad fonts: Personality Traits as Antecedents of the Motivation to Serve the Public Interest." *Journal of Public Administration Research and Theory* 27(1): 20–35.

Ventriss, Curtis, James L. Perry, Tina Nabatchi, H. Brinton Milward, and Jocelyn M. Johnston. 2019. "Democracy, Public Administration, and Public Values in an Era of Estrangement." *Perspectives* on *Public Management and Governance* 2(4): 275–282.

Verkuil, Paul R. 2017. *Valuing Bureaucracy: The Case for Professional Government*. Cambridge, UK: Cambridge University Press.

Vinzant, Janet C. 1998. "Where Values Collide: Motivation and Role Conflict in Child and Adult Protective Services." *American Review of Public Administration* 28(4): 347–366.

Viswesvaran, Chockalingam, and Deniz S. Ones. 2000. "Perspectives on Models of Job Performance." *International Journal of Selection and Assessment* 8(4): 216–226.

Vogel, Dominik, and Alexander Kroll. 2016. "The Stability and Change of PSM-Related Values across Time: Testing Theoretical Expectations against Panel Data." *International Public Management Journal* 19(1): 53–77.

Vogel, Dominik, and Jurgen Willems. 2020. "The Effects of Making Public Service Employees Aware of Their Prosocial and Societal Impact: A Microintervention." *Journal of Public Administration Research and Theory* 30(3): 485–503.

Volcker Alliance. 2018. *Preparing Tomorrow's Public Service: What the Next Generation Needs*. New York, NY: Volcker Alliance. www.volckeralliance.org/sites/default/files/attachments/Preparing%20Tomorrow%27s%20Public%20Service.pdf.

Vyse, Graham. 2019. "'Choose Purpose': Cities Launch Ad Campaigns to Attract More Applicants." *Governing*, February 13. www.governing.com/topics/workforce/gov-state-local-government-cities-recruitment-hiring-employees.html

Wagner, Erich. 2019. "OPM Proposes Legislation to Clarify Probationary Periods, Expand Hiring Eligibility." *Government Executive*. www.govexec.com/management/2019/06/opm-proposes-legislation-clarify-probationary-periods-expand-hiring-eligibility/157788/

Waldner, Christian. 2012. "Do Public and Private Recruiters Look for Different Employees? The Role of Public Service Motivation." *International Journal of Public Administration* 35(1): 70–79.

Wanous, John P. 1989. "Installing a Realistic Job Preview: Ten Tough Choices." *Personnel Psychology* 42(1): 117–134.

_____. 1992. *Organizational Entry: Recruitment, Selection, Orientation, and Socialization of Newcomers*. Reading, MA: Prentice Hall/Addison-Wesley.

Warren, Dave C., and Li-Ting Chen. 2013. "The Relationship between Public Service Motivation and Performance." In *Meta-Analysis for Public Management and Policy*, edited by Evan Ringquist, 442–474. San Francisco, CA: Jossey-Bass.

Waterhouse, Jennifer, Erica French, and Naomi Puchala. 2014. "The Impact of Socialization on Graduates' Public Service Motivation—A Mixed Method Study." *Australian Journal of Public Administration* 73(2): 247–259.

Weibel, Antoinette, Katja Rost, and Margit Osterloh. 2010. "Pay for Performance in the Public Sector—Benefits and (Hidden) Costs." *Journal of Public Administration Research and Theory* 20(2): 387–412.

Welbourne, Theresa M., Diane E. Johnson, and Amir Erez. 1998. "The Role-Based Performance Scale:

Validity Analysis of a Theory-based Measure." *Academy of Management Journal* 41(5): 540–555.

Weske, Ulrike, Adrian Ritz, Carina Schott, and Oliver Neumann. 2019. "Attracting Future Civil Servants with Public Values? An Experimental Study on Employer Branding." *International Public Management Journal* 1–26.

Whalen, Cortney, and Mary E. Guy. 2008. "Broadbanding Trends in the States." *Review of Public Personnel Administration* 28(4): 349–366.

Wilthagen, Ton, and Frank Tros. 2004. "The Concept of 'Flexicurity': A New Approach to Regulating Employment and Labour Markets." *TRANSFER: European Review of Labour and Research* 10(2): 166–186.

World Bank. 2003. *Grass Roots Immersion Program (GRIP) in India: Notes and Photographic Record of the Salt Workers Team (English)*. Washington, D.C.: World Bank. http://documents.worldbank.org/curated/en/329241468041988326/Grass-Roots-Immersion-Program-GRIP-in-India-Notes-and-photographic-record-of-the-salt-workers-team

_____. 2016. *How Shanghai Does It: Insights and Lessons from the Highest-Ranking Education System in the World*. Washington, D.C.: World Bank.

Wright, Bradley E. 2001. "Public-Sector Work Motivation: A Review of the Current Literature and a Revised Conceptual Model." *Journal of Public Administration Research and Theory* 11(4): 559–586.

Wright, Bradley E. 2004. "The Role of Work Context in Work Motivation: A Public Sector Application of Goal and Social Cognitive Theories." *Journal of Public Administration Research and Theory* 14(1): 59–78.

_____. 2007. "Public Service and Motivation: Does Mission Matter?" *Public Administration Review* 67(1): 54–64.

_____. 2008. "Methodological Challenges Associated with Public Service Motivation Research." In *Motivation in Public Management: The Call of Public Service*, edited by James L. Perry and Annie Hondeghem, 80–98. Oxford: Oxford University Press.

Wright, Bradley E., and Robert K. Christensen. 2010. "Public Service Motivation: A Longitudinal Analysis of the Job Attraction-Selection- Attrition Model." *International Public Management Journal* 13(2): 155–176.

Wright, Bradley E., Robert K. Christensen, and Kimberley Roussin Isett. 2013. "Motivated to Adapt? The Role of Public Service Motivation as Employees Face Organizational Change." *Public Administration Review* 73(5): 738–747.

Wright, Bradley E., Robert K. Christensen, and Sanjay K. Pandey. 2013. "Measuring Public Service Motivation: Exploring the Equivalence of Existing Global Measures." *International Public Management Journal* 16(2): 197–223.

Wright, Bradley E., and Adam M. Grant. 2010. "Unanswered Questions about Public Service Motivation: Designing Research to Address Key Issues of Emergence and Effects." *Public Administration*

Review 70(5): 691–700.

Wright, Bradley E., Donald P. Moynihan, and Sanjay K. Pandey. 2012. "Pulling the Levers: Transformation Leadership, Public Service Motivation and Mission Valence." *Public Administration Review* 72(2): 206–215.

Wright, Bradley E., and Sanjay K. Pandey. 2008. "Public Service Motivation and the Assumption of Person-Organization Fit: Testing the Mediating Effect of Value Congruence." *Administration & Society* 40(5): 502–521.

_____. 2011. "Public Organizations and Mission Valence: When Does Mission Matter?" *Administration & Society* 43(1): 22–44.

Wrzesniewski, Amy, and Jane E. Dutton. 2001. "Crafting a Job: Revisioning Employees as Active Crafters of Their Work." *Academy of Management Review* 26(2): 179–201.

Xu, Chengwei, and Chung-An Chen. 2017. "Moving from Public Service Motivation (PSM) to Moviation for Public Service (MPS): Through the Lens of Self-Determination Theory." In *Self-Determination Theory (SDT): Perspective, Applications and Impact*, edited by Susan L. Wade, 1–8. UK: Nova Science.

Yaden, David Bryce, Theo D. McCall, and J. Harold Ellens. 2015. *Being Called: Scientific, Secular, and Sacred Perspectives*. Santa Barbara, CA: Praeger.

Yates, Sally Q. 2016. "Reducing Our Use of Private Prisons." In Memorandum for Acting Director of the Federal Bureau of Prisons. www.justice.gov/archives/opa/file/886311/download

Zarychta, Alan, Tara Grillos, and Krister P. Andersson. 2020. "Public Sector Governance Reform and the Motivation of Street-Level Bureaucrats in Developing Countries." *Public Administration Review* 80(1): 75–91.

Zingheim, Patricia K., and Jay R. Schuster. 2002. "Pay Changes Going Forward." *Compensation & Benefits Review* 34(4): 48–53.

Zweimüller, Josef, and Erling Barth. 1994. "Bargaining Structure, Wage Determination, and Wage Dispersion in 6 OECD Countries." *Kyklos* 47: 81–93.

찾아보기

Managing Organizations to Sustain Passion for Public Service

[ㄱ]

가격 효과	65
가치	165
가치 일치	73
강제적 동형설	274
개인 보상 인센티브	34
개인-적합성	266
개인 적합성 이론	58
개인-조직 적합성	85, 213, 220, 266
개인 중요성 강화	110
개인-직무 적합성	85
개인 환경 이론	58
개인-환경 적합성	135
개인-환경 적합성 이론	58
개혁	275, 277
거래 지향적 리더십	244
거시 연구	284
결과의 논리	261
경력 상담	133, 267
경로 의존성	32
경쟁 이동 모델	195
계약	278
고강도 보상	283
고용 안정성	158, 167, 173, 266
공공 가치	243, 256
공공관료제	213, 270
공공 보상	186
공공봉사	260
공공봉사 가치	225, 235
공공봉사 개혁	278
공공봉사동기	26, 28, 37, 46, 71, 84, 175, 214, 260, 280, 285
공공봉사동기 이론	64
공공봉사동기 조정 임금	189, 191
공공 업무	111
공유재	143, 147, 173, 195
공익	26, 58, 114
과업 개편	125, 126
과정 이론	214
관계 개편	126
관계성	63, 149
관계성 모델	117
관료제	142, 144, 180, 205, 270
관료제적 간극	146, 272
관료주의	33, 142, 165, 180
관료주의 모델	34
구인 광고	84
군집 효과	65
규범적 동형설	274
규범적 몰입	213
균형성과표	166
근무 환경	139, 173, 261, 271
급여밴딩	206
긍정심리학 운동	125
기대 임금 프리미엄	189
기본급	187, 191
기술급	194

[ㄴ]

노력의 통일	151
노사 파트너십	249
능력 계발	154
능력급	194
능력주의	84

[ㄷ]

다층 리더십 개발 모델	157
대리기관화	261
대리인 이론	143, 180
대체 임금	187
도시 전설	108
동기 구축 이론	199

동기 부여	27, 29, 45, 52, 81, 203, 239, 261, 284
동기 부여 군집 이론	65
동기 부여 방정식	241
동기 부여 이론	65
따뜻한 빛 이타주의	255

[ㄹ]

리더-구성원 교환 이론	242
리더십	245, 250, 258
리더십 이론	238

[ㅁ]

마음속 게임	98
매력	56, 92
매력-선택-이탈	213, 266
매력-선택-이탈 이론	54
메타 역량	158
멘토링	217, 218, 225, 229, 249, 266
목표 몰입	67
목표 설정 이론	67
목표 이론	67
몰입	120
미시적 개입	123

[ㅂ]

발전적 네트워크	217
법인화	278
변혁	240
변혁적 리더십	238, 241, 244, 247, 250
변혁 지향적 리더십	244
보상	175, 178, 192, 205
브로드밴딩	206
비공개 게임	98
빈약한 상태	63

[ㅅ]

사명 의식	246
사익 추구	50
사회 인지 이론	67
사회적 네트워크	216, 225
사회적 소망성	90
사회적 자본	143
사회화	213, 216, 218, 233, 235, 244
새로운 공공봉사	261
서번트 리더십	252, 266
서번트 우선주의	253
설립자 증후군	55
성과관리	283
성과급	27, 29, 41, 194
성과 평가	163
성향-기회	266
성향-기회 이론	52, 54, 177, 212
소명	133, 157, 173, 267, 271, 285
수습 기간	102, 161, 223, 282
스토리텔링	256
스트레스	131
시너지	39, 267
신가산제	272
신공공관리 개혁 운동	278
신공공관리(NPM)	33, 84, 142, 165, 261
신공공봉사동기 부여 모델	34
신베버주의	261
신비주의	74
신상 자료	91, 106
신입 직원 교육	219
신호	179
실적급	198, 202
실적주의	266, 275
실적주의 원칙	32, 47
쌍방향 소	100

[ㅇ]

암묵적 사회 인지 테스트	94
암묵적 연합 검사(IAT)	94, 282
업무 의미성	111
업무 재설계	120
역사적 제도주의	32
역할 기반 성과 척도	166
열정 피로	288
영감	250, 252, 254
오리엔테이션	221
온보딩	216, 219, 221, 225, 233, 266, 267
외부 정체성	76
원칙을 지키는 직원	77, 105
유기적 통합 이론	70
유능성	62, 144, 169
유다이모닉 웰빙	114
응원	237
의미 부여	69, 240
의미의 전체론	257
이동 시스템	192
이타주의	26, 28, 50, 260, 285, 288
인간행동 변화조직	286
인력 감축	167, 174
인센티브	141, 158, 177, 198, 201, 203, 266, 270

인종차별	278	직무 분류	32
인지 개편	126	직무 설계	120, 267
인턴십	103, 106	직무 요구-자원 모델	287
일관성	38, 267	직무 특성 모델	117
일선 관료	124	직무 현실 미리 보기	96, 100, 106
임금 압축	196	직업 선호 곡선	113
임무 가치관	68, 76	직원 시민 행동	91
임무 매칭 연구	69	직위 분류	205
임무 신비주의	74	진짜 리더	236
임무 신비주의 신념 체계	76	집단 보상 인센티브	34

[ㅈ]

자기 결정 이론	62, 73, 121, 198, 275
자기 보고 척도	50
자기 설득	121, 242, 266
자기효능감	63
자율성	63, 145, 169, 205, 243, 270, 276, 280
저강도 보상	283
적합성	59, 135, 169
전망 이론	61
전문성	273, 280
점진적 변화	268
조직 가치	245
조직 동일시	74, 76
조직 몰입	152, 159, 213, 271
조직 문화	279
조직 브랜딩	84
조직 사회화	218
조직시민행동	28, 61, 251
조직 신비주의	74
조직 이미지	81
조직 인센티브	53
조직 정체성	76, 83
조직 혁신	224
조직 효과성	244
주사위 게임	97, 99, 282
주인-대리인 문제	73
주인-대리인 이론	35
중간 관료제	271, 275, 277
중요 사건	92
증거 기반	35
증거 기반 관리	37
지속가능발전목표(SDGs)	28
직무 개편	124, 130, 267

[ㅊ]

청렴성 검사	97
체념된 만족	286
총 보상	181, 185, 208
친사회적 동기	50, 252, 260
친사회적 동기 부여	26, 37
친사회적 행	285
친사회적 행동	28

[ㅋ]

카리스마적 리더십	250
커뮤니케이션	254, 256

[ㅌ]

토너먼트 모델	193, 196
토너먼트 이동성 모델	193, 195
통제	63

[ㅍ]

포괄성	37
포괄적 변화	269
프로세스 챔피언	224

[ㅎ]

학습 협약	155
핵심 조언자	218
행동 기반 면접	93
행정 개혁	276, 279
효과성의 섬	279
효율 임금	188
후기 NPM	261

Pro-IAT	94

저·역자 소개

[글쓴이] James L. Perry
인디애나대학교 Paul H. O'Neil School of Public and Environmental Affairs의 명예 석좌 교수다. 그는 현재 50개국 이상에서 연구되고 있는 공공봉사동기(PSM)에 관한 이론을 개척했으며, 드와이트 왈도 상(ASPA), H. 조지 프레데릭슨 상(PMRA), 존 가우스 상(APSA), 그리고 라우틀리지 상(IRSPM) 등을 수상한 바 있다.

[감수자] 임도빈
서울대학교 행정대학원 교수이며, 한국행정학회 회장, 서울대학교 행정대학원 원장을 역임했다. 정부경쟁력 이론을 정립하고, 행정이 국가공동체를 위해 어떤 담당을 해야 하는가에 대한 연구에 천착하고 있다. 이를 바탕으로 인간-시간-공간이라는 3간(間) 모델에서 사람이 중심이 돼 더 좋은 한국 사회를 만들기 위한 방안을 연구하고 있다. 특히 최근 인적 자본이라는 측면에서 공공 부문의 역할에 관심을 갖고 있다. 한국정책학회, 한국행정학회 그리고 서울대학교에서 각각 학술상을 수여받았다. 40여 권의 저서와 주요 국내외 학술지에 200여 편 가량의 논문을 발표했다. 주요 저서로는 국가와 좋은 행정, 행정학, 인사행정론, 한국행정조직론, 비교행정학, The Two Sides of Korean Administrative Culture(2019), The Experience of Democracy and Bureaucracy in South Korea(2017) 등이 있다.

[옮긴이] 이진수
서울대학교 행정대학원 교수이며, 기획처 협력부처장을 맡고 있다. 서울대학교 법과대학(법학사), 행정대학원(행정학 석사), 대학원(법학 박사)을 졸업했다. 행정안전부 행정사무관, 영남대학교 법학전문대학원 교수(부원장), 서울대학교 행정대학원 학생부원장, 한국공법학회 총무이사와 연구이사, 한국행정학회 총무위원장, 변호사시험, 사법시험, 5급공채시험 등 출제위원을 역임했다.

오윤이
성남시정연구원 연구위원이며, 서울대학교 법과대학(법학사), 행정대학원(행정학 석사, 정책학 박사)을 졸업했다. 서울대학교 행정대학원 BK사업단 박사후연구원과 수원대학교 법행정학부객원교수를 역임했다. 형사사법정책과 조직학, 지방행정에 관심을 갖고 연구하고 있으며, 대검찰청과 법무부 범죄예방정책국 조직진단을 수행했다. 법무부 자체평가위원회 위원을 맡고 있다.